国家外语非通用语种本科人才培养基地教材

မြန်မာစကားပြောပတ်စာ

缅甸语口语教程

（修订本）

姜永仁　张哲 / 编著

北京大学出版社
PEKING UNIVERSITY PRESS

图书在版编目(CIP)数据

缅甸语口语教程 / 姜永仁, 张哲编著. —2版. —北京：北京大学出版社, 2023.5
ISBN 978-7-301-33970-1

Ⅰ.①缅⋯　Ⅱ.①姜⋯②张⋯　Ⅲ.①缅语-口语-高等学校-教材　Ⅳ.①H421.99

中国国家版本馆CIP数据核字(2023)第078294号

书　　　名	缅甸语口语教程（修订本） MIANDIAN YU KOUYU JIAOCHENG (XIUDING BEN)
著作责任者	姜永仁　张　哲　编著
责任编辑	杜若明
标准书号	ISBN 978-7-301-33970-1
出版发行	北京大学出版社
地　　　址	北京市海淀区成府路205号　100871
网　　　址	http://www.pup.cn　新浪微博:@北京大学出版社
电子邮箱	zpup@pup.cn
电　　　话	邮购部 010-62752015　发行部 010-62750672 编辑部 010-62753334
印刷者	北京虎彩文化传播有限公司
经销者	新华书店
	787毫米×1092毫米　16开本　16印张　449千字 2003年4月第1版 2023年5月第2版　2023年5月第1次印刷
定　　　价	58.00元

未经许可，不得以任何方式复制或抄袭本书之部分或全部内容。
版权所有，侵权必究
举报电话：010-62752024　电子邮箱：fd@pup.pku.edu.cn
图书如有印装质量问题，请与出版部联系，电话：010-62756370

တည်းဖြတ်သူ၏အမှာစာ(၁)

"မြန်မာစကားပြောဖတ်စာ" စာအုပ်ပြုစုသူပါမောက္ခကျန်းယုံရင်း (Prof. Jiang Yongren) သည် ပီကင်းတက္ကသိုလ်နိုင်ငံခြား ဘာသာကောလိပ်၊ အရှေ့တိုင်းဘာသာစကားမဟာဌာန၊ ဒုတိယမဟာဌာနမှူးတာဝန်ပါပူးတွဲထမ်းဆောင်နေသည့်မြန်မာစာ ပါမောက္ခဖြစ်သည်။

ပါမောက္ခကျန်းယုံရင်းသည် မြန်မာနိုင်ငံ၊ ရန်ကုန်မြို့၊ နိုင်ငံခြားဘာသာသိပ္ပံ၌ တရုတ်ပညာတော်သင်(၁၉၈၅-၁၉၈၆)အဖြစ်ပညာဆည်းပူးခဲ့သူဖြစ်သည်။ ထို့အပြင်မြန်မာနိုင်ငံဆိုင်ရာ၊တရုတ်သံရုံး၊ ယဉ်ကျေးမှုဌာန၌ဒုတိယအတွင်းဝန် (၁၉၉၀-၁၉၉၃)အဖြစ်လည်းကောင်း၊ ပထမ အတွင်းဝန်(၁၉၉၁-၁၉၉၃)အဖြစ်လည်းကောင်း၊ စီးပွားရေးဌာန၌ ပထမအတွင်းဝန်(၁၉၉၄-၁၉၉၈)အဖြစ်လည်းကောင်း၊အမှုထမ်းခဲ့ဖူးသူဖြစ်သည်။ မြန်မာနိုင်ငံ၌(၈)နှစ်ခန့်ကြာအောင် နေထိုင်ခဲ့ဖူးသော အတွေ့အကြုံသည် မနည်းလှချေ။

ထို့ကဲ့သို့မြန်မာနိုင်ငံနှင့်ရင်းနှီးမှုအတွေ့အကြုံများပြားခဲ့သူမြန်မာစာပါမောက္ခတစ်ဦးက "မြန်မာစကားပြောဖတ်စာ" စာအုပ် ပြုစုသည်မှာအလွန်သင့်တော်လှပေသည်။

ပါမောက္ခကျန်းယုံရင်းပြုစုသော "မြန်မာစကားပြောဖတ်စာ" ၌ ထူးခြားချက်(၉)ခုကို တွေ့ရသည်။

(၁) မြန်မာများနေ့စဉ်နေ့တိုင်းအမှန်တကယ်ပြောဆိုသုံးနှုန်းသောစကားများဖြစ်ခြင်း။

သာဓကအားဖြင့်လူငယ်အချင်းချင်းဆက်ဆံရာ၌လေးစားစွာပြောဆိုပုံများကိုတွေ့ရသည်။ လူငယ်နှင့်လူကြီးဆက်ဆံရာ၌ လူငယ်က လူကြီးအပေါ်ရိုသေမှုကိုတွေ့ရသည်။ လူကြီးကလည်း လူငယ်အပေါ်၌ ကြင်နာမှုကိုတွေ့ရသည်။ "ကြီး သူကိုရိုသေ၊ ရွယ်သူကိုလေးစား၊ ငယ်သူကိုသနား" ဟူသောမြန်မာဆိုရိုးနှင့်ကိုက်ညီပေသည်။

ပါမောက္ခကျန်းယုံရင်းသည် "လသာခိုက်ဖိုင်းငင်" "ဘုရားလည်းဖူး၊ လိပ်ဉလည်းတူး" "တစ်နေ့တစ်လ ပုဂံဘယယ်ရွှေမလဲ" စသောမြန်မာစကားပုံများ၊ "လာချင်ရင် အနီးကလေး၊ မလာချင်ရင် ခရီးဝေး" "စောင်ခြုံလို့မလုံ၊ မေတ္တာခြုံမှလုံတယ်" "အသားဆို ဝက်၊ အသီးဆိုသရက်၊ အဂွက်ဆိုလက်ဖက်" စသောမြန်မာဆိုရိုးစကားများကိုလည်း ဆီလျော်ရာနေရာများတွင်ထည့်သွင်းရေးသားထားသည်ကိုတွေ့ရ၏။

(၂) မြန်မာယဉ်ကျေးမှုလေ့ထုံးစံများပါရှိခြင်း။

သာဓကအားဖြင့် "လက်ဖက်စားသောလေ့" ကိုတွေ့ရသည်။ မြန်မာအမျိုးသမီးများသည်အဆာစုံနှင့် သုပ်၍ ထားသောချဉ်စပ်လက်ဖက်သုပ်ကိုမြန်ရေရက်ရေစားလေ့ရှိပုံ၊ ညည်သည်များကိုမူလက်ဖက်အုပ်ထဲ၌ လက်ဖက်နှင့် အဆာစုံကို တစ်ကန့်စီထည့်၍ညည်ခံလေ့ရှိပုံစသည်တို့ကို အသေးစိတ်ရေး၍ထားသည်။

(၃) မြန်မာပြည်သို့မဟုတ်တရုတ်ပြည်သို့သွားရောက်မည်သူများနှင့်စကားပြန်များအတွက်လက်စွဲစာအုပ်ဖြစ်နိုင်ခြင်း။

ပါမောက္ခကျွန်းယုံရင်းသည်မြန်မာနိုင်ငံရှိရေးဟောင်းသမိုင်းဝင်မြို့များဖြစ်သောမန္တလေး၊ ပုဂံစသောမြို့များနှင့် အေးချမ်းသာယာသော ပြင်ဦးလွင်၊ တောင်ကြီးစသောမြို့များသို့သွားရောက်လည်ပတ်လေ့လာပုံများကိုရေးထားသည်။

မြန်မာနိုင်ငံအကြောင်းကိုရေးရာ၌ရန်ကုန်မြို့ကိုအခီကဦးစားပေး၍ရေးထားသည်။ မိတ်ဆွေဖွဲ့ပုံ၊ မြန်မာမိတ်ဆွေများ၏ အိမ်သို့လည်ပတ်ပုံ၊ ဈေး၊ ကုန်တိုက်၊မြန်မာထမင်းဆိုင်၊ စာရေးကိရိယာဆိုင်၊ စာအုပ်ဆိုင်၊ ဆံပင်ညှပ်ဆိုင်နှင့်ကျောက်မျက် ရတနာဆိုင်တို့ကိုသွားပုံ၊ ရွှေတိဂုံဘုရားကိုဖူးမြော်ပုံ၊ သင်္ကြန်ပွဲတော်ကို့ပျော်ပုံစသည်များကို ရေးသားထား၏။ တရုတ်ပြည်မှ ရန်ကုန်မြို့သို့ ရောက်ရှိသူတစ်ဦးအဖို့မလွဲမရှောင်သာကြုံတွေ့ရမည်အရာများကို ကြိုတင်မိတ်ဆက် ပေးထားခြင်းဖြစ်သည်။ သွားရေးလာရေးအဆင်ပြေစေရန်ကြိုတင်၍လမ်းခင်းပေးထားခြင်းဖြစ်သည်ဟုဆိုနိုင်သည်။

ပါမောက္ခကျွန်းယုံရင်းသည်တရုတ်ပြည်၏အကြောင်းကိုရေးသားရာ၌ပီကင်းမြို့ကိုအခီကဦးစားပေး၍ရေးထားသည်။ ပီကင်းလေဆိပ်၌ဆည်းကြိုပုံ၊ စွယ်တော်ဘုရားသွားရောက်ဖူးမြော်ပုံ၊ မဟာတံတိုင်းရှည်ကြီး၊ ရေးဟောင်းနန်းတော်၊ နွေရာသီ နန်းတော်၊ ပီကင်းတက္ကသိုလ်သို့သွားရောက်လည်ပတ်ကြည့်ရှုပုံတို့ကိုရေးထားသည်။ ထို့အပြင်မြန်မာကဖြစ်စေ၊ တရုတ်ပြည်ကဖြစ်စေ၊ သွားလာရာ၌ခရီးတစ်ထောက်နားသည့်ယွန်းပြည်နယ်ခွင်မင်းမြို့တွင် လည်ပတ်ကြည့်ရှုပုံများ ကိုလည်းရေးထားသည်။

(၄) သံတမန်အတွေ့အကြုံများကိုဂယနေရာရေးထားခြင်း။

မြန်မာနိုင်ငံကရောက်ရှိလာသောကိုယ်စားလှယ်များ လည်ပတ်ကြည့်ရှုရန်အစီအစဉ်များကိုညှိနိုင်းဆွေးနွေးပုံ၊ သက်ဆိုင်ဝန်ကြီးဌာနဝန်ကြီးနှင့်တွေ့ဆုံဂရဝပြုပုံ၊ ဂုဏ်ပြုညစာထမင်းစားပွဲ၌စားသောက်ပုံ၊ နှစ်နိုင်ငံအတွက် အရေးကြီးသောကိစ္စရပ်များဆွေးနွေးပုံစသည်တို့ကိုရေးသားထားသည်။

နိုင်ငံတော်ကတာဝန်ရှိသူအကြီးအကဲအချင်းချင်းမိမိတို့နိုင်ငံကို ကိုယ်စားပြု၍ ပြောပုံဆိုပုံများသည် မှတ်သား စရာဖြစ်၏။ သူတို့၏ အမြော်အမြင်ကြီးမားမှု၊ စကားအရာလိမ္မာပါးနပ်မှုစသည်တို့ကို ပေါ်လွင်အောင်ရေးသားထားသဖြင့် တန်ဖိုးကြီးမားလှပေသည်။

သာကေအားဖြင့်ဝန်ကြီး၏ညည်းခံပွဲ၌နေရာယူပုံ၊ ညည်းခံပုံ၊ ပြောဆိုပုံ၊ စားသောက်ပုံစသည်တို့ကို ရေးသားထားသည်မှာစေ့စပ် သေချာလှ၏။

တရုတ်ပြည်၌ နာမည်အကျော်ဆုံးဖြစ်သောမော်ထိုင် (Mao tai) အရက်ပြူက ပြင်းသဖြင့်၊ "မောင်ထိုင်သွား နိုင်တယ်" ဟူသောစကားနှင့် "မဟာတံတိုင်းရှည်ကြီးမှ မရောက်လျှင် တရုတ်ပြည်သို့ရောက်ပြီဟုမဆိုနိုင်။ ပီကင်းဘဲကင်ကို မစားရလျှင် ပီကင်းသို့ ရောက်ပြီဟုမဆိုနိုင်" ဟူသောစကားများသည် ပါမောက္ခကျွန်းယုံရင်း၏သံတမန်အတွေ့အကြုံများထဲက စကားများဖြစ်ဟန်ရှိပေသည်။

(၅) ကဗျာလက်ကာအကိုးအကားဖြင့်ရေးသားခြင်း။

တရုတ်ပြည်မဟာတံတိုင်းရှည်ကြီးသို့ သွားရောက်လည်ပတ်ကြည့်ရှုပြီးနောက် ရေးဖွဲ့ခဲ့သောမြန်မာနိုင်ငံက နာမည်ကျော် ကဗျာဆရာကြီးဇော်ဂျီ၏

ကြီးလှပါပေ

ရှည်လှပါတကား။

တောင်စဉ်မှာယှဉ်ကာတွဲ
တိုင်းပြည်စောင့်နဂါး။

ဟူသောကဗျာကိုလည်း မဟာတံတိုင်းရှည်ကြီးသို့သွားရောက်လည်ပတ်ကြည့်ရှုခြင်း အခန်းတွင်တွေ့မြင်ရမည်ဖြစ်၏။

မြန်မာနိုင်ငံ၌လည်ပတ်ကြည့်ရှုခဲ့ပြီးရေးဖွဲ့ခဲ့သောတရုတ်ပြည်နိုင်ငံခြားရေးဝန်ကြီး (ယခင်)မာရှယ် ချင်အိ(Chen Yi)၏

မြစ်ကြေမှာကျွန်တော်နေ၍
မြစ်ညာမှာအသင်နေသည်
တစ်ရွာတည်းနေတစ်ရေတည်းသောက်
ချစ်ခင်ရင်းနှီးလှပေသည်။

ဟူသောကဗျာကိုလည်း "တရုတ်မြန်မာချစ်ကြည်ရေးအခွန်ရှည်ပါစေ" ဟူသောအခန်းတွင်ဖတ်ရှုခံစားနိုင်ပါသည်။

(၆) ချစ်သောမျက်စိဖြင့်ကြည့်ရှုခြင်း။

တရုတ်ပြည်နှင့်မြန်မာပြည်သည် ကီလိုမီကာပေါင်း(၂၁၀၀)ကျော်ရှည်လျားသည့်နယ်နိမိတ်ချင်းထိစပ်နေသော အိမ်နီးချင်းနိုင်ငံဖြစ်သည်။ ပါမောက္ခကျန်းယုံရင်သည် အိမ်နီးချင်းဖြစ်သော မြန်မာပြည်၏ခြံစည်းရိုးကို ကျော်၍ ကြည့်ခဲ့သူမဟုတ်၊ တံခါးပေါက်မှဝင်၍ကြည့်ခဲ့သူဖြစ်သည်။ ထို့အပြင်သွားရင်းဟန်လွှဲကြည့်ခဲ့သူမဟုတ်၊ အချိန်ပေး၍ ကြည့်ခဲ့သူဖြစ်သည်။ ထိုသို့ကြည့်ရာ၌ ချစ်သောမျက်စိဖြင့်ကြည့်ခဲ့ခြင်းဖြစ်သည်။ ထို့ကြောင့် မြန်မာလူမျိုးများနှင့် မြန်မာ့ရေမြေတောတောင်သဘာဝချစ်စရာဟုမြင်၏။ သူသည်မြန်မာစာပေကိုတိုးတက်ထွန်းကားစေလို၏။ မြန်မာပြည်ကို ဆက်လက်ဖွံ့ဖြိုးစေလို၏။ သူ၏စေတနာမေတ္တာများသည် သူ၏စာထဲ၌ပေါ်လွင်နေပေသည်။

(၇) လက်တွေ့အောင်မြင်ရေးနည်းလမ်းကောင်းဖြစ်ခြင်း။

ပါမောက္ခကျန်းယုံရင်သည်မြန်မာစကားပြောဖတ်စာကိုရေးသားရာ၌အပြန်အလှန်စကားပြောဟန်ဖြင့်ရေးသည်။ ထို့နောက်ဝေါဟာရများကိုဖွင့်ဆိုသည်။ ထို့အပြင်ပုံစံတူမြန်မာစကားများပြောတတ်ရန်လေ့ကျင့်ပေးသည်။ တဖန်ဖတ်စာကို နားလည်သဘောပေါက်မှုရှိမရှိ၊ ကျွမ်းကျင်ပိုင်ဆိုင်နိုင်မှုရှိမရှိ၊ စစ်ဆေးသောမေးခွန်းများကိုမေးသည်။ ပြီးမှပေးထားသော အချက်အလက်များကို အခြေခံ၍မြန်မာစကားပြောတစ်ပုဒ်ရေးခိုင်းသည်။ ထိုအစီအစဉ်ဖြင့်သင်ကြားလေ့ကျင့်လျှင် မြန်မာစကားပြောတတ်ရုံမျှမက အပြောစကားလည်း ရေးတတ်သွားမည်မှာမလွဲပေ။

(၈) အသက်ဝင်နေခြင်း။

တရုတ်မြန်မာပညာတော်သင်ဖလှယ်ရေးအစီအစဉ်အရမြန်မာနိုင်ငံသို့ရောက်ရှိလာသောတရုတ်ပညာတော်သင်လုလှ ဟူသောဇာတ်ဆောင်သည် မြန်မာစကားပြောဖတ်စာထဲ၌အသက်ဝင်နေသည်ကိုတွေ့ရသည်။

လုလှသည်သွက်လက်၍ထက်မြက်သူဖြစ်သည်။ စကားပြောလျှင် ရှင်တွေ့ကျွန်မတွေ့နှင့် မြန်မာစကားကို မွတ်နေအောင်ပြောတတ်၏။ သူ့ကိုမြန်မာစကားတော်တော်တတ်သည်ဟု မြန်မာတွေကပင်ချီးကျူးကြရ၏။ သူကတော့ ထမင်းစားရေးသောက်လောက်တတ်တာပါဟုပြောလေ့ရှိ၏။ သူ့ကိုသာလီကာမလေးဟုခေါ်လိုက်ချင်၏။

(၉) သံစုံတောအုပ်ကြီးတစ်ခုဖြစ်သွားခြင်း။

ဤ "မြန်မာစကားပြောဖတ်စာ" ထဲတွင်ထိုသာလိကာမလေး၏အသံတစ္စာစကြားရမည်အပြင် ကြိုးကြာသံ၊ ကရဝိက်သံ၊ ဥဒေါင်းသံများကိုလည်းနားဆင်ရမည်ဖြစ်သည်။

ထိုသာလိကာသံ၊ ကြိုးကြာသံ၊ ကရဝိက်သံ၊ ဥဒေါင်းသံများကိုအဘယ်သူဖန်တီးခဲ့သနည်း။

ဤ "မြန်မာစကားပြောဖတ်စာ" စာအုပ်ပြုစုသူပါမောက္ခကျန်းယုံရင်းမဟုတ်ဘူးလား။

ပါမောက္ခကျန်းယုံရင်း၏ "မြန်မာစကားပြောဖတ်စာ" သည်စာအုပ်မဟုတ်တော့ဘဲသာလိကာ၊ ကြိုးကြာ၊ ကရဝိက်၊ ဥဒေါင်း စသော၄မျက်အပေါင်းသာယာစွာတွန်ကျူးနေကြသောသံစုံတောအုပ်ကြီးတစ်ခုဖြစ်သွားပေပြီ။

တရုတ်လူမျိုးဖြစ်စေ၊ မြန်မာလူမျိုးဖြစ်စေ၊ ကျောင်းသားကျောင်းသူဖြစ်စေ၊ စကားပြန်ဖြစ်စေ၊ အခြားသူဖြစ်စေ၊ ထိုသံစုံတောအုပ်ကြီးထဲ၌သာယာသောအသံများကိုနားသောတပန်ဆင်နိုင်ခွင့်ရရှိနိုင်ပြီဖြစ်၏။

ပါမောက္ခကျန်းယုံရင်း၏ "မြန်မာစကားပြောဖတ်စာ" စာအုပ်ကြီးကိုတည်းဖြတ်ခွင့်ရသဖြင့်ခံစားရသောကျွန်တော်၏ပျော်ရွှင်မှုသည်။ သံစုံတောအုပ်ကြီးထဲသို့သွားသောလမ်းကိုရှင်းလင်းပေးခွင့်ရသူတစ်ဦးခံစားရသောပျော်ရွှင်မှုမျိုးဖြစ်သည်ဟုဆိုလျှင်လွန်အံ့မထင်ပါ။

ဒေါက်တာသန်းဆွေ
ညှိပါမောက္ခ
မြန်မာစာဌာန
အရှေ့တိုင်းဘာသာစကားမဟာဌာန
နိုင်ငံခြားဘာသာကောလိပ်
ပီကင်းတက္ကသိုလ်
၂၃-၁-၂၀၀၃

序 言（一）

《缅甸语口语教程》的作者姜永仁教授是北京大学外国语学院东语系副系主任。他曾于1985—1986年在仰光大学外国语学院进修缅甸语。1990—1993年在中国驻缅甸大使馆文化处先后任二秘、一秘，1994—1998年在中国驻缅甸大使馆经商处任一秘，在缅甸生活近八年，经验可谓相当丰富。由一位对缅甸情况如此熟悉的缅甸语教授来编写《缅甸语口语教程》是最合适不过的了。姜永仁教授编写的《缅甸语口语教程》有以下九个特点：

1. 书中语言是缅甸人日常生活中常用的口语。举例来说：缅甸青年人在交往过程中互相尊重，年轻人对长者很尊重，长辈对小辈也很爱护，这正像缅甸俗语所说"尊敬长者，尊敬同辈，爱护小辈"。姜永仁教授还在恰当的地方使用了"趁热打铁"、"一举两得"、"持之以恒"等成语以及"想来路程近，不想来路程远"、"盖毯子不暖，情义暖人心"、"肉要数猪肉，水果要数芒果，叶子要数茶叶"等俗语。

2. 书中有许多关于缅甸文化习俗的内容。例如：在"吃拌咸茶风俗"中，详细介绍了缅甸妇女津津有味地食用用各种材料制成酸、咸、辣口味的拌咸茶的习俗，以及将咸茶和各种拌料放在咸茶叶盒的各个小盒子中招待客人等风俗。

3. 可以作为缅甸或中国的旅游者、翻译人员的实用手册。姜永仁教授在书中描述了到缅甸历史名城曼德勒、蒲甘及风景名胜彬乌伦和东枝等地游览的场景。在介绍缅甸情况时重点介绍了仰光。包括交友、到缅甸朋友家做客、去市场、百货商店、缅甸餐馆、文具店、书店、理发店、珠宝店、拜大金塔以及泼水节盛况等，对每一位来仰光的中国人将会遇到的情况做了预先介绍，可以说是为顺利出行铺好了路。对于中国则重点介绍了北京，从机场接机到拜佛牙塔、参观长城、故宫、颐和园及参观北京大学校园等都做了介绍。此外，还描述了在中缅两国的中间站昆明的游览情况。

4. 详细介绍了外事经验。包括讨论到访的缅甸代表团的游览日程、拜见相关部长、欢迎晚宴、讨论两国重要事情等内容。例如在部长的招待宴会上的座位、招待客人、谈话及食物的吃法等内容都有详细的介绍。两国领导人代表各自国家的利益而发表的一些谈话是非常值得记取的。书中对他们的高瞻远瞩、谈话技巧进行的突出描述是很有价值的。在中国非常有名的茅台酒酒性较烈，巧妙地用缅语中茅台酒的谐音说"我要醉倒了"的习惯用语、以及"不到长城不能说到过中国，不吃烤鸭不能说到过北京"等常用语似乎都是姜永仁教授在外交场合使用过的外交语言。

5. 引用诗歌。在"游览长城"这一章中引用了缅甸著名诗人佐基在登长城后写下的"啊！雄伟高大，绵亘天涯，顺着岭巅蜿蜒，巨龙卫着国家"的诗句。在"共颂中缅友谊"这一章我们还可以读到中国前外交部长陈毅元帅在访缅后写下的"我住江之头，君住江之尾，彼此情无限，共饮一江水"的诗篇。

6. 以充满热爱的眼光去观察缅甸。中缅两国是有着2100多公里边境线的邻邦，姜永仁教授看邻国缅甸不是隔着篱笆看，而是深入到内部去观察。此外，他也不是蜻蜓点水、走马观花式的看，而是花了很多时间，是以充满热爱的眼光去看的，所以他看到了缅甸人民和缅甸山水自然的可爱。他希望缅甸文学发展，希望缅甸发展，他的良好愿望是发自内心的。

7. 实践的好方法，成功的好途径。姜永仁教授在编写《缅甸语口语教程》课文时用的是对话形式，然后是生词释义，之后是同一句型的替换练习，以检查是否理解并熟练掌握课文内容，最后还要求学生根据给出的场景材料编写缅甸语会话。通过这一形式的练习不仅学会了单句表达，还学会了缅甸语会话。

8. 形象生动逼真。书中主角是一个根据中缅两国留学生交流计划而前往缅甸留学的北京大学外国语学院东语系缅甸语专业本科女学生拉拉，她在书中的形象是非常生动逼真的。拉拉是一个机灵、干练的姑娘，她的缅甸话说得很流利，连缅甸人都称赞她的缅甸话好，可她却说"只会一点皮毛而已"，而这句话正显示了她的水平，真想称她为一只"小八哥"。

9. 一片充满了各种优美声音的繁茂森林。在这部《缅甸语口语教程》中，除了可以听到"小八哥"那悦耳的声音外，我们仿佛还可以听到仙鹤、妙声鸟、孔雀的叫声，这些声音是谁创造出来的呢？难道不是姜永仁教授吗？这时，姜永仁教授的《缅甸语口语教程》已经不再是一部书，而是一个充满了八哥、仙鹤、妙声鸟、孔雀等优美叫声的繁茂森林，无论是中国人还是缅甸人，无论是学生还是翻译或是其他人，都可以从这片茂密的森林中欣赏到各种美妙的声音。有机会审阅姜永仁教授编写的《缅甸语口语教程》，我的感受就像开辟了一条通往繁茂森林的路那样兴奋。

丹崔博士
北京大学外国语学院东语系客座教授
2003年1月23日
（杨国影 译）

တည်းဖြတ်သူ၏အမှာစာ(၂)

ကျွန်မသည် ပြည်ထောင်စုသမ္မတမြန်မာနိုင်ငံတော်၊ ရန်ကုန်မြို့ရှိ ရန်ကုန်နိုင်ငံခြားဘာသာတက္ကသိုလ်မှ ဗီကင်းတက္ကသိုလ်၊ နိုင်ငံခြားဘာသာကောလိပ်၊ မြန်မာဘာသာဌာနသို့ ၂၀၁၉၊ ဩဂုတ်လ (၂၉)ရက်နေ့တွင် ည်းပါမေတ္တာဝန်ဖြင့် ရောက်ရှိခဲ့ပါသည်။

မိမိသင်ကြားရမည့်တတိယနှစ်သင်တန်းသားများအတွက်သင်ကြားပို့ချရန်တာဝန်ယူရမည့်သင်ခန်းစာများတွင် ဤမြန်မာစကားပြောဖတ်စာသည် တစ်ခုအပါအဝင်ဖြစ်ပါသည်။ ဤစာအုပ်ကို သင်ကြားပို့ချရန် အမူးပေးသောအခါ ဤတက္ကသိုလ်၌ ဤသို့သောစကားပြောဖတ်စာအုပ်ရှိနေသည်ကို တွေ့ရ၍ ဦးစွာအံ့ဩမှသာဖြစ်မိခဲ့ပါသည်။

ထို့နောက်စာအုပ်ကို ကြိုတင်ဖတ်ရှုကြည့်ရာဖတ်နေရင်း၌ပင် နှစ်သက်မှုရသကို စတင်ခံစားရပါသည်။ အဘယ့်ကြောင့်ဆိုသော် သာမန်စကားပြောဖတ်စာအုပ်သဘောမျိုးထက် ရန်ကုန်တက္ကသိုလ်ကျောင်းသား မြန်မာလူမျိုး မောင်မောင်နှင့် ရန်ကုန်နိုင်ငံခြားဘာသာတက္ကသိုလ် ကျောင်းသားကျောင်းသူတရုတ်လူမျိုးပညာတော်သင် လုလုတို့၏ ဇာတ်လမ်းသဖွယ်အချီအပြောဟန်များက အသက်ဝင်ဆွဲဆောင်ထားနိုင်၍ ဖြစ်ပေသည်။

ဤစာအုပ်ကို ပထမအကြိမ်ထုတ်ဝေခဲ့စဉ်က ပထမတည်းဖြတ်သူက အမှာစာကို ပြည့်စုံအောင်ရေးခဲ့ပြီး ဖြစ်ပါသည်။ ယခင် ပထမအကြိမ်၌ စာအုပ်၏ပထမပိုင်းအခန်းပေါင်း(၂၀)၊ ဒုတိယပိုင်း(၁၅)ခန်း၊ စုစုပေါင်း (၃၅)ခန်း ရှိရာမှ ယခုဒုတိယအကြိမ်ပြန်လည်ထုတ်ဝေရာတွင် ပထမပိုင်း၌ ၂၁၊ ၂၂၊ ၂၃ ဟု အခန်း(၃)ခန်းထပ်တိုးကာ စုစုပေါင်း (၃၈)ခန်း ဖြစ်လာသည်ကိုတွေ့ရပါသည်။

ထို့ကြောင့် စာအုပ်တစ်ခုလုံးကို ဒုတိယအကြိမ် ထပ်မံပြင်ဆင်တည်းဖြတ်ပြီး ဒုတိယအကြိမ်အမှာစာ ရေးပေးရန် အကြောင်းဖြစ်ပေါ်ခဲ့ရပါသည်။ ထပ်တိုးသောအခန်းများမှာလည်း ခေတ်နှင့်လျော်ညီသောဒိဌမျက်မှောက် အခြေအနေများကို မီးမောင်းထိုးပြလို၍ ထပ်မံထည့်ထားခြင်းဖြစ်ကြောင်း တွေ့ရပါသည်။ သာဓကအားဖြင့် အခန်း(၂၁)ရှိ "အွန်လိုင်းက ဈေးဝယ်ခြင်း" ကဲ့သို့သောတရုတ်နိုင်ငံ၏ လက်ရှိနည်းပညာ တိုးတက်ထွန်းကားလာမှု အခြေအနေကို ဖော်ပြသည့် ပြောစကားမျိုးကို ထပ်တိုးထားခြင်းမျိုးဖြစ်ပါသည်။

တစ်ဖန်ဤစာအုပ်၌ ဗဟုသုတရဖွယ်အထောက်အထား အချက်အလက်များကို ပေးထားရုံမျှမက ရသမျိုးစုံကို တစ်ပါတည်းခံစားရစေသောစကားပြောအတတ်ပညာကိုပါ တွေ့မြင်ခဲ့ရပါသည်။ သာဓကအားဖြင့်၊ "ရွှေတိဂုံဘုရားသို့ သွားရောက်ဖူးမြော်ခြင်း" သင်ခန်းစာ၌ လုလုက သူရဿတီမယ်တော်ရှေ့တွင် သူ့အတွက် "ရွှေအိုးထမ်းပြီးတရုတ်ပြည် ပြန်ရပါစေ" ဟု ဆုတောင်းပြီး မောင်မောင်အတွက်မူ "စာမေးပွဲကျပါစေ" ဟု ဆုတောင်းခဲ့ကြောင်းဟာသနော၍ ပြောပုံ မျိုးသည် စာဖတ်သူများကို နှစ်သက်ရယ်မောအောင်ဆွဲဆောင်နိုင်ခဲ့ကြောင်းတွေ့ရသည်။

ထို့ပြင် ကျောင်းသားကျောင်းသူများအတွက် ဆုံးမစကားများကို မသိမသာထည့်သွင်းပြောဆို၍လည်း

ရေးဖွဲ့ထားနိုင်သည်ကို တွေ့ရသည်။ သာဓကအားဖြင့် "မြန်မာစကားပြောကြရအောင်" အခန်း၌ "မြန်မာစကား သုံးရက်မပြောရင် လျှာလေးတတ်တယ်" ဟုပြောပုံမျိုးသည် ဘာသာစကားလေ့လာမှု၏ သဘာဝသဘာဝကို ဖော်ညွှန်းနေသည်။ "ရွှေတိဂုံဘုရားသို့သွားရောက်ဖူးမြော်ခြင်း" အခန်း၌ "အချိန်က အသက်ဖြစ်တယ်"၊ "အချိန်ကိုလုပြီး စာဖတ်ရမယ်"၊ "အဲဒီလိုမဟုတ်ရင် အသက်ကြီးတဲ့အခါမှာ နောင်တရမှာ သေချာတယ်" စသောစကားမျိုးကလည်း လူငယ်များကို စာကြိုးစားရန်သတိပေးနေသည့်ဆုံးမစကားများဖြစ်လေသည်။

ထိုမျှမက ဤစာအုပ်သည် မြန်မာနှင့် တရုတ်နိုင်ငံတို့ရှိ လည်ပတ်လေ့လာစရာနေရာဒေသ(tour sight)များကို သိစေရန် မိတ်ဆက်ပေးထားနိုင်သဖြင့် စာဖတ်သူတို့အတွက် အကျိုးကျေးဇူးများကြောင်း တွေ့ရပြန်ပါသည်။

ဤ၍ဆိုရလျှင်စာရေးသူသည် မြန်မာနိုင်ငံ၊ တရုတ်သံရုံး၏ယဉ်ကျေးမှုဌာန၊ စီးပွားရေးဌာနတို့တွင် တာဝန် ထမ်းဆောင်ခဲ့သူဖြစ်၍ မြန်မာရေးမြေသဘာဝ၊ လူမှုဝန်းကျင်၊ ယဉ်ကျေးမှုတို့ကို သိရှိပြီးဖြစ်သည့်အားလျော်စွာ မြန်မာဘာသာဆရာတစ်ယောက်၏ ဘာသာစကားအတတ်ပညာနှင့်ပေါင်းစပ်၍ ဤစာအုပ်ကို ပြုစုထားကြောင်း တွေ့ရသည်။ ဗဟုသုတရဖွယ်အကြောင်းအရာအမျိုးစုံကို အခြေခံကာ စကားပြောဟန် အမျိုးစုံကိုဖန်တီးထားသည်။ သင်ခန်းစာ တစ်ခုခြင်းတိုင်း ဝေါဟာရအနက်တို့ကို တရုတ်ဘာသာဖြင့်ပြန်ဆိုပေးခြင်း၊ စကားအသုံးအနှုန်းပုံစံများကို လေ့ကျင့်ပေးခြင်း၊ နားလည်မှုဆိုင်ရာမေးခွန်းများကို မေးမြန်းခြင်းစသည်တို့ကြောင့် သင်ယူသူတို့အတွက် အဆင်ပြေလွယ်ကူစေနိုင်ကြောင်း တွေ့ရသည်။ ထို့ကြောင့် ဤစာအုပ်သည် သုတရသစုံလင်အောင်ရစေသည့် အပြင်မြန်မာဘာသာစကားပြောသင်ကြား သင်ယူသူတို့အတွက် အထောက်အကူပြုနိုင်သည့်စာအုပ်ကောင်း တစ်အုပ် ဖြစ်သည်ဟု ထင်မြင်ယူဆမိပါသည်။

ဒေါက်တာကြည်ကြည်မိုး

ပါမောက္ခ၊ ဌာနမှူး

မြန်မာဘာသာဌာန

ရန်ကုန်နိုင်ငံခြားဘာသာတက္ကသိုလ်

၁၉-၁၂-၂၀၀၉

序 言（二）

本人于 2019 年 8 月 29 日，由缅甸联邦共和国仰光市仰光外国语大学应邀至北京大学外国语学院缅甸语专业任客座教授。"缅甸语会话"是我所教授的一门大三课程。当教研室主任为我安排该课程时，我为该大学有这样一门课的教材而感到惊喜。

之后，在浏览该教材的过程中，我被其深深吸引。其原因是该书不同于往常普通的会话教材，它叙述了仰光大学学生缅甸人貌貌和仰光外国语大学中国留学生拉拉之间的友谊故事，其情节跌宕起伏，生动形象，引人入胜。

该书在第一次出版时，审订人的序言已经十分完备。现今，教材编写者又在第一版（第一部分 20 课、第二部分 15 课、共 35 课）的基础上，加以修订，第二次出版，并在第一部分中加入了第 21、22、23 三课，全书共 38 课。全书第二次出版前再次校订，教材编写者特邀请我为之作序。

我认为，首先，该书新增的课文内容，与时俱进，结合实际。例如，第 21 课《网上购物》，增加了反映中国当代科技进步的口语表达内容。

其次，该书不仅可以扩大读者的知识面与信息量，还富有文采。例如，在《瞻礼大金塔》一课，拉拉在苏拉萨蒂女神像前，许愿要"挑着（智慧的）金罐回中国"，并打趣貌貌祝他"考试挂科"，这些内容风趣幽默，吸引读者，让人读之津津有味。

此外，该教材寓理于文，娓娓道来，能给予学生润物细无声的教育。例如，在《让我们一起说缅语》一课，俗语"三天不说缅语，舌头变笨"，指出了学习语言的本质规律。《瞻礼大金塔》一课，"时间就是生命"、"要抓紧时间读书"、"少壮不努力，老大徒伤悲"等俗语，警示年轻人应发奋读书。

不仅如此，该教材的课文还结合了缅甸、中国的风景名胜介绍，让读者十分受益。

总而言之，由于教材编写者曾长期在中国驻缅使馆文化处、经商处工作，对缅甸地理、人文、社会了如指掌；同时作为一名缅语教师，他结合语言教学技巧，编成该教材，以渊博的知识为基础，创造了丰富多样的情景对话。每课课后，配以中文单词解释，句型练习，阅读理解题等，方便学习者掌握。我认为，该教材集知识与美感于一体，对于缅甸语学习者、教授者大有裨益，是一本优秀的教材。

杜基基摩教授

仰光外国语大学缅甸语系系主任

2019 年 12 月 19 日

（张哲 译）

前 言

不管学习任何一种语言,听和说都是最重要的。小孩出生以后,就跟着母亲咿呀学语,先听,后模仿,然后达到熟练运用。学习母语是这样,学习外语也是这样,离不开听说,否则,就是聋子,就是哑巴。只有听懂了,会说了,朗朗上口,运用自如,才可以说真正掌握了外语。因此,听和说,对于学习外语的人来说,是头等重要的。

正是基于这样一种认识,我们在教授外语过程中,非常重视对学生进行听和说的训练,培养学生上口的能力。尤其是结合实际教学,针对工作需要进行口语翻译练习,收到较好的效果。但是,要做到这一点,就必须有一本好的口语教程。

这本《缅甸语口语教程》是作者多年从事缅甸语教学的结晶,也是作者多年从事缅甸语口语翻译工作的结晶。作者有幸在缅甸学习、工作近9年时间。其中,在缅甸仰光外国语大学缅语系进修1年,在我国驻缅甸大使馆文化处工作3年,在经商处工作3年半,在我驻缅公司担任顾问1年。由于工作的需要,曾多次为国内到访的司局级以上文化的和经济的各种团组担任翻译工作,广泛地接触了缅甸政府高层领导以及各阶层人民,同他们的接触和交流使我受益匪浅,熟悉了翻译工作常用词汇和常用语句,口语翻译能力有很大提高。正是在缅甸的学习和长期实际工作所积累的翻译经验,为我编写这部《缅甸语口语教程》奠定了坚实的基础。

本书38课,共分两部分。第一部分23课,内容紧紧围绕一位中国留学生在缅甸的学习、生活、游览活动展开,课文所及均是真实场景。第二部分15课,内容是一个缅甸文化部代表团应邀访问我国,一位翻译从机场接机开始到安排住宿、讨论日程、部长宴请、业务会谈、参观游览,一直到昆明把客人送走的全过程。同时,本部教材还加进了电脑知识、商务会谈、文学讨论、中缅友谊、网上购物、大数据、一带一路等课文。内容丰富,语言简练生动,实用性强,所用语言均为访问团体常用语言。课后编有词汇解释和练习。练习共分3部分,第一部分为替换练习,第二部分为围绕课文问答,第三部分为场景练习。

本部教材得到了原云南民族学院东语系缅甸客座教授杜阿玛妮、北京大学外国语学院东语系缅甸客座教授吴丹崔博士、仰光外国语大学缅语系主任杜基基摩教授的细心审阅和修改，并经过北京大学 3 届缅甸语本科生的使用，获得一致好评。本次再版，得到了广西民族大学缅甸语客座教授杜瓦底敦和欧江玲副教授的帮助，在此，谨向上述四位缅甸学者致以衷心的感谢。此外，北京大学外国语学院东南亚文化方向研究生张怡在本书再版前排版、录入、修改和复校过程中给予很多帮助，在此一并表示深深的谢意。

　　本教材由于作者水平有限，不足之处在所难免，敬请各位缅甸语同行不吝赐教。

姜永仁

2020 年 9 月 19 日

မာတိကာ

ပထမပိုင်း တရုတ်ပညာတော်သင်လှလှသည် မြန်မာနိုင်ငံတွင်..... 1

သင်ခန်းစာ(၁) နှုတ်ခွန်းဆက်ခြင်း 3

သင်ခန်းစာ(၂) မိတ်ဆက်ခြင်း 7

သင်ခန်းစာ(၃) တယ်လီဖုန်းဆက်ခြင်း 12

သင်ခန်းစာ(၄) မိတ်ဆွေအိမ်သို့အလည်သွားခြင်း 17

သင်ခန်းစာ(၅) မြန်မာစကားပြောကြရအောင် 22

သင်ခန်းစာ(၆) ရန်ကုန်ဆေးရုံကြီး၌ဆေးကုခြင်း 27

သင်ခန်းစာ(၇) စာရေးကိရိယာဆိုင်၌စာရေးကိရိယာဝယ်ခြင်း 32

သင်ခန်းစာ(၈) လှည်းတန်းဈေး၌ဈေးဝယ်ခြင်း 36

သင်ခန်းစာ(၉) စာပေဗိမာန်စာအုပ်ဆိုင်၌စာအုပ်ဝယ်ခြင်း 41

သင်ခန်းစာ(၁၀) ရန်ကုန်အမှတ်(၁)ကုန်တိုက်၌ဈေးဝယ်ခြင်း 46

သင်ခန်းစာ(၁၁) ဆံသဆိုင်၌ဆံသခြင်း/ဆံပင်ညှပ်ဆိုင်၌ဆံပင်ညှပ်ခြင်း 53

သင်ခန်းစာ(၁၂) လက်ဝတ်ရတနာဝယ်ယူခြင်း 59

သင်ခန်းစာ(၁၃) ထမင်းဆိုင်၌ထမင်းမှာယူစားသောက်ခြင်း 65

သင်ခန်းစာ(၁၄) ရန်ကုန်မြို့၌သင်္ကြန်ပွဲတော်နှံ့ပျော်ခြင်း 72

သင်ခန်းစာ(၁၅) ရွှေတိဂုံဘုရားသို့သွားရောက်ဖူးမြော်ခြင်း 81

သင်ခန်းစာ(၁၆) မန္တလေးမြို့သို့သွားလည်ကြရအောင် 90

သင်ခန်းစာ(၁၇) ပုဂံမြို့၌လည်ပတ်ကြည့်ရှုခြင်း 98

သင်ခန်းစာ(၁၈) ပြင်ဦးလွင်သို့သွားရောက်လည်ပတ်ခြင်း 107

သင်ခန်းစာ(၁၉) အင်းလေးကန်သို့ သွားရောက်လည်ပတ်ကြည့်ရှုခြင်း 116

သင်ခန်းစာ(၂၀) မြန်မာနိုင်ငံ၏ရာသီဥတုအကြောင်း ပြောကြရအောင် ... 125

သင်ခန်းစာ(၂၁) အွန်လိုင်းက ဈေးဝယ်ခြင်း 131

| သင်ခန်းစာ(၂၂) | ရပ်ဝန်းတစ်ခုနှင့်လမ်းကြောင်းတစ်သွယ်အကြောင်း | 136 |
| သင်ခန်းစာ(၂၃) | ဒါက Big Data ပါ | 140 |

ဒုတိယပိုင်း မြန်မာနိုင်ငံကိုယ်စားလှယ်အဖွဲ့တစ်ဖွဲ့သည် တရုတ်ပြည်တွင်..... 145

သင်ခန်းစာ(၂၄)	လေဆိပ်၌ ၌ ကြိုခြင်း	147
သင်ခန်းစာ(၂၅)	လည်ပတ်ကြည့်ရှုရန်အစီအစဉ်ကို ညှိနိုင်းဆွေးနွေးခြင်း	153
သင်ခန်းစာ(၂၆)	ယဉ်ကျေးမှုဝန်ကြီးဌာနဝန်ကြီးနှင့် တွေ့ဆုံဂါရဝပြုခြင်း	159
သင်ခန်းစာ(၂၇)	ဂုဏ်ပြုညစာထမင်းစားပွဲ၌	166
သင်ခန်းစာ(၂၈)	စွယ်တော်ဘုရားသို့ သွားရောက်ကြည့်ညိုဖူးမြော်ခြင်း	172
သင်ခန်းစာ(၂၉)	မဟာတံတိုင်းရှည်ကြီးသို့ သွားရောက်လည်ပတ်ကြည့်ရှုခြင်း	177
သင်ခန်းစာ(၃၀)	ရှေးဟောင်းနန်းတော်သို့ သွားရောက်လည်ပတ်ကြည့်ရှုခြင်း	183
သင်ခန်းစာ(၃၁)	အီဟိုယွမ်းခေါ်နွေရာသီနန်းတော်ကြီး၌ လည်ပတ်ကြည့်ရှုခြင်း	190
သင်ခန်းစာ(၃၂)	ပီကင်းတက္ကသိုလ်၌ လည်ပတ်ကြည့်ရှုခြင်း(၁)	196
သင်ခန်းစာ(၃၃)	ပီကင်းတက္ကသိုလ်၌ လည်ပတ်ကြည့်ရှုခြင်း(၂)	202
သင်ခန်းစာ(၃၄)	ခွင်မင်းမြို့၌လည်ပတ်ကြည့်ရှုခြင်း	209
သင်ခန်းစာ(၃၅)	ကူးသန်းရောင်းဝယ်မှုအရေးကိစ္စနှင့် ပတ်သက်၍ဆွေးနွေးခြင်း	215
သင်ခန်းစာ(၃၆)	ကွန်ပျူတာအကြောင်း ဆွေးနွေးကြရအောင်	222
သင်ခန်းစာ(၃၇)	မြန်မာစာပေအကြောင်းဆွေးနွေးခြင်း	228
သင်ခန်းစာ(၃၈)	တရုတ်–မြန်မာချစ်ကြည်ရေးအစွန့်ရှည်ပါစေ	234

ပထမပိုင်း

တရုတ်ပညာတော်သင်လှလှသည်
မြန်မာနိုင်ငံတွင်.....

သင်ခန်းစာ(၁)   နှုတ်ခွန်းဆက်ခြင်း

က။ မောင်မောင်(မြန်မာစာအထူးပြုကျောင်းသား၊ ရန်ကုန်တက္ကသိုလ်)
ခ။ လှလှ(တရုတ်ပညာတော်သင်)

(လှလှသည် ၂၀၀၀ပြည့်နှစ် တရုတ်-မြန်မာ နှစ်နိုင်ငံပညာတော်သင်ဖလှယ်ရေးအစီအစဉ်အရ ပညာတော်သင်အဖြစ် တရုတ်လေကြောင်းဖြင့် မြန်မာနိုင်ငံသို့ ရောက်ရှိလာသည်။ ရန်ကုန်မြို့ရှိ တရုတ်သံရုံးယဉ်ကျေးမှုဌာနမှ ဒုတိယအတွင်းဝန် မစ္စကာလီက ရန်ကုန်အပြည်ပြည်ဆိုင်ရာလေဆိပ်သို့ ဆင်းကြိုပြီး လှလှကို ရန်ကုန်နိုင်ငံခြားဘာသာတက္ကသိုလ်သို့ ကားဖြင့်တိုက်ရိုက်ပို့ပေးသည်။ လှလှသည် မြန်မာစာဌာနက ဆရာနှင့်ဆရာမများကို တွေ့ဆုံနှုတ်ဆက်ပြီး နိုင်ငံခြား ပညာတော်သင်ဘော်ဒါဆောင်သို့ခြေကျင်ပြန်သည်။ ရန်ကုန်တက္ကသိုလ် ဂိတ်ဝသို့ ရောက်သောအခါ မောင်မောင်နှင့်တွေ့သည်။ ထိုအခါ…)

က။ မင်္ဂလာပါခင်ဗျာ။
ခ။ မင်္ဂလာပါရှင်။
က။ တွေ့ရတာ ဝမ်းသာပါတယ်။
ခ။ ကျွန်မလည်း ဝမ်းသာပါတယ်။ ရှင့်နာမည်သိပါရစေ။
က။ ကျွန်တော့်နာမည်က မောင်မောင်လို့ခေါ်ပါတယ်။ ခင်ဗျားနာမည်ကော၊ ဘာတဲ့လဲ။
ခ။ ကျွန်မနာမည်က လှလှတဲ့၊ တရုတ်ပညာတော်သင်ပါ။
က။ ဟုတ်လား။ နာမည်လှသလို လူလည်းလှတာပဲ။
ခ။ ရယ်စရာမပြောနဲ့၊ မောင်မောင်ရယ်။
က။ ဒါရယ်စရာပြောတာ မဟုတ်ပါဘူး။ တကယ်ပါ။
ခ။ တကယ်တွေ၊ ဆယ်ကယ်တွေဘာတွေမပြောပါနဲ့၊ မလုပါဘူး။
က။ အောင်မယ်၊ လှလှကမြန်မာစကားမွတ်နေအောင်ပြောတတ် ပါပဲဗျား။
ခ။ ဒီလောက်လဲ မဟုတ်ပါဘူး။ ထမင်းစားရေသောက်လောက်ပဲပါ။
က။ ဘယ်က ထမင်းစားရေသောက်လောက်ပဲလဲ။ ကျွန်တော်တောင် အရှုံးပေးရတယ်။
ခ။ ကျေးဇူးတင်ပါတယ်။ ကျွန်မကြိုးစားဖို့ အများကြီးလိုပါသေးတယ်။
က။ ကြိုးစားရင် ဘုရားတောင်ဖြစ်နိုင်တယ် ဆိုသလို ခင်ဗျားအောင်မြင်မှာပါ။
ခ။ ဒါနဲ့၊ ရန်ကုန်တက္ကသိုလ်က ကျောင်းပြန်ဖွင့်ပြီလား။
က။ ဟုတ်ကဲ့။ ကျောင်းပြန်ဖွင့်ပါပြီ။

ခ။ ။ နွေရာသီရက်ရှည်ကျောင်းပိတ်ရက်တွေမှာ ရှင်ဘယ်ကိုသွားသလဲ။

က။ ။ ကျွန်တော် တောရွာကို ကွင်းဆင်းလေ့လာရေးသွားပါတယ်။ တောရွာမှာ နှစ်ပတ်ကြာနေခဲ့တယ်။ ပြီးခဲ့တဲ့ တစ်ပတ်ကပဲ ပြန်လာတယ်။

ခ။ ။ တောရွာမှာ တော်တော်ပျော်ခဲ့ရဲ့လား။

က။ ။ ပျော်တာပေ့။ နေ့တိုင်းလယ်သမားဦးကြီးတွေနဲ့အတူ နွားလှည်းကိုစီးပြီး လယ်ဆင်းကြတယ်။ ကောက်စိုက်သမတွေဟာ သီချင်းတကြော်ကြော်နဲ့၊ ကောက်စိုက်ပြိုင်ကြတယ်။ နောက်ပြီး ပြာလဲ့လဲ့ကောင်းကင်ရယ်၊ စိမ်းစိမ်းစိုနေတဲ့ မြက်ခင်းတွေရယ်၊ တသွင်သွင်စီးနေတဲ့ချောင်းလေးရယ်၊ ကျေးငှက်တွေရဲ့သာယာလှတဲ့သီချင်း သံတွေရယ်၊ အို.....တွေ့လေရာအရပ်တိုင်းမှာ ပျော်စရာတွေချည်းပါပဲ။

ခ။ ။ ကြားရတာ သိပ်ဝမ်းသာပါတယ်။ ကျွန်မတောင် သွားချင်တဲ့စိတ်တွေ တဖွားဖွားပေါ်လာပါတယ်။ နောက်ဆို ကျွန်မကိုလည်း ခေါ်သွားနော်။

က။ ။ ဟုတ်ကဲ့။ ခင်ဗျားမပြောရင်လည်း ခင်ဗျားကို လိုက်ပို့ဖို့ ဆုံးဖြတ်ထားပါတယ်။

ခ။ ။ ဘာကြောင့်လဲရှင်။

က။ ။ မြန်မာနိုင်ငံကျေးလက်တောရွာရဲ့အကြောင်းကို သိရအောင်လေ။

ဝေါဟာရ

ပညာတော်သင်(န) 留学生   ဖလှယ်(က) 交流, 交换
အစီအစဉ်(န) 安排, 计划   လေကြောင်း(န) 航线, 航空
သံရုံး(န) 大使馆   ယဉ်ကျေးမှုဌာန(န) 文化处
အတွင်းဝန်(န) 秘书   တိုက်ရိုက်(ကြ) 直接
ဘော်ဒါဆောင်(န) 学生宿舍   ဂိတ်ဝ(န) 大门口
မွတ်(နဝ) 精通, 流利   အရှုံးပေး(က) 服输, 认输
ဘုရား(န) 佛, 佛塔   ကွင်းဆင်း(က) 实地了解, 下乡
လေ့လာ(က) 学习, 考察   ကောက်စိုက်သမ(န) 插秧女
လယ်သမားဦးကြီး(န) 老农   နွားလှည်း(န) 牛车
တကြော်ကြော်(ကြဝ) 大声地   ကောင်းကင်(န) 天, 天空
စိမ်းစိမ်းစို(နဝ) 青绿, 苍翠   တသွင်သွင်(ကြဝ) 潺潺, 淙淙
တဖွားဖွား(ကြဝ) 油然

လေ့ကျင့်ခန်း

၁။ ။ ကွင်းထဲက ဝေါဟာရများကို ပေးထားသောဝေါဟာရများဖြင့် အစားထိုးလေ့ကျင့်ပါ။

(၁) (တွေ့) ရတာဝမ်းသာပါတယ်။
   ကြား
   စား

သင်ခန်းစာ(၁) နှုတ်ခွန်းဆက်ခြင်း

  ဖတ်
  မြင်
  ခင်

(၂) (သိ) ပါရစေ။
  ပြန်
  သွား
  အိပ်
  ပြော
  လုပ်

(၃) ကျွန်တော့်နာမည် (မောင်မောင်) လို့ခေါ်ပါတယ်။
    မောင်မောင်လေး
    မောင်ကျော်သောင်း
    မောင်အောင်မြင့်
    မောင်ရွှေကောင်း

(၄) ကျွန်မနာမည် (လှလှ) တဲ့။
   ဖြူဖြူ
   ခင်ခင်တင့်
   နွဲ့ကလျာ
   ပပဝင်း
   မစန္ဒာ

(၅) (ကျေးဇူးတင်) ပါတယ်။
  အလုပ်များ
  နေကောင်း
  အဆင်ပြေ
  ကြိုဆို
  အား

(၆) (တောရွာ)မှာတော်တော်ပျော်ရဲ့လား။
  ကျောင်း
  အိမ်
  ရန်ကုန်
  တရုတ်ပြည်
  တပ်ထဲ

(၇) အို.....တွေ့လေရာအရပ်တိုင်းမှာ (ပျော်) စရာတွေချည်းပါပဲ။

ကြည်နူး
စိတ်ဆိုး
ဝမ်းနည်း
စိတ်ညစ်
ဝမ်းသာ

၂။ ။ အောက်ပါ မေးခွန်းများကို နှုတ်ဖြင့်ဖြေပါ။

(၁) လုလု ဘယ်က လာတာလဲ။
(၂) သူ ဘာလုပ်ဖို့ မြန်မာနိုင်ငံကို လာသလဲ။
(၃) မောင်မောင်က ဘယ်တက္ကသိုလ် ဘယ်အထူးပြုဘာသာရပ်က ကျောင်းသားလဲ။
(၄) လုလုနဲ့မောင်မောင်တို့ ဘယ်နေရာမှာ တွေ့ဆုံကြသလဲ။
(၅) လုလုက မြန်မာစကားပြောတာ ကောင်းရဲ့လား။
(၆) မောင်မောင်က ဘာဖြစ်လို့ လုလုကို အရှုံးပေးသလဲ။
(၇) မောင်မောင်က နွေရာသီကျောင်းပိတ်ရက်မှာ ဘယ်ကိုသွားသလဲ။
(၈) မောင်မောင်က ဘာဖြစ်လို့ ကျေးရွာကို သွားသလဲ။
(၉) ကျေးရွာမှာ သူဘယ်လောက်ကြာကြာနေခဲ့သလဲ။
(၁၀) မောင်မောင်က ကျေးရွာမှာ ဘာတွေများလုပ်ခဲ့သလဲ။
(၁၁) မြန်မာနိုင်ငံ ကျေးလက်တောရွာရဲ့ ရှုခင်းလှပပုံကို ဖွဲ့နွဲ့ရေးပြပါ။
(၁၂) မြန်မာနိုင်ငံ ကျေးလက်တောရွာရဲ့ လူပသာယာပုံကို ကြားရပြီးတဲ့နောက် လုလုက ဘယ်လိုခံစားမိသလဲ။
(၁၃) နောက်တစ်ခါ မောင်မောင်တောရွာသွားတဲ့အခါမှာ လုလုကို သူခေါ်သွားမှာလား။ ဘာကြောင့်လဲ။

၃။ ။ ပေးထားသော အောက်ပါ အချက်အလက်များကို အခြေခံ၍ စကားပြောတစ်ပုဒ် ရေးပါ။

阳春三月。北京大学校园里万物复苏，小草返青，松柏添绿，迎春花怒放，春意昂然。在暖融融的春天里，北京大学又开始了一个新的学期。外文楼前，缅甸语二年级学生王垒见到了缅甸女留学生漂漂，两个人兴致勃勃地交谈起来。

သင်ခန်းစာ(၂)   မိတ်ဆက်ခြင်း

က။   ။ လှလှ(တရုတ်ပညာတော်သင်)
ခ။   ။ မောင်မောင်(မြန်မာစာအထူးပြုကျောင်းသား၊ ရန်ကုန်တက္ကသိုလ်)
ဂ။   ။ ဖြူဖြူဝင်း(ပထမနှစ်ကျောင်းသူ၊ ရန်ကုန်ပညာရေးတက္ကသိုလ်)

(လှလှရန်ကုန်ကို ရောက်လာသည်မှာ နှစ်ပတ်ခန့်ရှိသွားပေပြီ။ တဖြည်းဖြည်းနှင့် မောင်မောင်နှင့် တော်တော် ရင်းနှီးလာ၏။ တစ်ခုသော စနေနေ့နံနက်ခင်းတွင် လှလှသည်မောင်မောင့်ထံသို့ သွားသည်။ ရန်ကုန်တက္ကသိုလ်ကျောင်းသား ဘော်ဒါဆောင်ရှေ့သို့ ရောက်သောအခါ အဆောင်ပေါ်မှ ဆင်းလာသောမောင်မောင့်ကို တွေ့ရသည်။ ထိုအခါတွင်....)

က။   ။ ကိုမောင်ရှင်အားလား။ အားရင် လှလှနဲ့အတူ အင်းလျားကန်ဘက်လမ်းလျှောက်သွားကြရအောင်။ မကောင်းဘူးလား။
ခ။   ။ ကောင်းသားပဲ၊ အခုပဲ သွားကြရအောင်။
က။   ။ ကိုမောင်၊ ရှင်ဘယ်ကသွားမလဲ။ ကျွန်မကြားဖူးတာက အဓိပတိလမ်း အတိုင်းသွားရမယ်။ တံခါးမကြီးက ထွက်ပြီးလမ်းဆုံအထိသွား။ ပြီးရင် ညာဘက်ကွေ့။ ပြည်လမ်းအတိုင်း ရှေ့တည့်တည့် မီတာ(၁၀၀) လောက် လျှောက်ရင် ရောက်မယ်တဲ့။
ခ။   ။ ဟာ–မလိုပါဘူးကွာ။ ဘွဲ့နှင်းသဘင်ခန်းမဆောင်ဘက်သွား၊ ခန်းမဆောင်ကျောဘက်မှာ တံခါးပေါက်လေးတစ်ခု ရှိတယ်။ အဲဒီတံခါးပေါက်လေးက ထွက်လိုက်ရင် အင်းလျားကန်တွေ့မှာပဲ။ ဒါက ဖြတ်လမ်းလေ။ နီးနီးလေးပဲ။
က။   ။ သြော်–ဟုတ်လား။ ဒါဆို ခပ်မြန်မြန် သွားရအောင်။
ခ။   ။ လှလှ၊ ဒါ အင်းလျားကန်ဘောင်ရိုးပဲ။ ဒီကန်ဘောင်ရိုးပေါ်မှာ လမ်းလျှောက်ရတာ စိတ်ကြည်နူးစရာသိပ်ကောင်းတယ်။ ခင်ဗျား ကြည့်လေ။ ကန်ရေပြင်က ဘယ်လောက်ကျယ်ဝန်းသလဲ။ လှိုင်းလည်း နည်းနည်းမှ မရှိဘူး။ ရေကလည်း ကြည်လိုက်တာ မှန်တစ်ချပ်လိုပဲနော်။
က။   ။ ဟုတ်ကဲ့။ ဒီလိုနေရာမျိုးမှာ ကျွန်မ ဘာမဆိုမေ့သွားနိုင်ပါပြီလို့ ဆိုနိုင်ပါတယ်။
ခ။   ။ ကြားရတာဝမ်းသာပါတယ်။ သြော်–ဒါနဲ့၊ ရှေ့မှာ ကျွန်တော့်သူငယ်ချင်းတစ်ယောက် လာနေတယ်။ လာ၊ ကျွန်တော် မိတ်ဆက်ပေးပါရစေ။
က။   ။ ဟုတ်လား။ ဘယ်က သူငယ်ချင်းလဲ။
ခ။   ။ ပြီးတော့ ပြောပြပါ့မယ်။ ဟေ့–ဖြူဖြူဝင်း၊ နင်ဘယ်တုန်းက ရန်ကုန်ကို ရောက်လာတာလဲ။ တွေ့ရတာ ဝမ်းသာလိုက်တာ။
ဂ။   ။ သြော်–မောင်မောင်ပါလား။ နင့်ကို မမျှော်လင့်ဘဲတွေ့ရတာ အရမ်းဝမ်းသာပါတယ်။ ငါ ဒီနှစ်ပဲ ရန်ကုန်ကို

ခ။ ရောက်တာ။ အခုပညာရေးတက္ကသိုလ်မှာ စာသင်နေတယ်။ ပထမနှစ် ကျောင်းသူပါ။ နင်ကော။

ခ။ ငါလည်း ဒီနှစ် ရန်ကုန်တက္ကသိုလ်ရောက်တာ။ မြန်မာစာအထူးပြုပါ။ လုလု။ လာခဲ့။ မိတ်ဆက်ပေးမယ်။ ဒီက ကျွန်တော့်သူငယ်ချင်း ဖြူဖြူဝင်းတဲ့။ ကျွန်တော်နဲ့တစ်မြို့ထဲကပါ။ အခု ပညာရေးတက္ကသိုလ်မှာ တက်နေတယ်။ ပထမနှစ်ကျောင်းသူပါ။ က-ဖြူဖြူဝင်း၊ ဒီကလုလုတဲ့။ တရုတ်ပညာတော်သင်ပါ။ မြန်မာစကား ကောင်းကောင်းပြောတတ်တယ်။ အခု ရန်ကုန်နိုင်ငံခြားဘာသာတက္ကသိုလ်မှာ တက်နေတယ်။

ဂ။ တွေ့ရတာ ဝမ်းသာပါတယ်။

က။ ကျွန်မလည်း ဝမ်းသာပါတယ်ရှင်။

ဂ။ ရှင် ရန်ကုန်ကို ရောက်လာတာ တော်တော်ကြာပြီလား။

က။ ဟင့်အင်း။ ဘယ်လောက်မှ မကြာသေးဘူးရှင်။ နှစ်ပတ်ကျော်ကျော်လောက်ပဲ ရှိပါသေးတယ်။

ဂ။ ဟုတ်လား။ နှစ်ပတ်ကျော်ကျော်လောက်လေးအတွင်းမှာ ရှင်ဘယ်နယ်လုပ် ဒီလောက် မြန်မာစကား ပြောတတ်နေသလဲ။

က။ ကျွန်မ မလာခင် ပီကင်းတက္ကသိုလ်မှာ မြန်မာစာတစ်နှစ်ကျော်ကျော် သင်ယူလာခဲ့တယ်။

ဂ။ ဒါဆို ရှင့်ဆရာက တော်တော် တော်တယ်နော်။

က။ ဟုတ်ကဲ့။ ကျွန်မဆရာက သိပ်တော်တယ်။ မြန်မာနိုင်ငံမှာ(၈)နှစ်ကျော် အလုပ်လုပ်ခဲ့တယ်လေ။

ဂ။ ဩော်-ဒီလိုကိုး။ ဆရာကောင်း တပည့်ကောင်းပေါ့။ က-လုလု၊ အချိန် မစောတော့ဘူး။ ကျွန်မ ပြန်ပါတော့မယ်။ ရှင်အားရင် ကျွန်မတို့ပညာရေးတက္ကသိုလ်ကို လာလည်ပါ။ အချိန်မရွေး ကြိုဆိုပါတယ်။ မအားရင်တော့ ဖုန်းလေးဘာလေးဆက်ပေါ့။ ကျွန်မ ဖုန်းနံပါတ်က (၅၂၂၄၆၈) ပါ။

က။ ဟုတ်ကဲ့။ အချိန်ရှိရင်တော့ ကျွန်မလာခဲ့မယ်။ ဒါပေမဲ့။ ကျွန်မ တက္ကသိုလ်ရောက်ခါစပဲ ရှိသေးတယ်။ စာကြိုးစားဖို့ကအရေးအကြီးဆုံးပါပဲ။ အပြင်ကို သိပ်မထွက်ဘူး။ နောက်ပြီး လမ်းကလည်း နည်းနည်း ဝေးနေတော့.....

ခ။ ဟာ၊ ဒါကတော့ လာချင်ရင်အနီးလေး၊ မလာချင်ရင် ခရီးဝေး ဆိုသလိုပဲ။

ဝေါဟာရ

အစိပတိ(န) 国家元首, 大学校长
ကွေ့(က) 转弯, 拐弯
တည့်တည့်(ကဝ) 一直地, 径直
ကျော(န) 背面, 后面
ကန်ဘောင်ရိုး(န) 湖堤, 湖岸
လှိုင်း(န) 波, 波浪
မှန်(န) 镜子
အချိန်မရွေး(ကဝ) 随时

လမ်းဆုံ(န) 十字路口, 岔道口
ပြည်လမ်း(န) 卑谬路
ဘွဲ့နှင်းသဘင်ခန်းမဆောင်(န) 授衔礼堂
ဖြတ်လမ်း(န) 近路, 捷径
ကြည်နူး(ကဝ) 心旷神怡
ကြည်(က) 清澈, 清晰
မိတ်ဆက်(က) 介绍

သင်ခန်းစာ(၂) မိတ်ဆက်ခြင်း

လေ့ကျင့်ခန်း

၁။ ။ ကွင်းထဲက ဝေါဟာရများကို ပေးထားသောဝေါဟာရများဖြင့် အစားထိုးလေ့ကျင့်ပါ။

(၁) (ကောင်း) သားပဲ။

ရှိ

သွား

မေး

မှန်

ထင်

သိ

(၂) (ပြည်လမ်း) အတိုင်း ရှေ့တည့်တည့်မီတာ၁၀၀လောက် လျှောက်ရင်ရောက်မယ်။

တောင်ပတ်လမ်း

ကန်ပတ်လမ်း

ကမ်းရိုးတန်း

ရေလမ်း

လူသွားလမ်း

(၃) ဒီ (ကန်ဘောင်ရိုး) ပေါ်မှာ လမ်းလျှောက်ရတာ စိတ်ကြည်နူးစရာ သိပ်ကောင်းတယ်။

မြက်ခင်းပြင်

သောင်ပြင်

မြေလမ်း

စကြံ

(၄) သြော်– (မောင်မောင်) ပါလား။

ဆရာ

ဦးလေး

ညီလေး

အစ်ကိုကြီး

သီတာသင်း

(၅) မမျှော်လင့်ဘဲ (တွေ့) ရတာ အရမ်းဝမ်းသာပါတယ်ကွာ။

ပယ်

ကြည့်

ငှား

ဆုံ

စား

(၆) (ရန်ကုန်) ကိုရောက်လာတာ တော်တော် ကြာပြီလား။
　　　ပီကင်း
　　　တရုတ်ပြည်
　　　မြန်မာနိုင်ငံ
　　　ကျောင်း

(၇) ဟင့်အင်း၊ဘယ်လောက်မှ မ (ကြာ) ဘူး။
　　　　　　ရှိ
　　　　　　ဝေး
　　　　　　မြင့်
　　　　　　စပ်
　　　　　　ကြီး

(၈) အချိန် မစောတော့ဘူး။ ကျွန်မ (ပြန်) ပါတော့မယ်။
　　　　　　အိပ်
　　　　　　သွား
　　　　　　လုပ်
　　　　　　စား

(၉) ရှင် (အား) ရင် ကျွန်မကျောင်းကို လာလည်ပါ။
　　　နား
　　　ပျင်း
　　　ကျောင်းဆင်း
　　　သိ

(၁၀) အချိန်မရွေး (ကြိုဆို) ပါတယ်။
　　　　ကူညီ
　　　　ဆီးကြို
　　　　ညည်ခံ
　　　　ရှိ
　　　　ဖွင့်

(၁၁) ကျွန်တော် (တက္ကသိုလ်)ကို ရောက်ခါစပဲ ရှိသေးတယ်။
　　　　အိမ်
　　　　မြန်မာနိုင်ငံ
　　　　နိုင်ငံခြား
　　　　မန္တလေး

သင်ခန်းစာ(၂) မိတ်ဆက်ခြင်း

(၁၂) (စာကြိုးစား) ဖို့က အရေးအကြီးဆုံးပါ။
အလုပ်လုပ်
ထမင်းစား
လေ့ကျင့်ခန်းလုပ်
ကျန်းမာရေးလေ့ကျင့်

၂။ ။ အောက်ပါ မေးခွန်းများကို နှုတ်ဖြင့်ဖြေပါ။

(၁) ဖြူဖြူဝင်းဟာ ဘယ်တက္ကသိုလ်ကလဲ။
(၂) လှလှမြန်မာနိုင်ငံကို ရောက်လာတာ ဘယ်လောက်ကြာပြီလဲ။
(၃) လှလှက တဖြည်းဖြည်းနဲ့ ဘယ်သူနဲ့ ရင်းနှီးလာသလဲ။
(၄) စနေနေ့တစ်နေ့မှာ လှလှက ဘယ်နေရာကို သွားပြီး ဘယ်သူကို သွားတွေ့သလဲ။
(၅) လှလှက ဘယ်နေရာကို သွားဖို့ ဟောင်မောင်ကို အဖော်စပ်သလဲ။
(၆) လှလှနဲ့အတူအင်းလျားကန်ကန်ဘောင်ရိုးပေါ်သွားပြီးလမ်း လျှောက်ဖို့ မောင်မောင်က သဘောတူသလား။
(၇) ရန်ကုန်တက္ကသိုလ်ကနေ အင်းလျားကန်ကို ဘယ်လိုသွားမှ နီးသလဲ။
(၈) အင်းလျားကန်ရဲ့ သာယာပုံကို ပြောပြစမ်းပါ။
(၉) မောင်မောင်က အင်းလျားကန် ကန်ဘောင်ရိုးပေါ်မှာ ဘယ်သူနဲ့ တွေ့ရသလဲ။
(၁၀) မောင်မောင်က လှလှကို သူမိတ်ဆွေနဲ့ မိတ်ဆက်ပေးသလား။
(၁၁) ဖြူဖြူဝင်းက လှလှကို သူတို့ပညာရေးတက္ကသိုလ်ကို လာလည်ဖို့ ဖိတ်ခေါ်သလား။
(၁၂) ဖြူဖြူဝင်းဖိတ်ခေါ်တာကို လှလှက လက်ခံသလား။
(၁၃) ဖြူဖြူဝင်းရဲ့ ဖုန်းနံပါတ်က ဘယ်လောက်လဲ။
(၁၄) ရန်ကုန်ဖုန်းနံပါတ်ဟာ ဂဏန်းဘယ်နှစ်လုံး ရှိသလဲ။
(၁၅) မောင်မောင်ပြောတဲ့မြန်မာစကားပုံရဲ့ အဓိပ္ပါယ်ကို ရှင်းပြပါ။

၃။ ။ ပေးထားသော အောက်ပါ အချက်အလက်များကို အခြေခံ၍ စကားပြောတစ်ပုဒ် ရေးပါ။

　　星期天，上午九时，王府井大街。人头攒动，熙熙攘攘，购物者络绎不绝。北京大学东语系缅甸语专业二年级学生王艳陪同缅甸留学生巴巴温到王府井百货大楼买东西。在王府井百货大楼门口，王艳无意中遇见了正在北京外贸大学学习的高中同学李杰和黄玫，王艳非常高兴，立刻把他们介绍给巴巴温。

သင်ခန်းစာ(၃)   တယ်လီဖုန်းဆက်ခြင်း

က။   ။ လှလှ
ခ။   ။ ဖုန်းအော်ပရေတာ
ဂ။   ။ ဦးထိန်လင်း(ညွှန်ကြားရေးမှူး၊ ရန်ကုန်တက္ကသိုလ်သမိုင်းသုတေသနဦးစီးဌာန)
ဃ။   ။ သုဇာလင်း(ဦးထိန်လင်း၏သမီး)

(လှလှသည် ရန်ကုန်သို့ ရောက်လာပြီးနောက် တတိယအပတ်တနင်္ဂနွေနေ့မနက် (၈)နာရီခန့်တွင် ဦးထိန်လင်းထံသို့ ဖုန်းဆက်ရန်သတိရလာသည်။ တရုတ်ပြည်မှ မလာခင် ဆရာလီက ရန်ကုန်ရောက်လျှင် ဦးထိန်လင်းထံသို့ ဖုန်းဆက်ပြီး နှုတ်ဆက်ပေးပါ။ ပိုးထည်ပိတ်စကုလည်း လက်ဆောင်အဖြစ် ပို့ပေးလိုက်ဟု သေသေချာချာမှာလိုက်သည်။ ထို့ကြောင့် လှလှက နံနက်စာစားပြီးသည်နှင့် ဖုန်းကို ကမန်းကတန်းဆက်လိုက်ခြင်းဖြစ်သည်။)

က။   ။ ဟလို–ရန်ကုန်တက္ကသိုလ်ကလား။
ခ။   ။ ဟုတ်ကဲ့ပါ။ အမိန့်ရှိပါရှင်။
က။   ။ ကျွန်မက တရုတ်ပြည်က လာတာပါ။ ညွှန်မှူးဦးထိန်လင်းနဲ့ စကားပြောချင်လို့ပါ။
ခ။   ။ ညွှန်မှူးဦးထိန်လင်းဆိုတာ ဘယ်ဌာနကလဲ။ သူ့ဖုန်းနံပါတ် ရှိသိပါလား။
က။   ။ ဟင့်အင်း၊ ကျွန်မ မသိပါဘူး။ အရင်တုန်းကတော့ ပေးထားခဲ့တယ်။ ဒါပေမဲ့၊ အလာမှာ လောလောလောနဲ့မို့၊ ယူဖို့မေ့သွားတယ်။ ကျေးဇူးပြုပြီး ရှာပေးစမ်းပါဦး။
ခ။   ။ ဟုတ်ကဲ့ပါရှင်။ ခဏကိုင်ထားပါ။ ကျွန်မ ရှာပေးမယ်။ ဩော်–ရပြီ။ ဖုန်းနံပါတ်က(၂၂၄၅၆၈)ပါ။
က။   ။ ကျေးဇူးတင်ပါတယ်။

(လှလှက ခဏစောင့်ပြီး ဦးထိန်လင်းအိမ်က ဖုန်းနံပါတ်ကို နှိပ်လိုက်သည်။)

က။   ။ ဟလို–ညွှန်မှူးဦးထိန်လင်းအိမ်ကလား။
ခ။   ။ ဟလို–ဦးထိန်လင်းအိမ်က ဖုန်းသုံးနေတယ်။ လိုင်းမအားပါဘူးရှင်။ ဖုန်းချလိုက်ပါ။ တော်ကြာမှဆက်ပါရှင်။
က။   ။ ဟုတ်ကဲ့ပါ။

(လှလှသည် ရေခဲရေတစ်ခွက်သောက်လိုက်သည်။ ထို့နောက်ဦးထိန်လင်းအိမ်သို့ ဖုန်းဆက်ပြန်သည်။)

က။   ။ ဟလို–ဦးထိန်လင်းအိမ်လား။
ဃ။   ။ ဟုတ်ကဲ့ပါရှင်။ အစ်မက ဘယ်သူပါလဲရှင်။
က။   ။ ကျွန်မ တရုတ်ပြည်ကလာတဲ့ပညာတော်သင်ပါ။ ကျွန်မနာမည် လှလှလို့ခေါ်ပါတယ်။ ပီကင်းက မလာခင်

သင်ခန်းစာ(၃) တယ်လီဖုန်းဆက်ခြင်း

ဆရာလီက မှာထားလို့ခွဲလို့ ဖုန်းဆက်တာပါ။ ဒါနဲ့၊ ညွန်မျူး အိမ်မှာ ရှိပါသလား။

ဃ။ ။ ဖေဖေ မနက်ကတည်းကအလုပ်နဲ့မြို့ထဲကို သွားပါတယ်။ ခုထက်ထိတောင် ပြန်မလာသေးပါဘူးရှင်။ နေ့လယ်ကျမှ ပြန်လာမယ်တဲ့။ ကျွန်မကသမီးပါ။ ဘာများပြောပေးရမှာလဲ။

က။ ။ တရုတ်ပြည် ပီကင်းတက္ကသိုလ် အရှေ့တိုင်ဘာသာစကားမဟာဌာန မြန်မာစာဌာနက ပါမောက္ခဆရာလီရဲ့ တပည့်မလေးလုလုက ရန်ကုန်မြို့ကို ရောက်လာပြီလို့ပဲ ပြောလိုက်ပါနော်။

ဃ။ ။ ဟုတ်ကဲ့ပါရှင်။ အစ်မစိတ်ချပါ။ ညီမ ဆက်ဆက်ပြောပြပါမယ်။

က။ ။ ဘိုင်ဘိုင်။

ဃ။ ။ ဘိုင်ဘိုင်။

(နေ့လယ်(၁၁)နာရီရောက်ပြီဖြစ်သဖြင့် လုလုသည်ထမင်းချက်ရန်ပြင်ဆင်နေသည်။ ဆန်ကိုဆေး၊ ထမင်းအိုးထဲထည့်၊ မီးဖိုပေါ်တည်ထားပြီးသောအခါ၊ လုလုက ဦးထိန်လင်းထံသို့ ဖုန်းထပ်ဆက်သည်။)

က။ ။ ဟာလို- ဦးထိန်လင်း ရှိပါသလားရှင်။

ဂ။ ။ ပြောနေပါက၊ယ်ခင်ဗျာ့။ လုလုလား။

က။ ။ ဟုတ်ကဲ့။ လုလုပါ။

ဂ။ ။ သမီး ဘယ်ကုန်းက ရောက်လာတာလဲ။ မလာခင် ဆယ်ဘူးဇီကလည်း ဘာသတင်းမှ မပေးပါလား။

က။ ။ သတင်းမပေးတာက တစ်ခြားကြောင့် မဟုတ်ပါဘူးရှင်။ ဆရာလီက ဦးအံ့ဩမ်းသာသွားစေချင်လို့တဲ့။

ဂ။ ။ ဒါထက်၊ သမီး ရန်ကုန်မြို့မှာ ဘယ်လောက် ကြာကြာနေမလဲ။ အိမ်ကို လာလည်ပါဦး။ ဦး ကောင်းကောင်း ဧည့်ခံရမယ်။ ဦးရဲ့ဇနီးဒေါ်တင့်တင့်က တရုတ်ဟင်းချက်တဲ့နေရာမှာ ပြိုင်ဘက်ကင်းတယ်။ သူက လက်စွမ်း ပြချင်တယ်။ လာနော်။

က။ ။ လာမယ်၊ လာမယ်။ လာဖြစ်အောင်လာပါမယ်။ အခုလို နီးနီးလေးနဲ့၊ လူချင်းမတွေ့ရဘဲ အသံပဲ ကြားရတော့ သမီးအားမရဘူး။ နောက်ပြီး ဆရာလီကလည်း ဦးကို လက်ဆောင်ပေးလိုက်လို့ လာကိုလာရမှာပေါ့။

ဂ။ ။ ဒါဆို သမီး ဘယ်တော့လောက် လာမလဲ။ ဦးကိုယ်တိုင် လာကြိုရမလား။ နို့မဟုတ်ရင် အိမ်ရှေ့ကားဂိတ်မှာ စောင့်ကြိုရမလား။

က။ ။ မလိုပါဘူးဦးရယ်။ ဒုက္ခမရှာပါနဲ့။ သမီး တက္ကစီနဲ့လာခဲ့ပါမယ်။ ဦးအိမ်မှာပဲ စောင့်ပါ။

ဂ။ ။ ကောင်းပြီ။ ဒါထက်၊ သမီး မနက်ဖြန်လာမလား။ သန်ဘက်ခါ လာမလား။

က။ ။ မနက်ဖြန်ပဲ လာခဲ့မယ်။ ဦး စိတ်သာချပါ။

ဂ။ ။ မနက်ဖြန် ဦးတစ်အိမ်သားလုံး သမီးအလာကို လည်ပင်းတရှည်ရှည်နဲ့၊ စောင့်မျှော်နေပါမယ်။ လာဖြစ်အောင် ဆက်ဆက်လာနော်။

က။ ။ ဟုတ်ကဲ့ပါ ဦးရယ်။

ဝေါဟာရ

ဖုန်းအော်ပရေတာ(န) 接线员
ဦးစီးဌာန(န) 局, 司
ပိုးထည်(န) 丝绸, 丝织品

သုတေသန(န) 研究
ညွှန်ကြားရေးမှူး(န) 处长
ပိတ်စ(န) 布, 布块, 布料

သေသေချာချာ(ကဝ) 肯定　　　ကမန်းကတန်း(ကဝ) 急忙, 匆忙
ညွှန်မှူး(န) 处长　　　နှိပ်(က) 压, 按
လိုင်း(န) 线, 线路　　　ရေခဲရေ(န) 冰水
ပါမောက္ခ(န) 教授　　　တပည့်(န) 学生, 弟子, 徒弟
ဆက်ဆက်(ကဝ) 一定, 务必　　　သတင်းပေး(က) 报告, 通风报信
အံ့ဩ(က) 惊奇, 惊叹　　　ညည်ခံ(က) 接待, 招待
ပြိုင်ဘက်ကင်း(က) 没有对手, 无敌　　　တက္ကစီ(န) 出租汽车
လက်စွမ်းပြ(က) 显示才能, 露一手　　　စိတ်ချ(က) 放心, 安心
လည်ပင်း(န) 颈, 脖子　　　တရှည်ရှည်(ကဝ) 拉长地
စောင့်မျှော်(က) 期待, 盼望　　　ခွင့်လွှတ်(က) 原谅, 饶恕
မတော်တဆ(ကဝ) 万一, 意外

လေ့ကျင့်ခန်း

၁။ ။ ကွင်းထဲက ဝေါဟာရများကို ပေးထားသောဝေါဟာရများဖြင့် အစားထိုးလေ့ကျင့်ပါ။

　(၁) ဟလို– (ရန်ကုန်တက္ကသိုလ်) ကလား။
　　　ပီကင်းတက္ကသိုလ်
　　　နိုင်ငံခြားဘာသာတက္ကသိုလ်
　　　ပီကင်းဘာသာစကားတက္ကသိုလ်
　　　ပညာရေးတက္ကသိုလ်

　(၂) ကျွန်မက (တရုတ်ပြည်) က လာတာပါ။
　　　မြန်မာနိုင်ငံ
　　　ဂျပန်ပြည်
　　　ထိုင်းနိုင်ငံ
　　　စင်္ကာပူ
　　　မလေးရှား

　(၃) ဟင့်အင်း၊ ကျွန်မ မ (သိ) ပါဘူး။
　　　စား
　　　သွား
　　　မေး
　　　လိုက်

　(၄) ကျေးဇူးပြုပြီး (ရှာ) ပေးစမ်းပါ။
　　　ဝယ်
　　　ယူ

သင်ခန်းစာ(၃) တယ်လီဖုန်းဆက်ခြင်း

　　　　ကြည့်
　　　　ဖွင့်
(၅) ခုထက်ထိတောင်ပြန် မ (လာ) သေးပါဘူးရှင့်။
　　　　ရေး
　　　　ပေး
　　　　ပို့
　　　　လုပ်
(၆) (သတင်း)မပေးတာက တခြားကြောင့် မဟုတ်ပါဘူးရှင့်။
　　　　အကူအညီ
　　　　ဖောင်တိန်
　　　　နိုး
　　　　စာ
(၇) ဦးရဲ့ဇနီး ဒေါ်တင်တင်က (တရုတ်ဟင်းချက်) တဲ့နေရာမှာ ပြိုင်ဘက်ကင်းတယ်။
　　　　ပန်းချီဆွဲ
　　　　အကက
　　　　သီချင်းဆို
　　　　စန္ဒရားတီး

၂။ ။ အောက်ပါ မေးခွန်းများကို နှုတ်ဖြင့်ဖြေပါ။
(၁) လှလှ ရန်ကုန်ကို မလာခင်ဆရာလီက ဘယ်လို မှာထားသလဲ။
(၂) လှလှ ရန်ကုန်ကို ရောက်ပြီး ဘယ်နေ့မှာ ဦးထိန်လင်းဆီကို ဖုန်းဆက်သလဲ။
(၃) လှလှက ဦးထိန်လင်းဆီ ပထမအကြိမ် ဖုန်းဆက်တော့ ဆက်လို့ရသလား။ ဘာကြောင့်လဲ။
(၄) ပီကင်းက မလာခင် ဦးထိန်လင်းအိမ်ရဲ့ဖုန်းနံပါတ်ကို လှလှသိပါသလား။
(၅) ဦးထိန်လင်းရဲ့ အိမ်ဖုန်းနံပါတ်က ဘယ်လောက်လဲ။
(၆) ဒုတိယအကြိမ် လှလှ ဖုန်းဆက်လိုက်တော့ ဘာဖြစ်လို့မရပြန်သလဲ။
(၇) တတိယအကြိမ် လှလှဖုန်းဆက်တာ ရသလား။
(၈) ဦးထိန်လင်းအိမ်မှာ ဘယ်သူက ဖုန်းနားကောင်သလဲ။
(၉) ဦးထိန်လင်း ဘယ်ကို ထွက်သွားတာလဲ။ ဘယ်အချိန်ကျမှ ပြန်လာမလဲ။
(၁၀) လှလှက ဦးထိန်လင်းရဲ့သမီးကို ဘယ်လိုမှာထားသလဲ။
(၁၁) လှလှ ရန်ကုန်လာပါတော့မယ်လို့ ဆရာလီက ဦးထိန်လင်းကို ဘာဖြစ်လို့အသိမပေးသလဲ။
(၁၂) လှလှကို ဦးထိန်လင်းရဲ့ဇနီးက ဘာများလက်ဆွမ်းပြချင်သလဲ။
(၁၃) လှလှက ဘာကြောင့် ဦးထိန်လင်းအိမ်ကို မရရအောင်သွားချင်သလဲ။
(၁၄) လူချင်းတွေ့ချင်တဲ့အပြင် လှလှက ဘာများ လုပ်စရာရှိသေးသလဲ။

(၁၅) ဦးထိန်လင်းအိမ်ကို လှလှက ဘာနဲ့သွားသလဲ။

(၁၆) လှလှကို ဦးထိန်လင်းက ဘယ်မှာ စောင့်ကြိုမယ်လို့ ဆုံးဖြတ်ထားသလဲ။

(၁၇) လှလှက ဦးထိန်လင်းအိမ်ကို ချိန်းထားတဲ့အတိုင်း အချိန်မှန်မှန် ရောက်လာနိုင်မလား။ မှန်းဆမ်းပါဦး။

၃။ ။ ပေးထားသော အောက်ပါ အချက်အလက်များကို အခြေခံ၍ စကားပြောတစ်ပုဒ် ရေးပါ။

　　吴藤林率领缅甸历史学家代表团来到中国。刚到北京机场就急着给北京大学的李教授打电话。翻译说，在机场打电话需要磁卡，吴藤林只好作罢。吴藤林一行坐上前来迎接的专车，很顺利地来到下榻的北京饭店。刚一进屋，吴藤林就拨通了李教授的电话，两个人热情地交谈起来。

သင်ခန်းစာ(၄)   မိတ်ဆွေအိမ်သို့အလည်သွားခြင်း

ကႈ ႈ လှလှ
ခႈ ႈ ဦးထိန်လင်း
ဂႈ ႈ ဒေါ်တင်တင်(ဦးယိန်ပင်း၏ဇနီး)
ဃႈ ႈ သုဇာလင်း

(နောက်တစ်နေ့မနက်ဖြွင် လှလှက ခပ်စောစောယပိုက်သည်။ မျက်နှာသစ်၊ သွားတိုက်၊ ကော်ဖီသောက်၊ မုန့်စားပြီးသည်နှင့် ဦးထိန်လင်းအိမ်သို့သွားရန် အပြင်ထွက်လိုက်သည်။ အဝေးမှတက္ကစီ တစ်စီးမောင်းလာသည်ကို တွေ့ရသောအခါ တားထားလိုက်သည်။ (၂၆)လမ်းသွားမယ်။ (၂၀၀)ပဲပေးမယ်ဟု ကားဆရာကိုပြောသည်။ ကားဆရာကခေါင်း ညိတ်လိုက်သည်နှင့် ကားပေါ်တက်လိုက်သည်။)

ကႈ ႈ ဒေါက်၊ ဒေါက်၊ ဒေါက်။ (လှလှက ဦးထိန်လင်းအိမ်၏တံခါးကို ခေါက်သည်။)

ဃႈ ႈ လာပြီ။ ဘယ်သူတံခါးခေါက်နေပါလဲရှင်။

ကႈ ႈ လှလှပါ၊ တရုတ်ပညာတော်သင်ပါ။

ဃႈ ႈ ဟုတ်ကဲ့၊ အခုပဲလာခဲ့ပါမယ်။ (သုဇာလင်းက တံခါးကို အပြေးအလွှား ဖွင့်ပေးလိုက်သည်) အစ်မ၊ ကြိုဆိုပါတယ်။ အထဲကြွပါရှင်။ ဆိုဖာပေါ် မှာထိုင်ပါဦး။ ဖေဖေ၊ လှလှလာပြီ။

ခႈ ႈ ဟုတ်လား။ (ဦးထိန်လင်းကစာဖတ်နေစဉ် သမီး၏စကားကိုကြားရသောအခါ စာအုပ်ကိုစားပွဲပေါ်သို့ချ၍ စာဖတ်ခန်းမှထွက်လာပြီး) လှလှရောက်ပြီလား။

ကႈ ႈ ဟုတ်ကဲ့။ (လှလှကထိုင်ရာမှမတ်တတ်ရပ်ပြီး) ဦး နေကောင်းတယ်နော်။ တွေ့ရတာ ဝမ်းသာလိုက်တာ။

ခႈ ႈ နေကောင်းပါတယ်။ ထိုင်ပါ၊ ထိုင်ပါ၊ ကိုယ့်အိမ်မှာနေသလိုနေပါ။ လူစိမ်းသူစိမ်းဆီ ရောက်တယ်လို့မထင်နဲ့နော်။ သမီး ရန်ကုန်ရောက်လာတာ နေသား ကျပြီလား။

ကႈ ႈ ဟုတ်ကဲ့။ နေသားမကျစရာရယ်လို့ လုံးဝမရှိပါဘူး။ အားလုံး အဆင်ပြေပါတယ်။

ခႈ ႈ ကြားရတာ ဝမ်းသာပါတယ်။ တင်ရေ၊ စားစရာသောက်စရာလေးတွေ လုပ်ပါဦး။ လှလှရောက်လာပြီ။ ကောင်းကောင်းပြင်လိုက်နော်။

ဂႈ ႈ ဟုတ်ကဲ့။ လုပ်နေတယ်။ အခုပဲလာခဲ့ပါမယ်။ (ပြောရင်းဆိုရင်းဖြင့်ဒေါ်တင်တင့်က လက်ဖက်အုပ်ကိုင်ကာ မီးဖိုထဲမှထွက်လာ၍ လက်ဖက်ရည်ပန်းကန်တင်စားပွဲလေးပေါ်တွင်အသာချပြီး) သမီး၊ သုံး ဆောင်ပါဦး။ ဒါကတော့ မြန်မာ့ယဉ်ကျေးမှုပါပဲ။ ဒေါ်ဒေါ်တို့မြန်မာတွေက ည်သည်လာတိုင်း ကွမ်းဆေးလက်ဖက်တွေနဲ့

ည်ခံလေ့ရှိတယ်။ ဒီလက်ဖက်အုပ်ထဲကလက်ဖက်ဟာ ကျားမပျိုအိုမရွေးလူတိုင်းလိုလိုကြိုက်တဲ့ အစားအစာပါပဲ။ သမီးသုံးဆောင်ပါ။ အားမနာပါနဲ့။ ဒေါ်ဒေါ်မှန်သွားယူမယ်။ ကော်ဖီလည်း သွားဖျော်ပေးဦးမယ်။

က။ ဒီလက်ဖက်အုပ်ထဲမှာ ဘာတွေပါသလဲရှင့်။

ခ။ သမီးကြည့်လေ။ ဒီလက်ဖက်အုပ်ထဲမှာ အကန့်တွေရှိတယ်။ အဲဒီအကန့်တွေထဲမှာ လက်ဖက်တစ်ကန့်၊ ကြက်သွန်ဖြူကြော်တစ်ကန့်၊ နှမ်းလှော်တစ်ကန့်၊ ချင်းတစ်ကန့်၊ မြေပဲလှော်တစ်ကန့်၊ ပုစွန်ခြောက်တစ်ကန့်၊ ငါးကျည်းခြောက်တစ်ကန့်၊ ပဲခြမ်းကြော်တစ်ကန့်၊ ပဲလုံးကြော်တစ်ကန့် ထည့်ထားတယ်။ ဒါက လက်ဖက်သုပ်ထဲမှာ မပါမဖြစ်တဲ့ စားစရာပါ။ စားတဲ့အခါမှာ ဇွန်းနဲ့တစ်မျိုး စီကော်ပြီး စားလေ့ရှိတယ်။ လက်ဖက်ကို သုပ်စားလေ့လည်းရှိတယ်။ လက်ဖက်သုပ်လို့ခေါ်တယ်။ သမီး စားကြည့်လေ။

က။ ဟုတ်ကဲ့။ တော်တော်စားလို့ကောင်းတယ်နော်။ သိပ်အရသာရှိတယ်။ စားပြီးတာနဲ့ ချက်ချင်းလန်းဆန်းလာသလိုပဲ။

ခ။ ဟုတ်တယ်။ လက်ဖက်ဟာ လူကိုလန်းဆန်းစေတတ်တယ်။ ဒါကြောင့် မြန်မာကျောင်းသူကျောင်းသားတိုင်း စာမေးပွဲနီးလာတဲ့အခါ စာကျက်ရင်း လက်ဖက်သုပ်စားလေ့ရှိတယ်။

က။ အဲဒါ ဘာကြောင့်လဲရှင့်။

ခ။ အိပ်ချင်ပြေတယ်လေ။

က။ ဟုတ်လား။ ဒါဆို နောင် သမီးစာမေးပွဲဖြေတဲ့အခါမှာလည်း လက်ဖက်သုပ်ဝယ်စားမယ်။

ဂ။ ဟာ။ သမီးဝယ်ဖို့မလိုပါဘူး။ ဒေါ်ဒေါ်ပဲ သုပ်ပေးပါ့မယ်။

က။ ဦး၊ ဒါကသမီးဆရာလီကလူကြီးပါးလိုက်တဲ့လက်ဆောင်ပစ္စည်းပါ။ ဦးလက်ခံပါ။ တန်ဖိုးတော့ သိပ်မရှိပါဘူးတဲ့ စေတနာပါတဲ့။

ခ။ လက်ခံပါတယ်။ ကျေးဇူးတင်ပါတယ်လို့လည်း သမီးစာရေးပြီးပြောပြလိုက်ပါ။ အခါအခွင့်ကြုံရင် မြန်မာနိုင်ငံကို လာလည်ပါဦးလို့လည်း ရေးလိုက်ပါ။

က။ ဟုတ်ကဲ့။ ရေးပါမယ်။ ဦးစိတ်ချပါ။ ဟယ်၊ ပြောရင်းဆိုရင်းနဲ့ခြောက်နာရီတောင် ထိုးတော့မယ်။ သမီးကို ပြန်ခွင့်ပြုပါဦး။

ဂ။ ဘယ်ရမလဲသမီးရယ်။ ဒေါ်ဒေါ်က ဟင်းချက်တဲ့နေရာမှာ ပြိုင်ဘက်ကင်းတယ်လို့ ဖုန်းထဲမှာပြောတယ် မဟုတ်လား။ အဲဒါကြီးတာမဟုတ်ဘူး။ တစ်ကယ်ပါ။ ဒေါ်ဒေါ်အခုပဲ လက်စွမ်းပြလိုက်ပါမယ်။ ဒါပေမဲ့ ဒီနေ့တော့ တရုတ်ဟင်းမချက်ပါဘူး။ မြန်မာမှာနာမည်ကျော်အစားအစာတစ်မျိုး ဖြစ်တဲ့မုန့်ဟင်းခါးပဲ ချက်ကျွေးမယ်။ ခဏစောင့်နော်။ ဒေါ်ဒေါ်ခုပဲ သွားချက်မယ်။

က။ ဦး၊ မုန့်ဟင်းခါး ဘာနဲ့ချက်သလဲ။

ခ။ မုန့်ဟင်းခါးဟာမုန့်ဖတ်၊ ပဲမှုန့်၊ ငါး၊ ငှက်ပျောအူတို့နဲ့ ချက်ထားတဲ့ဟင်းပျစ်ဖြစ်ပါတယ်။ စားလို့ သိပ်ကောင်းတယ်။ ဦးတို့မြန်မာတွေ ညည်သည်လာတိုင်း ကျွေးတတ်တဲ့အစားအစာပါ။ သမီးလည်း တော်ကြာ မြည်းကြည့်ပါဦး။

ဂ။ မောင်၊ မုန့်ဟင်းခါးချက်ပြီးပါပြီ။ ခုစားလို့ရပြီ။ သမီးလုလုနဲ့အတူ ထမင်းစားခန်းထဲလာပါ။

ခ။ သမီး၊ လာ၊ စားကြရအောင်။ သူဇာလည်းလာခဲ့။

ဂ။ ရေ့၊ သမီးလုလု။ သုံးဆောင်ပါ။ စားလို့ကောင်းလား မကောင်းလား စားကြည့်စမ်း။

က။ စားလို့သိပ်ကောင်းတယ်။ လက်ရာလည်းသိပ်မြောက်တယ်။ တစ်ဖက်ကမ်းခပ်ပါပဲ။

သင်ခန်းစာ(၄) မိတ်ဆွေအိမ်သို့အလည်သွားခြင်း

ဂ။	မမျှော်ပါနဲ့သမီးရယ်။ တော်ကြာဒေါ်ဒေါ်ကောင်းကင်ပေါ်ကကျမှာ စိုးရိမ်တယ်။
က။	သမီးသက်သက်မျှော်တာ မဟုတ်ပါဘူး။ အမှန်အတိုင်းပြောတာပါ။
ဂ။	ဒါဆို၊ သမီးနောက်တစ်ပွဲစားပါဦး။
က။	တော်လောက်ပါပြီ။ သမီးဝနေပြီ။ မစားနိုင်တော့ဘူး။
ဂ။	ဘာကြောင့်လဲ၊ အဒေါ်ဟင်းချက်တာတစ်ဖက်ကမ်းခပ်တယ်ဆို။
က။	ဟုတ်တယ်။ ဒါပေမဲ့၊ သမီးဝိတ်လျှော့မလို့။
ဂ။	ဘာကြောင့်လဲ။
က။	သမီးလှချင်လို့လေ။

ဝေါဟာရ

ဒေါက်(န) (မသ)	敲门声	ခေါက်(က)	敲, 磕碰
ဆိုဖာ(န)	沙发	စာရေးစားပွဲ(န)	写字台
လူစိမ်းသူစိမ်း(န)	陌生人	နေသားကျ(က)	习惯
မီးဖို(န)	厨房	လက်ဖက်အုပ်(န)	咸茶叶盒
လက်ဖက်ရည်ပန်းကန်တင်စားပွဲယ်လေး(န)	茶几儿	အသာ(ကဝ)	轻轻地, 文雅地
ကွမ်း(န)	槟榔	ဆေး(န)	烟叶, 烟草
လက်ဖက်(န)	茶叶, 拌咸茶	လက်ဖက်ရည်(န)	甜奶茶, 茶水
ကျားမပျိုအိုမရွေး(ကဝ)	不分男女老少	အကန့်(န)	隔间, 隔
ကြက်သွန်ဖြူ(န)	大蒜	ကြော်(က)	炸, 煎, 炒
နှမ်း(န)	芝麻	လှော်(က)	干炒
ချင်း(န)	姜	ပုစွန်ခြောက်(န)	海米, 干虾
ငါးကျည်းခြောက်(န)	鲇鱼干	ပဲခြမ်းကြော်(န)	炸豆瓣儿
ပဲလုံးကြော်(န)	炸豌豆	ဇွန်း(န)	汤勺
ကော်(က)	挑, 抠, 盛	အရသာ(န)	味道
လန်းဆန်း(က)	兴奋, 精神好	အိပ်ချင်ပြေ(က)	解困
ကြွား(က)	吹嘘, 炫耀	စေတနာ(န)	心意, 诚意
မုန့်ဖတ်(န)	面糊, 凉粉, 白米线	မုန့်ဟင်းခါး(န)	鱼汤米线
ငှက်ပျောအူ(န)	香蕉茎中心部分（可食）	ပဲမှုန့်(န)	豆粉
တဖက်ကမ်းခပ်(က)	精通	ဟင်းပျစ်(န)	浓汤, 稠汤
ဝိတ်(န/လိပ် weight)	体重		

လေ့ကျင့်ခန်း

၁။ ။ ကွင်းထဲက ဝေါဟာရများကို ပေးထားသောဝေါဟာရများဖြင့် အစားထိုးလေ့ကျင့်ပါ။

(၁) ဘယ်သူ (တံခါးခေါက်) နေပါလိမ့်မလဲ။
        တယောထိုး
        စကားပြော
        သီချင်းဆို
        တယ်လီဖုန်းဆက်

(၂) ကိုယ့် (အိမ်) မှာနေသလိုနေပါ။
        တိုင်းပြည်
        ကျောင်း
        ရွာ
        အိပ်ခန်း
        ဌာန

(၃) (နေသားမကျ) စရာရယ်လို့လုံးဝမရှိပါဘူး။
        သဘောမတူ
        စိတ်ကြိုက်မတွေ့
        စိတ်မဝင်စား
        မကျေနပ်

(၄) ကျွန်မတို့မြန်မာတွေက ညသည်လာတိုင်း (ကွမ်းဆေးလက်ဖက်တွေ) နဲ့ညှဉ်းခံလေ့ရှိတယ်။
                ရေနွေးကြမ်း
                ကော်ဖီ
                ဆေးလိပ်
                မုန့်

(၅) ဒီလက်ဖက်အုပ်ထဲက (လက်ဖက်) ဟာကျားမပျိုအိုမရွေးလူ တိုင်းလိုလိုကြိုက်တဲ့အစားအစာပါ။
        ပဲလုံးကြော်
        နမ်းလျှော်
        မြေပဲကြော်
        ပုစွန်ခြောက်

(၆) အခါအခွင့်ကြုံရင် (မြန်မာနိုင်ငံ) ကိုလာလည်ပါဦး။
        တရုတ်ပြည်
        ပီကင်းမြို့
        ပီကင်းတက္ကသိုလ်
        ရန်ကုန်မြို့

သင်ခန်းစာ(၄) မိတ်ဆွေအိမ်သို့အလည်သွားခြင်း

(၇) ဒေါ်ဒေါ်က(ဟင်းချက်)တဲ့နေရာမှာတစ်ဖက်ကမ်းခပ်တယ် ဆို။

ပုံပြော
ရက်ကန်းရက်
ကဗျာစပ်
ရွှေချည်ထိုး

၂။ အောက်ပါ မေးခွန်းများကို နှုတ်ဖြင့်ဖြေပါ။

(၁) လှလှက ဘယ်သူ့အိမ်ရဲ့တံခါးကို ခေါက်သလဲ။
(၂) ဘယ်သူက တံခါးလာဖွင့်ပေးသလဲ။
(၃) ဦးထိန်လင်းသမီးရဲ့နာမည်က ဘာတဲ့လဲ။
(၄) သူဇာလင်းက အိမ်တံခါးဖွင့်ပေးရင်း ဘာတွေများပြောသလဲ။
(၅) လှလှအိမ်ထဲကိုရောက်ကာကာ့အခါ ဦးထိန်လင်းက ဘာလုပ်နေတုန်း။
(၆) ဦးထိန်လင်းကိုတွေ့ရတဲ့အခါ လှလှက ဘယ်လိုနှုတ်ခွန်းဆက်သလဲ။
(၇) ဦးထိန်လင်းက လှလှကို ဘာများပြန်ပြောသလဲ။ ဘာမေးသေးသလဲ။
(၈) လှလှက ဦးထိန်လင်းမေးတာကို ဘယ်လိုဖြေသလဲ။
(၉) ဦးထိန်လင်းကသူ့ဇနီးကို ဘယ်လိုခေါ်သလဲ။
(၁၀) ဒေါ်တင့်တင့်က မီးဖိုခန်းထဲက ဘာနဲ့ထွက်လာသလဲ။ လှလှကို သူဘာပြောသလဲ။
(၁၁) လက်ဖက်အုပ်ထဲမှာ ဘာတွေများပါသလဲ။ ဘာကြောင့် လက်ဖက်သုပ်လို့ခေါ်ပါသလဲ။
(၁၂) လက်ဖက်သုပ်စားရင် ဘယ်လိုဖြစ်တတ်သလဲ။
(၁၃) မြန်မာကျောင်းသူကျောင်းသားများက စာမေးပွဲနီးလာတဲ့အခါ ဘာကြောင့် လက်ဖက်သုပ်စားလေ့ရှိသလဲ။
(၁၄) ဆရာလီက ဦးထိန်လင်းအတွက် ဘာလက်ဆောင် ပစ္စည်းပါးလိုက်သလဲ။
(၁၅) ဦးထိန်လင်းက လက်ခံသလား။ သူက လှလှကို ဘာတွေများမှာသလဲ။
(၁၆) ဒေါ်တင့်တင့်က ဘာဖြစ်လို့လှလှကို ပြန်ခွင့်မပြုသလဲ။
(၁၇) မုန့်ဟင်းခါးထဲမှာ ဘာတွေများပါပါသလဲ။
(၁၈) ဒေါ်တင့်တင့်မုန့်ဟင်းခါးချက်တာကို လှလှကဘယ်လို ချီးကျူးသလဲ။
(၁၉) လှလှက ဘာဖြစ်လို့ဝိတ်လျှော့ရသလဲ။

၃။ ပေးထားသော အောက်ပါ အချက်အလက်များကို အခြေခံ၍ စကားပြောတစ်ပုဒ် ရေးပါ။

拉拉到缅甸仰光外国语大学进修已经两个多月了。今天是星期天,她有些想家。早晨起来,吃过了早点,心里很烦,不想看书,什么事情也不想做。干脆到貌貌家里去玩。顺便了解一下缅甸接人待物的礼节和习惯。她这样想着,就背上了书包,拦了一辆出租汽车来到了坐落在仰光 26 条街的貌貌的家里。

သင်ခန်းစာ(၅)   မြန်မာစကားပြောကြရအောင်

က။ ။ လုလု

ခ။ ။ မောင်မောင်

    (တစ်နေ့သောညနေခင်းတွင် လုလုသည် စာဖတ်များသွားသဖြင့် ညောင်းလာသောကြောင့် ပုဂံလမ်းအတိုင်း အင်းလျားကန်ဖက်သို့ လမ်းလျှောက်ထွက်သွားသည်။ ကျနေဖြစ်သော်လည်း အပူရှိန်မလျော့သေးချေ။ လုလု ပူအိုက်ပြီး ချွေးပြန်လာသည်။ သို့သော် အင်းလျားကန်ဘေးသို့ရောက်သောအခါ လေညင်းကလေးတိုက်နေသဖြင့် နည်းနည်းအေးလာသလိုခံစားရသည်။ လုလုစိတ်ပျော်လာ၏။ ထိုအခိုက်လူတစ်ယောက်၏နှုတ်ဆက်သံကို ကြားရသည်။)

ခ။ ။ မင်္ဂလာပါခင်ဗျာ။

က။ ။ မောင်မောင်ပါလား။ တွေ့ရတာ ဝမ်းသာပါတယ်ရှင်။ ခုတလောမှာ ရှင်ဘယ်သွားနေသလဲ။ ကျွန်မတစ်ခါမှ မတွေ့ရပါလား။

ခ။ ။ စာမေးပွဲဖြေဖို့အတွက် နေ့ရောညပါ စာကျက်နေရလို့ပါ။ အပြင်ကို လုံးဝမထွက်အားဘူး။

က။ ။ ဒါဖြင့်ရှင်စာမေးပွဲဖြေနိုင်ရဲ့လား။

ခ။ ။ ဖြေနိုင်ပါတယ်။

က။ ။ ဒါဆို အတူတူလမ်းလျှောက်သွားရင်း မြန်မာစကားပြောကြရအောင်။ မကောင်းဘူးလား။

ခ။ ။ ကောင်းသားပဲ။

က။ ။ ကျွန်မမြန်မာစကားပြောတာ သိပ်မကောင်းသေးဘူး။ တကယ်လို့ အမှားရှိရင် မောင်မောင်မရယ်ရဘူးနော်။

ခ။ ။ ဘာလို့ရယ်ရမှာလဲ။ အချင်းချင်းတွေပဲဗျာ။ နောက်ပြီး ခင်ဗျားမြန်မာစကားအပြောကောင်းလာအောင် အိမ်ရှင်အနေနဲ့ ကျွန်တော့်မှာလည်း တာဝန်ဝတ္တရားရှိတယ်မဟုတ်လား။

က။ ။ ကျေးဇူးတင်ပါတယ်။ ဒါနဲ့ ရှင်တရုတ်ပြည်ရောက်ဖူးသလား။

ခ။ ။ ဟင့်အင်း။ မရောက်ဖူးဘူး။ ဒါပေမဲ့ တရုတ်ပြည်တစ်ခေါက်လောက် တော့သွားချင်တယ်။

က။ ။ ဘာကြောင့်လဲ။

ခ။ ။ ဘာကြောင့်ရယ်လို့တော့ မပြောတတ်ပါဘူး။ ကျွန်တော့်ကိုယ်ထဲမှာ တရုတ်သွေးပါလို့လားမသိဘူး။

က။ ။ ရှင်။ ရှင့်ကိုယ်ထဲမှာတရုတ်သွေးပါတယ် ဟုတ်လား။

ခ။ ။ ဟုတ်တယ်။ ကျွန်တော့်အဘိုးကတရုတ်စစ်စစ်။ အဘွားကမြန်မာစစ်စစ်ပါ။

က။ ။ ကြားရတာ အရမ်းဝမ်းသာပါတယ်ရှင်။ ဒီလိုဆိုရင် ကျွန်မတို့ကသွေးချင်းသားချင်းပါပဲနော်။

ခ။	ဟုတ်တယ်လေ။ ဒါကြောင့်ထင်ပါရဲ့ ခင်ဗျားကို တွေ့တွေ့ချင်း ခင်မိတယ်။
က။	သြော်–ဒီလိုကိုး။
ခ။	ကျွန်တော်သာမကဘဲ မြန်မာလူမျိုးတိုင်းဟာ တရုတ်ပြည်သူပြည်သားများအပေါ် ချစ်ခင်ကြပါတယ်။ တရုတ်ပြည်သူပြည်သားများကို မြန်မာပြည်သူပြည်သားများက ဆွေမျိုးပေါက်ဖော်လို့ ချစ်စနိုးခေါ်ကြပါတယ်။ တရုတ်မြန်မာနှစ်နိုင်ငံကလည်း မိတ်ဆွေကောင်းဝီသတဲ့အိမ်နီးချင်းနိုင်ငံဖြစ်ပါတယ်။
က။	ဟုတ်တယ်။ ကျွန်မတို့နှစ်နိုင်ငံဟာ ရှေးပဝေသဏီကတည်းက ချစ်ခင်ရင်းနှီးလာခဲ့ကြတာပဲ။ ခုဆိုရင် နှစ်နိုင်ငံ ချစ်ကြည်ရေးဟာ ရှိရင်းစွဲအပေါ်မှာ ပိုပြီး တိုးတက်လာနေပါတယ်။ နောင်ဆိုရင်လည်း ဒီထက်မက ရွှေပေါ်မြင်တင်ဆိုသလို ကောင်းသထက်ကောင်းလာမှာပါ။
ခ။	အောင်မယ်။ ခင်ဗျားမြန်မာစကားပြောတာ ကောင်းလိုက်တာ။ ကျွန်တော်တောင် အရှုံးပေးရတယ်ဗျာ။
က။	ဟာ၊ဒီလောက်လည်း မဟုတ်ပါဘူးရှင့်။ နောက်ထပ် ကြိုးစားဖို့အများကြီးလိုပါသေးတယ်။ ရှင်လည်း ကျွန်မကို အကူအညီပေးစမ်းပါဦး။
ခ။	ပြောဖို့မလိုပါဘူး။ ကျွန်တော် တတ်နိုင်သလောက် ကူညီပေးပါ့မယ်။ စိတ်သာချပါ။
က။	မြန်မာစကားကောင်းကောင်းပြောနိုင်အောင် ဘယ်လိုလုပ်ရမလဲ။ ရှင့် အထင်ကို ပြောစမ်းပါဦး။
ခ။	မြန်မာစကားသုံးရက်မပြောရင် လျှာလေးတက်တယ်ဆိုပါ ခင်ဗျား ကြားဖူးသလား။
က။	ကြားဖူးပါတယ်။ ဒါကြောင့် ကျွန်မနေ့တိုင်းလိုလို ပြောနေတာပဲ။ မြန်မာမိတ်ဆွေတွေ့တိုင်းလည်း မြန်မာလို ပြောနေတာပဲ။ ပြောဖော်ပြောဖက်မရှိတဲ့အခါမှာလည်း ကျွန်မတစ်ယောက်တည်းပဲ လေ့ကျင့်တယ်။ မှားမှားမှန်မှန်ပေါ့။
ခ။	ကောင်းတယ်။ ကြိုးစားရင် ကြိုးစားရကျိုးနပ်မှာပါ။
က။	တစ်နေ့တစ်လံ ပုဂံပဲရွှေမလဲ ဆိုသလိုပေါ့။ ဟုတ်လား။

ဝေါဟာရ

ညောင်း(က)	酸疼, 累	ကျနေ(န)	落日, 夕阳
အပူရှိန်(န)	温度, 热度	လျော့(က)	减轻, 减弱, 减少
ချွေးပြန်(က)	出汗, 流汗, 冒汗	လေညင်းခံ(က)	乘凉
အခိုက်(သ)	时候, 时刻	အိမ်ရှင်(န)	主人, 户主
ဝတ္တရား(န)	职责, 义务	သွေး(န)	血; 血缘, 血统
အရမ်း(ကဝ)	极, 极其, 非常	သွေးချင်းသားချင်း(န)	同胞
အိမ်နီးချင်း(န)	邻居, 毗邻	ရှေးပဝေသဏီ(န)	从前, 古时
ရှိရင်းစွဲ(နဝ)	原有的基础	ရွှေပေါ်မြင်တင်(ပုံ)	金子上镶宝石(喻) 锦上添花
ချစ်စနိုး(ကဝ)	亲切地, 亲昵地	လျှာ(န)	舌, 舌头
ပြောဖော်ပြောဖက်(န)	说话的伙伴	အကျိုးနပ်(က)	值得, 合算
လံ(န)	庹（两臂左右平伸两手间距离）	ရွှေ(က)	移动, 迁移

လေ့ကျင့်ခန်း

၁။ ။ ကွင်းထဲက ဝေါဟာရများကို ပေးထားသောဝေါဟာရများဖြင့် အစားထိုးလေ့ကျင့်ပါ။

(၁) ကျွန်မတစ်ခါမှ (တွေ့) ရပါလား။
စီး
သွား
ကြည့်
ဖတ်
ကြား

(၂) စာမေးပွဲ (ဖြေ) နိုင်ပါတယ်။
အောင်
ကျင်းပ
ပြီး
နောက်ကျ

(၃) ဘာလို့ (ရယ်) ရမှာလဲ။
ရောင်း
ပြော
ပိတ်
မတ်တတ်ရပ်
ငို

(၄) (အချင်းချင်း) တွေ့ပဲဥစ္စာ။
ညီအစ်ကိုမောင်နှမ
ဆရာတပည့်
ကျောင်းနေဖက်
လုပ်ဖော်ကိုင်ဖက်

(၅) (တရုတ်ပြည်) တစ်ခေါက်လောက်တော့သွားချင်တယ်။
မြန်မာနိုင်ငံ
ရန်ကုန်မြို့
ပီကင်းမြို့
မဟာတံတိုင်းရှည်ကြီး
ရွှေတိဂုံဘုရား

(၆) ကျွန်တော့်ကိုယ်ထဲမှာ (တရုတ်သွေး) ပါလို့လားမသိဘူး။
ရှမ်းသွေး
ချင်းသွေး

					ကချင်သွေး
					မြန်မာသွေး
(၇)	ဒီလိုဆိုရင်ကျွန်မတို့က (သွေးချင်းသားချင်း) ပါပဲနော်။
					တစ်ရွာတည်းသား
					တစ်ကျောင်းတည်းထွက်
					တစ်လှေတည်းစီးတစ်ခရီးပါည်းသွား
					ဘဝတူညီအစ်ကို
(၈)	ဒါကြောင့်ခင်ဗျားကိုတွေ့တွေ့ချင်း (ခင်) မိပါတယ်။
					ချစ်
					ပြော
					မေး
					ပြ
(၉)	ခုဆိုရင်နှစ်နိုင်ငံ (ချစ်ကြည်ရေး) ဟာရှိရင်းစွဲအပေါ်မှာပိုပြီးတိုးတက်လာနေတယ်။
					နားလည်မှု
					သွေးစည်းညီညွတ်မှု
					ပူးပေါင်းဆောင်ရွက်မှု
					ကုန်သွယ်ရေး
(၁၀)	ကျွန်တော်တတ်နိုင်သလောက် (ကူညီ) ပါမယ်။
					ကာကွယ်
					လုပ်ပေး
					ညည်းခံ
					ထောက်ခံ
(၁၁)	(ကြိုးစား) ရကျိုးနပ်မှာပါ။
				စာဖတ်
				လေ့ကျင့်
				ပင်ပန်း
				လာ

၂။ အောက်ပါ မေးခွန်းများကို နှုတ်ဖြင့်ဖြေပါ။

(၁)	လှလှဘာပြုလို့ ပုဂံလမ်းအတိုင်း အင်းလျားကန်ဘက် လမ်းလျှောက်သွားသလဲ။

(၂)	လှလှဘာကြောင့် ချွေးတွေပြန်လာသလဲ။

(၃)	အင်းလျားကန်ဘေးရောက်တော့ လှလှပြုလို့ အေးလာတာလဲ။

(၄)	ဘယ်သူက လှလှကို နှုတ်ဆက်သလဲ။

(၅) လှလှက မောင်မောင့်ကို ဘာတွေမေးသလဲ။

(၆) မောင်မောင်က ဘာကြောင့် အပြင်ကို လုံးဝမထွက်အားသလဲ။

(၇) မောင်မောင်စာမေးပွဲဖြေနိုင်သလား။

(၈) အင်းလျားကန်ဘေးနားမှာ လှလှနဲ့မောင်မောင်တို့ဟာ ဘာလုပ်ကြသလဲ။

(၉) မောင်မောင် တရုတ်ပြည်ရောက်ဖူးသလား။

(၁၀) မောင်မောင်က ဘာကြောင့် တရုတ်ပြည်ကိုသွားချင်ရသလဲ။

(၁၁) မောင်မောင်က ဘာကြောင့် တရုတ်သွေးပါတယ်လို့ ပြောသလဲ။

(၁၂) မောင်မောင်က ဘာကြောင့် လှလှကို တွေ့တွေ့ချင်းခင်တာလဲ။

(၁၃) မောင်မောင်က ဘာကြောင့် လှလှကို အရှုံးပေးရသလဲ။

(၁၄) မြန်မာစကားသုံးရက်မပြောရင် လျှာလေးတတ်တယ်ဆိုတာ ဘာကိုဆိုလိုတာလဲ။

(၁၅) ပြောဖော်ပြောဖက်မရှိတဲ့အခါမှာ လှလှက ဘယ်လိုလုပ်စကား ပြောလေ့ကျင့်သလဲ။

(၁၆) တစ်နေ့တစ်လံပုဂံဘယ်ရွှေမလဲဆိုတာဟာ ဘာကိုဆိုလိုတာလဲ။

၃။ ▪ ပေးထားသော အောက်ပါ အချက်အလက်များကို အခြေခံ၍ စကားပြောတစ်ပုဒ် ရေးပါ။

　貌貌因为有中国血统，所以对汉语特别感兴趣。虽然从父母那里也学到一点儿，但是说起来结结巴巴，一点也不流利。自从遇见拉拉以后，他决心和拉拉互帮互学，他教拉拉缅语，拉拉教他汉语。今天是星期天，他俩又约好在茵雅湖的大堤上互帮互学起来。

သင်ခန်းစာ(၆)   ရန်ကုန်ဆေးရုံကြီး၌ဆေးကုခြင်း

က။ ။ လှလှ
ခ။ ။ ဖြူဖြူဝင်း
ဂ။ ။ ဆရာဝန်
ဃ။ ။ သူနာပြုဆရာမ

(လှလှသည်မနက်အိပ်ရာမှ ထလာသောအခါ ခေါင်းကိုက်သည်၊ ချောင်းဆိုးသည်၊ နှလုံးခုန်မြန်သည်၊ ဖျား ချင်သလိုလိုဖြစ်လာသည်။ ထို့ကြောင့် သူကဖြူဖြူဝင်းကို ဖုန်းဆက်သည်။)

က။ ။ ဖြူဖြူဝင်းလား။ ကျွန်မ လှလှပါ။ ဒီနေ့မနက်အိပ်ရာကထလာတော့ကျွန်မဖျားချင်သလိုလိုဖြစ်နေတယ်။ ခေါင်းကိုက်တယ်။ ချောင်းဆိုး တယ်၊ နှလုံးခုန်မြန်တယ်။ ကျွန်မ ရန်ကုန်ဆေးရုံကြီးကိုသွားပြီး ဆရာဝန်ကို ပြချင်တယ်။ ရှင်လိုက်ပို့နိုင်မလား။

ခ။ ။ လိုက်ပို့နိုင်တာပေါ့။ ကျွန်မ အခုပဲ လာခဲ့ပါမယ်။ စိတ်မပူနဲ့။ စိတ်အေးအေးထားပါ။

က။ ။ ဟုတ်ကဲ့၊ ကျွန်မစောင့်ပါ့မယ်။

(ဖြူဖြူဝင်းသည် တက္ကစီတစ်စီးကိုခေါ်ပြီး လှလှရှိရာနိုင်ငံခြားဘာသာစကားတက္ကသိုလ်သို့ အမြန်သွားသည်။ တက္ကသိုလ်တံခါးကြီး၏အပြင်ဘက်၌ စောင့်နေသောလှလှကို တွေ့ရသည်။ လှလှကို ကြည့်ရသည်မှာ နေကောင်းပုံမပေါ်။ အားနည်းနေပုံရ၏။ ထို့ကြောင့် လှလှကို တက္ကစီပေါ် သို့တွဲ၍တင်ပြီးရန်ကုန်ဆေးရုံကြီးသို့ အမြန်ခေါ်ခဲ့သည်။ ရန်ကုန်ဆေးရုံကြီးတွင်…..)

ခ။ ။ မင်္ဂလာပါဆရာမ။ ကျွန်မကရန်ကုန်ပညာရေးတက္ကသိုလ်ကကျောင်းသူပါ။ သူကတရုတ်ပြည်ကလာတဲ့ ပညာတော်သင်လှလှပါ။ သူနေမကောင်းချင်သလိုလိုဖြစ်နေလို့ ဆရာဝန်ပြမလို့ပါ။ ကျွန်မက သူ့အတွက် မှတ်ပုံတင်ပေးချင်ပါတယ်။

ဃ။ ။ ရှင်ဘုတ်ကင်လုပ်ထားတာရှိသလား။

ခ။ ။ ဟင့်အင်း၊ မရှိပါဘူးရှင်။ ဒီနေ့မနက်ပဲသူဖျားတယ်ဆိုပြီး ကျွန်မကိုအကူညီခေါ်လို့ ကျွန်မကလိုက်ပို့တာပါ။ ဘုတ်ကင်လုပ်ဖို့အချိန် လုံးဝမရှိပါဘူး။ ကျွန်မလောလောလောလောနဲ့ ကားခေါ်ပြီးလိုက်ပို့ရတာပါ။

ဃ။ ။ ဒါဆိုရပါတယ်။ ကျွန်မလုပ်ပေးပါ့မယ်။ စိတ်မပူနဲ့။ ဒါထက်၊ သူ့အတွက် ရှင်ရိုးရိုးဆရာဝန်နဲ့တွေ့ဖို့ မှတ်ပုံတင်မလား။ ပါရဂူရဲ့တွေ့ဖို့ မှတ်ပုံတင်မလား။ နို့မဟုတ်ရင် အထူးကုပါရဂူရဲ့တွေ့ဖို့ မှတ်ပုံတင်မလား။

ခ။ ။ ပါရဂူရဲ့တွေ့ဖို့မှတ်ပုံတင်ပါမယ်။

ဃ။ ။ ဒါနဲ့၊ ရှင်ဆေးဘက်ဆိုင်ရာဆရာဝန်နဲ့ပြမလား၊ ဒါမှမဟုတ်ရင်တခြားဆရာဝန်နဲ့ပြမလား။

ခ။ ။ ဆေးဘက်ဆရာဝန်နဲ့ပဲပြမယ်။

ဃ။ ။ ကောင်းပါတယ်။ ရော့၊ ရှင်ဒီစာရွက်လေးကိုယူပြီး အပေါ်ထပ်အခန်းနံပါတ်(၆)မှာရှိတဲ့ဆရာဝန်ကို သွားပြပါ။

ခ။ ။ ဟုတ်ကဲ့ပါ။ ကျေးဇူးတင်ပါတယ်။

(အပေါ်ထပ်အခန်းနံပါတ် ၆ တွင်)

ခ။ ။ ဒေါက်တာ၊ သူကတရုတ်ပညာတော်သင်လှုလှုပါ။ အခုရန်ကုန်U.F.L.မှာမြန်မာစာသင်နေပါတယ်။ ဒီနေ့ မနက်ကစပြီး သူကနေမကောင်းချင်သလိုလိုဖြစ်လာလို့ လာပြတာပါ။

ဂ။ ။ ကောင်းပြီ။ ဒီမှာထိုင်ပါ။

က။ ။ ဟုတ်ကဲ့။

ဂ။ ။ ခင်ဗျားဘာဖြစ်နေလို့လဲ။ ဘယ်လိုနေမကောင်းတာလဲ။ ပြောပြစမ်းပါဦး။

က။ ။ ကျွန်မဒီနေ့မနက်ကစပြီး ခေါင်းကိုက်တယ်။ ချောင်းဆိုးတယ်။ နှလုံးခုန်နှုန်းကလည်း နည်းနည်းမြန်တယ်နဲ့ တူတယ်။ ဘာကြောင့်မှန်းတော့ မသိဘူး။

ဂ။ ။ ဒါဆို ခင်ဗျား အရင်ကိုယ်ပူချိန်ကို ပြဒါးတိုင်နဲ့တိုင်ကြည့်ပါဦး။

က။ ။ ဒေါက်တာ၊ ကျွန်မ တိုင်ကြည့်ပြီးပါပြီ။ ကိုယ်ပူချိန်က(၉၈)ဒီဂရီရှိပါတယ်။

ဂ။ ။ အင်၊ ကိုယ်ပူချိန်တော့ပုံမှန်ပဲ။ ဒါဖြင့်၊ခင်ဗျားပါးစပ်ဟလိုက်ပါ။ လျှာထုတ်ပြပါ။ အားလို့အော်ပြစမ်းပါ။

က။ ။ ဟုတ်ကဲ့။ အား.....

ဂ။ ။ အင်း၊ ခင်ဗျားလျှာနည်းနည်းပါတယ်။ အာသီးလည်း နည်းနည်းရောင်နေတယ်။ ကဲ–အပေါ်အကျီချွတ်၊ အောက်အကျီလက်လည်း ပင်ပေးပါ။ ကျွန်တော်သွေးဖိအားတိုင်းကြည့်ပေးမယ်။ နောက်ပြီး နှလုံးခုန်နှုန်းကိုလည်း နားကျပ်နဲ့နား ထောင်ကြည့်ပေးမယ်။

က။ ။ ဟုတ်ကဲ့။

ဂ။ ။ ခင်ဗျားသွေးဖိအားမှန်ပါတယ်။ (၁၂၀)နဲ့(၈၀)ဖြစ်ပါတယ်။ သွေးတိုးရောဂါမရှိပါဘူး။ နှလုံးခုန်နှုန်းကတော့ မြန်တယ်။ တစ်မိနစ်ကို အကြိမ်ပေါင်း (၉၀)ခုန်ပါတယ်။ ဒါပေမဲ့၊နှလုံးရောဂါတော့ မဟုတ်ပါဘူး။ ကြည့်ရပုံက ခင်ဗျားနည်းနည်းအအေးမိတယ်နဲ့တူတယ်။ ကိုယ်နည်းနည်းပူနေတယ်။ မြန်မာနိုင်ငံရဲ့ရာသီဥတုနဲ့၊ ကျင့်သား မရသေးလို့ပါ။ စိတ်မပူနဲ့။ ကျွန်တော် ဆေးစာရေးပေးမယ်။ ဆေးလက်မှတ်ကိုလည်း ရေးပေးမယ်။ ခင်ဗျား ဆေးပေးရုံကိုသွားပြီး ဆေးသွားယူပါ။ ဆေးစာရွက်ပေါ်မှာ အညွှန်းပါတယ်။ ညွှန်ထားတဲ့အတိုင်း ဆေးမှန်မှန်သောက်ပါနော်။ ကျောင်းမသွားနဲ့။ ကောင်းကောင်းအနားယူပါ။ ပျောက်သွားမှာပါ။

က။ ။ ဟုတ်ကဲ့။ ဒေါက်တာမှာထားတဲ့အတိုင်းလုပ်ပါမယ်။ ဒါဖြင့်၊ ကျွန်မဘာ စစ်ဆေးရဦးမလဲ။

ဂ။ ။ သွေးစစ်ဆေးဖို့မလိုပါဘူး။ ဆီးဝမ်းစစ်ဆေးဖို့လည်း မလိုပါဘူး။ ဓာတ်မှန်ရိုက်ချင်ရင် သွားရိုက်ပါ။ E.C.G.လည်း သွားရိုက်ပါဦး။

(လူလှနှင့်ဖြူဖြူဝင်းတို့နှစ်ယောက်သည် ဓာတ်မှန်ရိုက်ရန်နှင့် E.C.G. ရိုက်ရန်သွားကြ၏။)

က။ ။ ဒေါက်တာ၊ အားလုံးစစ်ဆေးပြီးပြီ။ ဘာမှမဖြစ်ပါဘူးတဲ့။

ဂ။ ။ ဒါဆို ကျန်းမာရေးကိုဂရုစိုက်ပါ။ စာကိုတစ်ထိုင်တည်းမကြည့်နဲ့နော်။

က။ ။ ဟုတ်ကဲ့။ ခုလိုစိတ်ရှည်လက်ရှည်စစ်ဆေးပေးတာကို အများကြီးကျေးဇူးတင်ပါတယ်။ ကဲ၊ သွားပါဦးမယ်ဒေါက်တာ။

ဝေါဟာရ

ခေါင်းကိုက်(က) 头痛	ချောင်းဆိုး(က) 咳嗽
နှလုံးခုန်(က) 心脏搏动	လိုက်ပို့(က) 陪, 送
မှတ်ပုံတင်(က) 登记, 注册, 挂号	ဘုတ်ကင်လုပ်(က) 预约
ရိုးရိုးဆရာဝန်နဲ့တွေ့ဖို့မှတ်ပုံတင်(က) 挂普通号	ပါရဂူနဲ့တွေ့ဖို့မှတ်ပုံတင် (က) 挂专家号
အထူးကုပါရဂူနဲ့တွေ့ဖို့မှတ်ပုံတင်(က) 挂专科专家号	ဆေးဘက်ဆိုင်ရာဆရာဝန်(န) 内科医生
အပေါ်ထပ်(န) 楼上, 二楼	စစ်ဆေး(က) 检查, 审查
နှလုံးခုန်နှုန်း(န) 心率	ကိုယ်ပူချိန်(န) 体温
ပါးစပ်(န) 嘴, 嘴巴	ဟ(က) 张开, 裂开
အော်(က) 大声叫, 吼	အာသီး(န) 扁桃体, 扁桃腺
ချွတ်(က) 脱, 卸下	လက်(န) 手; 袖子
သွေးဖိအား(န) 血压	တိုင်း(က) 量, 测量
နားကျပ်(န) 听诊器	သွေးတိုးရောဂါ(န) 高血压
နှလုံးရောဂါ(န) 心脏病	အအေးမိ(က) 感冒, 着凉
ကျင့်သားရ(က) 习惯	ဆေးစာ(န) 药方
ဆေးလက်မှတ်(န) 医生证明, 病假条	ဆေးပေးရုံ(န) 药房, 取药处
အညွှန်း(န) 说明	ဓာတ်မှန်ရိုက်(က) 透视, 照 X 光
ဆီးဝမ်းစစ်ဆေး(က) 化验大小便	စိတ်ရှည်လက်ရှည်(ကြ) 耐心地
E.C.G.(electrocardiogram ၏ အတိုကောက်) 心电图	

လေ့ကျင့်ခန်း

၁။ ကွင်းထဲက ဝေါဟာရများကို ပေးထားသောဝေါဟာရများဖြင့် အစားထိုးလေ့ကျင့်ပါ။

(၁) ဒီနေ့မနက်ထလာတော့ ကျွန်တော် (ဖျား) ချင်သလိုလိုဖြစ်လာသည်။

နေမကောင်း

ခေါင်းကိုက်

ချောင်းဆိုး

ကိုယ်ပူ

(၂) လုလုကိုကြည့်ရသည်မှာ (နေကောင်း) ပုံရ။

ဝမ်းသာ

စိတ်ကြည်နူး

ပင်ပန်းနွမ်းလျ

အင်အားချည့်နဲ့

(၃) သူ (ဖျားတယ်) ဆိုပြီးကျွန်မကိုအကူညီခေါ်လို့ ကျွန်မက(လိုက်ပို့)တာပါ။

အချိန်မရှိဘူး လုပ်ပေး
ပိုက်ဆံမရှိတော့ဘူး စိုက်ပေး
အလုပ်များတယ် ကူးပေး
ဆေးလိပ်သောက်စရာမရှိ ဝယ်ပေး

(၄) ကြည့်ရပုံကတော့ ခင်ဗျား (နည်းနည်းအအေးမိတယ်) နဲ့တူတယ်။

အိပ်ရေးမဝဘူး
ဝမ်းမသာဘူး
ချမ်းသာတယ်
ပျော်တယ်

(၅) ဒေါက်တာ (မှာထား) တဲ့အတိုင်းပဲလုပ်ပါ။

ပြောပြ
ညွှန်ကြား
သတ်မှတ်
ဖျောင်းဖျ

(၆) (ဓာတ်မှန်ရိုက်) ချင်ရင် (သွားရိုက်) ပါ။

သူဆီးသွား သွား
အပြင်မှာစား သွားစား
ဆက်အိပ် အိပ်
လိုက် လိုက်

(၇) (စာ)ကို တစ် (ထိုင်) တည်းမ (ကြည့်) နဲ့နော်။

သူ့ ပြော ပြော
ဒီအလုပ် လုပ် လုပ်
လေ့ကျင့်ခန်း ရေး ရေး
ဆရာမ မေး မေး

(၈) ခုလို(စိတ်ရှည်လက်ရှည်စစ်ဆေးပေး)တာကိုအများကြီးကျေးဇူးတင်ပါတယ်။

လိုက်လိုက်လှဲလှဲကြိုဆို
လိုလေသေးမရှိအောင်ည့်ခံ
စိတ်ထက်သန်စွာပြုစုစောင့်ရှောက်
စိတ်ရှည်လက်ရှည်အကူအညီပေး

၂။ အောက်ပါ မေးခွန်းများကို နှုတ်ဖြင့်ဖြေပါ။

(၁) လှလှကမနက်အိပ်ရာကထလာတဲ့အခါမှာ ဘယ်လိုဖြစ်လာသလဲ။
(၂) သူက ဘယ်သူ့နဲ့ ဘယ်ဆေးရုံကို သွားသလဲ။

သင်ခန်းစာ(၆) ရန်ကုန်ဆေးရုံကြီး၌ဆေးကုခြင်း

(၃) လှလှက ဘယ်နေရာမှာ ဖြူဖြူဝင်းကို စောင့်သလဲ။
(၄) သူတို့ဘာကားနဲ့ ရန်ကုန်ဆေးရုံကြီးကို သွားကြသလဲ။
(၅) ရန်ကုန်ဆေးရုံကြီးရောက်တော့ ဖြူဖြူဝင်းက သူနာပြုဆရာမကို ဘယ်လိုအကျိုးသင့်အကြောင်းသင့် ရှင်းပြသလဲ။
(၆) လှလှ ဆရာဝန်ပြဖို့အတွက် ဘုတ်ကင်လုပ်ထားတာ ရှိပါသလား။
(၇) ဖြူဖြူဝင်းက လှလှအတွက် ဘယ်လိုမှတ်ပုံမျိုး တင်ပေးသလဲ။
(၈) လှလှက ဆေးဘက်ဆရာဝန်နဲ့ပြသလား။ တခြားဆရာဝန်နဲ့ပြသလား။
(၉) ဆေးဘက်ဆရာဝန်က ဘယ်အထပ်ဘယ်အခန်းမှာ ဆေးကုပေးသလဲ။
(၁၀) U.F.Lဆိုတာဟာ ဘာကိုဆိုလိုတာလဲ။
(၁၁) လှလှက ကိုယ်ပူချိန်ကို စမ်းကြည့်သလား။ ကိုယ်ပူရှိသလား။
(၁၂) ဆရာဝန်က လှလှကို ဘယ်လိုစစ်ဆေးသလဲ။
(၁၃) လှလှရဲ့ကျန်းမာရေးအတွက် ဆရာဝန်က ဘယ်လိုကောက်ချက်ချသလဲ။
(၁၄) ဆရာဝန်က လှလှကို ဘယ်လိုမှာလိုက်သလဲ။
(၁၅) လှလှက ဆရာဝန်ကို ကျေးဇူးမတင်ဘူးလား။

၃။ ။ ပေးထားသော အောက်ပါ အချက်အလက်များကို အခြေခံ၍ စကားပြောတစ်ပုဒ် ရေးပါ။

缅甸留学生薇薇从仰光到北京大学对外汉语教育学院学习汉语已经两个月了。开始时还好，但是过了十一国庆节，空气干燥，气候变冷，每天刮北风，薇薇很不适应，一不小心患了感冒。头疼，打喷嚏，咳嗽。她只好请来了东语系缅甸语专业的钦钦暖，陪她到校医院去看病。在校医院里，医生为薇薇做了仔细的检查。

သင်ခန်းစာ(၇)   စာရေးကိရိယာဆိုင်၌ စာရေးကိရိယာဝယ်ခြင်း

က။ လှလှ

ခ။ မောင်မောင်

ဂ။ အရောင်းစာရေးမ

(လှလှ ရန်ကုန်ကိုရောက်လာသည်မှာ လေးလပြည့်ပါတော့မည်။ ပီကင်းမြို့မှအလာတွင် ပါလာသောစာရေးစက္ကူ၊ ခဲတံ၊ မှတ်စုစာအုပ်တွေ ကုန်သလောက်ဖြစ်သွား၏။ ထပ်ဝယ်ရန်လိုအပ်လာ၏။ ယနေ့ညနေပိုင်းကျောင်းတက်စရာ မရှိတော့သဖြင့်မောင်မောင်ကိုခေါ်ပြီး နှစ်ယောက်အတူတူမြို့ထဲတွင်ရှိသောစာရေးကိရိယာဆိုင်သို့ သွားကြသည်။)

ဂ။ ဘာများအလိုရှိပါသလဲရှင်။

က။ ကျွန်မဖောင်တိန်ရယ်၊ ခဲတံရယ်၊ စာရေးစက္ကူရယ်၊ ဗလာစာအုပ်ရယ်၊ ကွန်ပါဖူးရယ်...အဲဒီလို စာရေးကိရိယာတွေ ဝယ်ချင်ပါတယ်။ ရှိပါသလားရှင်။

ဂ။ ရှိတော့ရှိပါတယ်။ ဒါပေမဲ့ မစုံတော့ပါဘူး၊ ဖောင်တိန်ရှိတယ်၊ ခဲတံရှိတယ်၊ စာရေးစက္ကူရှိတယ်၊ ဗလာစာအုပ်ရှိတယ်၊ ကွန်ပါဖူး တော့မရှိတော့ပါဘူး၊ ကုန်နေပြီ။

က။ ဒါဖြစ်ရင် ကျွန်မဖောင်တိန်တစ်ချောင်း၊ ခဲတံနှစ်ချောင်း၊ စာရေးစက္ကူ တစ်အုပ်၊ ဗလာစာအုပ်တစ်အုပ်ယူမယ်။ စုစုပေါင်း ဘယ်လောက်ကျသလဲ။

ဂ။ ဖောင်တိန်တစ်ချောင်း(၅၀၀)၊ ခဲတံတစ်ချောင်း(၁၅)ကျပ်၊ နှစ်ချောင်းဆို(၃၀)၊ စာရေးစက္ကူတစ်အုပ်(၅၀)၊ ဗလာစာအုပ်တစ်အုပ်(၅၀)၊ ပေါင်းကျပ်(၆၃၀)ပါ။

က။ ဖောင်တိန်ကဈေးသိပ်များတယ်။ လျှော့မပေးနိုင်ဘူးလား။

ဂ။ ကျွန်မတို့ဆိုင်ဟာ အစိုးရဆိုင်ပါ၊ ကိုယ်ပိုင်ဆိုင်မဟုတ်ပါဘူး။ ဈေးမလျှော့နိုင်ပါဘူး။ ဈေးဆစ်လို့လည်း မရပါဘူး။ တစ်ခွန်းဆိုင်ပါ။ နောက်ပြီးဒီစာရေးကိရိယာတွေဟာ ကျွန်မတို့နိုင်ငံထုတ်တာ မဟုတ်ပါဘူး။ များသောအားဖြင့် တရုတ်ပြည်ကထုတ်တာပါ။ ကျွန်မတို့နိုင်ငံကိုတင်သွင်းလာတာဖြစ်ပါတယ်။ ဖောင်တိန်အသွားက ရွှေနဲ့လုပ်ထားတာတဲ့။ အဲဒါကြောင့်ပါ။

က။ မြန်မာနိုင်ငံမှာ စက္ကူထုတ်ဖို့ကုန်ကြမ်းတွေ တော်တော်များများရှိမယ်ထင်တယ်။ ဥပမာ၊ ကျူပင်တွေ၊ ဝါးပင်တွေ၊ သစ်ပင်တွေ အများကြီးရှိတယ်မဟုတ်ဘူးလား။

ဂ။ ဟုတ်တော့ဟုတ်တာပဲ၊ စက္ကူထုတ်ဖို့ကုန်ကြမ်းတွေ ပေါမှပေါပါပဲ။ ဒါပေမဲ့၊ ကျွန်မတို့နိုင်ငံစက်မှုလက်မှု ဖွံ့ဖြိုးမှုနောက်ကျနေတော့၊ စက္ကူထုတ်စက်ကိရိယာကိုလည်း မထုတ်လုပ်နိုင်၊ နည်းပညာလည်း လိုသေးတော့

ပြည်တွင်းသုံးစက္ကူကောင်းကောင်းကိုနိုင်ငံခြားကတင်သွင်းရပါတယ်။

က။ ဒါဖြင့်၊ မြန်မာနိုင်ငံမှာစက္ကူစက်မရှိဘူးလား။

ဂ။ ရှိတော့ရှိပါတယ်။ တစ်ခုမကပဲနှစ်ခုတောင်ရှိတယ်။ စစ်တောင်းမှာတစ်ခု၊ ရေနီမှာတစ်ခု၊ စစ်တောင်းစက်မှာ စာရေးစက္ကူ၊ ရေနီစက်မှာထုပ်ပိုးစက္ကူထုတ်လုပ်ပါတယ်။ ဒါပေမဲ့၊ စက်ရုံတည်ဆောက်တာလည်း အချိန်တော် တော်ကြာသွားပြီ။ ပြီးတော့၊ စက်ရုံရှိတဲ့စက်ကိရိယာတွေကလည်း ဟောင်းနွမ်းနေပြီ။ လျှပ်စစ် ဓာတ်အားလည်း မလုံမလောက်ဖြစ်နေတော့၊ ဒီဇိုင်းရေးဆွဲထားတဲ့ ကုန်ထုတ်စွမ်းအားအတိုင်း မထုတ်လုပ်နိုင်။ ဒါကြောင့် နှစ်တိုင်းလိုလို နိုင်ငံခြားကတင်သွင်းရတယ်။ အထူးသဖြင့် ဒီစာရေးစက္ကူဆို နိုင်ငံခြားကို လုံးဝ အားကိုးရတယ်။ နိုင်ငံခြားပစ္စည်းမို့ဈေးကြီးတာပါ။

က။ ကျွန်မကတရုတ်ပြည်ကြီးကလာတာပဲ။ ခုဆိုရန်ကုန်နိုင်ငံခြားဘာသာ တက္ကသိုလ်မြန်မာစာဌာနမှာ ပညာတော်သင်အဖြစ် သင်နေတယ်။ ကျွန်မတို့ဆီမှာဆိုရင် ဒီစာရေးကိရိယာပစ္စည်းတွေဟာ ဈေးအရမ်းပေါပါတယ်။ ကျွန်မအလာမှာပါလာသေးတယ်။ ဒါပေမဲ့အခုတော့၊ မရှိသလောက်ပါပဲ။ ဒါကြောင့် ကျွန်မရှင့်ဆီကို လာဝယ်တာ။ ကိစ္စမရှိပါဘူးလေ။ ကျွန်မယူလိုက်ပါမယ်။ ရော့၊–ရာတန်ခုနစ်ရွက်။

ဂ။ နောင်လည်း လာအားပေးပါဦး။ အိမ်ကိုလည်း လာလည်နိုင်ပါတယ်။ ကျွန်အိမ်က (၂၆)လမ်း အမှတ်(၁၇၄)ပါ။ မြေညီထပ်ဖြစ်ပါတယ်။ ကျွန်အိမ်မှာကျွန်အပျိုးသားရယ်၊ သားရယ်၊ သမီးရယ်၊ ကျွန်ပရယ်စုစုပေါင်း လူလေးယောက် ရှိတယ်။ စီးပွားရေးအခြေအနေသိပ်မချမ်းသာပေမဲ့ စားလောက်ပါတယ်။ တစ်အိမ်သားလုံး ပျော်ပျော်ရွှင်ရွှင်နေကြပါတယ်။ လာလည်နော်။

က။ ဟုတ်ကဲ့။ အားပေးပါ့မယ်။ အိမ်ကိုလည်း လာလည်ပါ့မယ်။ အိမ်သာရင် ညွှတ်လာတတ်တယ်ဆိုတဲ့မြန်မာစကား ပုံရှိတယ်မဟုတ်လား။

ဂ။ အေး၊ အေး၊ ဟုတ်သားပဲ။

ဝေါဟာရ

စာရေးကိရိယာ(န) 文具	အရောင်းစာရေးမ(န) 女售货员
ဖောင်တိန်(န) 钢笔	စာရေးစက္ကူ(န) 公文纸, 信纸
ကွန်ပါဗူး(န) 数学工具盒	လျှော့(က) 让步, 削减
ဈေးဆစ်(က) 讲价钱, 讨价还价	တစ်ခွန်းဆိုင်(န) 不二价商店
တင်သွင်း(က) 进口	အသွား(န) 笔尖
ကုန်ကြမ်း(န) 原料	ကျူပင်(န) 芦苇
ဝါးပင်(န) 竹子	စက်မှုလက်မှုလုပ်ငန်း(န) 工业
စက်ကိရိယာ(န) 机器设备	နည်းပညာ(န) 技术
စက္ကူစက်(န) 造纸厂	စစ်တောင်း(န) 锡唐市
ရေနီ(န) 耶尼市	ဟောင်းနွမ်း(ဝ) 陈旧的, 陈腐的
လျှပ်စစ်ဓာတ်အား(န) 电力	လုံလောက်(က) 足够, 充足
ဒီဇိုင်းရေးဆွဲ(က) 设计	ကုန်ထုတ်စွမ်းအား(န) 生产能力

缅甸语口语教程（修订本）

အားကိုး(က) 依靠 ပေါ(နဝ) 多, 丰富, 丰盛, 便宜
ရာတန်(န) 面值为一百元的缅币 မြေညီထပ်(န) (楼房的)底层

လေ့ကျင့်ခန်း

၁။ ။ ကွင်းထဲက ဝေါဟာရများကို ပေးထားသောဝေါဟာရများဖြင့် အစားထိုးလေ့ကျင့်ပါ။

(၁) (ရှိ) တော့ (ရှိ) ပါတယ်။
သွား သွား
ပေး ပေး
စား စား
လုပ် လုပ်

(၂) (စက္ကူထုတ်ဖို့ကုန်ကြမ်းတွေ) ပေါမှပေါပါပဲ။
တရုတ်ပြည်မှာပန်းသီးတွေ
မြန်မာနိုင်ငံမှာသရက်သီးတွေ
ပီကင်းမြို့မှာကိုယ်ပိုင်ကားတွေ
မြန်မာနိုင်ငံမှာပင်လယ်ငါးတွေ

(၃) (နှစ်) တိုင်းလိုလို (နိုင်ငံခြား) က (တင်သွင်း) ရတယ်။
နေ့ အိမ် သွား
လူ ဂိတ်ပေါက် ဝင်
ကျောင်းသား အဆောင် ထွက်
လ ဘဏ် ထုတ်

(၄) (နိုင်ငံခြားပစ္စည်း) မို့ (ဈေးကြီး) တာပေါ့။
ပါမောက္ခ စာသင်ကောင်း
အဆိုကျော် သီချင်းဆိုကောင်း
ရုပ်ရှင်မင်းသား ရုပ်ရည်လှ
အမြင့်ခုန်သမား အရပ်ရှည်

၂။ ။ အောက်ပါ မေးခွန်းများကို နှုတ်ဖြင့်ဖြေပါ။

(၁) လှလှ ရန်ကုန်ရောက်လာတာ ဘယ်လောက်ကြာပြီလဲ။
(၂) သူပီကင်းမြို့က ရန်ကုန်မြို့ကို ဘာတွေများပါလာသလဲ။
(၃) သူ မောင်မောင်နဲ့အတူရန်ကုန်မြို့ထဲမှာရှိတဲ့စာရေးကိရိယာဆိုင်ကို ဘာကြောင့်သွားသလဲ။
(၄) လှလှက စာရေးကိရိယာဆိုင်မှာ ဘာတွေဝယ်ချင်သလဲ။
(၅) လှလှဝယ်ချင်တဲ့စာရေးကိရိယာပစ္စည်းတွေ ဆိုင်မှာအကုန်ရှိပါသလား။
(၆) စာရေးကိရိယာဆိုင်မှာ ဘာပစ္စည်းတွေဝယ်လို့ရသလဲ။ စုစုပေါင်း ဘယ်လောက်ကုန်သလဲ။

သင်ခန်းစာ(၇) စာရေးကိရိယာဆိုင်၌စာရေးကိရိယာဝယ်ခြင်း

(၇) အရောင်းစာရေးမက ဘာဖြစ်လို့ ဈေးလျှော့မပေးသလဲ။
(၈) မြန်မာနိုင်ငံမှာ ဖောင်တိန်ဈေး ဘာကြောင့် ဒီလောက်ကြီးသလဲ။
(၉) မြန်မာနိုင်ငံမှာ ရောင်းတဲ့ဖောင်တိန်ဟာ မြန်မာနိုင်ငံမှာထုတ်တာလား။
(၁၀) ဖောင်တိန်အသွားက ဘာနဲ့လုပ်တာလဲ။
(၁၁) မြန်မာနိုင်ငံမှာ စက္ကူကုန်ကြမ်းတွေ ရှိပါသလား။ ဘာကုန်ကြမ်းတွေများ ရှိပါသလဲ။
(၁၂) မြန်မာနိုင်ငံမှာ စက္ကူကုန်ကြမ်းပေါရက်သားနဲ့ ပြည်တွင်းသုံးစာရေးစက္ကူကို ဘာကြောင့် နိုင်ငံခြားက တင်သွင်းရသလဲ။
(၁၃) မြန်မာနိုင်ငံမှာ စက္ကူစက်ရှိပါသလား။ ဘယ်နှစ်ခုရှိပါသလဲ။ ဘယ်နေရာမှာ တည်ရှိပါသလဲ။
(၁၄) စက္ကူစက်ရှိရက်သားနဲ့ ပြည်တွင်းသုံးဖို့အတွက် စက္ကူတွေကို ဘာကြောင့် လုံလုံလောက်လောက် မထုတ်လုပ်နိုင်သလဲ။
(၁၅) စာရေးကိရိယာဈေးကြီးလို့ လှလှမဝယ်ဘဲနေသလား။
(၁၆) လှလှက ဈေးမဆစ်ဘူးလား။
(၁၇) အရောင်းစာရေးမက ဈေးလျှော့ပေးသလား။ ဘယ်လောက်လျှော့ပေးသလဲ။
(၁၈) အိမ်သာရင်းနှီးလာတတ်တယ်ဆိုတဲ့စကားပုံရဲ့အဓိပ္ပာယ်ကိုရှင်းပြပေးပါ။

၃။ ။ ပေးထားသော အောက်ပါ အချက်အလက်များကို အခြေခံ၍ စကားပြောတစ်ပုဒ် ရေးပါ။

 薇薇从仰光来的时候，没有带文具和纸张等学习用品。因为她知道中国的文具和纸张既多又便宜。到北京大学对外汉语教育学院以后，她请东语系缅甸语专业的迪达温同学一起来到了三角地的学生商店，买笔记本、公文纸、钢笔、铅笔、橡皮、圆珠笔等文具。

သင်ခန်းစာ(၈) လှည်းတန်းဈေး၌ဈေးဝယ်ခြင်း

က။ ။ လှလှ
ခ။ ။ မောင်မောင်
ဂ။ ။ ဈေးသည်(က)
ဃ။ ။ ဈေးသည်(ခ)

(တစ်ခုသောတနင်္ဂနွေနေ့နံနက်တွင် လှလှနှင့်မောင်မောင်တို့ မိမိတို့ဘာသာစကားများကို တစ်ယောက်နှင့်တစ်ယောက် အပြန်အလှန်သင်ကြားပြီးသည့်နောက်တွင်လှလှကဈေးသွားချင်သည်ဟု ပြောသဖြင့် ရန်ကုန်တက္ကသိုလ်အနီးရှိသော လှည်းတန်းဈေးသို့ သွားကြသည်။ ဈေးထဲတွင် ဈေးဝယ်နေကြသောလူများ ကြိတ်ကြိတ်တိုး နေသည်ကို တွေ့ရသည်။ လှလှကလည်း သူဝယ်ချင်သည်ကို ဈေးဆစ်၍ ဝယ်သည်။)

က။ ။ မောင်မောင်၊ ကျွန်မတို့ တစ်ယောက်နဲ့တစ်ယောက်အပြန်အလှန်သင်ကြားပြီးရင် ရှင်ဘာလုပ်ဖို့စီစဉ်ထားသလဲ။

ခ။ ။ ဘာမှစီစဉ်ထားတာမရှိပါဘူး။ လှလှဘာလုပ်စရာရှိတုန်း။

က။ ။ ကျွန်မ ဈေးသွားဝယ်မလို့။ ဒီနားလေးမှာ ဈေးအကြီးကြီးရှိပါသလား။

ခ။ ။ ရှိတာပေါ့။ သူဋ္ဌေးဈေးလေ။

က။ ။ ဒီနားလေးမှာ လှည်းတန်းဈေးရှိတယ်လို့ပဲကြားဖူးတယ်။ သူဋ္ဌေးဈေးလို့ မကြားဖူးပါလား။

ခ။ ။ ကျွန်တော်ရှင်းပြမယ်။ သူဋ္ဌေးဈေးဟာ လှည်းတန်းဈေးပဲ။ လှည်းတန်းဈေးဟာ ရန်ကုန်တက္ကသိုလ်နဲ့ကပ်နေလို့ ဈေးဝယ်သူတွေဟာ တက္ကသိုလ်ပါမောက္ခ၊ တွဲဖက်ပါမောက္ခ၊ ကထိက၊ လက်ထောက်ကထိက၊ နည်းပြ၊ သရုပ်ပြ၊ ဆရာဆရာမတွေချည်းပါပဲ။ ဒီလူတွေဟာ ချမ်းသာတဲ့လူတွေပါ။ ဒါကြောင့် လှည်းတန်းဈေးကို သူဋ္ဌေးဈေးလို့ လူတွေကခေါ်ဝေါ်သမုတ်ကြတယ်။ နားလည်ပြီလား။

က။ ။ နားလည်ပါပြီ။ ကျွန်မတို့ကမချမ်းသာပေမဲ့လည်း သူဋ္ဌေးဈေးကိုတော့ သွားဝယ်ကြရအောင်။ မကောင်းဘူးလား။

ခ။ ။ ကောင်းသားပဲ။ အခုပဲသွားစို့။

(ဈေးထဲတွင်.....)

ခ။ ။ လှလှဘာများဝယ်ချင်သလဲ။

က။ ။ ဟင်းသီးဟင်းရွက်ရယ်၊ သားငါးရယ်ဝယ်မလို့။

ခ။ ။	လှလှဟင်းချက်တာကောင်းလား။
က။ ။	ကောင်းတာပေါ့။ လှလှဟင်းချက်တဲ့နေရာမှာ တစ်ဘက်ကမ်းခပ်ပဲဆိုတာ မောင်မောင်မသိသေးဘူးထင်တယ်။ ဒီနေ့တော့ ကျွန်မလက်စွမ်းပြလိုက်မယ်။
ခ။ ။	ဒီလိုဆို ဒီနေ့ကျွန်တော် ကောင်းကောင်းစားရတော့မှာပေါ့။ ကျွန်တော်နေ့တိုင်း အဆောင်ထမင်းအဆောင်ဟင်းစားရတာ တစ်ခါလာလည်း မဲပြာပုဆိုးဆိုသလို ရိုးနေပြီ။ ဒီနေ့ ကံကောင်းလိုက်တာ။
ဂ။ ။	ညီမ ဘာအလိုရှိပါသလဲရှင်။
က။ ။	ကျွန်မသခွားသီးရယ်၊ ကန်စွန်းရွက်ရယ်၊ ပဲပင်ပေါက်ရယ် ပိုလ်စားပဲရယ် ဝယ်ချင်တယ်။ ဘယ်ဈေးလဲ။
ဂ။ ။	သခွားသီးတစ်လုံးဆိုရင် (၁၅) ကျပ်၊ ကန်စွန်းရွက်တစ်စည်းဆိုရင်(၇)ကျပ်၊ ပဲပင်ပေါက်တစ်ပိဿာဆိုရင် ကျပ်(၂၀)၊ ပိုလ်စားပဲကတော့ နည်းနည်း ဈေးကြီးပါတယ်။ တစ်ပိဿာ(၁၀၀)ပါ။
က။ ။	ကျွန်မက တက္ကသိုလ်ကျောင်းသူပါ။ မိဘတွေရဲ့ချွေးနှဲစာနဲ့ ကျောင်းတက်နေရတာ။ ဈေးလျှော့ပေးပါဦး။ သခွားသီးတစ်ပုံးပဲယူမယ်၊ ကန်စွန်းရွက်တစ်စည်း(၅)ကျပ်၊ ပဲပင်ပေါက်တစ်ပိဿာ(၁၅)ကျပ်ပဲထားပါ။ ပိုလ်စားပဲကျတော့ ဈေးကြီးလွန်းအားကြီးလို့ ကျွန်မဝယ်ချင်တော့ပါဘူး။
ဂ။ ။	ရပါတယ်။ ကျွန်မလျှော့ပေးမယ်။ ရှင်ဘယ်လောက်ယူမလဲ။
က။ ။	သခွါးသီးတစ်လုံးရယ်၊ ကန်စွန်းရွက်နှစ်စည်းရယ်၊ ပဲပင်ပေါက်တော့ အစိတ်သားပဲ ယူမယ်။ စုစုပေါင်း ဘယ်လောက်ကျသလဲ။
ဂ။ ။	သခွါးသီးတစ်လုံး(၁၀)၊ ကန်စွန်းရွက်နှစ်စည်းလည်း(၁၀)၊ ပဲပင်ပေါက်အစိတ်သား(၄)ကျပ်ပဲပေး၊ ပေါင်း(၂၄)ကျပ်ပဲပေးပါ။ ကျေနပ်သလားညီမရယ်။
က။ ။	ကျေနပ်ပါတယ်။ ကျေးဇူးတင်ပါကယ်။ ရော့၊ ကျွန်မှာ အကြွေမရှိလို့ရာတန်ဟပ်ရွက်ပေးမယ်။
ဂ။ ။	ရော့၊ (၇၆)ကျပ်။ ကောင်းကောင်းသိမ်းထား။ နောင်လည်းလာအားပေးပါနော်။
က။ ။	လာပါ့မယ်။ စိတ်ချပါ။
ခ။ ။	လှလှ ဘာများဝယ်ချင်သေးသလဲ။
က။ ။	ကျွန်မလိုင်းသားဝယ်ချင်တယ်။ ပေါင်းသားလည်း နည်းနည်းဝယ်ချင်တယ်။
ခ။ ။	သုံးထပ်သားကော၊ မယူဘူးလား။
က။ ။	သုံးထပ်သားမယူတော့ဘူး။ နောက်တစ်ခါမှ။
ဃ။ ။	ဘာယူမလဲရှင်။
က။ ။	ကျွန်မလိုင်းသားရယ်၊ ပေါင်းသားရယ်ယူမယ်။ ဘယ်ဈေးလဲ။
ဃ။ ။	လိုင်းသားတစ်ပိဿာ(၂၀၀)၊ ပေါင်းသားတစ်ပိဿာ(၁၅၀)၊ ရှင်ဘယ် လောက်ယူမလဲ။
က။ ။	ကျွန်မလိုင်းသား(၅၀)သား၊ ပေါင်းသား(၅၀)သားစီယူမယ်။ လျှော့ပေးပါဦးအစ်မရယ်။
ဃ။ ။	ရပါတယ်။ ကျွန်မလျှော့ပေးမယ်။ လိုင်းသားတစ်ပိဿာ(၁၈၀)နဲ့ယူ၊ (၅၀)သားဆိုရင်(၉၀)ပဲပေး။ ပေါင်းသား တစ်ပိဿာဆိုရင် (၁၄၀)နဲ့ယူ၊ (၅၀)သားဆိုရင် (၇၀) ပဲပေး။ ပေါင်းလိုက်ရင်(၁၆၀)ပါ။

က ။   ကျေးဇူးတင်ပါတယ်။ ရော့- နှစ်ရာတန်တစ်ရွက်။ (၄၀)ပြန်အမ်းပါရှင်။

ဂ ။   နောင်လည်း လာအားပေးပါ။ ရော့-အမ်းငွေလေးဆယ်။

ခ ။   လှလှ၊ ဘာများဝယ်ဦးမလဲ။ တော်ပြီထင်တယ်။ များနေပြီ။ မဝယ်နဲ့တော့။

က ။   ဟင့်အင်း။ ငါးပုစွန်ဝယ်ဦးရမယ်။

ခ ။   ဘာငါးလဲ။ ရေချိုငါးလား။ ရေငန်ငါးလား။

က ။   ရေငန်ငါးပဲဝယ်မယ်။

ခ ။   ခင်ဗျားတို့တရုတ်လူမျိုးက ရေငန်ငါးသိပ်ကြိုက်တယ်နော်။ ကျွန်တော်တို့မြန်မာတွေက ရေငန်ငါးတွေ သိပ်မစားဘူး။ ရေချိုငါးပဲစားတယ်။ ပိုချိုတယ်လို့ယူဆတယ်။

က ။   ဒါဆိုရင် ကျွန်မတို့ရေငန်ငါးကိုလည်း ဝယ်မယ်။ ရေချိုငါးကိုလည်း ဝယ်မယ်။

င ။   သမီးဘာယူမလဲ။ ဒီမှာငါးမျိုးစုံရှိတယ်။ ငါးသလောက်၊ ကကတစ်၊ ငါးဝိုင်း၊ ငါးတံခွန်၊ ပုစွန်တုပ်၊ အို– စုံနေတာပါ။ သမီး ကြိုက်ရာရွေးပါ။

က ။   ကျွန်မ ကကတစ်ငါးဆယ်သား ယူမယ်။ ငါးသလောက်ငါးဆယ်သား၊ ကဏန်းနှစ်လုံး နဲ့ပုစွန်တုပ်အစိတ်သား ယူမယ်။ စုစုပေါင်း ဘယ်လောက်ကျသလဲ။

င ။   ကကတစ်ကတစ်ပိဿာ(၇၀၀)။ ငါးဆယ်သားဆိုရင် (၃၅၀)။ ငါးသလောက်တစ်ပိဿာ (၁၀၀၀)၊ ငါးဆယ်သား ဆိုရင်(၅၀၀)။ ကဏန်းတစ်လုံးဆိုရင်(၁၀၀)၊ နှစ်လုံးဆို(၂၀၀)။ ပုစွန်တုပ်တစ်ပိဿာ(၄၀၀၀)၊ အစိတ်သား ဆိုရင်(၁၀၀၀)ပါ။ ပေါင်း(၂၀၅၀)ကျပါတယ်။

ခ ။   လျှော့ပေးပါအန်တီ။ သူကတရုတ်ကျောင်းသူပါ။

င ။   ရပါတယ်။ လျှော့ပေးပါမယ်။ နှစ်ထောင်ပဲပေးပါ။

က ။   ကျေးဇူးတင်ပါတယ်။ သွားပါဦးမယ်။

ခ ။   လှလှရယ်၊ မဝယ်ပါနဲ့တော့။ ခင်ဗျားသေချာနားထောင်။

က ။   ဘာလဲရှင်။

ခ ။   ကျွန်တော်ဗိုက်ကအော်နေတယ်။

က ။   ဘာအော်သလဲ။

ခ ။   ဆာလှပါပြီ။ အစာမကျွေးရင် သပိတ်မှောက်မယ့်။

က ။   ဒုက္ခပါပဲ။

ဝေါဟာရ

အပြန်အလှန်(ကြိ)	互相，彼此	ကြိတ်ကြိတ်တိုး(ကြိ)	拥挤
စီစဉ်(ကြိ)	安排，计划，规划	သူဌေး(န)	富翁，阔佬
ကပ်(ကြိ)	靠近，接近	ပုစွန်တုပ်(န)	鳌虾，大海虾，对虾

တွဲဖက်ပါမောက္ခ(န)	副教授	ကထိက(န)	讲师
နည်းပြဆရာ(န)	助教	ခေါ်ဝေါ်(က)	称为, 叫做
သမုတ်(က)	叫做, 称为	သခွားသီး(န)	黄瓜
ရိုး(နဝ)	习以为常的, 司空见惯的	ပဲပင်ပေါက်(န)	豆芽菜
ကန်စွန်းရွက်(န)	空心菜	စည်း(က)	捆, 束
ပိဿာ(န)	缅斤（等于 ၁．၆၄၆ 斤)	ချွေးနဲ့စာ(န)	用辛勤劳动换来的财物
ဘိုလ်စားပဲ(န)	扁豆	ကျေနပ်(က)	满意
အစိတ်သား(န)	四分之一缅斤	လိုင်းသား(န)	里脊肉
အကြွေ(န)	零钱, 硬币	သုံးထပ်သား(န)	五花肉
ပေါင်သား(န)	后臀尖	ရေချိုငါး(န)	淡水鱼, 河鱼
ပုစွန်(န)	虾	ချို(နဝ)	甜, 鲜美
ရေငန်ငါး(န)	咸水鱼, 海鱼	ငါးသလောက်(န)	鲥鱼
ကကတစ်(န)	鲈鱼	ငါးဝိုင်း(န)	平鱼, 鲳鱼
ကဏန်း(န)	蟹	ငါးဆယ်သား(န)	半缅斤
ငါးတံခွန်(န)	带鱼		

လေ့ကျင့်ခန်း

၁။ ကွင်းထဲက ဝေါဟာရများကို ပေးထားသောဝေါဟာရများဖြင့် အစားထိုးလေ့ကျင့်ပါ။

(၁) (ဘာလုပ်) ဖို့စီစဉ်ထားသလဲ။

ညမှာဘာစား

မနက်ဖြန်ဘယ်ကိုသွား

စာမေးပွဲမှာဘယ်လိုဖြေ

ဘယ်လိုကစား

(၂) (လှည်းတန်းဈေး) ကို (သူဌေးဈေး) လို့ခေါ်ဝေါ်သမုတ်ကြတယ်။

သူ   အကန်း

ဦးစိန်ဝင်း   ပါရဂူ

ဒီရွာ   ဘူးကိုင်းရွာ

ပီကင်းတက္ကသိုလ် ယန့်ယွမ်း

(၃) (ဘိုလ်စားပဲ) ကျတော့ဈေးကြီးလွန်းအားကြီးလို့ကျွန်မ မဝယ်ချင်တော့ပါဘူး။

ဖောင်တိန်

ကွန်ပျူတာ
ဆီဒခင်ကား
ကျောက်ပုစွန်

၂။ အောက်ပါ မေးခွန်းများကို နှုတ်ဖြင့်ဖြေပါ။

(၁) လှလှနဲ့မောင်မောင်တို့က အပြန်အလှန်သင်ကြားပြီးတဲ့နောက် နှစ်ယောက်အတူဘယ်ကိုသွားကြသလဲ။

(၂) ဈေးထဲမှာ ဘာ့ကြောင့် ကြိတ်ကြိတ်တိုးနေသလဲ။

(၃) လူတွေဟာ ဘာဖြစ်လို့ လှည်းတန်းဈေးကို သူဌေးဈေးလို့ခေါ်ဝေါ်ကြသလဲ။

(၄) သူဌေးဈေးလို့ ခေါ်တဲ့အတွက်ကြောင့် လှလှတို့က မသွားပဲနေကြသလား။

(၅) လှလှကဈေးထဲမှာ ပထမဦးဆုံးဘာဝယ်သလဲ။

(၆) လှလှက ဟင်းချက်ကောင်းသလား။

(၇) မောင်မောင်က နေ့စဉ်နေ့တိုင်းအဆောင်ထမင်းစားရတာမရိုးဘူးလား။

(၈) လှလှက ဘာဖြစ်လို့ဗိုလ်စားပဲမယ်သလဲ။

(၉) မြန်မာပြည်မှာ သခွားသီးကို အလုံးလိုက် ရောင်းသလား။

(၁၀) ကန်စွန်းရွက်ကော၊အစည်းလိုက် ရောင်းသလား။

(၁၁) မြန်မာနိုင်ငံမှာ လိုင်းသားက ဈေးကြီးသလား။ ပေါင်သားကဈေးကြီးသလား။ တရုတ်ပြည်မှာကော။

(၁၂) မြန်မာပြည်သူပြည်သားများဟာ ရေငန်ငါးကြိုက်သလား၊ ရေချိုငါးကြိုက်သလား။

(၁၃) လှလှက ရေငန်ငါးကြိုက်ရက်သားနဲ့ဘာဖြစ်လို့ရေချိုငါးကိုလည်း သူဝယ်ချင်သေးသလဲ။

(၁၄) ခင်ဗျား ငါးသလောက်စားဖူးသလား။ ပုစွန်တုပ်ကော။

(၁၅) မောင်မောင်ရဲ့ဗိုက်က တစ်ကယ်အော်သလား။

(၁၆) မောင်မောင်ဗိုက်ကအော်တယ်လို့ပြောတာဟာ ဘာအဓိပ္ပါယ်လဲ။

၃။ ပေးထားသော အောက်ပါ အချက်အလက်များကို အခြေခံ၍ စကားပြောတစ်ပုဒ် ရေးပါ။

薇薇到北京大学以后，一直在勺园留学生食堂吃饭，每月的伙食费花很多钱。为了节省，把有限的金钱用在学习上，她决定自己做饭。因为自己做饭又节省又可口。所以，今天是星期天，一大早她就约了钦钦暖一块去校外自由市场买菜。

သင်ခန်းစာ(၉) စာပေဗိမာန်စာအုပ်ဆိုင်၍ စာအုပ်ဝယ်ခြင်း

က။ လှလှ

ခ။ မောင်မောင်

ဂ။ စာပေဗိမာန်စာအုပ်ဆိုင်က အရောင်းစာရေးမ

(လှလှသည် မြို့လယ်ခေါင်တွင်တည်ရှိသောစာပေဗိမာန်စာအုပ်ဆိုင်သို့ မောင်မောင်နှင့်အတူသွားရန် ပနေ့ကပင်နှစ်ယောက်ချိန်းဆိုထားခဲ့သည်။ ထို့ကြောင့် အလုပြီး နံနက်ရှစ်နာရီခန့်တွင် အပြင်ထွက်ခဲ့၏။ ကျောင်းတံခါးမကြီး အနီးသို့ ရောက်သောအခါ မောင်မောင်ကလာ၍ကြိုသည်။ သူတို့နှစ်ယောက်သားတက္ကစီးပြီး မြို့ထဲသို့ထွက်လာခဲ့ကြသည်။ စာအုပ်ဆိုင်တွင်.....)

ဂ။ ဘာများအလိုရှိပါသလဲရှင်။

က။ ကျွန်မ စာရေးဆရာကြီးဦးသိန်းဖေမြင့်ရေးတဲ့ အရှေ့ကနေဝန်းထွက်သည်ပမာဆိုတဲ့ လုံးချင်း ဝတ္ထုကို ဝယ်မလို့ပါ ရှိပါသလားရှင်။

ဂ။ ဟင့်အင်း မရှိတော့ပါဘူးရှင့်။ ကုန်သွားတာ ဆယ်နှစ်တောင်မကဘဲ အနစ်နစ်ဆယ်လောက်တောင်ရှိသွားပြီ ထင်တယ်။ အဲဒီစာအုပ်ဟာ အစကလုံးချင်းစာအုပ်အဖြစ် ထုတ်တာမဟုတ်ဘူး။ ကျွန်မမှတ်မိသလောက် ပြောရရင် ၁၉၅၆ ခုနှစ်လောက်က မြဝတီမဂ္ဂဇင်းမှာလစဉ်ဖော်ပြခဲ့တယ်။ စုစုပေါင်း နှစ်နှစ်တောင် ကျော်သွားတယ်။ ၁၉၅၈ ခုနှစ်နှစ်ကုန်လောက်မှာ ဒုတိယအကြိမ်ထုတ်ဝေတဲ့အခါမှ လုံးချင်းစာအုပ်အဖြစ် ထုတ်ဝေတော်ပါ။

က။ ကျွန်မကြားတာက ဒီဝတ္ထုကို နှစ်အုပ်တွဲအဖြစ်၊ သုံးအုပ်တွဲအဖြစ်၊ လုံးချင်းအဖြစ်၊ အမျိုးမျိုးအစားစား ထုတ်ဝေခဲ့ဖူးပါတယ်။ ဟုတ်လား။

ဂ။ ဟုတ်တယ်။ စုစုပေါင်း ငါးကြိမ်တိုင်တိုင် ထုတ်ဝေခဲ့တယ်။ ပထမအကြိမ် အဖြစ် မြဝတီမှာ လစဉ်တစ်ပုဒ်စီထည့်သွင်း ဖော်ပြခဲ့တယ်။ နောက်တော့ ၁၉၅၈ ခုနှစ်မှာ ဒုတိယအကြိမ်၊ ၁၉၆၆ခုနှစ်မှာ တတိယအကြိမ်၊ ၁၉၇၂ ခုနှစ်မှာ စတုတ္ထအကြိမ်၊ ၁၉၇၄ခုနှစ်မှာ ပဉ္စမအကြိမ်အသီးသီး ထုတ်ဝေခဲ့ပါတယ်။ ပထမတော့ နှစ်အုပ်တွဲ၊ သုံးအုပ်တွဲအုပ်တွဲခွဲပြီး ထုတ်ခဲ့တယ်။ နောက်တော့ အုပ်တွဲနဲ့ခွဲမထုတ်တော့ဘဲ လုံးချင်းဝတ္ထုအဖြစ် ထုတ်ဝေပါတော့တယ်။

က။ တစ်ကြိမ်ထုတ်ရင် အုပ်ရေဘယ်လောက် ထုတ်သလဲရှင်။

ဂ။ အုပ်ရေ(၂၀၀၀)ပဲထုတ်ဝေပါတယ်။ ဒါကြောင့် ထွက်လာတာနဲ့တစ်ပြိုင်နက် ချက်ချင်းကုန်သွားပါလေရော။

က။ ။ အို-ဝမ်းနည်းစရာကြီးပါပဲ။ ကျွန်မအလာနောက်ကျတယ်။ ဒီစာအုပ်ကိုကျွန်မဝယ်ချင်တာကြာလှပါပြီ။ ပီကင်းတက္ကသိုလ်စာကြည့်တိုက်မှာဖတ်ရတာနဲ့တစ်ပြိုင်နက်ချက်ချင်း စွဲမိပါတယ်။

ဂ။ ။ ကျွန်မလည်း ဒီဝတ္ထုကို သိပ်သဘောကျပါတယ်။ အထူးသဖြင့် ဝတ္ထုထဲမှာ သမိုင်းနောက်ခံကြောင်းပါတဲ့အတွက် ပိုပြီးစိတ်ဝင်စားစရာကောင်းပါတယ်။ ဒီဝတ္ထုကိုဖတ်ရတာဟာ မြန်မာ့သမိုင်းကိုလေ့လာရာကျတယ်။ ဖတ်ရကျိုး သိပ်နပ်တာပဲ။

က။ ။ ဟုတ်တယ်။ ဒီဝတ္ထုထဲမှာ သမိုင်းကြောင်းပါတဲ့အပြင် ဝတ္ထုစာသားလည်းကောင်း၊ ဇာတ်လမ်းလည်းကောင်း၊ လူစိတ်ကိုလည်းဆွဲဆောင်နိုင်တယ်။ ကိုယ်ပိုင်စာအုပ်အဖြစ် မရရအောင် ဝယ်မယ်လို့ကျွန်မလာခင်က ဆုံးဖြတ်ပြီးသား ဖြစ်ပါတယ်။ ဒါပေမဲ့အခုတော်....

ဂ။ ။ စိတ်မပူပါနဲ့။ ကျွန်မပြောပြမယ်။ ကျွန်မတို့စာပေဗိမာန်စာအုပ်ဆိုင်ဟာအစိုးရဆိုင်ပါ။ အစိုးရဆိုင်မှာဆိုရင် စာအုပ်အသစ်တွေပဲ ရောင်းပါတယ်။ စာအုပ်အဟောင်းလိုချင်ရင် လမ်းဘေးစာအုပ်ဆိုင်ကို သွားဝယ်ရမယ်။ ဟိုမှာ စာအုပ်အဟောင်းတွေ အများကြီးရှိပါတယ်။ အထူးသဖြင့်ရှားပါးစာအုပ်ဆိုရင် လမ်းဘေးစာအုပ်ဆိုင်မှာပဲ ရှိတတ်ပါတယ်။ ကြိုးစားရှာရင်ရမှာပါ။

က။ ။ ဟုတ်ကဲ့။ ကျွန်မကြိုးစားကြည့်မယ်။ ဒါနဲ့၊ လမ်းဘေးစာအုပ်ဆိုင်က ဘယ်မှာရှိပါသလဲရှင်။

ဂ။ ။ အို-နေရာတကာမှာရှိပါတယ်။ ဒါပေမဲ့၊ ရန်ကုန်မှာ လမ်းဘေးစာအုပ်ဆိုင်စုဝေးရာ တစ်နေရာရှိပါတယ်။

က။ ။ ဘယ်မှာလဲ။

ဂ။ ။ ပန်းဆိုးတန်းလမ်းလေ။ ရှင်ဒီလမ်းအတိုင်း ရှေ့တည့်တည့်သွား၊ တစ်လမ်းကျော်ရင်ရောက်မယ်။ ဟိုမှာ လမ်းတစ်ဖက်တစ်ချက်မှာ စာအုပ်ခင်းပြီးရောင်းနေတာတွေ တွေ့ရပါလိမ့်မယ်။ ရှင်လိုချင်တဲ့စာအုပ်ကို ရွေးရုံပဲ။

က။ ။ ဟုတ်ကဲ့။ ကျေးဇူးတင်ပါတယ်။ ကျွန်မအခုပဲသွားမယ်။

ဂ။ ။ ကျွန်မတို့ဆီမှာ ဆိုရိုးစကားရှိတယ်။ ဘာလဲဆိုတော့၊ မန္တလေးမှာစကား၊ မော်လမြိုင်မှာအစား၊ ရန်ကုန်မှာအကြား။ ပြည်မှာအလကားတဲ့။ ရှင် စကားပြောယဉ်ကျေးတယ်ဆိုတော့ရှင် မန္တလေးသူဖြစ်ရမယ်။

က။ ။ ဟင့်အင်း။ ကျွန်မဟာ မန္တလေးသူမဟုတ်ပါဘူး။ ကျွန်မက ပြည်ကြီးသူပါ။ ခုဆို ရန်ကုန်နိုင်ငံခြား ဘာသာတက္ကသိုလ်မြန်မာစာဌာနမှာ စာသင်နေတယ်။

ဂ။ ။ ဟင်.....

ဝေါဟာရ

မြို့လယ်ခေါင်(န) 市中心 စာပေဗိမာန်စာအုပ်ဆိုင်(န) 文学宫书店
ချိန်း(က) 约定, 预约 အလှပြင်(က) 打扮, 梳妆, 化装
နေဝန်း(န) 太阳 လုံးချင်းဝတ္ထု(န) 成本的小说
ထုတ်ဝေ(က) 出版, 发行 တိုင်တိုင်(သ) 整整
ထည့်သွင်း(က) 装入, 发表 အသီးသီး(ကပ) 各自, 分别；种种
အုပ်ရေ(န) 册数 စွဲ(က) 铭记于心, 牢记, 迷恋
သမိုင်းနောက်ခံကြောင်း (န) 历史背景 စာသား(န) 文句, 文笔
ဇာတ်လမ်း(န) 剧情, 情节, 故事 ဆွဲဆောင်အား(န) 吸引力

သင်ခန်းစာ(၉) စာပေဗိမာန်စာအုပ်ဆိုင်၌စာအုပ်ဝယ်ခြင်း

ကိုယ်ပိုင်(န) 自己的东西, 私物   ဆုံးဖြတ်(က) 决定, 裁决
စိတ်ပူ(က) 焦虑, 担心   အစိုးရ(န) 政府
လမ်းဘေးစာအုပ်ဆိုင်(န) 路边书摊   ရှားပါးစာအုပ်(န) 罕见的书籍, 珍本书
လမ်းတစ်ဖက်တစ်ချက်(န) 路两旁   လိုအပ်(က) 需要, 有必要
ဆိုရိုးစကား(န) 俗话, 俗语   အကြွား(န) 炫耀, 吹牛, 显示自己
အလကား(ကြ) 无用的, 无价值的   ပြည်ကြီးသူ(န) 中国女人（缅甸人称中国为ပြည်ကြီး）
ယဉ်ကျေး(နဝ) 文雅, 文明, 有礼貌

လေ့ကျင့်ခန်း

၁။ ကွင်းထဲက ဝေါဟာရများကို ပေးထားသောဝေါဟာရများဖြင့် အစားထိုးလေ့ကျင့်ပါ။

(၁) (အရှေ့ကနေဝန်းထွက်သည်ပမာ) ဆိုတဲ့ (လုံးချင်းဝတ္ထု)

မြို့ပြင်   ပဉ္စုပ္ပန်
ဝေဝေ   မိန်းကလေး
ဆည်ရွာ   ရွာကလေး
ပစိဖိတ်သမုဒ္ဒရာ   သမုဒ္ဒရာကြီး

(၂) စုစုပေါင်း (ငါးကြိမ်) တိုင်တိုင် (ထုတ်ဝေ) ခဲ့ပါတယ်။

နှစ်နှစ်   နေ
လေးနှစ်   စာသင်
သုံးရက်   လုပ်အားပေး
သုံးကြိမ်   တွေ့ဆုံ

(၃) (ထွက်လာ) တာနဲ့တစ်ပြိုင်နက်ချက်ချင်း (ကုန်သွား) ပါလေရော။

မိုးတွင်းရောက်လာ   ရေတွေလျှံတက်လာ
ကျောင်းတက်ခေါင်းလောင်းထိုး   စာသင်ခန်းထဲဝင်လာ
အားငယ်နွမ်းနယ်သွား   မိခင်ဖခင်ကိုပြေးသတိရ
ဆီးနှင်းတွေကျလာ   ဝမ်းကပ်အကျီဝတ်ထား

(၄) (ဒီစာအုပ်) ကို ကျွန်မ (ဝယ်) ချင်တာကြာလှပါပြီ။

မြန်မာနိုင်ငံ   သွား
ပီကင်းဘဲကင်   စား
ရွှေတိဂုံဘုရား   ဖူး
ဒီဝတ္ထု   ဖတ်

(၅) (ဒီဝတ္ထုကိုဖတ်ရ) တာဟာ (မြန်မာ့သမိုင်းကိုလေ့လာ) ရကျိုး တယ်။

ရှင်ဒီလိုပြော   ကျွန်မကိုစွပ်စွဲ
ဒီလိုလုပ်   သစ္စာမရှိ

　　　　　　　ခင်ဗျားလို့သုံး　　　　　ပိုပြီးယဉ်ကျေး
　　　　　　　အတိတ်ကိုမေ့　　　　　သစ္စာဖောက်
(၆) (ကိုယ်ပိုင်စာအုပ်အဖြစ်) မ (ရရ) အောင် (ဝယ်) ပါ့မယ်။
　　　　　　　ရန်ဟံမြို့ကို　　　　　ရောက်ရောက်　သွား
　　　　　　　ဘောလုံးကို　　　　　မိမိ　　　　ဖမ်း
　　　　　　　စက်ဘီးကို　　　　　မြန်မြန်　　　စီး
　　　　　　　ထမင်းကို　　　　　ကျက်ကျက်　ချက်
(၇) ကျွန်မမလာခင်က (ဆုံးဖြတ်) ပြီးသားဖြစ်ပါတယ်။
　　　　　　　　　　　စား
　　　　　　　　　　　ပြော
　　　　　　　　　　　လုပ်
　　　　　　　　　　　ရေး
(၈) ဟိုမှာလမ်းတစ်ဖက်တစ်ချက်မှာ (စာအုပ်ခင်းရောင်းနေတာ) တွေ တွေ့ရပါလိမ့်မယ်။
　　　　　　　　　　　တိုက်ကြီးတာကြီး
　　　　　　　　　　　အိမ်ဆိုင်
　　　　　　　　　　　ပန်းမျိုးစုံ
　　　　　　　　　　　စပါးခင်း
(၉) (ရှင်စကားပြောတာယဉ်ကျေးတယ်) ဆိုတော့ (မန္တလေးသူ) ဖြစ်ရမယ်။
　　　　　　　လုံချည်ဝတ်တယ်　　　　မြန်မာလူမျိုး
　　　　　　　စေတီပုထိုးတွေများတယ်　ပုဂံ
　　　　　　　ကျစ်ဆံမြီးကလေးနဲ့　　ရန်ကုန်ကမခင်ခင်
　　　　　　　အသားအရေဖြူဖြူလေး　မတင်တင်

၂။ အောက်ပါ မေးခွန်းများကို နှုတ်ဖြင့်ဖြေပါ။

(၁) လှလှက စာပေဗိမာန်စာအုပ်ဆိုင်ကိုသွားဖို့အတွက် မောင်မောင်နဲ့ ဘယ်အချိန်မှာ ချိန်းထားသလဲ။

(၂) လှလှက ဘယ်အချိန်မှာ အဆောင်ကထွက်သလဲ။

(၃) လှလှက ဘယ်နေရာမှာ မောင်မောင်နဲ့ တွေ့ရသလဲ။

(၄) လှလှက စာပေဗိမာန်စာအုပ်ဆိုင်မှာ ဘာစာအုပ်များဝယ်ချင်သလဲ။

(၅) လှလှဝယ်ချင်တဲ့စာအုပ် စာပေဗိမာန်စာအုပ်ဆိုင်မှာ ရှိပါသေးသလား။

(၆) စာရေးဆရာကြီး ဦးသိန်းဖေမြင့်ရေးတဲ့ အရှေ့ကနေဝန်းထွက်သည်ပမာဆိုတဲ့ဝတ္ထုဟာ အစကတည်းက လုံးချင်းဝတ္ထုအဖြစ် ထုတ်တာလား။

(၇) ဆရာကြီးဦးသိန်းဖေမြင့်ရေးတဲ့ အရှေ့ကနေဝန်းထွက်သည်ပမာဆိုတဲ့ဝတ္ထုကို စုစုပေါင်း ဘယ်နှကြိမ်ထုတ်ဝေခဲ့သလဲ။ အသေးစိတ်ပြောပြပါ။

(၈) တစ်ကြိမ်ထုတ်ရင် အုပ်ရေဘယ်လောက် ထုတ်ဝေသလဲ။

(၉) အရှေ့ကနေဝန်းထွက်သည်ပမာဆိုတဲ့ဝတ္ထုဟာ ထွက်လာတာနဲ့တစ်ပြိုင်နက် ဘာကြောင့် ချက်ချင်း ကုန်သွားပါသလဲ။

(၁၀) လှလှဖတ်ရတာနဲ့တစ်ပြိုင်နက် ဘာကြောင့် ချက်ချင်းစွဲမိသလဲ။

(၁၁) စာအုပ်အရောင်းစာရေးမကလည်း ဘာကြောင့် အဲဒီဝတ္ထုကို ကြိုက်သလဲ။

(၁၂) အရှေ့ကနေဝန်းထွက်သည်ပမာဆိုတဲ့ဝတ္ထုဟာ ဘာများထူးခြားချက် ရှိသလဲ။

(၁၃) ရန်ကုန်မှာ လမ်းဘေးစာအုပ်ဆိုင်စုဝေးတဲ့နေရာဟာ ဘယ်နေရာလဲ။

(၁၄) ဒီသင်ခန်းစာထဲမှာ မြန်မာဆိုရိုးစကားတစ်ခုရှိတယ်။ အဲဒီ ဆိုရိုးစကားကို ပြောပြပါ။

၃။ ။ ပေးထားသော အောက်ပါ အချက်အလက်များကို အခြေခံ၍ စကားပြောတစ်ပုဒ် ရေးပါ။

薇薇早在没来中国之前就想买一套古典小说《红楼梦》。因为缅甸作家妙丹丁已经把这本书翻译成缅文了。她已经看过，觉得很好。小说不但文笔好，内容也好，可以了解中国封建社会的概貌。薇薇今天有空。她做完作业以后，就打算去书店买中文书籍。她听说海淀区有一个很有名的图书城，很想去看一看。于是，她就打电话给钦钦暖，想让她陪自己去图书城逛逛。钦钦暖同意了。她们一起步行来到了图书城。

သင်ခန်းစာ(၁၀)   ရန်ကုန်အမှတ်(၁)ကုန်တိုက်၌ဈေးဝယ်ခြင်း

က။ ။ လှလှ
ခ။ ။ မောင်မောင်
ဂ။ ။ ကုန်ရောင်းစာရေးမ
ဃ။ ။ ငွေသိမ်းစာရေးမ

(လှလှသည် ရန်ကုန်အမှတ်(၁)ကုန်တိုက်သို့သွားရန် စိတ်ကူးထား၏။ ယနေ့နံနက်မိုးလင်းသည်နှင့်တစ်ပြိုင်နက် မိုးအုံ့လာသည်။ မိုး သဲသဲမဲမဲ ရွာတော့မည်ပုံ ပေါ်နေ၏။ ထို့ကြောင့် မြို့ထဲသို့သွားမှသွားဖြစ်ပါဦးမလားဟု တထိတ်ထိတ်ဖြစ်နေသည်။ လှလှက မောင်မောင့်ကို ဖုန်းဆက်၍မေးသည်။)

က။ ။ ကိုမောင်၊ ကိုမောင်ဒီနေ့အားလား။
ခ။ ။ အားပါတယ်။ ဘာလုပ်စရာရှိလို့လဲဟင်။
က။ ။ ကျွန်မ မြို့ထဲသွားမလို့ပါ။
ခ။ ။ သွားချင်ရင် သွားလေ။
က။ ။ ဒါပေမဲ့၊ကိုမောင်ကြည့်လေ။ မိုးအုံ့နေတယ်။ မိုးရွာတော့မယ်။ ဘယ်နယ် လုပ်မလဲ။
ခ။ ။ ဟာ၊ မိုးရွာတာ ဘာကြောက်စရာရှိလို့လဲ။ ကျွန်တော်တို့မြန်မာတွေက မိုးထဲလေထဲမှာ သွားလာလုပ်ကိုင်ရတာ ပိုပြီးဝမ်းသာပါတယ်။ နောက်ပြီး ကျွန်တော်တို့ ထီးယူသွားမှာပဲဥစ္စာ။ မိုးရွာရင် ထီးဆောင်းလိုက်ရင်ပြီးတာပဲ။ မဟုတ်လား။
က။ ။ ဒါဆို သွားမယ်။ ကိုမောင်လိုက်ခဲ့နော်။
ခ။ ။ လိုက်မယ်၊ လိုက်မယ်။ မလိုက်ဘဲနေပါ့မလား။ ဒါထက်၊ လှလှ မြို့ထဲဘယ်သွားမလဲ။ ဘုရားလား။ ပန်းခြံလား။
က။ ။ ကျွန်မက ဘုရားလည်း မသွားဘူး။ ပန်းခြံကိုလည်း မသွားချင်သေးဘူး။ ကုန်တိုက်ကိုပဲ သွားမယ်။ ဝယ်စရာလေးတွေ ရှိလို့ပါ။ နောက်ပြီး မြန်မာကုန်တိုက်ကို သွားချင်တာလည်း ကြာလှပါပြီ။
ခ။ ။ ဒါဆို သွားကြရအောင်။ လှလှမှာ ထီးရှိသလား။
က။ ။ ရှိပါတယ်၊ ရှိပါတယ်။ စိတ်ချပါ။ ထီးနှစ်လက်တောင် ရှိပါတယ်။
ခ။ ။ ကျွန်တော်တို့မြန်မာတွေက ဘယ်ကိုပဲသွားသွား၊ မိုးရွာရွာ မရွာရွာ။ ထီး ကိုတော့ ယူရစမြဲပဲ။ ဒါကြောင့် ထီးဟာ ကျွန်တော်တို့ဘဝမှာ တော်တော်အရေးကြီးတဲ့ အခန်းကဏ္ဍမှာ ပါဝင်ပါတယ်။
က။ ။ ဒါက မြန်မာနိုင်ငံရဲ့ယဉ်ကျေးမှု မှုတ်လား။
ခ။ ။ ဟုတ်ပါတယ်။ မြန်မာနိုင်ငံရဲ့ယဉ်ကျေးမှုဟာ အကြောင်းအရာ တော်တော်ကြွယ်ဝများပြားပြီး နက်နက်ရှိုင်းရှိုင်း

ရှိလှပါတယ်။ ထီးယဉ်ကျေးမှုဟာ မြန်မာ့ယဉ်ကျေးမှုထဲက တစ်စိတ်တစ်ဒေသ ဖြစ်ပါတယ်။

က။ ဒီနေ့ ကျွန်မတို့ မြန်မာ့ယဉ်ကျေးမှုကို မဆွေးနွေးတော့ဘူး။ မြို့ထဲကို အရင်သွားကြရအောင်လား။

ခ။ ကောင်းတယ်။ အခုပဲသွားကြစို့။ ကျွန်တော် လှလှတို့အဆောင်ကိုလာပြီး ခေါ်မယ်နော်။ စောင့်နေ။
(လှလှနှင့်မောင်မောင်တို့အဆောင်ရှေ့၌ဆုံကြသည်။)

က။ ဒါနဲ့၊ ကျွန်မတို့ ဘယ်လိုသွားကြရမလဲ။ ဘတ်စ်ကားနဲ့လား။ တက္ကစီနဲ့လား။

ခ။ ဘတ်စ်ကားနဲ့ပဲသွားမယ်။ လိုင်းကား(၈)နဲ့ဆို တန်းရောက်နိုင်တယ်။ ကားပြောင်းဖို့မလိုဘူး။ ကားမှတ်တိုင် သွားရအောင်။

က။ အမှတ်(၁)ကုန်တိုက်ဟာ တက္ကသိုလ်နဲ့ဝေးသလား။

ခ။ သိပ်မဝေးပါဘူး။ နီးနီးလေးပါ။ (၁၅)မိနစ်တည်းနဲ့ရောက်နိုင်တယ်။

က။ ကားခကော။ များသလား။ ဘယ်လောက် ပေးရသလဲ။

ခ။ မပြောပလောက်ပါဘူး။ နှစ်ကျပ်ပဲ။

က။ (၈)ကားလာပြီ။ ကားပေါ်တက်ရအောင်။

ခ။ ပြောရင်းဆိုရင်းနဲ့၊ ရွှေတိဂုံဘုရားလမ်းမှတ်တိုင် ရောက်ပြီ။ ဆင်းရအောင်။

က။ ဂုက်ကဲ့။ ဒီဥဿာက ဘာလဲ။

ခ။ ဒီဥဿာကရှမ်ဟဲကုန်တိုက်ပါ။ တရုတ်ပြည်က လာဖွင့်တာ။ ကုန်ပစ္စည်း အရမ်းစုံတယ်ဆိုပဲ။

က။ ရန်ကုန်အမှတ်(၁)ကုန်တိုက်ကော။ ဘယ်မှာရှိသလဲ။

ခ။ ရွှေကလမ်းဆုံကို တွေ့တယ်မဟုတ်လား။ လမ်းဆုံရဲ့ဘယ်ဘက်ထောင့်မှာ ပီကင်းနန်းတွင်းစားတော်ဆက် ရှိတယ်။ အဲဒီဆိုင်ရဲ့မျက်နှာချင်းဆိုင်မှာ ရန်ကုန်အမှတ်(၁)ကုန်တိုက်ပါ။

ဂ။ ဘာယူမလဲရှင်။

က။ ကျွန်မကပဝါတစ်ထည်ရယ်။ အပေါ်အကျီတစ်ထည်ရယ်။ ချိတ်ထမီတစ်ထည်ရယ်။ ညပ်ဖိနပ်တစ်ရံရယ် ယူချင်တယ်။ စုစုပေါင်း ဘယ်လောက်ကျသလဲ။

ဂ။ ပဝါတစ်ထည်က ကျပ်(၁၅၀)၊ အပေါ်အကျီတစ်ထည်က ကျပ်(၃၇၀)၊ ချိတ်ထမီတစ်ထည်က ကျပ်(၄၀၀၀)၊ စုစုပေါင်း ကျပ်(၄၅၀၀)ကျပ်တယ်။ ရော့။ ပြေစာ။ ဟိုဘက်ငွေသွင်းကောင်တာကို သွားပြီးငွေသွင်းပါ။ ပြီးရင် ပစ္စည်းလာယူပါ။ ညပ်ဖိနပ်ကိုတော့ ဟိုဘက်ကောင်တာကိုသွားဝယ်ပါ။

က။ ကိုမောင်။ ဒါကျပ်(၄၅၀၀)ပါ။ ကိုမောင်ပဲငွေသွားသွင်းပေးပါဦး။ ကျွန်မက ဟိုဘက်ကောင်တာသွားမယ်။ ဖိနပ်သွား ဝယ်မယ်။ ဘောက်ချာ ရေးခိုင်းဖို့ မမေ့နဲ့နော်။

ခ။ ရော့။ ပိုက်ဆံ တစ်ရာပြန်အမ်းပါ။ ဘောက်ချာကိုကည်းရေးပေးပါဦး။

ဃ။ ရာတန်မရှိတော့ပါဘူး။ (၃၅)ကျပ်တန်နှစ်ရွက်၊ (၁၅)ကျပ်တန်နှစ်ရွက်။ ဒါကဘောက်ချာ။ ရော့။

ခ။ ဖိနပ်ဝယ်ပြီးပြီလား။

က။ ဝယ်ပြီးပါပြီ။

ခ။ ဒါဆို လှလှဝယ်စရာရှိသေးသလား။

က။ မရှိတော့ပါဘူး။

ခ။ မရှိရင် ပီကင်းနန်းတွင်းစားတော်ဆက်ကိုသွားပြီး နေ့လယ်စာသွားစားကြအောင် မကောင်းဘူးလား။

ကိုမောင်ကျေးမယ်လေ။

က။ ။ ဟာ၊ မလုပ်ပါနဲ့ကွာ။ စားတာသောက်တာက ဘာမှအရေးမကြီးပါဘူးရှင့်။ အရေးကြီးတာက တစ်ယောက်ကိုတစ်ယောက်က မေတ္တာထားရမယ်။ အချင်းချင်း အကူအညီပေးရမယ်။

ခ။ ။ ဟုတ်တယ်။ ကျွန်တော်လည်း သဘောတူတယ်။ စောင်ခြုံလို့မလုံ၊ မေတ္တာခြုံမှလုံတယ် ဆိုသလိုပေါ့ဗျာ။ ဟဲ.....

ဝေါဟာရ

ကုန်ရောင်းစာရေးမ(န)	女售货员	ငွေသိမ်းစာရေး(န)	收款员
စိတ်ကူး(က)	幻想, 打算	နေ့စဉ်သုံးပစ္စည်း(န)	日用品
မိုးလင်း(က)	天亮, 破晓	သဲသဲမဲမဲ(ကဝ)	猛烈地, 激烈地
တွေဝေ(က)	犹豫	ယိမ်းယိုင်(က)	摇摆, 动摇
မိုးအုံ့(က)	乌云密布, 阴天	ပန်းခြံ(န)	花园
ကုန်တိုက်(န)	商行, 百货公司	လက်(မ)	把
အခန်း(န)	角色, 作用	အကြောင်းအရာ(န)	内容, 情况
ကြွယ်ဝ(နဝ)	富足, 富饶, 丰富	နက်ရှိုင်း(နဝ)	深的
တစ်စိတ်တစ်ဒေသ(န)	一部分	ဘတ်စ်ကား(န/လိပ် bus car)	公共汽车
ပြောင်း(က)	改变, 更换	လိုင်းကား(န/လိပ် line car)	线路公共汽车
ဥစ္စာ(န)	东西, 家伙（指物)	လုံ(က)	遮得住, 严密, 不漏
ကုန်ပစ္စည်း(န)	商品	လမ်းဆုံ(န)	十字路口
ထောင့်(န)	角, 角落	နန်းတွင်း(န)	宫廷, 皇宫
စားတော်ဆက်(န)	餐厅	မျက်နှာချင်းဆိုင်(ကဝ)	对面
ပဝါ(န)	头巾, 披巾	အပေါ်အကျႌ(န)	上衣, 外衣
ချိတ်ထဘီ(န)	有波浪形花纹的女筒裙	ညှပ်ဖိနပ်(န)	人字带拖鞋
ရံ(မ)	双, 对, 付	ဘောက်ချာ(န/လိပ် voucher)	发票
အရေးကြီး(နဝ)	重要	စောင်(န)	毯子, 被子
ခြုံ(က)	披, 罩, 覆盖		

လေ့ကျင့်ခန်း

၁။ ။ ကွင်းထဲက ဝေါဟာရများကို ပေးထားသောဝေါဟာရများဖြင့် အစားထိုးလေ့ကျင့်ပါ။

(၁) ဘာ (လုပ်စရာ) ရှိလို့လဲ။

ပြောစရာ

မှာစရာ

ပေးစရာ

မေးစရာ

သင်ခန်းစာ(၁၀) ရန်ကုန်အမှတ်(၁)ကုန်တိုက်၌ဈေးဝယ်ခြင်း

ဆွေးနွေးစရာ

(၂) (သွား) ချင်ရင် (သွား) လေ။
    စား   စား
    လုပ်   လုပ်
    ပြော   ပြော
    အိပ်   အိပ်

(၃) (မိုးရွာတာ) ဘာ (ကြောက်) စရာရှိလို့လဲ။
    ပုဂံမှာ   စိတ်ဝင်စား
    သူပြောတာ မှား
    သူ့ဆီမှာ   အတုယူ
    သူလုပ်တာ အပြစ်တင်

(၄) မိုးထဲလေထဲမှာသွားယာယုပ်ကိုင်ရတာ ပို့ပြီး (ပျော်) ပါတယ်။
                                  စိတ်ကြည်နူးစရာကောင်း
                                  ဝမ်းမြောက်ဝမ်းသာဖြစ်
                                  စိတ်ညစ်
                                  ဒုက္ခရောက်

(၅) (ထီးယူသွားရမှာပဲ) ဥစ္စာ။
      နီးနီးလေး
      ရှင်ပြောမှမပြောပဲ
      ကျွန်တော်သိမှမသိပဲ
      အတူတူပဲ
      အချင်းချင်းပဲ

(၆) (ထီးဆောင်း) လိုက်ရင်ပြီးတာပဲ။
      သူ့ကိုပြော
      အစည်းအဝေးမှာပြော
      နည်းနည်းပေး
      လုပ်

(၇) မ (လိုက်) ဘဲနေပါ့မလား။
      သွား
      စား
      ပြော
      ကြည့်

(၈) (ထီး) ကိုတော့ (ယူ) ရစမြဲပဲ။

အင်္ဂလိပ်စာ   တတ်
မြန်မာနိုင်ငံ   သွား
စာ   ပြ
အမှား   ပြုပြင်

(၉) (ထီးယဉ်ကျေးမှုဟာ) (မြန်မာယဉ်ကျေးမှု)ထဲကတစ်စိတ်တစ်ဒေသဖြစ်ပါတယ်။
ဒီအလုပ်ဟာ   ကျွန်တော်တို့လုပ်ရမဲ့အလုပ်
ဒီလေ့ကျင့်ခန်းဟာ   ကျွန်မတို့လုပ်ရမဲ့လေ့ကျင့်ခန်း
သူဟောတာဟာ   သူဟောချင်တဲ့အကြောင်းအရာ
ရခိုင်ပြည်နယ်ဟာ   မြန်မာနိုင်ငံ

(၁၀) ပြောရင်းဆိုရင်းနဲ့ (ရွှေတိဂုံဘုရားလမ်းမှတ်တိုင်) (ရောက်) ပြီ။
                ည(၁၀)နာရီ   ထိုး
                အချိန်ကုန်မှန်းမသိ   ကုန်သွား
                လူ   စုံ
                နေ   ထွက်လာ

(၁၁) ဒီဥစ္စာက (ရန်ဟဲကုန်တိုက်) ပါ။
        ဆရာများဆောင်
        မြူနီစီပယ်ရုံး
        ခြောက်ထပ်ရုံး
        အမျိုးသားပြတိုက်
        ငါးပြတိုက်

(၁၂) (ကုန်ပစ္စည်း) အရမ်း (စုံ) တယ်ဆိုပဲ။
        လူ   များ
        ဈေး   စည်
        နေ   ပူ
        မိုး   ရွာ

(၁၃) (ဘောက်ချာရေးခိုင်း) ဖို့မမေ့ပါနဲ့နော်။
        သူ့ကိုပြောပြ
        လှလှအတွက်ခွင့်တောင်း
        ထီးပါလာ
        ပိုက်ဆံပါ

(၁၄) ဟာ၊ မ (လုပ်) ပါနဲ့ကွာ။
            ဝယ်
            သွား

စား

ကြည်

(၁၅) အရေးကြီးတာကတစ်ယောက်ကိုတစ်ယောက်က (မေတ္တာထား) ရမယ်။

အကူအညီပေး

နားလည်

လေးစား

သွေးစည်းညီညွတ်

(၁၆) (စောင့်ခြူလို့မလုံမေတ္တာခြုံမှလုံတယ်) ဆိုသလိုပေါ့ဗျာ။

နွားကွဲကျားကိုက်

လသာခိုက်ဖိုင်းငင်

ဘုန်းကြီးစာချ

ဆင်ကန်းတောတိုး

၂။ ။ အောက်ပါ မေးခွန်းများကို နှုတ်ဖြင့်ဖြေပါ။

(၁) လှလှကဘာကြောင့် ကုန်တိုက်ကို သွားချင်သလဲ။

(၂) မနက်ခင်း ရာသီဥတုရဲ့အခြေအနေကို ပြောပြပါ။

(၃) ကုန်တိုက်ကိုသွားရကောင်းမလား မသွားရကောင်းမလား ဆိုတာကို လှလှက ဘယ်သူနဲ့တိုင်ပင်သလဲ။

(၄) ကုန်တိုက်သွားဖို့ကိစ္စနဲ့ပတ်သက်၍ မောင်မောင်က ဘယ်လိုသဘောထားသလဲ။

(၅) လှလှမှာ ထီးဘယ်နှလက်ရှိသလဲ။

(၆) မိုးရွာရွာမရွာရွာ၊မြန်မာလူမျိုးတွေက အပြင်ထွက်တဲ့အခါ ဘာကြောင့်ထီးကို အမြဲယူကြသလဲ။

(၇) ထီးဟာ မြန်မာမိတ်ဆွေတွေရဲ့ဘဝမှာ တော်တော်အရေးကြီးသလား။

(၈) လှလှတို့ဟာ ကုန်တိုက်သွားတော့ ဘာနဲ့သွားကြသလဲ။ ဘတ်စ်ကားနဲ့လား။ တက္ကစီနဲ့လား။

(၉) လိုင်းကားနံပါတ်(၈)ဟာ ကုန်တိုက်ကို တန်းရောက်သလား။ ကားပြောင်းဖို့ လိုသလား။

(၁၀) ရန်ကုန်နိုင်ငံခြားဘာသာစကားတက္ကသိုလ်ကနေ ကုန်တိုက်ကို ကားနဲ့သွားရင် ဘယ်လောက်ကြာသလဲ။

(၁၁) ကားခကော၊များသလား။ ဘယ်လောက်ပေးရသလဲ။

(၁၂) လှလှတို့ဟာ ဘယ်မှတ်တိုင်မှာ လိုင်းကားပေါ်က ဆင်းကြသလဲ။

(၁၃) သူတို့ကားပေါ်ကဆင်းတဲ့နေရာမှာ ဘာကုန်ကိုက်ရှိသလဲ။

(၁၄) ရန်ကုန် အမှတ်(၁)ကုန်တိုက်ဟာ ဘယ်မှာရှိသလဲ။

(၁၅) ပီကင်းနန်းတွင်းစားတော်ဆက်ဟာ ရန်ကုန်အမှတ်(၁)ကုန်တိုက်ရဲ့ ဘယ်ဘက်မှာရှိသလဲ။

(၁၆) လှလှဟာ အမှတ်(၁)ကုန်တိုက်မှာ ဘာတွေများဝယ်သလဲ။ စုစုပေါင်း ဘယ်လောက်ကုန်သလဲ။

(၁၇) ညှပ်ဖိနပ်တွေလည်း အပေါ်အကျီ့တွေနဲ့ တစ်ကောင်တာတည်းပဲထားပြီး ရောင်းသလား။

(၁၈) မောင်မောင်က ဘယ်ထမင်းစားဆိုင်မှာ ထမင်းစားချင်သလဲ။

(၁၉) မောင်မောင်က ဘာကြောင့် လှလှကို ထမင်းကျွေးချင်သလဲ။

(၂၀) နောက်ဆုံးမှာ မောင်မောင်ပြောတဲ့စောင့်ခြို့လို့မလုံမေတ္တာခြို့မှ လုံတယ်ဆိုတဲ့မြန်မာစကားပုံဟာ ဘာကို ဆိုလိုတာလဲ။

၃။ ။ ပေးထားသော အောက်ပါ အချက်အလက်များကို အခြေခံ၍ စကားပြောတစ်ပုဒ် ရေးပါ။

薇薇想去王府井百货大楼买一些日用品。天气很冷，预报有雪。她有些犹豫不决。去好呢，还是不去好呢？她打电话给钦钦暖，钦钦暖说没关系，雪中购物别有一番乐趣。于是，两个人打了一辆出租车，来到了王府井百货商店。在王府井百货商店，薇薇买了一大包东西，有连衣裙、大衣、皮鞋、衬衣、袜子，还有吃的、喝的和学习用品等。

သင်ခန်းစာ(၁၁)   ဆံသဆိုင်၌ဆံသခြင်း/ ဆံပင်ညှပ်ဆိုင်၌ဆံပင်ညှပ်ခြင်း

က။   လှလှ
ခ။   မောင်ကျော်ရင်(တရုတ်ပညာတော်သင်)
ဂ။   အမျိုးသားဆံသဆရာ
ဃ။   အမျိုးသမီးဆံသဆရာမ

(လှလှသည် ဆံပင်ရှည်လာသဖြင့် ဆံသဆိုင်သို့သွား၍ ဆံပင်ညှပ်ချင်သည်။ ထို့ကြောင့် သူက မောင်ကျော်ရင်ကိုခေါ်သည်။ မောင်ကျော်ရင်ကလည်း ဆံပင်ညှပ်ချင်နေ၏။ သို့နှင့်ပင် နှစ်ယောက်အတူတူ ကမာရွတ် လမ်းဆုံတွင်ရှိသောဆံသဆိုင်သို့ ထွက်လာကြသည်။ အမျိုးသားဆံသဆိုင်ထဲသို့ သူတို့အရင်ဝင်လိုက်သည်။ ဆိုင်ထဲသို့ဝင်ရောက်သည်နှင့် ဆံသဆရာကဆီးကြိုရင်း.....)

ဂ။   မင်္ဂလာပါ။ အထဲကြွပါ။
ခ။   မင်္ဂလာပါ။
ဂ။   ဆံပင်ညှပ်မလို့လား၊ ခေါင်းလျှော်မလို့လား။
ခ။   ဆံပင်လည်းညှပ်မယ်။ ခေါင်းလည်းလျှော်မယ်။
ဂ။   ဒါဖြင့် ဘယ်ပုံစံမျိုး ညှပ်မလဲခင်ဗျာ။
ခ။   ခေါင်းတုံးဆံတောက် ညှပ်ပေးပါ။
ဂ။   ဗိုလ်ကေညှပ်ပါလား။ ခင်ဗျားက ခေါင်းတုံးဆံတောက်နဲ့မလိုက်ပါဘူး။
ခ။   ရပါတယ်။ ဒါပေမဲ့ နွေရောက်တော့မယ်။ တိုတိုလေးထားတာပဲ ကောင်းပါတယ်။
ဂ။   ခင်ဗျားက အသက်ငယ်ငယ်လေးနဲ့ ဆံပင်ဖြူတွေတောင်ရှိလာပြီ။ ဆေးဆိုးပါလား။
ခ။   အေးဗျာ။ ဆိုးရင် မဟညှမှာစိုးလို့။ လှတော်လှချင်တယ်။
ဂ။   ဒီဆေးက ဘေးမဖြစ်ပါဘူး။ လူတိုင်းလိုလို သုံးကြပါတယ်။
ခ။   ဒါဆို ဆိုးမယ်ဗျာ။ မုတ်ဆိတ်လည်း ရိတ်ချင်သေးတယ်။
ဂ။   ဟုတ်ကဲ့။ ကျွန်တော်ကောင်းကောင်းလုပ်ပေးပါမယ်။ စိတ်ချပါ။
ခ။   ခင်ဗျားတို့ဆီကို ဆံပင်လာညှပ်တဲ့လူ တော်တော်များတယ်နော်။
ဂ။   ဟုတ်ကဲ့။ မနည်းပါဘူး။ အမြဲလိုလို လူများပါတယ်။ လူပါးတယ်ရယ်လို့ မရှိပါဘူး။ ဒါပေမဲ့ နိုင်ငံခြားသားတွေ လာလို့ရှိရင် ကျွန်တော်တို့အတတ်နိုင်ဆုံး ဦးစားပေးပါတယ်။

ခ ။ ကျွန်တော့်ဆံပင် သိပ်ကျွတ်တယ်။ ဘာလုပ်ရင်ကောင်းမလဲ။

ဂ ။ ညဘက်ခေါင်းမလျှော်နဲ့။ အပူသိပ်မစားနဲ့။ စိတ်ညစ်မခံနဲ့။ ဆံပင်မဖြူချင်ရင်ဆံပင်ကိုလက်ချောင်းတွေနဲ့ ထိုးသပ်ပါ။ တစ်နေ့အခါစ်ရာလောက်သပ်ပါ။ ဒါမှမဟုတ်ရင် ဘီးနဲ့နေရာအနှံ့ အချက်တစ်ရာလောက်ပြီးပါ။

ခ ။ ဒီလိုလုပ်ရင် ဆံပင်မဖြူတော့ဘူးလား။ မကျွတ်တော့ဘူးလား။

ဂ ။ လုံးဝတော့မဖြစ်နိုင်ဘူး။ သက်သာလာမှာတော့ သေချာတယ်။ အဲ-နောက်တစ်နည်းလည်း ရှိသေးတယ်။ ခင်ဗျားဆေးစားလို့လည်းရပါတယ်။ ဪြ-ဒါထက်၊ ခင်ဗျားဘယ်နိုင်ငံက လာတာလဲ။

ခ ။ ကျွန်တော်တရုတ်ပြည်က လာတာပါ။

ဂ ။ ဟုတ်လား။ ကျွန်တော်ကြားတာက တရုတ်ပြည်မှာ နာမည်ကျော်ဆံပင်ကျွတ်ကာကွယ်ဆေးတစ်မျိုးရှိတယ်။ တော်တော်စွမ်းတယ်ဆိုပဲ။ ခင်ဗျားဝယ်မစားပါဘူးလား။

ခ ။ မစားပါဘူး။ ဈေးသိပ်ကြီးတယ်။ တော်ရုံတန်ရုံလူဝယ်နိုင်မှာမဟုတ်ပါဘူး။ နောက်ပြီးကျွန်တော်ဒီကိုမလာခင်က ဆံပင်မကျွတ်သေးဘူး။ ဒီရောက်တော့မှ ဆံပင်စကျွတ်တာ။ ဘာကြောင်းမှန်း မသိဘူး။

ဂ ။ အဲဒါက ရာသီဥတုကြောင့် ဖြစ်ပါလိမ့်မယ်။ မစိုးရိမ်ပါနဲ့။ ဆေးစားဖို့လည်း မလိုပါဘူး။ မြန်မာရာသီဥတုနဲ့ ကျင့်သားရလာတဲ့အခါမှာ သူ့ဟာသူကောင်းလာမှာပါ။

ခ ။ ဟုတ်လား။ သိရတာဝမ်းသာပါတယ်။ ကျေးဇူးလည်း တင်ပါတယ်။

ဂ ။ ရပါတယ်။ ကျေးဇူးတင်ဖို့ မလိုပါဘူး။

ခ ။ ပြီးပြီလား။

ဂ ။ ခဏနေဦး။ ကျွန်တော်ဖက်ကြောနှိပ်ပေးမယ်။ ဘယ်နှယ်လဲ၊ ကောင်းလား။

ခ ။ ကောင်းလိုက်တာ။ ဖက်ကြောတင်းနေတာပြေသွားပြီ။ အားလုံးပေါင်း ဘယ်လောက်ကျသလဲ။

ဂ ။ လေးရာပဲပေးပါ။ နောက်လည်းလာပါ။

ခ ။ ဟုတ်ကဲ့။ လာပါ့မယ်။ ကျေးဇူးတင်ပါတယ်။

(မောင်ကျော်ရင်ဆံပင်ညှပ်နေချိန်တွင် လှလှကဆိုင်တွင်ထိုင်စောင့် နေသည်။ မြန်မာသတင်းစာ ကောက်ဖတ်သည်။ မောင်ကျော်ရင်ဆံပင်ညှပ် ပြီးသည်နှင့်နှစ်ယောက်အတူတူ အမျိုးသမီးဆံကေသာ အလှပြုပြင်ဆိုင်ထဲသို့ ဝင်ကြသည်။)

က ။ မင်္ဂလာပါရှင်။

ဃ ။ မင်္ဂလာပါ။ ဆံပင်ဘယ်လိုလုပ်ချင်ပါသလဲရှင်။ ညှပ်မလား။ ကောက်မလား။ လျှော်မလား။ ဒါမှမဟုတ် ဆေးဆိုး မလား။

က ။ ကောက်မယ်လေ။

ဃ ။ ဘယ်လိုကောက်မလဲ။

က ။ ရှေ့ကိုပဲကောက်မယ်။ လိုင်းကြီးကြီးနော်။

ဃ ။ နောက်ကို မကောက်ဘူးလား။

က ။ ဟင့်အင်း။ မကောက်ဘူး။ ပခုံးထိရောက်အောင်ဖြတ်မယ်။ ဒီထက်မတိုစေနဲ့နော်။

ဃ ။ ရှေ့ဆံပင်ကော။ ဘယ်လိုလုပ်ပေးရမလဲ။

က ။ ရှေ့ဆံပင်ကိုနဖူးပေါ်နည်းနည်းချပေးပါရင် မထူပါစေနဲ့။

သင်ခန်းစာ(၁၁) ဆံသဆိုင်၌ဆံသခြင်း၊ ဆံပင်ညှပ်ဆိုင်၌ဆံပင်ညှပ်ခြင်း

ေ။	။	ဟုတ်ကဲ့။
က။	။	ရေကိုနည်းနည်းညှပ်ချင်တယ်။ မျက်ခုံးထိရှည်ပါစေ။
ေ။	။	ရပြီလား။
က။	။	ခေါင်းပေါ်အတင်ကောက်မယ်။ သိပ်မတိုနဲ့။ သိပ်မကောက်နဲ့။
ေ။	။	ဒီအနေဆိုတော်ပြီလား။ ရှည်သေးလား။ တိုဦးမလား။
က။	။	နောက်ဆံပင်အားလုံး အကြေကောက်မယ်။ မဖြတ်နဲ့တော့။
ေ။	။	တော်ပြီလား။ ကျေနပ်သလား။
က။	။	တော်ပြီ။ ကျေနပ်ပါတယ်။ ကျေးဇူးတင်ပါတယ်။ ဘယ်လောက်ပေးရမှာလဲ။
ေ။	။	ခြောက်ရာပါ။
က။	။	လျှော့ယူပါဦး။ ကျွန်မက ကျောင်းသူပါ။
ေ။	။	ရပါတယ်။ ငါးရာပဲပေးပါ။
က။	။	ကျေးဇူးတင်ပါတယ်။ သွားပါဦးမယ်။
ခ။	။	လှလှကိုကြည့်ရတာ ပိုလှလာသလိုဖြစ်နေတယ်။ မင်းသမီးကျနေတာပဲ။
က။	။	ငါတောင်ရေမချိုးရသေးပါဘူးဟယ်။
ခ။	။	ရေချိုးရင်ဒီထက်ပိုလှသလား။
က။	။	ဒါပေါ့။
ခ။	။	တကယ်လား။
က။	။	တကယ်မကဘူး။ ဆယ်ကယ်။

ဝေါဟာရ

ဆံသ(က) 理发	ဆံပင်ညှပ်(က) 理发
ဆံသဆရာ(န) 理发师	ခေါင်းလျှော်(က) 洗头
ခေါင်းတုံးဆံတောက်(န) 平头	ဗိုလ်ကေ(န) 分头
လိုက်(က) 相称, 相配	ဆေးဆိုး(က) 染色, 染发
တည်(က) （药、食品）适应, 适合	ဘေး(န) 危害, 危险
မုတ်ဆိတ်ရိတ်(က) 刮胡子	စိုး(က) 担心, 忧虑
အမြဲ(ကြ) 永远, 经常, 一直	ပါး(နဝ) 稀少, 少
ဦးစားပေး(က) 优待, 优先	ဆံပင်ကျွတ်(က) 脱发, 掉头发
အပူ(န) 热性食物, 辛辣食物	စိတ်ညစ်(က) 烦恼, 闷闷不乐
လက်ချောင်း(န) 手指, 手指头	ထိုးသပ်(က) 抚摸, 轻打
ဘီး(န) 梳子	အနံ့(ကြ) 普及, 遍及, 到处
အချက်(န) 打、碰的次数	ဖြီး(က) 梳, 刷
သက်သာ(က) （病情）减轻	သေချာ (က) 确切, 肯定

ဆံပင်ကျွတ်ကာကွယ်ဆေး(နာ) 预防脱发药　　　စွမ်း(က) 灵, 灵验, 有效果
တော်ရုံတန်ရုံ(ကဝ) 一般地, 普通　　　စိုးရိမ်(က) 担心, 忧虑
ဇက်ကြော(နာ) 脖筋　　　　　　　နှိပ်(က) 按摩
တင်း(နဝ) 紧, 硬, 僵硬　　　　　ကေသာ(နာ) 头发
ဆံကေသာအလှပြုပြင်ဆိုင်(နာ) 美发店　ကောက်(က) 弯, 弯曲, 烫发
ဖြတ်(က) 砍断, 斩断, 剪断　　　　နဖူး(နာ) 额, 前额
အကြေကောက်(က) 烫小而密的花, 烫小卷　မျက်ခုံး(နာ) 眉棱
ကျ(က) 等于　　　　　　　　ရေချိုး(က) 洗澡
တကယ်(ကဝ) 真实地, 实在

လေ့ကျင့်ခန်း

၁။ ။ ကွင်းထဲက ဝေါဟာရများကို ပေးထားသောဝေါဟာရများဖြင့် အစားထိုးလေ့ကျင့်ပါ။

    (၁) (ဆံပင်ညှပ်) မလို့လား။

        မြို့ထဲသွား

        ကျန်းမာရေးလေ့ကျင့်သွား

        စာကြည့်တိုက်သွား

        အိပ်

    (၂) ခင်ဗျားက (ခေါင်းတုံးဆံတောက်) နဲ့မလိုက်ပါဘူး။

        အနီရောင်အကျီ

        ဖင်ကျပ်ဘောင်းဘီ

        ဒီနေ့ကာမျက်မှန်

        လောင်းကုတ်

    (၃) (ဆေးဆိုး) ပါလား။

        ထမင်းသွားစား

        ဘတ်စကက်ဘောကစား

        ခဏအနားယူ

        ရုပ်ရှင်သွားကြည့်

    (၄) (လူ) တော့ (လူ) ချင်တယ်။

        ကြည့်　ကြည့်

        ပေး　　ပေး

        စား　　စား

        ဝယ်　　ဝယ်

    (၅) (လူ)တိုင်းလိုလို (သုံး) ကြတယ်။

ဆရာ ပြော

ကျောင်းသား စာမေးပွဲအောင်

မန္တလေးကလူ စကားပြောယဉ်ကျေး

မြန်မာ အင်္ဂလိပ်စကားပြောတတ်

(၆) (လူပါးတယ်) ရယ်လို့မရှိပါဘူး။

အားတယ်

သန်းကြွယ်သူဌေး

ပါရမီ

မမှားတဲ့ဆရာဝန်

(၇) ကျွန်တော်တို့အတတ်နိုင်ဆုံး (ဦးစားပေး) ပါတယ်။

စီစဉ်ပေး

ညည်းခံ

ကူညီပေး

လုပ်ပေး

(၈) (သက်သာ) လာမှာတော့သေချာတယ်။

ဈေးတက်

ရေလျှံ

စီးပွားရေးတိုးတက်

တစ်နေ့တစ်ခြားပူ

(၉) (ဘာကြောင့်) မှန်းမသိဘူး။

ဘယ်သူ

ဘာပြော

ဘယ်သူယူသွား

ဘာလုပ်ရ

(၁၀) သူဟာသူ (ကောင်းလာ) မှာပါ။

လုပ်

ဖြေရှင်း

ခြုံငုံသုံးသပ်

ရေး

၂။ အောက်ပါ မေးခွန်းများကို နှုတ်ဖြင့်ဖြေပါ။

(၁) လှလှနဲ့မောင်ကျော်ရင်တို့ဟာ ဘယ်ဆံသဆိုင်ကို သွားပြီးဆံပင်ညှပ်သလဲ။

(၂) သူတို့နှစ်ယောက်ဟာ အမျိုးသားဆံသဆိုင်ကို အရင်ဝင်သလား။ အမျိုးသမီးဆံသဆိုင်ကို အရင်ဝင်သလား။

(၃) မောင်ကျော်ရင်က ဆံပင်ညှပ်မလိုလား။ ခေါင်းလျှော်မလိုလား။
(၄) မောင်ကျော်ရင်က ဘယ်ပုံစံမျိုးညှပ်မလိုလဲ။
(၅) မောင်ကျော်ရင်က ဘယ်ဆံပင်ပုံစံနဲ့လိုက်သလဲ။
(၆) မောင်ကျော်ရင်မှာ ဆံပင်ဖြူတွေရှိပါသလား။
(၇) မောင်ကျော်ရင်မှာ ဘာကြောင့် အသက်ငယ်ငယ်လေးနဲ့ ဆံပင်ဖြူတွေပေါက်နေတာလဲ။
(၈) မောင်ကျော်ရင်က ဘာကြောင့်ဆေးမဆိုးချင်သလဲ။ သူမလှချင်ဘူးလား။
(၉) ဆံသဆရာသုံးတဲ့ဆိုးဆေးဟာ ဘေးဖြစ်သလား။
(၁၀) မောင်ကျော်ရင်က မုတ်ဆိတ်မရိတ်ချင်ဘူးလား။
(၁၁) ကမာရွတ်ဆံသဆိုင်မှာ ဆံပင်လာညှပ်တဲ့လူအမြဲတမ်းများသလား။ လူပါးတဲ့အချိန်မရှိဘူးလား။
(၁၂) နိုင်ငံခြားသားတွေ ဆံပင်လာညှပ်လို့ရှိရင် ဦးစားပေးသလား။
(၁၃) ဆံပင်မကျွတ်မဖြူစေချင်ရင် ဘယ်လိုလုပ်ရမလဲ။
(၁၄) ဆံသဆရာပြောတဲ့အတိုင်းပဲလုပ်ရင် ဆံပင်မကျွတ်တော့ဘူး မဖြူတော့ဘူးလား။
(၁၅) မောင်ကျော်ရင်က ဘာကြောင့် တရုတ်ဖြစ်နာမည်ကျော်ဆံပင်ကျွတ်ကာကွယ်ဆေးကို ဝယ်မသောက်သလဲ။
(၁၆) မောင်ကျော်ရင် ဘယ်အချိန်ကစပြီး ဆံပင်ဖြူလာသလဲ။
(၁၇) မောင်ကျော်ရင် ဘာကြောင့် မြန်မာနိုင်ငံကို ရောက်တော့ဆံပင်တွေ ဖြူလာသလဲ။
(၁၈) ဆံပင်ညှပ်ပြီးတဲ့နောက် ဆံသဆရာကဘာလုပ်ပေးသေးသလဲ။
(၁၉) မောင်ကျော်ရင်ဆံပင်ညှပ်နေတုန်း လှလှက ဘာတွေများလုပ်သလဲ။
(၂၀) တရုတ်ပြည်မှာ ဆံသဆိုင်တစ်ဆိုင်မှာ အမျိုးသားရော အမျိုးသမီးရော အားလုံးညှပ်နိုင်ပါတယ်။ မြန်မာနိုင်ငံမှာကော။
(၂၁) လှလှက အမျိုးသမီးဆံသဆိုင်မှာ ဆံပင်ညှပ်သလား၊ ကောက်သလား။
(၂၂) လှလှက နောက်ဆံပင်ကိုမကောက်ဘူးလား။
(၂၃) လှလှက နောက်ဆံပင်ကို ဘယ်လိုလုပ်ခိုင်သလဲ။ ရှေဆံပင်ကိုကော။
(၂၄) လှလှက ဆံပင်ကောက်တာ ဘယ်လောက်ကုန်သလဲ။
(၂၅) လှလှဆံပင်ကောက်ပြီးတဲ့နောက် မောင်ကျော်ရင်က လှလှကိုဘယ်လိုနောက်သလဲ။
(၂၆) လှလှရေချိုးပြီးရင်တကယ်ဒီထက်ပိုလှသလား။

၃။ ပေးထားသော အောက်ပါ အချက်အလက်များကို အခြေခံ၍ စကားပြောတစ်ပုဒ် ရေးပါ။

薇薇头发长了。她想今天去理发。到哪里去好呢？薇薇有些犹豫不决。她打电话给钦钦暖，问到哪里去理发好。钦钦暖建议她就到北京大学三角地的理发店去理。那里既便宜理得又好看。钦钦暖说陪她一起去。在留学生勺园大楼门口，薇薇等来了钦钦暖。于是，两个人一起向三角地理发店走去。在三角地理发店里，薇薇不仅理了发，还在理发员的鼓励下烫了发，看上去更加漂亮了。

သင်ခန်းစာ(၁၂)   လက်ဝတ်ရတနာဝယ်ယူခြင်း

က။ လှလှ
ခ။ မောင်မောင်
ဂ။ ကုန်သည်အမျိုးသမီး

(လှလှသည် မြန်မာနိုင်ငံသို့မလာမီ မြန်မာနိုင်ငံမှထွက်သောကျောက်မျက်ရတနာများသည် ကမ္ဘာတွင် အရည်အသွေး အကောင်းဆုံးဖြစ်ပြီး နာပည်ကြီးလှသည်ဟု ဆရာပြောပြသံကြားဖူး၍ သိရသည်။ ထို့ကြောင့် မြန်မာနိုင်ငံသို့ပညာတော်သင်အဖြစ် သွားရောက်သောအခါ အချိန်ကိုယူ၍ကျောက်မျက်ရတနာဆိုင်စုဝေးရာ ရန်ကုန်ကဗိုလ်ချုပ်စျေးကို မရောက်ရောက်အောင် သွားရမည်ဟုသန္နိဋ္ဌာန်ချထားသည်။ မြန်မာနိုင်ငံသို့ရောက်လာပြီး သည့်နောက်တွင် လှလှသည် လက်ဝတ်ရတနာဆိုင်သို့သွားရန် အားခဲခဲ့သည်။ ယနေ့သူအချိန်ရအခွင့်ဖြင့်မောင်မောင်နှင့်အတူဗိုလ်ချုပ်စျေးဘက်သို့ ထွက်လာကြသည်။ စျေးထဲတွင်…)

ဂ။ ကြွပါ။ ကြွပါရှင်။ ဘာများအလိုရှိပါသလဲရှင်။
ခ။ သူကတရုတ်ပညာတော်သင်ပါ။ အစ်မဆိုင်က ကျောက်စိမ်းထည်တွေကို ကြည့်ချင်တယ်။ ပုံလှလှ၊ ခေတ်ဆန်ဆန်တွေထုတ်ပြပါ။
ဂ။ ရပါတယ်။ ဒါက ကျောက်စိမ်းနားကပ်တွေပါ။ ကျောက်စိမ်းလက်စွပ်တွေလည်း အများကြီးရှိပါတယ်။ ဒီဇိုင်းတွေလည်း စုံလှပါတယ်။ ကြည့်ပါ။ ကြည့်ပါ။ ကြိုက်ရာရွေးပါ။
က။ လော့ကက်လှလှတွေ ကြည့်ချင်သေးတယ်။ ပုံဆန်းဆန်းရှိရဲ့လားရှင်။
ဂ။ ရှိပါတယ်။ အဝိုင်း၊ လေးထောင့်၊ အသည်းပုံ၊ ဆင်နှမကင်းပုံ….အစုံပဲ။
က။ ဟယ်–ဒီလော့ကက်က မြန်မာပြည်မြေပုံလေးပါလား။
ဂ။ ဟုတ်ပါတယ်။ အမှတ်တရဝယ်နိုင်အောင် လုပ်ထားတာလေ။
က။ လက်ရာမြောက်ပါတယ်။ ကြိုက်သွားပြီ။ လက်ကောက်ဟွေ့ရော၊ ဘယ်မှာရှိသလဲ။
ဂ။ ဒီမှာကြည့်နိုင်ပါတယ်။ အမကြိုက်လား အပျော့ကြိုက်လားရှင့်။
က။ ဟန်ချိန်း(hand chain)ပဲ ကြိုက်ပါတယ်။ ပုံဆန်းတယ်လေ။
ခ။ အစ်မ၊ ဆွဲကြိုးတွေရှိပါသလား။ သူကဆွဲကြိုးကိုလည်း စိတ်ဝင်စားပါတယ်။
ဂ။ အို–အများကြီးရှိပါတယ်။ အရည်လည်းကောင်းတယ်။ ဒီဘက်ကြွပါ။
က။ ဆွဲကြိုးတွေက တစ်တန်းသွား၊ နှစ်တန်းသွား၊ ဘယက်….အစုံပါပဲနော်။
ဂ။ ဟုတ်ကဲ့။ ကြိုက်ရာရွေးပါ။

က။	ဒီကျောက်စိမ်းဘယက် သိပ်လှပါလား။ ဘယ်လောက်ကျသလဲရှင်။
ဂ။	မြန်မာငွေ နှစ်သိန်းလောက်ပါပဲ။ ဒေါ်လာပေးလို့လည်းရပါတယ်။
က။	ကျွန်မဒေါ်လာပေးမယ်။
ဂ။	ယူမယ်ဆိုရင်ကျောက်စိမ်းတန်ဖိုး၊ ရွှေတန်ဖိုးကိုအချိန်အတွယ်နဲ့တိတိကျကျ တွက်လိုက်ပါမယ်။
က။	မြန်မာပြည်မှာ ကျောက်စိမ်းရော၊ရွှေရောအကုန်ထွက်တာပဲ။ လျှော့ပါဦး။
ဂ။	ကျွန်မတို့ကနိုင်ငံခြားသားဆိုပြီး ပိုပြောမထားပါဘူး။ ဈေးမှန်ပါတယ်။ စိတ်ချပါရှင်။
က။	အလေးချိန်ရော။ အာမခံသလား။ မှန်တယ်နော်။
ဂ။	စိတ်ချလက်ချဝယ်နိုင်ပါတယ်။ အာမခံပါတယ်ရှင်။ စုံစမ်းကြည့်ပါ။ ဒါမဟုတ်၊ ဝယ်ပြီးရင်အခြားမှာပြကြည့်ပါ။
က။	ဟုတ်ကဲ့။ ယုံကြည့်ပါယယ်။ မယုံစရာလုံးဝမရှိဘူး။
ဂ။	ပစ္စည်းအရည်ရော။ အလေးချိန်ရောမမှန်ရင်အချိန်မရွေး ပြန်လာပါ။
က။	ကောင်းပါပြီ။ ဒါဆိုရင် အမြဲဖောက်သည်ဖြစ်သွားနိုင်တယ်ရှင်။
ဂ။	စိန်ထည်၊ ပတ္တမြားထည်၊ နီလာထည်တွေလည်းရှိပါတယ်ရှင်။ စိန်လက်စွပ်၊ ပတ္တမြား လက်စွပ်၊ နီလာလက်စွပ်၊ ကျောက်စိမ်းလက်ကောက်တွေအမျိုးမျိုးရှိပါတယ်။ မဝယ်ချင်လည်းကြည့်လို့ရပါတယ်။ စိတ်တိုင်းကျ ကြည့်ပါရှင်။
က။	ကျေးဇူးတင်ပါတယ်။ ကျွန်မကျောက်စိမ်းလက်ကောက်နှစ်ကွင်း ယူမယ်။ ဘယ်လောက်ကျသလဲ။
ဂ။	ဒါမျိုးဆို အရည်ကောင်းလို့ဈေးနည်းနည်းကြီးပါတယ်။ တစ်ကွင်း ဒေါ်လာငါးဆယ်၊ နှစ်ကွင်း တစ်ရာပါ။
က။	လျှော့ပါဦး။ ကျွန်မ တရုတ်ပြည်ကလာတဲ့ပညာတော်သင်ပါ။
ဂ။	ဟုတ်လား။ ဆွေမျိုးပေါက်ဖော်ဆိုတော့ လျှော့ပေးရမှာပေါ့။ နှစ်ကွင်း ဒေါ်လာရှစ်ဆယ်ပဲပေးပါ။ ကျေနပ်သလား ရှင်။
က။	ကျေနပ်ပါတယ်။ ဒါထက်၊ဒါအေအမျိုးအစားလား။ ဘီအမျိုးအစားလား။ ကျောက်စိမ်းအစစ်လား။
ဂ။	စစ်ပါတယ်။ အာမခံပါတယ်။ ထောက်ခံစာရေးပေးမယ်။ အေအမျိုးအစားပါ။ ဘီအမျိုးအစားမဟုတ်ပါဘူး။ မယုံရင်အပေါ်ထပ်ကစစ်ပေးတဲ့ဌာနကိုသွားစစ်ပါ။ ကျွန်မတို့ဆိုင်ဟာ အစိုးရဲ့သက်ဆိုင်ရာဌာနမှာ တရားဝင် မှတ်ပုံတင်ထားတဲ့ဆိုင်ပါ။ အစိုးရပေးတဲ့လိုင်စင်ရှိပါတယ်။ တကယ်လို့အတုဒါမဟုတ်ဘီအမျိုးအစား ရောင်းရင် လိုင်စင်ကိုသိမ်းတယ်။ ဆိုင်မဖွင့်ရတော့ဘူး။ ကျွန်မတို့ဘာလုပ်စားမလဲရှင်။
က။	ရော၊ ဒေါ်လာရာတန်တစ်ရွက်။
ဂ။	ခုလိုအားပေးတာကို ကျေးဇူးအများကြီးတင်ပါတယ်။ နောင်လည်းလာနော်။
က။	လာမယ်၊ လာမယ်၊ စိတ်ချပါ။
ခ။	လှလှ ဝယ်စရာရှိသေးသလား။
က။	မရှိတော့ပါဘူး။
ခ။	ဒါဆိုကျွန်တော်တို့ ပြန်ကြရအောင်။
က။	ဟင်းအင်း၊ မပြန်သေးဘူး။
ခ။	ဘယ်သွားစရာရှိလို့လဲဟင်။
က။	ဆူးလေဘုရား သွားမယ်လေ။

သင်ခန်းစာ(၁၂) လက်ဝတ်ရတနာဝယ်ယူခြင်း

ခ။ ။ ကောင်းပါတယ်။ မြန်မာစာထဲမှာစကားပုံတစ်ပုံရှိတယ်။
က။ ။ ဘာလဲ။
ခ။ ။ ဘုရားလည်းဖူး၊ လိပ်ဥလည်းတူးလေ။
က။ ။ ဘာလိပ်ဥတူးမလဲ။
ခ။ ။ ဆုတောင်းလို့ရမယ်လေ။
က။ ။ ရှင်ဘာဆုတောင်းမလို့လဲ။
ခ။ ။ မောင်မောင်နဲ့လုလုတို့ရဲ့ချစ်ကြည်ရေး ကမ္ဘာတည်သရွှေ့တည်မြဲပါစေ။
က။ ။ ဟာ–မောင်မောင်ကလဲ.....

ဝေါဟာရ

ကျောက်မျက်ရတနာ(န) 宝石, 珍宝	အရည်အသွေး(န) 色泽, 质量
နာမည်ကြီး(နဝ) 有名, 著名, 闻名	စုဝေး(က) 聚集, 集合
ဗိုလ်ချုပ်ဈေး(န) 昂山市场	သန္နိဋ္ဌာန်ချ(က) 下决心
လက်ဝတ်ရတနာဆိုင်(န) 珠宝首饰店	အားခဲ(က) 憋着劲去做
ကျောက်စိမ်းထည်(န) 玉制品	ခေတ်ဆန်(နဝ) 时髦, 摩登
နားကပ်(န) 耳饰	လက်စွပ်(န) 戒指
ဒီဇိုင်း(န/လိပ် design) 设计, 图案	ရွေး(က) 挑选, 选择
လော့ကက်(န/လိပ် locket) （挂在项链下的）保存纪念品或相片的小金盒	အဝိုင်း(န) 圆, 圆形
	လေးထောင့်(န) 四方形
အသည်းပုံ(န) 心形	ဆနွင်းမကင်းပုံ(န) 一种缅甸糕点形状
မြေပုံ(န) 地图	အမှတ်တရ(ကဝ) 永志不忘, 留念
လက်ရာမြောက်(က) 手艺高超	လက်ကောက်(န) 手镯
အမာ(န) 硬的, 硬质的	အပျော့(န) 软的, 软质的
ဟန်းချိန်း(န/လိပ် hand chain) 手链	ဆွဲကြိုး(န) 项链
တစ်တန်းသွား(န) 一股	နှစ်တန်းသွား(န) 两股
ဘယက်(န) 项圈	ဒေါ်လာ(န/လိပ် dollar) 美元
တန်ဖိုး(န) 价格；价值	အချိန်အတွယ်(န) 重量, 分量
တိတိကျကျ(ကဝ) 准确地, 精确地	တွက်(က) 计算
အလေးချိန်(န) 重量	အာမခံ(က) 保证, 担保
စိတ်ချလက်ချ(ကဝ) 安心, 放心	စုံစမ်း(က) 调查, 探索, 打听
စိန်ထည်(န) 钻石制品	ပတ္တမြားထည်(န) 红宝石制品
နီလာထည်(န) 蓝宝石制品	စိတ်တိုင်းကျ(ကဝ) 随心所欲
ကွင်း(မ) （环状物）只, 条, 枚	ဆွေမျိုးပေါက်ဖော်(န) 同胞

အေအမျိုးအစား(န) A 货　　　　　　　　ဘီအမျိုးအစား(န) B 货
အစစ်(န) 真正的，地道的，纯粹的　　　ထောက်ခံစာ(န) 证明信
တရားဝင်(ကြ) 正式地，合法地　　　　　တည်မြဲ(က) 永久，持久，巩固
လိုင်စင်(န/လိပ် licence) 执照　　　　　အတု(န) 伪造，伪制品，假货
သိမ်း(က) 没收，吊销　　　　　　　　ဆူးလေဘုရား(န) 素丽佛塔
လိပ်ဥ(န) 乌龟蛋　　　　　　　　　　ချစ်ကြည်ရေး(န) 友谊，情谊
တည်(က) 存在

လေ့ကျင့်ခန်း

၁။ ။ ကွင်းထဲက ဝေါဟာရများကို ပေးထားသောဝေါဟာရများဖြင့် အစားထိုးလေ့ကျင့်ပါ။

(၁) ကြိုက်ရာ (ရွေး) ပါ။
　　　စား
　　　ယူ
　　　သောက်
　　　သွား
　　　ကြည့်

(၂) (ဒေါ်လာပေး) လို့လဲရပါတယ်။
　　　တရုတ်ငွေပေး
　　　မနက်ဖြန်ပေး
　　　အလကားပေး
　　　လက်ဆောင်ပေး

(၃) မြန်မာပြည်မှာ (ကျောက်စိမ်း) ရော (ရွှေ) ရောအကုန်ထွက်ပါတယ်။
　　　ကျွန်း　　　　သစ်မာ
　　　စပါး　　　　ပဲအမျိုးမျိုး
　　　ငါး　　　　ပုစွန်
　　　ဒူးရင်းသီး　　သရက်သီး

(၄) ကျွန်မတို့ (နိုင်ငံခြားသား) ဆိုပြီးပုံမ (ပြောထား) ပါဘူး။
　　　တောသား　　　　တောင်း
　　　ဆွေမျိုးရင်းချာ　　ပေး
　　　တစ်ရွာတည်းသား　လျှော့
　　　တစ်တန်းတည်းသား　ငှား

(၅) မ (ယူ) စရာလုံးဝမရှိပါဘူး။
　　　ကျေနပ်

လောက်င

ပျော်

ရောင့်ရဲ

(၆) (ဆွေမျိုးပေါက်ဖော်) ဆိုတော့ (လျှော့ပေး) ရမှာပေါ့။

ကျောင်းနေဖက်	ကူညီ
ကိုယ့်လူ	အသိပေး
နီးနီးလေး	ခြေကျင်နဲ့သွား
ဈေးချိုတယ်	ဝယ်

(၇) ဒါ (အေအမျိုးအစား) လား။ (ဘီအမျိုးအစား) လား။

ခဲတံ	ဖောင်တိန်
အစိုးရဆိုင်	ပုဂ္ဂလိကဆိုင်
အရည်ကျောက်	အထည်ကျောက်
ကျောက်စိမ်း	မြ

(၈) ခုလို (အားပေး) တာကို ကျေးဇူးအများကြီးတင်ပါတယ်။

အကူအညီပေး

ကျေးမွေးညည်ခံ

စိတ်အားထက်သန်စွာပြောသွား

စီစဉ်ပေး

၂။ ။ အောက်ပါမေးခွန်းများကို နှုတ်ဖြင့်ဖြေပါ။

(၁) လှလှက မြန်မာနိုင်ငံကို မလာခင် မြန်မာနိုင်ငံနဲ့ပတ်သက်ပြီး ဘာတွေများသိထားသလဲ။

(၂) မြန်မာနိုင်ငံကို ပညာတော်သင်အဖြစ် သွားရောက်သောအခါ လှလှဘာလုပ်ဖို့ သန္နိဋ္ဌာန်ချထားသလဲ။

(၃) လှလှ မြန်မာနိုင်ငံကိုရောက်လာပြီးတဲ့နောက် ဘယ်နေရာကိုသွားဖို့အားခဲခဲ့သလဲ။

(၄) ကျောက်မျက်ရတနာဆိုင်ကိုရောက်တော့ မောင်မောင်ကကုန်ရောင်းအမျိုးသမီးကို ဘယ်လိုပြောသလဲ။

(၅) ကုန်ရောင်းအမျိုးသမီးက ဘယ်လိုဖြေသလဲ။ ဘာတွေများ ထုတ်ပြသလဲ။

(၆) လှလှက ဘယ်လိုဟာမျိုးကို ကြည့်ချင်သလဲ။ ဘာမေးသလဲ။

(၇) လက်ဝတ်ရတနာဆိုင်မှာ ကျောက်စိမ်းထည်တွေ တော်တော်စုံသလား။

(၈) မြန်မာမြေပုံနဲ့လုပ်ထားတာဟာ ဘာလဲ။

(၉) ဆိုင်ရှင်က လောကက်ကို ဘာကြောင့်မြန်မာမြေပုံစံနဲ့ လုပ်ထားသလဲ။

(၁၀) လှလှက ဘာကိုကြိုက်သွား သလဲ။

(၁၁) လက်ကောက်ကို လှလှက ကြည့်ချင်သလား။ သူက ဘာကိုကြိုက်သလဲ။

(၁၂) လက်ဝတ်ရတနာဆိုင်မှာ ဆွဲကြိုးတွေ တော်တော်စုံသလား။

(၁၃) လက်ဝတ်ရတနာဆိုင်မှာ လက်ဝတ်ရတနာဝယ်ရင် ဘာငွေပေးရသလဲ။

(၁၄) လှလှက မြန်မာငွေပေးသလား။ ဒေါ်လာပေးသလား။

(၁၅) ဆိုင်မှာ လက်ဝတ်ရတနာတန်ဖိုးတွက်တဲ့အခါမှာ ဘယ်လိုတွက်သလဲ။

(၁၆) ဆိုင်ရှင်က နိုင်ငံခြားသားဆိုပြီး ဈေးပိုမပြောဘူးလား။ ဈေးမှန်သလား။

(၁၇) အလေးချိန်ကော၊ မှန်သလား။

(၁၈) ဝယ်ပြီးတဲ့လက်ဝတ်ရတနာအပေါ် စစ်မစစ်ဆိုတာကို သံသယရှိလာရင် ဘယ်လိုလုပ်ရမလဲ။

(၁၉) လက်ဝတ်ရတနာဆိုင်မှာ ဘာလက်ဝတ်ပစ္စည်းတွေ ရှိသေးသလဲ။

(၂၀) လှလှက လက်ကောက်ဝယ်သလား။ ဘယ်နှစ်ကွင်း ဝယ်သလဲ။ ဘယ်လောက်ကုန်သလဲ။

(၂၁) လှလှ လက်ကောက်ဝယ်တော့ ဘာငွေသုံးသလဲ။

(၂၂) ဆိုင်ရှင်က လျှော့မပေးဘူးလား။ ဘယ်လောက်လျှော့သလဲ။

(၂၃) လှလှဝယ်တဲ့လက်ကောက်ဟာ အေအမျိုးအစားလား။ ဘီအမျိုးအစားလား။

(၂၄) လက်ဝတ်ရတနာဆိုဟာ တရားဝင်မှတ်ပုံတင်သလား။ လိုင်စင်ရှိသလား။

(၂၅) အစိုးရပေးအပ်တဲ့လိုင်စင်ရှိရက်သားနဲ့ လက်ဝတ်ရတနာအတုတွေရောင်းရင် အစိုးရက ဘယ်လို ဒဏ်ခတ်မလဲ။

(၂၆) ဆိုင်ရှင်က ဘာကြောင့်အတုကို မရောင်းရဲသလဲ။

(၂၇) လက်ဝတ်ရတနာဆိုင်မှာ ဝယ်ပြီးတဲ့နောက် လှလှတို့ကျောင်းကို ပြန်သလား။

(၂၈) လှလှတို့က ကျောင်းကိုမပြန်ဘဲ ဘယ်ကိုသွားသေးသလဲ။

(၂၉) မောင်မောင်ပြောတဲ့မြန်မာစကားပုံက ဘာလဲ။ အဓိပ္ပာယ်ကိုရှင်းပြပါ။

(၃၀) မောင်မောင်က ဘာကြောင့်ဒီစကားပုံကို ပြောသလဲ။

(၃၁) မောင်မောင်က ဆူးလေဘုရားမှာ ဘာကိုများ ဆုတောင်းချင်သလဲ။

၃။ ပေးထားသော အောက်ပါ အချက်အလက်များကို အခြေခံ၍ စကားပြောတစ်ပုဒ် ရေးပါ။

薇薇在来到北京之前就听说北京的景泰蓝很有名。到了北京大学以后，由于学习紧张，一直没有空进城。今天是星期六，她打算约钦钦暖到东城区琉璃厂去买景泰蓝。正好钦钦暖这时给她来了电话，约她出去玩。于是她们一起乘车进城。来到了琉璃厂，景泰蓝真是多极了。有景泰蓝花瓶、景泰蓝碗、景泰蓝盘子、景泰蓝筷子、景泰蓝圆珠笔、景泰蓝手表等等，真是琳琅满目。薇薇花了500多元钱，买了很多景泰蓝艺术品。

သင်ခန်းစာ(၁၃)   ထမင်းဆိုင်၌ထမင်းမှာယူစားသောက်ခြင်း

က။ ။ လှလှ
ခ။ ။ မောင်မောင်
ဂ။ ။ မြန်မာထမင်းဆိုင်မန်နေဂျာ
ဃ။ ။ တရုတ်ထမင်းဆိုင်မန်နေဂျာ

(လှလှသည် မြန်မာနိုင်ငံကိုရောက်လာသည်မှာ နှစ်ပတ်လောက်ရှိသွားပြီဖြစ်၏။ နေ့တိုင်းလိုလို ကိုယ်ဟာကိုယ် ထမင်းချက်စားသည်။ ကိုယ်ဟာကိုယ်ချက်စားသဖြင့်ပိုက်ဆံလည်းရွှေတာရာကျသည်။ ကိုယ်ခံတွင်းနှင့်လည်း တွေ့သည်။ အချိန်လည်း မကုန်ချေ။ တစ်ချက်ခုတ် သုံးချက်ပြတ်သည်။ ယနေ့သူသည်မြို့ထဲတွင်ရှိသောပန်းဆိုးတန်းလမ်းဘေး စာအုပ်ဆိုင်များသို့ သွား၍စာအုပ်ဝယ်ချင်သည်။ ကျောင်းကိုပြန်စားရန်အချိန်မီလျှင် အပြင်ထမင်းဆိုင်တွင်ပင်စားမည်ဟု ဆုံးဖြတ်လိုက်သည်။ မောင်မောင်နှင့်အတူ ပန်းဆိုးတန်းလမ်းဘေးစာအုပ်ဆိုင်များတွင် စာအုပ်ဝယ်ရသည်မှာ အချိန်တော်တော် ကုန်သည်။ ဘာလိုလိုနှင့်နေ့လယ်(၁၁)နာရီပင်ထိုးပါတော့မည်။ ထို့ကြောင့် သူတို့နှစ်ယောက်သည် မြန်မာထမင်းဆိုင် တစ်ဆိုင်ထဲသို့ ဝင်လိုက်ကြသည်။ ထမင်းဆိုင်တွင်.....)

ဂ။ ။ ကြွပါရှင်။ အထဲကိုကြွပါ။ ဘာများသုံးဆောင်ချင်သလဲရှင်။

က။ ။ ပုစွန်သုပ်ရမလားရှင်။

ဂ။ ။ ရပါတယ်။ ပုစွန်ချဉ်သုပ်လည်းရှိပါတယ်။

က။ ။ ဟုတ်ကဲ့။ ထည့်ပါ။ နောက်ပြီးဘာတွေရသေးသလဲ။

ဂ။ ။ ငါးမြင်း၊ ငါးပုဏ္ဏား၊ ငါးပြေမ၊ ငါးရှဉ့်၊ ငါးသလဲထိုး၊ ငါးဆုပ်လုံး၊ ငါးသေတ္တာ၊ ငါးရံ့စင်းကော၊ ငါးခူစင်းကော...အစုံရှိပါတယ်။ ငါးရဲ့အူ၊ ငါးသလောက် ပေါင်းနဲ့ငါးခူကြော်နပ်လည်းရပါတယ်။

က။ ။ ငါးခေါင်းချဉ်ရည်ဟင်းရမလား။

ဂ။ ။ ငါးရံ့ခေါင်းလား၊ ငါးတန်ခေါင်းလားရှင်။

က။ ။ ငါးရံ့ခေါင်းကြီးကြီးရရင် ငါးရံ့ခေါင်းချဉ်ရည်ပဲပေးပါ။

ဂ။ ။ ဟုတ်ကဲ့။ ဘာတွေမှာဦးမလဲ။

က။ ။ အသားထဲကရော၊ ဘာတွေများရမလဲ။

ဂ။ ။ ကြက်၊ ဝက်၊ ဆိတ်၊ အမဲအပြင် စင်းကောတွေလည်း လုပ်ပေးလို့ရပါတယ်။ ဝက်သားစင်းကော၊ အမဲသားစင်းကော၊ ဆိတ်သားစင်းကောတို့ရှိပါတယ်။

က။ ။   ဒါဆိုရင် ဝက်သားစဉ်းကောတစ်ပွဲ ပေးပါ။ တခြားဘာဟင်းတွေ ရှိသေးသလဲ။

ဂ။ ။   ငါးခြောက်ကြော်၊ ငါးပိလိမ္မော်ကြော်၊ ငါးပိရည် တို့စရာ.....အစုံသုံးဆောင်နိုင်ပါတယ်ရှင်။

က။ ။   မြင်းခွာရွက်သုပ်ရမလား။

ဂ။ ။   ရပါတယ်။ နောက်ပြီး ရှောက်သီးသုပ်၊ ပုံးရည်ကြီးသုပ်၊ ခရမ်းချဉ်သီးသုပ်၊ မန်ကျည်းရွက်သုပ်တွေလည်း ရပါတယ်။ ကြိုက်ရာသုံးဆောင်ပါရှင်။

က။ ။   မြင်းခွာရွက်သုပ် တစ်ပွဲပေးပါ။ နောက်ပြီး ကျွန်မတို့ကရေတ်သီးမစပ်တဲ့ဟင်းတွေ လိုချင်တယ်။

ဂ။ ။   ရေတ်သီးအပုန့် ချက်တာပါရှင်။ ဘယ်ဟင်းမှ မစပ်လှပါဘူး။ ပဲကြီးနှပ်၊ ခရမ်းသီးနှပ်တွေလည်း ရပါတယ်။ နောက်ပြီး ကန်စွန်းရွက်ကြော်၊ ပဲပင်ပေါက်ပြုတ်ကြော်၊ ချဉ်ပေါင်ကြော်၊ ကြက်ဟင်းခါးသီးကြော်၊ မန်ကျည်းရွက်ကြော်တွေလည်း ရှိပါတယ်ရှင်။

က။ ။   ရှင်တို့ဆိုင်က ဟင်းတွေစုံလှချေလားရှင်။ တယ်ဟုတ်ပါလား။

ဂ။ ။   စားတဲ့သူတွေခံတွင်းတွေ့ပြီး ထမင်းမြိန်စေချင်တဲ့စေတနာနဲ့ စီစဉ်ပေးထားတာပါရှင်။

က။ ။   စားတဲ့လူတွေ မရိုးရအောင်ပေါ့နော်။

ဂ။ ။   ဟုတ်ပါတယ်ရှင်။ ဒါမှလည်း အမြဲလာစားကြမှာပေါ့။ အေးအေးဆေးဆေးမြိန်မြိန်ကြီး သုံးဆောင်ကြပါရှင်။

က။ ။   စိတ်ချ။ မြိန်ရေရှက်ရေသုံးဆောင်ကြမှာပါရှင်။

ဂ။ ။   လက်ဖက်ရည်ကြမ်းလေးနဲ့ သုံးဆောင်လို့လည်း ရပါတယ်။ သောက်တတ်ရင် သောက်ပါရှင်။

က။ ။   အအေး မရဘူးလားရှင်။

ဂ။ ။   ရပါတယ်။ ဘာအအေး သုံးဆောင်မလဲရှင်။

ခ။ ။   လှလှ၊ ဘာသောက်မလဲ။

က။ ။   ကိုကာကိုလာပဲပေးပါ။

ခ။ ။   ဒါဆို ကိုကာကိုလာ နှစ်ခွက်ပေးပါ။

ဂ။ ။   အားလုံး စိတ်တိုင်းကျပါရဲ့လားရှင်။ လိုတာကိုအမိန့်ရှိပါ။

ခ။ ။   အားလုံး ကောင်းပါတယ်။ ကျေးဇူးတင်ပါတယ်။ လှလှဝပြီလား။

က။ ။   ဗိုက်တောင်တင်းနေပြီ။ ပြန်ကြရအောင်။

ခ။ ။   ကောင်းပါတယ်။

(ညနေပိုင်းတွင် လှလှနှင့်မောင်မောင်တို့သည် ရန်ကုန်မြို့လယ်ခေါင်တွင်ရှိသော ဆူးလေဘုရားကို နောက်ထပ်သွားဖူးကြသည်။ မဟာဗန္ဓုလလမ်းခြံထဲသို့ဝင်ပြီး လျှောက်လည်ကြသည်။ (၃၃)လမ်းထဲရှိ စာပေလောကစာအုပ်ဆိုင်သို့သွားပြီး စာအုပ်ဝယ်ကြသည်။ ဘာလိုလိုနှင့်(၆)နာရီထိုး ပါတော့မည်။ မြို့ထဲတွင်ရှိသောတရုတ်ထမင်းဆိုင်တွင် ညစာစားပြီးမှပြန်မည်ဟု နှစ်ယောက်တိုင်ပင်ပြီး ဆုံးဖြတ်လိုက်သည်။ သူတို့သည်(၂၈)လမ်းရှိ တရုတ်ထမင်းဆိုင်သို့ ရောက်လာကြသည်။ ဆိုင်ထဲတွင်.....)

ဃ။ ။   ဘာများသုံးဆောင်မလဲခင်ဗျာ။

က။ ။   ခေါက်ဆွဲကြော် ရှိပါသလားရှင်။

ဃ။ ။   ရှိပါတယ်။ ဒါတင်မကကြာဆံကြော်၊ ထမင်းကြော်လည်းရှိပါတယ်။ ဘာစားမလဲခင်ဗျာ။

က။ ။   ခေါက်ဆွဲကြော်နဲ့ကြာဆံကြော် တစ်ပွဲစီပေးပါ။

သ။		ဟင်းမှာမလားခင်ဗျာ။
က။		ဘာဟင်းများ ရှိပါသလဲရှင်။
သ။		ကြက်သားလုံးကြော်ရယ်၊ ဝက်နံရိုးကြော်ရယ်၊ ဘဲကြွပ်ကြော်ရယ်၊ ကြက်ကုန်းဘောင်ကြီးကြော်ရယ် ရှိပါတယ်။ စားမလား။
က။		ကြက်သားလုံးကြော်တစ်ပွဲ၊ ဝက်နံရိုးကြော်တစ်ပွဲ၊ ကြက်ကုန်းဘောင်ကြီးကြော်တစ်ပွဲ ပေးပါ။
သ။		ဟုတ်ကဲ့ပါ။ နောက်ပြီး ကြက်သားလုံးချို့ချဉ်၊ ဝက်သားပေါင်းနဲ့၊ ငါးရှဉ့်ချဉ်စပ်၊ ကြက်သားချို့ချဉ်၊ ပုစွန်ချို့ချဉ်၊ ငါးချို့ချဉ်လည်းရှိပါတယ်။
က။		ကြက်သားလုံးချို့ချဉ်နဲ့၊ ဝက်သားပေါင်း တစ်ပွဲစီပေးပါရှင်။
သ။		အစုံကြော် ယူဦးမလား။ အစိမ်းကြော် ယူဦးမလား။
က။		ကောင်းလိုက်တာ။ အစိမ်းကြော်တစ်ပွဲပဲပေးပါ။
သ။		ဘာဟင်းချိုကို သုံးဆောင်မလဲခင်ဗျာ။
က။		ဘာဟင်းချိုရပလဲရှင်။
သ။		(၁၂)မျိုးဟင်းချို၊ ယှီးဒယားဟင်းချို၊ ငါးခေါင်းဟင်းချို၊ ငါးဆုပ်လုံး ဟင်းချို၊ ဝက်သားလုံးဟင်းချို....အစုံရနိုင်ပါတယ်။
က။		ငါးဆုပ်လုံးဟင်းချိုလုပ်ပေးပါရှင်။
သ။		ကဇာန်းလုံးကြော်၊ ကြက်အူချောင်း၊ ဝက်အူချောင်း ယူဦးမလားခင်ဗျာ။
က။		ကဇာန်းလုံးကြော်နဲ့ကဇာန်းလက်မကြော်တစ်ပွဲစီပေးပါ။
သ။		ကော်ပြန့်ကြော်ရှိတယ်။ ထမင်းဖြူလည်းရှိပါတယ်။ စားမလားခင်ဗျာ။
ခ။		တော်လောက်ပါပြီလှလှ။ မမှာပါနဲ့တော့။ မစားနိုင်တော့ပါဘူး။ ဗိုက်ပေါက်ကော့မယ်။
က။		ဒါဆိုမှာတော့ဘူး။ သောက်ရေသန့်နှစ်လုံးလောက်ပေးပါ။
သ။		နောက်ထပ်ဘာများလိုပါသေးသလဲ။
က။		မလိုတော့ပါဘူး။ အားလုံးပေါင်းဘယ်လောက်ကျသလဲ။
ခ။		ကျွန်တော်ရှင်းပေးပါရစေ။
က။		ဟာ–မလုပ်ပါနဲ့ကွာ။

ဝေါဟာရ

ချေတာ(က) 节约, 节省	သုံးဆောင်(က) 享用
ခုတ်(က) 砍, 剁, 斩	ပုစွန်ချဉ်သုပ်(န) 拌酸虾
အချိန်မီ(က) 来得及, 赶得上	ငါးပုဏ္ဏား(န) 芒果鱼, 黄鱼
ငါးရံ့(န) 黑鱼	ငါးရှဉ့်(န) 鳝鱼
ငါးမြင်း(န) 一种银色鱼	ငါးဆုပ်လုံး(န) 鱼丸子
ငါးပြမ(န) 攀鲈鱼	ငါးရံ့စဉ်းကော(န) 用黑鱼肉末烧制的菜
ငါးသလဲထိုး(န) 鳞头鳅	ငါးခူစဉ်းကော(န) 用鲇鱼肉末烧制的菜
ငါးသေတ္တာ(န) 鱼罐头	ငါးတန်(န) 脂鲇, 酪鱼

အူ(န) 肠子
ပေါင်း(က) 蒸
ငါးခူကြော်နပ်(န) 将鲇鱼油炸后烧的菜
ဝက်သားစဉ်ကော(န) 用猪肉末烧的菜
ဆိတ်သားစဉ်ကော(န) 用羊肉末烧的菜
ငါးပိလီမွှာကြော်(န) 油炸咸鱼块
ငါးပိရည်(န) 用小咸鱼发酵加水制成的酱
တို့စရာ(န) 蘸鱼露、咸鱼酱吃的蔬菜
ပုံးရည်ကြီးသုပ်(န) 拌绛紫色酸豆汁
မန်ကျည်းရွက်သုပ်(န) 拌罗望子树叶
ငရုတ်သီး(န) 辣椒
ငရုတ်သီးအုပ်(န) 一种不辣且小又短粗的辣椒
ခရမ်းသီးနပ်(န) 炖茄子
ပဲပင်ပေါက်ပဲပြား ကြော်(န) 豆芽菜炒豆腐干
မန်ကျည်းရွက်ကြော်(န) 炒罗望子树叶
မြိန်(က) 可口, 对口味, 吃得很香
လုံး(မ) （圆形物）颗, 粒, 瓶
အေးအေးဆေးဆေး(ကြ) 不慌不忙, 从容
အအေး(န) 冷饮
ကိုကာကိုလာ(န/ လိပ် cocacola) 可口可乐
ဗိုက်တင်း(က) 吃撑了
တိုင်ပင်(က) 商量, 商议
ခေါက်ဆွဲကြော်(န) 炒面
ကြက်သားလုံးကြော်(န) 炸鸡肉丸子
ကြက်ကုန်းသောင်းကြီးကြော်(န) 宫爆鸡丁
ဝက်သားပေါင်း(န) 清蒸猪肉
ကြက်သားချိုချဉ်(န) 糖醋鸡肉
ငါးချိုချဉ်(န) 糖醋鱼
အစိမ်းကြော်(န) 爆炒什锦
(၁၂)မျိုးဟင်းချို(န) 什锦汤
ငါးခေါင်းဟင်းချို(န) 鱼头汤
ဝက်သားလုံးဟင်းချို(န) 猪肉丸子汤
ကြက်အူချောင်း(န) 鸡腊肠

ငါးခေါင်းချဉ်ရည်(န) 酸鱼头汤
အမဲစဉ်ကော(န) 用牛肉末烧的菜
ငါးခြောက်ကြော်(န) 炸干鱼
ငါးပုပ်ကြော်(န) 炸大鲈鱼
မြင်းခွာရွက်သုပ်(န) 拌马蹄菜
ရှောက်သီးသုပ်(န) 拌柠檬
ခရမ်းချဉ်သီးသုပ်(န) 拌西红柿
ပွဲ(မ) （菜、饭）份
စပ်(၀) 辣
ပဲကြီးနပ်(န) 用一种白色扁形豆子炖的菜
ကန့်စွန်းရွက်ကြော်(န) 炒空心菜
ချဉ်ပေါင်ကြော်(န) 炒洋麻叶菜
ကြက်ဟင်းခါးသီးကြော်(န) 炒苦瓜
မှာ(က) 点菜
မြိန်ရေရက်ရေ(ကြ) 津津有味地吃
ရှင်း(က) 算账, 结账
လက်ဖက်ရည်ကြမ်း(န) 清茶
ခွက်(န) 杯
မဟာဗန္ဓုလပန်းခြံ(န) 摩诃班都拉将军花园
ကြာဆံကြော်(န) 炒米粉
ထမင်းကြော်(န) 炒饭
ဝက်နံရိုးကြော်(န) 炸猪排
ကြက်သားလုံးချိုချဉ်(န) 糖醋鸡肉丸子
ငါးရှဉ့်ချဉ်စပ်(န) 酸辣鳝鱼
ပုစွန်ချိုချဉ်(န) 糖醋虾
အစုံကြော်(န) 炒什锦
ဟင်းချို(န) 汤
ယိုးဒယားဟင်းချို(န) 泰国汤
ငါးဆုပ်လုံးဟင်းချို(န) 鱼丸子汤
ကဏန်းလုံးကြော်(န) 炸螃蟹
ဝက်အူချောင်း(န) 猪腊肠
ကော်ပြန့်ကြော်(န) 炸春卷
သောက်ရေသန့်(န) 纯净饮用水

ခံတွင်းတွေ့(က) 合口味　　　　ဘဲကြွပ်ကြော်(န) 炸脆皮鸭

ပြတ်(က) 断

လေ့ကျင့်ခန်း

၁။ ။ ကွင်းထဲက ဝေါဟာရများကို ပေးထားသောဝေါဟာရများဖြင့် အစားထိုးလေ့ကျင့်ပါ။

　　(၁) ဘာများ (သုံးဆောင်) ချင်သလဲရှင်။

　　　　　　ဝယ်
　　　　　　လုပ်
　　　　　　ကြည့်
　　　　　　စား
　　　　　　ယူ

　　(၂) ဒါဆိုရင် (ဝက်သားစင်္ကော) တစ်ပွဲပေးပါ။

　　　　　　ထမင်းကြော်
　　　　　　ဝက်သားဆီပြန်
　　　　　　ငါးချိုချဉ်
　　　　　　ခေါက်ဆွဲကြော်

　　(၃) ဘယ် (ဟင်း) မှမ (စပ်လှ) ပါဘူး။

　　　　　နေရာ　　　သွား
　　　　　ရုပ်ရှင်　　 ကြည့်
　　　　　စာအုပ်　　 ဝယ်
　　　　　မြို့　　　　လှ

　　(၄) ရှင်တို့ဆိုင်က (ဟင်း) တွေစုံလှချေလားရှင်။

　　　　　　ကုန်ပစ္စည်း
　　　　　　စားစရာ
　　　　　　နေ့စဉ်သုံးပစ္စည်း
　　　　　　လျှပ်စစ်ပစ္စည်း

　　(၅) (စား) တဲ့လူတွေမရှိရအောင်ငေါ့နော်။

　　　　　ကြည့်
　　　　　လာ
　　　　　ဖတ်
　　　　　နားထောင်

၂။ ။ အောက်ပါမေးခွန်းများကို နှုတ်ဖြင့်ဖြေပါ။

(၁) ဒီသင်ခန်းစာထဲမှာ ဇာတ်ဆောင်ဘယ်နှယောက်ရှိသလဲ။

(၂) လှလှ မြန်မာနိုင်ငံကို ပညာတော်သင်အဖြစ် ရောက်ရှိပြီးတဲ့နောက် တက္ကသိုလ်ထဲက ထမင်းစားဆောင်မှာ ထမင်းစားသလား။ ကိုယ့်ဟာကိုယ် ထမင်းချက်စားသလား။

(၃) လှလှ ဘာကြောင့် ကိုယ့်ဟာကိုယ် ထမင်းချက်စားသလဲ။

(၄) ဒီနေ့ လှလှက ဘယ်ကိုသွားချင်သလဲ။ သူ ဘာလုပ်ချင်သလဲ။

(၅) တကယ်လို့အပြန်နောက်ကျရင် လှလှက ဘယ်မှာထမင်းစားဖို့ ဆုံးဖြတ်ထားသလဲ။

(၆) လှလှက တစ်ယောက်တည်းပဲ မြို့ထဲကိုသွားသလား။

(၇) လှလှနဲ့မောင်မောင်တို့ဟာ ဘယ်ထမင်းစားဆိုင်မှာ နေ့လယ်စာ စားသလဲ။

(၈) လှလှတို့ မြန်မာထမင်းဆိုင်ထဲဝင်ရောက်သောအခါ ဆိုင်မန်နေဂျာက ဘာပြောသလဲ။

(၉) လှလှက ပထမဦးဆုံး ဘာဟင်းများ မှာသလဲ။

(၁၀) မြန်မာထမင်းစားဆိုင်မှာ ဘာငါးဟင်းတွေရှိသလဲ။

(၁၁) လှလှက ဘယ်လိုငါးရံ့ခေါင်းချဉ်ရည် မှာသလဲ။

(၁၂) ဆိုင်မှာ ဘာအသားဟင်းများ ရရှိနိုင်သလဲ။

(၁၃) လှလှက ဘာအသားဟင်းများအရင်မှာစားသလဲ။

(၁၄) ဆိုင်မှာ ဘာအသုပ်တွေ ရနိုင်သလဲ။

(၁၅) လှလှက ဘာအသုပ်မှာစားသလဲ။

(၁၆) လှလှက အစပ်ကြိုက်သလား။

(၁၇) ဆိုင်မှာရှိတဲ့ဟင်းတွေ အစပ်တွေချည်းပဲလား။

(၁၈) ဆိုင်မှာ ဟင်းသီးဟင်းရွက်အကြော်တွေ ရှိသလား။ ဘာတွေရှိသလဲ။

(၁၉) ဆိုင်မန်နေဂျာက ဟင်းတွေ ဒီလောက်စုံစုံလင်လင် ဘာကြောင့် စီစဉ်ထားသလဲ။

(၂၀) မြန်မာထမင်းဆိုင်မှာ လှလှက နောက်ဆုံးမှာ ဘာအအေး မှာသောက်သလဲ။

(၂၁) ညနေပိုင်းမှာ လှလှနဲ့မောင်မောင်တို့ ဘယ်နေရာတွေကို သွားလည်ကြသလဲ။

(၂၂) သူတို့ဘယ်လိုထမင်းဆိုင်မှာ ညစာစားဖို့ ဆုံးဖြတ်ကြသလဲ။

(၂၃) တရုတ်ထမင်းဆိုင်ထဲကို လှလှဝင်လာတာနဲ့တစ်ပြိုင်နက် ဘာမေးသလဲ။

(၂၄) တရုတ်ထမင်းဆိုင်မှာ ဘာအစားအစာတွေ ရှိသလဲ။

(၂၅) လှလှတို့က ဘာအစားအစာ မှာစားသလဲ။

(၂၆) တရုတ်ထမင်းဆိုင်မှာ ဘာဟင်းတွေ ရှိသလဲ။

(၂၇) လှလှက တရုတ်ထမင်းဆိုင်မှာ ဘာဟင်းတွေ မှာစားသလဲ။

(၂၈) တရုတ်ထမင်းဆိုင်မှာ ချိုချဉ်ဟင်းတွေ ရှိသလား။

(၂၉) လှလှက ဘာချိုချဉ်ဟင်း မှာစားသလဲ။

(၃၀) တရုတ်ထမင်းဆိုင်မှာ ဘာဟင်းချိုတွေ ရှိသလဲ။

(၃၁) လှလှက ဘာဟင်းချို မှာစားသလဲ။

(၃၂) တရုတ်ထမင်းဆိုင်မှာ ဘာဟင်းတွေ ရှိပါသေးသလဲ။ လှလှက ထပ်မှာသေးသလား။

(၃၃) ထမင်းစားပြီးတဲ့နောက် ဘယ်သူက ရှင်းတာလဲ။

၃။ ။ ပေးထားသော အောက်ပါ အချက်အလက်များကို အခြေခံ၍ စကားပြောတစ်ပုဒ် ရေးပါ။

一连下了几天雨，今天才放晴。薇薇心情很好，又没有课。她打算到王府井新华书店去买书，就打电话给钦钦暖，正好钦钦暖也有空。于是她俩打车来到了王府井新华书店。书店里人很多，新书也很多，她们一边看一边买，不知不觉到了中午该吃饭的时候了。钦钦暖建议先去吃午饭，然后再来买。她们来到了王府井饮食一条街，进了一个餐馆。餐馆里主食有炒米饭、面条、炸馒头、年糕等。副食有红烧肉、糖醋鱼、各种青菜和各种汤。薇薇和钦钦暖吃得很高兴。

သင်ခန်းစာ(၁၄)   ရန်ကုန်မြို့၌သင်္ကြန်ပွဲတော်နဲ့ပျော်ခြင်း

က ။   လှလှ
ခ ။   မောင်မောင်
ဂ ။   ဦးအုန်းဖေ(မောင်မောင်၏အဖေ)
ဃ ။   ဒေါ်ခင်ခင်(မောင်မောင်၏အမေ)

(အချိန်က ကုန်မှမသိကုန်သွားလိုက်သည်မှာ ဘာလိုလိုနှင့်ဧပြီလထဲဝင်ရောက်လာပါပြီ။ သင်္ကြန်ပွဲတော် ရောက်တော့မည်မို့ သင်္ကြန်ပွဲတော်နဲ့ပျော်ရန်အတွက် လူတွေရှုပ်ယှက်ခတ်အောင် လုပ်ရှားသွားလာနေကြသည်။ ရေပက်မဏ္ဍပ်ဆောက်သူကဆောက်၊ သင်္ကြန်အဆိုအကစင်မြင့်ထိုးသူကထိုး၊ စားကောင်းသောက်ဖွယ်များပြင်သူကပြင်နှင့် အားသည်ဟူ၍မရှိပေ။ သည်နေ့ သင်္ကြန်အကျနေ့ဖြစ်၏။ ရန်ကုန်မြို့တစ်မြို့လုံးလိုလို ပျော်ကြပါးကြသည်။ လှလှသည် သင်္ကြန်ပွဲတော်နေ့ကို ပထမဦးဆုံးအကြိမ်ကြုံကြိုက်ရသောကြောင့် ရေပက်ခံထွက်ရန် စိတ်စောနေသည်။ ထိုအချိန်တွင် အဆောင်မှူးက မလှလှရေ ဖုန်းလာပြီဟောဟု လမ်း၌ပြောသဖြင့် ဖုန်းခန်းရှိရာသို့ ချက်ချင်းပြေးသွားလေသည်။)

က။ ။   ဟလို–အမိန့်ရှိပါရှင်။
ခ။ ။   လှလှလား။ ကျွန်တော်တို့တစ်အိမ်သားလုံး ကားနဲ့ရေပက်ခံထွက်မယ်။ ညီးလိုက်မလား။
က။ ။   လိုက်မယ်၊ လိုက်မယ်။ မလိုက်ဘဲနေပါ့မလား။ လိုက်မှာပေါ့။
ခ။ ။   ဒါဖြစ်ရင် ကျောင်းတံခါးမကြီးနားမှာပဲ စောင့်နော်။ ကျွန်တော်တို့လာကြိုမယ်။ တဘက်အကြီးကြီး ယူခဲ့ဖို့မမေ့နဲ့နော်။
က။ ။   ဟုတ်ကဲ့ပါ။

(လှလှက ရန်ကုန်နိုင်ငံခြားဘာသာတက္ကသိုလ် တံခါးမကြီးရှေ့တွင် မောင်မောင်တို့အလာကိုစောင့်ရင်း လမ်းမကြီးပေါ်သို့ ကြည့်နေမိ၏။ ကားမျိုးစုံတဝီးဝီးဖြတ်သန်းသွားနေသည်ကိုရုပ်စိုက်မိ၏။ ကားပေါ်က လူများသည် အကျီလှလှလေးများကိုဝတ်ဆင်ပြီး အော်လိုက်ဟစ်လိုက်ဆိုလိုက်ကလိုက်ဖြင့် ပျော်ရွှင်နေ၏။ ဤအခြင်းအရာကိုမြင်ရသောအခါလှလှ၏စိတ်တွင်လည်း တရွရွဖြစ်လာသည်။ ဤအခိုက်တွင် ကားတစ်စီး၏ ဟွန်တီးသံကို ကြားရသည်။ ကား၏ညာဘက်ရှေ့မီးကလည်း မှိတ်တုတ်မှိတ်တုတ်နှင့် လင်းနေသည်။ မောင်မောင်တို့ရောက်လာမှန်းသိသည်။ လှလှ ဝမ်းသာသည်။)

ခ။ ။   လှလှ၊ ကားပေါ်တက်။ ရှေ့မှာထိုင်။
က။ ။   ဟုတ်ကဲ့။
ခ။ ။   ကျွန်တော်မိတ်ဆက်ပေးပါရစေ။ ဒီကကျွန်တော်ရဲ့အဖေဦးအုန်းဖေ၊ ဒီကကျွန်တော်ရဲ့အမေဒေါ်ခင်ခင်ပါ။ အမေ

သူက သားပြောပြောနေတဲ့တရုတ်ပညာတော်သင် လှလှပါ။

ဃ။ ။ တွေ့ရတာ ဝမ်းသာပါတယ်။ လှလှနဲ့လူချင်းမတွေ့ရပေမဲ့ လှလှရဲ့အကြောင်းတွေကို အဒေါ်က ကြားကြားနေပါတယ်။ အဒေါ်တို့နိုင်ငံကိုရောက်လာတော့ ကိုယ့်အိမ်မှာနေသလိုနေပါ။ လူစိမ်းသူစိမ်း ဆီရောက်တယ်လို့ မထင်ပါနဲ့နော်။ အကူအညီလိုရင် ပြောသာပြောနော်။ အဒေါ်တို့က အိမ်ရှင်အနေနဲ့ လှလှကိုကူညီဖို့ တာဝန်ဝတ္တရားရှိတယ်။ အားမနာနဲ့။

က။ ။ ဟုတ်ကဲ့ပါရှင်။ သမီး အဒေါ်တို့နိုင်ငံကိုရောက်လာတော့ မောင်မောင်က လိုလေသေးမရှိအောင် အဘက်ဘက်ကနေပြီး အကူအညီပေးပါတယ်။ မောင်မောင်က သမီးအပေါ်ကျေးဇူးအများကြီး ပြုထားပါတယ်။ သမီးကိုမောင်နှမအရင်းလို ခင်ပါတယ်။ သမီးဘယ်တော့မှမေ့မှာမဟုတ်ပါဘူးရှင့်။

ခ။ ။ လှလှကလဲ။ ဒါတွေပြောမနေပါနဲ့တော့။ ခုနက အမေပြောသလို လှလှကိုကူညီဖို့ ကျွန်တော်တို့မှာ တာဝန်ဝတ္တရား ရှိတယ်။ အမြဲအဆင်သင့်ပါပဲ။

ဂ။ ။ ကဲ–ငါတို့ရေပက်မဏ္ဍပ်ကို သွားကြရအောင်။

ခ။ ။ လူလူသတိထားနော်။ ကလေးတွေက သိပ်မဆောဟဲ့။ သူတို့က ရေပြွတ်တွေနဲ့ရေပက်တတ်တယ်။ ရေခဲရေပူဖောင်းလေးနဲ့လည်း ပစ်တတ်တယ်။ ညည်းဂရုစိုက်နော်။

က။ ။ လမ်းဘေးက အိမ်တွေရဲ့ရှေ့မှာလည်း မြန်မာဆန်ဆန်ရေပက်မဏ္ဍပ်တွေ ဆောက်ထားတယ်နော်။ ဒါရန်ကုန်မြို့တော်စည်ပင်သာယာရေးရုံးက ဆောက်ပေးတာလား။ ကိုယ့်ဟာကိုယ် ဆောက်တာလား။

ခ။ ။ အဲဒါက မိသားစုတစ်နိုင်ဆောက်ထားတာဖြစ်တယ်။ သူတို့ရဲ့ငွေရေးကြေးရေးအခြေအနေအရ ချမ်းသာရင်ချမ်း သာသလို၊ ဆင်းရဲရင်ဆင်းရဲသလိုပေါ့။

က။ ။ သူတို့ရဲ့မဏ္ဍပ်နားမှာ အိုးအကြီးကြီးတစ်လုံးရှိတယ်နော်။ အဲဒါ ဘာလုပ်ဖို့လဲ။

ခ။ ။ အဲဒီအိုးကြီးထဲမှာ ရေအပြည့်ထည့်ထားတယ်။ တွေ့တဲ့လူတိုင်းကို ပလပ်စတစ်ခွက်၊ ဒါမှမဟုတ်ရေပုံး တွေနဲ့ခပ်ပြီး ရေပက်တယ်။

က။ ။ ဟုတ်လား။ ဒါဆို ရေပက်ခံတဲ့လူက ခံနိုင်ပါ့မလား။

ခ။ ။ ဒီထက်ပိုဆိုးတာ ရှိသေးတယ်။ တော်ကြာတွေ့ရမယ်။

က။ ။ မောင်မောင်၊ မေးပါရစေ။ သင်္ကြန်ပွဲတော်နေ့ဆိုတာဟာ ဘာအဓိပ္ပာယ်လဲ။

ခ။ ။ သင်္ကြန်ဆိုတာဟာ "ကူးပြောင်းခြင်း၊ ပြောင်းရွှေ့ခြင်း" လို့အဓိပ္ပာယ်ရတယ်။ နှစ်ဟောင်းကနှစ်သစ်သို့ ကူးပြောင်းခြင်းလို့ဆိုလိုတယ်။ တစ်နည်းပြောရရင် မြန်မာတို့ရဲ့နှစ်သစ်ကူးပွဲတော်လည်းဖြစ်တယ်။

က။ ။ နှစ်သစ်ကူးပွဲတော်နေ့ကို လူမျိုးတစ်မျိုးနဲ့တစ်မျိုး နှဲ့ပျော်ပုံချင်းမတူဘူး။ တချို့က မီးထွန်းကြတယ်။ မီးအိုးမီးပန်းများ ပစ်ဖောက်ကြတယ်။ တချို့က ဆိုကြကတယ်။ တစ်ချို့က ဘုရားရှိခိုးဆုတောင်းပွဲများ ပြုလုပ်ကြတယ်။ ကျွန်မတို့တရုတ်လူမျိုးက နှစ်သစ်ကူးတဲ့အခါမှာ ဖက်ထုပ်စားကြတယ်။ မီးအိုး ပစ်ဖောက်ကြတယ်။ ခြေသံအကကကြတယ်။ မြန်မာလူမျိုးတွေက ရေချိုးပဲပက်သလား။

ခ။ ။ ဟုတ်တယ်။ အချင်းချင်းရေပက်တာဟာ အဓိကပါပဲ။ ဒါပေမဲ့ တခြားအစီအစဉ်လည်း ရှိသေးတယ်။ ဥပမာ ဆိုကြကကြတယ်။ သက်ကြီးရွယ်အိုတွေကို တရော်ကင်ပွန်းရေနဲ့ ခေါင်းလျှော်ပေးကြတယ်။ လက်သည်း ခြေသည်းညှပ်ပေးကြတယ်။ ငါး၊ နွား၊ ဝက်စတဲ့တိရစ္ဆာန်တွေကိုဘေးမဲ့လွှတ်ကြတယ်။ မုန့်လုံးရေပေါ် လုပ်ကျွေးကြတယ်။ ရဟန်းသံဃာတော်များကို ဆွမ်းကပ်ကြတယ်။ ဗုဒ္ဓရုပ်ပွားတော်ကို ရေသပ္ပာယ်ကြတယ်။

缅甸语口语教程（修订本）

အလှူဒါနတွေကိုလည်း လုပ်ကြတယ်။ သံချပ်ပြိုင်ပွဲတွေလည်းပြုလုပ်ကြတယ်။ အလှပြယာဉ်ပြိုင်ပွဲတွေ ကျင်းပကြတယ်။ အို–အများကြီးပါပဲ။

က။ ။ သကြန်ပွဲတော်နေ့မှာ မြန်မာလူမျိုးတွေက ဘာဖြစ်လို့အချင်းချင်းရေပက်ကြသလဲ။

ခ။ ။ နှစ်ဟောင်းက မောပန်းခဲ့သမျှတွေ၊ အညစ်အကြေးရှိခဲ့သမျှတွေဟာ သကြန်ရေအပက်ခံလိုက်ရတာနဲ့ သန့်ရှင်းသွားတယ်။ လူတွေရဲ့စိတ်ဓာတ်ကို အေးမြကြည်လင်စေတယ်။ နှစ်သစ်မှာ မင်္ဂလာအပေါင်းနဲ့ ပြည့်စုံစေပါတယ်။ ကိုယ့်အမျိုးသားအချင်းချင်း ရေကိုသား၍အကြားမထင်သလို စည်းလုံးညီညွတ် စေနိုင်တယ်။ အဲဒီလိုယုံကြည်ချက်တွေနဲ့သကြန်ရောက်တိုင်း မြန်မာတွေဟာ တစ်မြို့လုံးတစ်ရွာလုံးချီပြီး ကျားမပျိုအိုမရွေး ရေပက်ကစားကြတာပါ။

က။ ။ ရှေးခေတ်ကကော။ ဘယ်လိုရေပက်ကစားကြတာလဲ။

ခ။ ။ ရှေးခေတ်က မြန်မာတို့ရေပက်ကစားတာဟာ တော်တော်ယဉ်ကျေးသိမ်မွေ့လှပါတယ်။ သပြေပန်းခက်ကို ဖလားထဲကနံ့သာရည်၊ အမွှေးရည်တွေဆွတ်ဆွတ်ပြီး အဲဒီသပြေပန်းခက်နဲ့ယဉ်ယဉ်ကျေးကျေးပက်ဖျန်းလေ့ ရှိတယ်။ ကောင်လေးကမိန်းလေးကိုရေပက်ချင်ရင်မိန်းလေးရဲ့မိဘများဆီ ခွင့်တောင်းရတယ်။ ခုခေတ်မှာတော့ ခေတ်ချင်းမတူသလို ရေပက်ကစားနည်းလည်း မတူတော့ပါဘူး။ ခုခေတ်မှာ နောက်ပြောင်တဲ့ရိုင်းစိုင်းတဲ့အပြုအမူတွေ ပေါ်ပေါ်နေတယ်။

ဂ။ ။ သားရယ်၊ မပြောပါနဲ့တော့။ တက္ကသိုလ်ရေပက်မဏ္ဍပ်ရောက်နေပြီ။ သမီးကိုကာပေးလိုက်ဦး။ သမီးလည်း တဘက်ကြီးနဲ့ခေါင်းကို ဖုံးလိုက်။ ရေပိုက်တွေနဲ့ထိုးပက်တာကို ဂရုစိုက်ဖို့လိုတယ်။ ဦးတို့အဖို့တော့ ဘာမှမဖြစ်ပါဘူး။ သိပ်ပျော်တယ်။ ရေပက်လေကောင်းလေ ဘေးအန္တရာယ်ကင်းလေဖြစ်တယ်။ သမီးအဖို့တော့……

က။ ။ သမီးလည်း မကြောက်ပါင်။ ရေပက်ခံချင်တယ်။ လာမဲ့စာသင်နှစ်မှာစာမေးပွဲအောင်ချင်တယ်။ ကျက်သရေမင်္ဂလာတွေနဲ့ ပြည့်စုံချင်တယ်။

ဃ။ ။ သမီးဆုတောင်း ပြည့်စေချင်ပါတယ်။ ဒါပေမဲ့ ဟိုဘက်ကောင်လေးနှစ်ယောက်ကမီးသတ်ပိုက်ကိုထမ်းပြီး ထိုးနေတာကိုတော့ သတိထားဖို့လိုတယ်။ အဲဒါက သိပ်အန္တရာယ်ပေးတယ်။

က။ ။ ဟုတ်ကဲ့။ အဒေါ်တို့ စိတ်ချပါ။ သမီးတဘက်ကြီးနဲ့ ခေါင်းကိုဖုံးလိုက်ပါ့မယ်။

ဃ။ ။ အေး၊ ဒါမှ။

က။ ။ အမယ်လေး။ မိုးကြီးရွာသလိုပဲ။ မျက်စိတစ်မှိတ်နဲ့ပဲ တစ်ကိုယ်လုံးရွှဲရွှဲစိုနေပြီ။ ဒါပေမဲ့ သိပ်အေးမြကြည်လင်တယ်။ လုံးဝမပူတော့ပါဘူး။ ကောင်းလိုက်တာ မပြောပါနဲ့တော့။

ခ။ ။ အရှိုစိတာ ဘာမှကြောက်စရာ မဟုတ်ပါဘူး။ နာရီဝက်အတွင်း ခြောက်လာမှာပါ။

ဂ။ ။ ကဲ–သမီး၊ ခေါင်းမဖုံးနဲ့တော့။ တက္ကသိုလ်မဏ္ဍပ် ကျော်သွားပြီ။

က။ ။ ကားများလိုက်တာ။ ကြိတ်ကြိတ်တိုးနေတာပဲ။

ဃ။ ။ ဟုတ်တယ်။ သကြန်ပွဲတော်ရောက်တိုင်း ဒီအတိုင်းပဲ။ အိမ်တိုင်းအိမ်တိုင်းလိုလို ကားမျိုးစုံနဲ့ရေပက်ခံထွက် ကြတယ်။ သူတို့ကသကြန်ရေဟာ တစ်စက်ဖြစ်ဖြစ်တစ်ပေါက်ဖြစ်ဖြစ် အန္တရာယ်ကင်းတယ်လို့ယုံကြည်ပါတယ်။ ဒါကြောင့်သကြန်ပွဲတော်ရောက်တိုင်းလူတိုင်းလူတိုင်းလိုလိုကားနဲ့ထွက်ပြီး သူ့ထက်ငါဦးရေပက်ခံတတ်တယ်ကွဲ့။ ဒါကြောင့် ကားများလွန်းလို့ လမ်းပိတ်တတ်တယ်။

က။ ။ ဦး၊ သကြန်ပွဲတော်ဟာ ဘယ်နှရက်ကြာသလဲ။

ဂ။ ။ လေးရက်ပဲ ကြာတယ်။ အကြိုနေ့၊အကျနေ့၊အကြတ်နေ့၊အတက်နေ့ရယ်လို့ရှိတယ်။ အကြိုနေ့ဆိုတာက သင်္ကြန်ပွဲတော်နေ့ရောက်တော့မယ့်နေ့ တစ်နေ့ပါ။ အကျနေ့ဆိုတာက သိကြားမင်းနတ်ပြည်က လူ့ပြည်ကို ဆင်းသက်လာတဲ့နေ့ပါ။ သင်္ကြန်ကျတဲ့နေ့ပေါ့။ အကြတ်နေ့ဆိုတာက သင်္ကြန်ပွဲတော်ပြီးတော့မယ့်နေ့တစ်နေ့ပါ။ အတက်နေ့ဆိုတာကသိကြားမင်းတာဝတိသာနတ်ပြည်ကို ပြန်တက်သွားမယ့်နေ့တစ်နေ့ပါ။

က။ ။ သင်္ကြန်ပွဲတော်ကျတဲ့အချိန်က နှစ်တိုင်းတူသလား။

ဂ။ ။ အများအားဖြင့်တော့တူတယ်။ ဧပြီ (၁၃) ရက်နေ့ဟာ သင်္ကြန်အကျနေ့။ ဧပြီ (၁၄) ရက်နေ့ဟာ အကြတ်နေ့။ ဧပြီ (၁၅) ရက်နေ့က အတက်နေ့။ ဧပြီ (၁၆) ရက်နေ့ဆိုရင် မြန်မာနှစ်ဆန်းတစ်ရက်နေ့ပေါ့။

က။ ။ သင်္ကြန်ပွဲတော်ဟာ ဘယ်နိုင်ငံကဝင်ရောက်လာတာလဲ။ ဒါမှမဟုတ်ရင် မြန်မာနိုင်ငံမှာ နဂိုကတည်းက ရှိတာလား။

ဂ။ ။ ဦးသိသလောက်ပြောရရင် သင်္ကြန်ပွဲတော်နေ့ကျင်းပတဲ့လေ့ဟာအိန္ဒိယနိုင်ငံက ဝင်ရောက်လာတာဖြစ်တယ်။ တကောင်းခေတ်ကစတင်ခဲ့တာပါ။

က။ ။ ဦး၊ သင်္ကြန်ပွဲတော်နေ့မှာ လေးရက်လုံးလုံး ရေပက်ကစားကြသပေး။

ဂ။ ။ မဟုတ်ပါဘူး သမီးရယ်။ အကြိုနေ့မှာမပက်ရဘူး။ ဒါပေမဲ့ ရေပက်ဖို့စိတ်စောနေကြတဲ့ကလေးတွေက အဲဒီနေ့ကပဲ ရေစပက်ကြကပါ။ လူကြီးတွေကျတော့ အကျနေ့ကပြီးအတက်နေ့အထိသုံးရက်လုံးလုံး ရေပက်ကစား ကြတယ်။ အတက်နေ့မှာ အစည်ဆုံးပဲ။ ဘာကြောင့်လဲဆိုတော့ အဲဒီနေ့မှာမပက်ရင် နောက်နှစ်သင်္ကြန်ပွဲကျမှ ရေပက်ခွင့်ရတယ်။ တစ်နှစ်တိတိ စောင့်ရတယ်။ ဒါကြောင့် လူတွေကအချိန်လုပြီး ပက်ကြတာပဲ။ ခြုံပြောရရင် အကျနေ့ကစပြီး အတက်နေ့အထိသုံးရက်လုံးလုံး ရေပက်ကြတယ်။ ရေပက်မခံရာမှာ ပက်တဲ့လူကပိုက်နဲ့ တအားထိုးပြီးပက်ကြတယ်။ ရေပက်ခံတဲ့လူက ရွှဲလေပျော်လေပဲ။ နောက်ပြီးမဏ္ဍပ်မှာသင်္ကြန်ယိမ်း အကကတဲ့လူကက၊ သင်္ကြန်သီချင်း ဆိုတဲ့လူကဆို၊ အရမ်းစည်တယ်။

က။ ။ ဒါဖြင့် နှစ်ဆန်းတစ်ရက်နေ့မှာ ရေမပက်ဘဲ ဘာတွေများလုပ်ကြသလဲ။

ဂ။ ။ နှစ်ဆန်းတစ်ရက်နေ့မှာ လူတွေက မနက်အစောကြီးအိပ်ရာကထပြီးအီးအမွတ်တွေ့နဲ့၊ ငါးရောနွားရောဆေး မဲ့လွှတ်ကြတယ်။ နောက်ပြီးကိုယ့်အိမ်မှာ မုန့်ဟင်းခါး၊ မုန့်လုံးရေပေါ် စတဲ့မုန့်အမျိုးမျိုး လုပ်ပြီး စားလေ့ရှိတယ်။အိမ်နီးနားချင်းကိုလည်း ကျွေးလေ့ရှိတယ်။ လူအများကို အကြီးအကျယ်လှူလေ့ရှိပါတယ်။ အရပ်လေး မျက်နှာက ရောက်လာသူမှန်သမျှကိုကျွေးမွေးတာမို့ စတုဒိသာအလှူလို့ခေါ်ကြတယ်။

က။ ။ မောင်မောင် ကျွန်မအကျီ့ခြောက်နေပြီ။ သိပ်မြန်တယ်နော်။

ခ။ ။ ဟုတ်တယ်။ ဒါဆို လှလှကို ကျွန်တော်ရေပက်ပေးမယ်နော်။

က။ ။ ပက်ပါ။ ပက်ပါ။ ပက်ချင်သလောက် ပက်ပါ။

ခ။ ။ လှလှကျန်းမာပါစေ။ ချမ်းသာပါစေ။ လိုအင်ဆန္ဒ ပြည့်ဝပါစေ။ နှစ်သစ်မှာ ကြိုတိုင်းအောင် ဆောင်တိုင်း မြောက်ပါစေ။

က။ ။ ကိုမောင်ပေးတဲ့ဆုနဲ့ပြည့်ပါရစေ။

ဂ။ ။ ဦးမှာ အကြံတစ်ခုရတယ်။ ဦးတို့မိသားစုအချင်းချင်းရေပက်ကြရအောင်။ အားလုံး သင်္ကြန်ခါတော်ရေကစား ကြတာပျော်ရွှင်စရာ။ လောင်းကပက်ကာမောင်ရင်နှမပမာကြည်လင်စွာ။ အို၊ ရေကစားပါ၊ ရေကစားပါ၊ သိုမြတော့ အခေါ်မခံနိုင်ဘူးဆရာ။ လောင်း၊ လောင်း၊ လောင်းလိုက်ပါ.....

ဝေါဟာရ

ဧပြီလ(န/လိပ် April) 公历 4 月	သင်္ကြန်ပွဲတော်(န) 泼水节
နွဲပျော်(က) 欢度	ရှုပ်ယှက်ခတ်(နဝ) 乱七八糟, 忙乱不堪
ရေပက်မဏ္ဍပ်(န) 泼水彩棚	တဝီးဝီး(မသ) 嗖嗖地
စားကောင်းသောက်ဖွယ်(န) 美酒佳肴	ချီ(က) 包括, 数以……计
ကြုံကြိုက်(က) 正逢, 碰到, 遇见	သင်္ကြန်အကျနေ့(န) 泼水节第一天
ရေပက်ခံ(က) 接受泼水	စိတ်စော(က) 急于, 急着要干
အဆောင်မှူး(န) 舍监, 楼长	ညည်း(န) 你（男人对女人昵称）
တဘက်(န) 披肩	ဖြတ်သန်း(က) 越过, 经过
ဟစ်(က) 喊叫, 呼号	အခြင်းအရာ(န) 现象, 状况
တရွရွ(ကဝ) 蠕动；急于做某事	ဟွန်းတီးသံ(န) 汽车喇叭声
မှိတ်တုတ်မှိတ်တုတ်(ကဝ) 闪闪烁烁	ကျေးဇူးပြု(က) 有益, 有恩
ညီအစ်ကိုမောင်နှမ(န) 兄弟姐妹	အဆင်သင့်(ကဝ) 准备好, 就绪
သတိထား(က) 留意, 小心, 警惕	ဆော့(က) 淘气, 调皮, 乱动
ရေပြွတ်(န) 水枪	ရေခဲ(န) 冰
ပူဖောင်း(န) 气球	မြန်မာဆန်ဆန်(ကဝ) 符合缅甸文化习俗
မြို့တော်စည်ပင်သာယာရေးရုံး(န) 市政厅	တစ်နိုင်(ကဝ) 力所能及
ငွေရေးကြေးရေး(န) 资金, 财务, 金融问题	အပြည့်(နဝ) 满, 足, 充满
ပလတ်စတစ်(န/လိပ် plastic) 塑料	ခွက်(န) 杯, 罐, 盆
ရေပုံး(န) 水桶	အဓိပ္ပာယ်(န) 意思, 意义, 含义
ကူးပြောင်း(က) 过渡, 转变	ပြောင်းရွှေ့(က) 转移, 迁移
နှစ်သစ်ကူးပွဲတော်(န) 新年	မီးထွန်း(က) 点灯
မီးအိုး(န) 爆竹	မီးပန်း(န) 烟火
ပစ်ဖောက်(က) 放, 发射	ဘုရားရှိခိုး(က) 拜佛
ဆုတောင်း(က) 祈祷, 祝福, 祝愿	ဖက်ထုပ်(န) 馄饨, 饺子
ခြင်္သေ့(န) 狮子	သက်ကြီးရွယ်အို(န) 老年人
တရော်ကင်းပွန်းရေ(န)（缅甸人洗头用）皂角液	အရပ်လေးမျက်နှာ(န) 四面八方
လက်သည်း(န) 手指甲	ခြေသည်း(န) 脚趾甲
တိရစ္ဆာန်(န) 动物	ဘေးမဲ့လွှတ်(က) 放生
မုန့်လုံးရေပေါ်(န) 汤圆, 元宵	ရဟန်း(န) 僧人
သံဃာ(န) 僧伽, 僧侣	ဆွမ်း(န) 斋饭, 斋食
ကပ်လှူ(က) 布施斋饭或用品	ဗုဒ္ဓရုပ်ပွားတော်(န) 佛像
ရေသပ္ပာယ်(က) 用清水洗佛塔	အလှူဒါန(န) 布施

သံချပ်(န)　（泼水节时演唱的）快板诗　　　　ပြိုင်ပွဲ(န)　比赛
မောပန်း(က)　累, 疲乏, 气喘　　　　　　　　အလှပြကား(န)　（泼水节时巡游比赛用）彩车
အညစ်အကြေး(န)　污垢, 脏物　　　　　　　ဆေးကြော(က)　清洗, 洗刷, 洗涮
သန့်ရှင်း(၀)　干净, 清洁　　　　　　　　　　အေးမြ(၀)　凉爽
ကြည်လင်(၀)　清晰, 清澈, 清　　　　　　　　ပြည့်စုံ(က)　齐全, 完全, 具备
သား(က)　画, 写　　　　　　　　　　　　　အကြား(န)　缝, 空隙
ထင်(က)　显出, 显露出　　　　　　　　　　 စည်းလုံးညီညွတ်(က)　团结
ရှေးခေတ်(န)　古代　　　　　　　　　　　　 သိမ်မွေ့(၀)　文明, 斯文, 文雅
သပြေပန်း(န)　蒲桃嫩枝, 番樱桃嫩枝　　　　နံ့သာရည်(န)　香水, 香精
အမွှေးရည်(န)　香水　　　　　　　　　　　 ပက်ဖျန်း(က)　泼, 泼洒
ခွင့်တောင်း(က)　请求, 要求　　　　　　　　 နောက်ပြောင်(က)　开玩笑
ရိုင်းစိုင်း(က)　野蛮, 粗野, 粗鲁　　　　　　 အမူအရာ(န)　行为, 举动
ကာကွယ်(က)　保卫, 保护, 防卫　　　　　　 ဖုံး(က)　盖, 遮盖, 掩盖, 蒙住
ရေပိုက်(န)　水管　　　　　　　　　　　　 အန္တရာယ်(န)　危险, 灾难
ကင်း(က)　没有; 远离　　　　　　　　　　 မီးသတ်ပိုက်(န)　消防水管
ထိုး(က)　戳, 捅; 用水喷射　　　　　　　　 မျက်စိတစ်မှိတ်(န)　眨眼间, 一瞬间
ရွှဲစို(က)　浑身湿透　　　　　　　　　　　 ပေါက်(မ)　滴
လမ်းပိတ်(က)　交通堵塞　　　　　　　　　　နတ်ပြည်(န)　天堂, 仙境
လူ့ပြည်(န)　人间, 世间　　　　　　　　　　တကောင်းခေတ်(န)　太公国
တအား(ကြိ)　使出全身力气　　　　　　　　 ယိမ်းအက(န)　集体舞
စတုဒိသာ(န)　宴请四方来客的盛筵

လေ့ကျင့်ခန်း

၁။ ။ ကွင်းထဲက ဝေါဟာရများကို ပေးထားသောဝေါဟာရများဖြင့် အစားထိုးလေ့ကျင့်ပါ။

(၁) (အဒေါ်တို့အိမ်ရှင်) အနေနဲ့ (လှလှ) ကို (ကူညီ) ဖို့တာဝန် ဝတ္တရားရှိတယ်။

　　ကျောင်းအုပ်ကြီး　　　ကျောင်း　　　စီမံခန့်ခွဲ
　　ကျောင်းဆရာ　　　　ကျောင်းသားများ　ပညာပေး
　　မိဘတွေ　　　　　　 သားသမီးများ　　ဆုံးမ
　　ကျောင်းနေဖက်　　　 မင်း　　　　　　သတိပေး

(၂) (မောင်မောင်)က (ကျွန်မ) အပေါ်ကျေးဇူးအများကြီးပြုထားပါတယ်။

　　အဖေအမေတို့　　　　သား
　　မြန်မာပြည်သူတွေ　　 သူ့
　　ဆရာ　　　　　　　 ကျွန်တော်တို့

(၃) ကျွန်မဘယ်တော့မှ (မေး) မှာမဟုတ်ပါဘူးရှင့်။
တင့်တင့် ကျွန်တော့်

သွား

လုပ်

ပေး

ရှူး

(၄) ဒါလေးတွေ (ပြော) မနေနဲ့တော့။

ကြည့်

စား

ဝယ်

ဖတ်

(၅) ဒီထက်ပို (ဆိုး) တာရှိသေးတယ်။

ကောင်း

ပါး

ဈေးကြီး

အရည်အသွေးကောင်း

(၆) (သင်္ကြန်ပွဲတော်) ဆိုတာဟာဘာအဓိပ္ပါယ်လဲ။

နာမည်မဲ့ကန်

ညောင်လေးပင်

ကျိုက်ထီးရိုး

မြင်းခြံ

(၇) (ရေ) ချည်းပဲ (ပက်) သလား။

စာ ဖတ်

လက် လာ

ထမင်း စား

ရေဒီယို နားထောင်

(၈) (နောက်ပြောင်တဲ့ရိုင်းစိုင်းတဲ့အပြုအမူ) တွေပေါ်ပေါ်နေတယ်။

အမှား

အထင်လွဲစရာ

ရယ်စရာ

အရှက်ကွဲစရာ

(၉) (ကောင်း) လိုက်တာမပြောနဲ့။

ဝေး

သင်ခန်းစာ(၁၄) ရန်ကုန်မြို့သင်္ကြန်ပွဲတော်နဲ့ပျော်ခြင်း

  ဈေးကြီး
  ချို
  ဆော့
(၁၀) (အများ) အားဖြင့်တော့တူပါတယ်။
  မူ
  ယေဘုယျ
  အခြေခံ
  အကြမ်း

၂။ အောက်ပါမေးခွန်းများကို နှုတ်ဖြင့်ဖြေပါ။
(၁) သင်္ကြန်ပွဲတော်ကို နွဲပျော်ဖို့အတွက် လူတွေက ဘယ်လိုရှုပ်ယှက်ခတ်အောင် လုပ်ရှားသွားလာကြသလဲ။
(၂) ဘယ်သူက လှလှကို ဖုန်းဆက်သလဲ။
(၃) မောင်မောင်က ဘာလုပ်ဖို့ လှလှကို ဖုန်းဆက်သလဲ။
(၄) လှလှကို ဘယ်နေရာမှာ စောင့်ခိုင်းသလဲ။
(၅) မောင်မောင်နဲ့အတူ သင်္ကြန်ရေပက်ခံထွက်ဖို့ ဘယ်သူတွေ ပါသေးသလဲ။
(၆) မောင်မောင်က လှလှကို ဘာယူဖို့ အထူးမှာထားသလဲ။
(၇) ရန်ကုန်နိုင်ငံခြားဘာသာတက္ကသိုလ် တံခါးမကြီးရှေ့မှာ မောင်မောင်အလာကိုစောင့်နေစဉ် လှလှဘာတွေများ မြင်ရသလဲ။
(၈) ဒီလိုအခြင်းအရာများကို မြင်ရတော့ လှလှစိတ်ထဲမှာ ဘယ်လို ခံစားရသလဲ။
(၉) လှလှက ကားရှေ့မှာထိုင်သလား။ ကားနောက်မှာ ထိုင်သလား။
(၁၀) လှလှနဲ့မတွေ့ခင် လှလှအကြောင်းတွေကို မောင်မောင်ရဲ့အဖေအမေတို့က သိသလား။ ဘယ်လိုလုပ် သိရသလဲ။
(၁၁) လှလှရဲ့အကြောင်းတွေကို မောင်မောင်ရဲ့အမေက ဘယ်သူပြောလို့ ကြားကြားနေသလဲ။
(၁၂) မောင်မောင်က လှလှကို သူ့အဖေအမေတို့ကို မိတ်ဆက် ပေးတဲ့အခါမှာ သူ့အမေက ဘာတွေများ ပြောသလဲ။
(၁၃) လှလှဘယ်တော့မှမမေ့နိုင်တာတွေက ဘာတွေလဲ။
(၁၄) မောင်မောင်က လှလှကို ဘာအတွက် သတိပေးသလဲ။
(၁၅) လှလှက လမ်းဘေးမှာ ဘာတွေကို မြင်ရသလဲ။
(၁၆) အဲဒီ ရေပက်မဏ္ဍပ်တွေဟာ ဘယ်သူ ဆောက်ထားတာလဲ။
(၁၇) ပုဂ္ဂလိက တစ်နိုင်ဆောက်ထားတဲ့ရေပက်မဏ္ဍပ်တွေဟာ အတူတူပဲလား။
(၁၈) ကိုယ်ပိုင်မဏ္ဍပ်နားမှာ ဘာကြောင့် အိုးအကြီးကြီးတစ်လုံးထားသလဲ။
(၁၉) သင်္ကြန်ပွဲတော်ဆိုတာ ဘာအဓိပ္ပာယ်လဲ။
(၂၀) ကမ္ဘာမှာရှိတဲ့နှစ်သစ်ကူးပုံကူးနည်းအမျိုးမျိုးကိုပြောပြပါ။
(၂၁) မြန်မာနိုင်ငံမှာ နှစ်သစ်ကူးတော့ ရေချည်းပဲပက်သလား။

(၂၂) သင်္ကြန်ပွဲတော်နေ့မှာ မြန်မာလူမျိုးတွေက ဘာဖြစ်လို့ အချင်းချင်းရေပက်ကြသလဲ။

(၂၃) ရှေးခေတ်က မြန်မာလူမျိုးတွေ သင်္ကြန်ပွဲတော်နေ့နဲ့ပျော်ပုံဟာခုခေတ်နဲ့ အတူတူပဲလား။

(၂၄) ဦးအုန်းဖေကာ ဘာကြောင့် မောင်မောင်ပြောတာကို တားထားသလဲ။

(၂၅) မြန်မာတွေက ရေပက်ခံရမှာ ကြောက်သလား။ လှလှကော။

(၂၆) လှလှကမြန်မာလူမျိုးလိုပဲရေပက်ခံရမှာ ဘာကြောင့်မကြောက်တာလဲ။

(၂၇) သင်္ကြန်ပွဲတော်မှာ ဘယ်လိုနည်းနဲ့ရေပက်တာဟာ အန္တရာယ်အရှိဆုံးလဲ။

(၂၈) လှလှက ဘာကြောင့် လုံးဝမပူတော့တာလဲ။

(၂၉) ရှဲရှဲစိုနေတဲ့အဂ်ီ ခြောက်လာအောင် ဘယ်လောက်ကြာကြာစောင့်ရသလဲ။

(၃၀) သင်္ကြန်ပွဲတော်ရောက်တိုင်း ရန်ကုန်မှာ ဘာကြောင့် လမ်းပိတ်တတ်သလဲ။

(၃၁) သင်္ကြန်ပွဲတော်နဲ့ပျော်ကြတာ ဘယ်နရက်ကြာသလဲ။ သေသေချာချာရှင်းပြပါ။

(၃၂) သင်္ကြန်ပွဲတော်ကျရောက်တဲ့အချိန်ဟာ တစ်နှစ်နဲ့တစ်နှစ် တူသလား။

(၃၃) သင်္ကြန်ပွဲတော်ဟာ မြန်မာနိုင်ငံမှာ နဂိုကတည်းက ရှိတာလား။

(၃၄) သင်္ကြန်ပွဲတော်ဟာ မြန်မာနိုင်ငံမှာ ဘယ်ခေတ်က စခဲ့တာလဲ။

(၃၅) သင်္ကြန်ပွဲတော်မှာ နေ့တိုင်း ရေပက်ကစားကြသလား။

(၃၆) သင်္ကြန်ပွဲတော်မှာ ဘယ်ရက်က အစည်ဆုံးလဲ။

၃။ ။ ပေးထားသော အောက်ပါ အချက်အလက်များကို အခြေခံ၍ စကားပြောတစ်ပုဒ် ရေးပါ။

薇薇到北京大学对外汉语教育学院学习汉语已经快5个月了。1月中旬是中国的春节。按照中国政府的规定春节放3天假,加上2个休息日,一共可以休息5天。这几天,北京人忙着办年货。超市里熙熙攘攘,人头攒动,每个人的手里都拿着大包小包。当然,大都是吃的喝的。近几年来,北京禁止放爆竹,人们过春节,除了吃饺子和其他的美味佳肴外,还要互相拜年,互相送礼品,互相串门。还要逛庙会,看戏剧,看耍狮子,耍龙灯。由于生活富裕了,青年人大都利用年假到外地甚至出国旅游,中国人春节的活动可谓丰富多彩。

သင်ခန်းစာ(၁၅) ရွှေတိဂုံဘုရားသို့သွားရောက်ဖူးမြော်ခြင်း

က။ ။ လှလှ
ခ။ ။ မောင်မောင်

(မြန်မာနှစ်သစ်ကူးပြီးပါပြီ။ နောက်လဝက်လောက်ရှိလျှင် ကျောင်းပြန်ဖွင့်တော့မည်ဖြစ်သည်။ လှလှသည် ကျောင်းပြန်မဖွင့်ခင် ရွှေတိဂုံဘုရားကိုသွားရောက်ဖူးမြော်ချင်သည်။ ထို့ကြောင့် သူ့ကမောင်မောင်နှင့်အတူ တက္ကစီဖြင့် ရွှေတိဂုံဘုရားသို့ သွားကြသည်။ လမ်းပေါ်တွင်....)

ခ။ ။ လှလှ၊ ခုတလောမှာ ညည်းဘယ်သွားသလဲ။ တစ်ခါမှ မတွေ့ရပါလား။
က။ ။ ဘယ်ကိုမှ မသွားပါဘူးရှင်။ စာချည်းပဲ အခန်းထဲမှာကုပ်ပြီးဖတ်တယ်။
ခ။ ။ ဘာကြောင့် ဒီလောက်ကြိုးစားနေသလဲ။ ညည်း ကြီးဘယ်နဲ့ခွေကုန်သလဲ။
က။ ။ ဘာအကြောင်းရယ်လို့ မရှိပါဘူး။ အချိန်က တန်ဖိုးကြီးတယ်။ အချိန်ကအသက်ဖြစ်တယ်။ ဒါ့ကြောင့် တစ်မိနစ်တစ်စက္ကန့်မှ မဖြုန်းတီးစေရဘူး။ အချိန်ကိုလေးစားတာဟာ လူ့အသက်ကိုချစ်မြတ်နိုးရာကျတယ်။ အချိန်ကိုဖြုန်းတီးတာဟာ လူ့အသက်ကို ဖြုန်းတီးရာကျတယ်။ လသာခိုက်ဖိုင်းငင်ဆိုသလို အချိန်ကိုလုပြီး စာဖတ်ရမယ်။ စာသင်ရမယ်။ အဲဒီလိုမဟုတ်ရင် အသက်ကြီးတဲ့အခါမှာ နောင်တရမှာသေချာတယ်။
ခ။ ။ လှလှပြောတာ သွေးထွက်အောင် မှန်တယ်။ ကျွန်တော်လုံးဝ သဘောတူပါတယ်။
က။ ။ ဒါထက်၊ ရန်ကုန်မှာ ရွှေတိဂုံအပြင် ဘာလည်စရာပတ်စရာတွေများ ရှိသေးသလဲ။
ခ။ ။ ရွှေတိဂုံအပြင် ရန်ကုန်မှာလည်စရာပတ်စရာတွေ အများကြီးရှိပါသေးတယ်။ ဥပမာ၊ ဆူးလေစေတီရယ်၊ လွတ်လပ်ရေးကျောက်တိုင်ရယ်၊ အမျိုးသားပြတိုက်ရယ်၊ ကမ္ဘာအေးစေတီရယ်၊ ဗိုလ်တထောင်စေတီရယ်၊ အင်းလျားကန်ရယ်၊ ကန်တော်ကြီးရယ်၊ ငါးပြတိုက်ရယ်၊ တိရစ္ဆာန်ရုံရယ်၊ အို-အများကြီးရှိပါတယ်။ ပြောလို့ကုန်မှာမဟုတ်ဘူး။
က။ ။ မောင်မောင်၊ ရွှေတိဂုံဘုရားဆိုတာဟာ ရန်ကုန်မြို့ရဲ့ ဘယ်နေရာမှာတည်ရှိသလဲ။
ခ။ ။ ရွှေတိဂုံဘုရားဟာ ရန်ကုန်မြို့ မြို့လယ်ခေါင်နဲ့သိပ်မဝေးပါဘူး။ မြို့တော်စည်ပင်သာယာရေးရုံးရဲ့ မြောက်ဘက်မှာ တည်ရှိပါတယ်။
က။ ။ ရွှေတိဂုံဘုရားဟာ တောင်ကုန်းပေါ်မှာ တည်ရှိတယ်ဆို။
ခ။ ။ ဟုတ်တယ်။ ရွှေတိဂုံဘုရားတည်ရှိတဲ့တောင်ကုန်းကို သိဂုံတ္တရကုန်းလို့ ခေါ်ပါတယ်။ ကုန်းအမြင့်က ပေ(၁၉၀)ရှိသတဲ့။
က။ ။ မောင်မောင်၊ ရောက်ပြီလား။

ခ။ ။ ရောက်ပြီ။ ဆင်းကြစို့။

က။ ။ ဒီမုခ်ဟာ ဘယ်ဘက်မုခ်လဲ။

ခ။ က ဒါက ရွှေတိဂုံဘုရားရဲ့ အနောက်ဘက်မုခ်ပါ။

က။ ။ ရွှေတိဂုံဘုရားဟာ စုစုပေါင်း မုခ်ဘယ်နှခု ရှိသလဲ။

ခ။ ။ စုစုပေါင်း လေးခုရှိတယ်။ တစ်ဘက်မှာ တစ်မုခ်စီပါ။

က။ ။ ကျွန်မတို့ ဘာကြောင့် ဒီဘက်မုခ်က ဝင်တာလဲ။

ခ။ ။ ဒီဘက်မုခ်က ဓာတ်လှေကားရှိလို့ပါ။

က။ ။ တခြားဘက်မှာဓာတ်လှေကားမရှိဘူးလား။

ခ။ ။ ဟုတ်တယ်။ တခြားဘက်မှာ ဓာတ်လှေကား မရှိသေးဘူး။ လောလောဆယ်ဒီဘက်မှာပဲ ရှိတယ်။

က။ ။ ဒါက ဘာလဲ။ တိုင်တွေ အများကြီးပဲနော်။ နောက်ပြီးတိုင်တွေကလည်း တောက်ပြောင်နေတယ်။ သိပ်ကြည့်လို့လှပါတယ်။

ခ။ ။ ဒါကို စောင်းတန်းလို့ခေါ်ပါတယ်။ စောင်းတန်းထဲကတိုင်တွေ မှန်စီရွှေချထားလို့ တောက်ပြောင်နေတာပါ။ ဒါက မြန်မာဝိသေသဆောင်တဲ့ဗိသုကာပညာ ဖြစ်ပါတယ်။

က။ ။ ဒီလိုစောင်းတန်းက ဘယ်ဘက်မှာမဆို ရှိသလား။

ခ။ ။ ဟုတ်တယ်။ စောင်းတန်းလေးခုရှိတယ်။ တစ်ဘက်တစ်ခုစီပေါ့။ တခြားဘက်စောင်းတန်းရဲ့ တစ်ဘက်တစ်ချက်မှာ အရောင်းဆိုင်တွေပြည့်နေတာပဲ။ ဒီအနောက်ဘက်စောင်းတန်းကတော့ ဓာတ်လှေကား တပ်ဆင်ထားတော့ ဆိုင်ဖွင့်ဖို့နေရာမရှိလို့ မဖွင့်တာပါ။

က။ ။ စောင်းတန်းတစ်ခုက (၂)ပြားစောင်းတန်းလို့ခေါ်တယ်လို့ ကြားရတယ်။ ဘာကြောင့်လဲ။

ခ။ ။ အဲဒါဒီလို၊ ရန်ကုန်မှာဘိုလ်ချုပ်ဈေးရှိတယ်။ မြန်မာနိုင်ငံမှာအကြီးဆုံးပုဂ္ဂလိကဈေးပေါ့။ ဟိုအရင်ခေတ်က အဲဒီဈေးမှာရှိတဲ့ ဈေးဆိုင်တွေဟာ တစ်ဆိုင်ကိုတစ်နေ့ နှစ်ပြား လျူတယ်။ အဲဒီလိုတစ်နေ့နှစ်ပြား၊ တစ်နေ့နှစ်ပြားနဲ့ နောက်ဆုံးတစ်နှစ်ပြည့်တဲ့အခါမှာရတဲ့ငွေမနည်းတော့ဘူး။ ဒီစောင်းတန်းဟာ အဲဒီငွေနဲ့ဆောက်ထားတဲ့ စောင်းတန်းမို့ (၂)ပြားစောင်းတန်းလို့ အမည်တွင်တာပါ။

က။ ။ ညြော်–ညြော်–ဒါဖြင့် ဓာတ်လှေကားပေါ်တက်ရအောင်။

(ဓာတ်လှေကားအဆုံးတွင်.....)

က။ ။ ဘယ်ဘက်ကအခန်းလေးရှေ့မှာ လူတွေက ဘာလုပ်နေကြတာလဲ။

ခ။ ။ အဲဒါက အဝင်လက်မှတ်ရောင်းတဲ့ဌာနပါ။ လူတွေက အဝင်လက်မှတ် ဝယ်နေကြတယ်။

က။ ။ တစ်ယောက်အတွက် ဝင်ခဘယ်လောက်ပေးရသလဲ။

ခ။ ။ မြန်မာနိုင်ငံသားဆိုရင်တစ်ပြားမှပေးဖို့မလိုပါဘူး။ နိုင်ငံခြားသားဆိုရင် (၅) ဒေါ်လာပေးရမယ်။

က။ ။ ကျွန်မကော။ ဘယ်လောက် ပေးရသလဲ။

ခ။ ။ ညည်းနိုင်ငံခြားသားဖြစ်ပေမဲ့အခုမြန်မာနိုင်ငံမှာ စာသင်နေတယ်။ ရန်ကုန် U.F.L.ကျောင်းသားမှတ်ပုံတင်လက်မှတ်ရှိတယ်။ အဲဒီတော့ကျွန်တော်တို့လိုပဲ လက်မှတ်မဝယ်ဘဲ ဝင်လို့ရတယ်။

(ရွှေတိဂုံဘုရားရင်ပြင်တော်ပေါ်တွင်.....)

က။ ။ အောင်မယ်။ ကြီးကျယ်ခန့်ညားလိုက်တာ။ ကမ္ဘာမှာ ပြိုင်ဘက်မရှိဘူးနော်။

ခ။ ။ ဟုတ်တယ်။ ဒီရင်ပြင်တော်ရဲ့ဧရိယာက စုစုပေါင်း (၁၄) ကေလောက်ရှိတယ်။

က။	အလယ်စေတီအကြီးက ဉာဏ်တော်ဘယ်လောက်ရှိသလဲ။
ခ။	တည်ခါစမှာဆိုရင် (၆၆) ပေလောက်ပဲ မြင့်တယ်။ နောက် အဆက်ဆက်က ရှင်ဘုရင်တွေရဲ့ကျေးဇူးကြောင့် စေတီရဲ့ဉာဏ်တော်ဟာ မြင့်မြင့်လာပြီး ခုဆို (၃၂၆) ပေတောင် ရှိနေပြီ။
က။	မောင်မောင်၊ ဒီရွှေတိဂုံဘုရားဟာ ရွှေအတိပဲလား။
ခ။	ရွှေအတိတော့ မဟုတ်ပါဘူး။ ဒါပေမဲ့၊ စေတီပေါ်မှာ ရွှေအလေးချိန် (၇) တန်လောက်ကပ်လှူထားပါတယ်။ နောက်ပြီးစေတီရဲ့စိန်ဖူးတော်ပေါ်မှာ စိန်လုံးတွေ စုစုပေါင်း အလုံး(၄၃၅၀)ကပ်လှူထားတယ်။ အကြီးဆုံး စိန်လုံးက (၇၆) ကရက်ရှိပါတယ်။ ဒါ့အပြင်၊ စေတီရဲ့ထီးပေါ်မှာ ရွှေဆည်းလည်း (၁၀၆၅) လုံး၊ ငွေဆည်းလည်း (၄၂၀) လုံး၊ စုစုပေါင်းဆည်းလည်း (၁၄၈၅) လုံးရှိပါတယ်။ လေလာတဲ့အခါ ဆည်းလည်းတွေရဲ့အသံဟာ ငြိမ့်ညောင်းသာယာပြီး သိပ်နာပျော်စရာကောင်းပါတယ်။
က။	ပတ်ပတ်လည်စေတီရံကော၊ စုစုပေါင်း ဘယ်လောက်ရှိသလဲ။
ခ။	စေတီရံက စုစုပေါင်း (၆၄) ဆူရှိပါယ်။ ဒါအပြင်၊ တန်ဆောင်းလေးဆောင်လည်း ရှိပါသေးတယ်။
က။	ဘယ်ဟာလဲ။ မျက်နှာချင်းဆိုင်မှာလား။
ခ။	ဟုတ်တယ်။ အဲဒါပါ။ များသောအားဖြင့်၊ ဘုရားလာဖူးသူတွေဟာ မျက်နှာချင်းဆိုင်မှာရှိတဲ့၊ ဒီတန်ဆောင်း ထဲကဘုရားကိုအရင်ဖူးလေရှိတယ်။ အမွေးပိုင်ယွန်းပယ်။ ပန်းတွေလှူကြတယ်။ နိုင်ငံခြားခေါင်းဆောင်တွေ လာရင် ဒီမှာပဲ ညှည်သည်မှတ်တမ်းစာအုပ်ပေါ်မှာ မှတ်တမ်းရေးတယ်။
က။	လာ။ ကျွန်မတို့လည်း သွားဖူးကြရအောင်။
ခ။	ပိုက်ဆံလှူချင်ရင်လည်း လှူလို့ရတယ်။ ဒီမှာ ပိုက်ဆံထည့်တဲ့မှန်သေတ္တာတလုံး ရှိတယ်။
က။	ကျွန်မက ကျောင်းသူမို့လို့ ပိုက်ဆံသိပ်မရှိဘူး။ တစ်ရာပဲလှူလိုက်ပါမယ်။
ခ။	ကိစ္စမရှိဘူး။ ကျွန်တော်တို့မြန်မာတွေက အလှူဒါနပြုလုပ်တဲ့အခါမှာ ယုံကြည်ချက်တခုရှိတယ်။ ဘာလဲဆိုတော့ စေတနာမဖြူစင်ရင် ငွေကြေးဘယ်လောက်ပဲ လှူဒါန်းလှူဒါန်းကုသိုလ်အရနည်းမယ်။ စေတနာဖြူစင်ရင် ဆန်ကလေးတစ်ဆုပ်မှုန့်ကလေးတစ်ထုပ်ပဲ လှူဒါန်းပေမဲ့ကုသိုလ်အများကြီးရရှိနိုင်တယ်တဲ့။ ဆိုလိုတာကတော့လှူတနည်းနည်းများများ ကိစ္စမရှိဘူး။ အရေးကြီးတာက စေတနာဖြူဖြူစင်စင်ရှိရမယ်။ သိလား။
က။	သိပြီ။ ကျေးဇူးတင်ပါတယ်။
ခ။	ကဲ–ကျွန်တော်တို့လက်ယာရစ်လှည်ပြီး ဖူးကြရအောင်။
က။	ဘာကြောင့်လဲ။ ဟိုဖက်သွားလို့မရဘူးလား။
ခ။	မရဘူး။ ကျွန်တော်တို့မြန်မာလူမျိုးတွေဟာ ဘုရားဖူးတဲ့အခါမှာ ခရသင်မှာလက်ယာရစ်ရစ်သလို ဖူးတတ်ကြတယ်။ ဒါကြောင့်၊ ဘယ်ဘက်ကစပြီး ပတ်ရမယ်။
က။	သြော်–သြော်၊ နားလည်ပါပြီ။
ခ။	ဒီခေါင်းလောင်းကို ကုန်းဘောင်ခေတ် စဉ့်ကူးမင်း လှူတဲ့အတွက်ကြောင့် စဉ့်ကူးမင်းခေါင်းလောင်းတော်လို့ ခေါ်တယ်။
က။	ဒီဘက်က ဘယ်ဘက်လဲ။
ခ။	ဒီဘက်က အနောက်မြောက်ဘက်။
က။	စဉ့်ကူးမင်းက ဒီခေါင်းလောင်းကို ဘယ်တုန်းက လှူတာလဲ။

ခ။ ။ ခရစ်နှစ် ၁၇၇၈ ခုနှစ်က လှူတာဖြစ်ပါတယ်။

က။ ။ ခေါင်းလောင်းဟာ ဘာနဲ့သွန်းထားတာလဲ။ ခေါင်းလောင်းရဲ့အလေးချိန်ကော။ ဘယ်လောက်ရှိသလဲ။

ခ။ ။ ကြေးနဲ့သွန်းထားတာပါ။ အလေးချိန်က (၂၄) တန်ကျော်ရှိတယ်။

က။ ။ ဒီခေါင်းလောင်းမှာ ဘာစိတ်ဝင်စားစရာရှိသလဲ။

ခ။ ။ ဒီခေါင်းလောင်းဟာ စိတ်ဝင်စားစရာ နှစ်ခုရှိတယ်။

က။ ။ ဘာလဲ။ ပြောပြစမ်းပါ။

ခ။ ။ တစ်ခုက ဒီခေါင်းလောင်းရဲ့သမိုင်းဟာ တော်တော်ထူးခြားတယ်။ ပထမအင်္ဂလိပ်-မြန်မာစစ်ပွဲအပြီးမှာ အင်္ဂလိပ်နယ်ချဲ့တို့က ဒီခေါင်းလောင်းကို အင်္ဂလန်နိုင်ငံကိုပို့ချင်တယ်။ သူတို့ဟာ လှိုင်မြစ်ထဲမှာရှိတဲ့ စစ်သဘော်တစ်စင်းပေါ်ကိုတင်တယ်။ စစ်သဘော်ဟာ ခေါင်းလောင်းရဲ့အလေးချိန်ဒဏ်ကို မခံနိုင်လို့ တိမ်းစောင်းသွားတယ်။ ဒီလိုနဲ့ခေါင်းလောင်းဟာ မြစ်ထဲကိုကျသွားပါလေရော။ အင်္ဂလိပ်နယ်ချဲ့တို့ကလည်း ခေါင်းလောင်းကိုပြန်ဆယ်တင်ဖို့အတွက် နည်းအမျိုးမျိုးနဲ့ကြိုးစည်ကြိုးစားခဲ့ကြတယ်။ ဒါပေမဲ့မအောင်မြင်ဘူး။

က။ ။ နောက်တော့ကော။

ခ။ ။ နောက်တော့ မြန်မာလူမျိုးတွေက ကိုယ်နည်းကိုယ်ဟန်နဲ့ဝါးလုံးတွေသုံးပြီး ခေါင်းလောင်းကို ရေပေါ်ရောက်အောင် အောင်အောင်မြင်မြင်ဆယ်လိုက်တယ်။ ဒါကြောင့်လူတွေက ဒီခေါင်းလောင်းကို မျိုးချစ်ခေါင်းလောင်းလို့ ခေါ်ကြတယ်။

က။ ။ စိတ်ဝင်စားစရာနှစ်ခုရှိတယ်ဆို။ နောက်တစ်ခုကော။ ဘာလဲ။

ခ။ ။ နောက်တစ်ခုက ဒီစဉ့်ကူးမင်းခေါင်းလောင်းတော်ကိုသုံးကြိမ်ထိုးရင် ညည်းဘာဆုတောင်းဆုတောင်း ဆုတောင်းပြည့်လိမ့်မယ်။

က။ ။ ဒါဆို။ ကျွန်မတို့ထိုးကြရအောင်။ အမှတ်တရဓာတ်ပုံကိုလည်း ရိုက်ကြရအောင်။

ခ။ ။ လှလှက ဘာဆုတွေတောင်းသလဲ။

က။ ။ ဟင့်အင်း။ မပြောချင်ဘူး။

ခ။ ။ ရင်ပြင်တော်ရဲ့အရှေ့မြောက်ဘက်မှာ သာယာဝတီမင်းခေါင်းလောင်းတော်တစ်လုံးလည်း ရှိသေးတယ်။ နာမည်ကြီးရုံနဲ့သာယာဝတီမင်းရဲ့ကုသိုလ်ကောင်းမှုဖြစ်တယ်ဆိုတာကို သိနိုင်ပါတယ်။ အဲဒီခေါင်းလောင်းဟာ ဒီထက်ကြီးတယ်။ တန်ချိန်ပေါင်း (၄၀) ကျော်ရှိပါတယ်။ တော်ကြာမှ ကြည့်မယ်။

က။ ။ ဟုတ်ကဲ့။

ခ။ ။ လှလှ၊ ဒီနေရာဟာ အောင်မြေလို့ ခေါ်တယ်။ ဒီနေရာထိုင်ပြီးဆုတောင်းရင် ဆုတောင်း ပြည့်တတ်တယ်။ ဘာမဆိုအောင်သတဲ့။

က။ ။ ဒါဆို။ ကျွန်မဒီမှာလည်းဆုတောင်းမယ်။

ခ။ ။ လှလှဘာဆုတွေတောင်းသေးလဲ။

က။ ။ ဟင်းအင်း။ မပြောချင်ဘူး။

ခ။ ။ လှလှက ဒီနေ့ဘူးပေါ်လဆီပဲ ကျင့်သုံးနေတယ်နော်။

က။ ။ ဒါက လျှို့ဝှက်ချက်ပါ။ မမေးနဲ့တော့။ မောင်မောင်ကလည်း နိုက်နိုက်ကျွတ်ကျွတ်မေးတတ်တဲ့လူကိုး။

ခ။ ။ သိချင်လို့ပါ။

က။	ရှင်နဲ့မဆိုင်တဲ့ဉာဏ္ဏ။
ခ။	လှလှ၊ လာ၊ ဒီထောင့်မှာ အမှတ်တရဓာတ်ပုံရိုက်ကြရအောင်။ ဒီမှာပဲဘုရားတစ်ဆူလုံးကို ပေါ်အောင် ရိုက်နိုင်တာ။
က။	ချော-ဟုတ်လား။ ဒါဆိုရိုက်ရမှာပေါ့။ အမှတ်တရလေးတွေ။
ခ။	လှလှ၊ ဟိုဘက်ထောင့်မှာ သူရဿတီမယ်တော်ရုပ်တုရှိတယ်။ ဒီမယ်တော်ဟာပညာရေးနဲ့ဆိုင်တယ်။ သူ့ကို လာပြီး ပူဇော်ပြီးဆုတောင်းရင်စာမေးပွဲအောင်တတ်တယ်။ ဒါကြောင့် စာမေးပွဲဖြေခါနီးတိုင်း ကျောင်းသူကျောင်းသားတွေက ဒီမယ်တော်ကိုချည်းပဲလာပြီး ပူဇော်ကြ၊ ဆုတောင်းကြတယ်။
က။	ဒီမယ်တော်က တကယ်တန်ခိုးကြီးသလား။
ခ။	ဟုတ်တယ်။ တန်ခိုးကြီးတယ်။
က။	ဒါဆိုကျွန်မလည်းပူဇော်ရမယ်။ ဆုတောင်းရမယ်။
ခ။	ကျွန်တော်လည်းဆုတောင်းမယ်။
က။	ဘာဘာဆုတွေတောင်းသလဲလို့မမေးဘေ့သူးဗျား။
ခ။	မမေးတော်ပါဘူး။
က။	ကျွန်မက ဒီခြောက်လပတ်စာမေးပွဲအောင်ပါစေဖို့၊ ကျွန်မ ရွှေအိုးထမ်းပြီးတရုတ်ပြည်ပြန်ရပါစေလို့ဆုတောင်း လိုက်ပါတယ်။ နောက်ပြီးမောင်မောင်အတွက်လည်း ဆုတောင်းလိုက်သေးတယ်။ ရှင်မသိချင်ဘူးလား။
ခ။	သိချင်တာပေါ့။ ဘာလဲ။ ပြောပါဦး။
က။	မောင်မောင်စာမေးပွဲကျပါစေလို့။
ခ။	ဟင်း.....လှလှဆိုးလိုက်တာကွာ။

ဝေါဟာရ

ရွှေတိဂုံဘုရား (န)	瑞达光大金塔	ဖူးမြော် (က)	朝拜, 朝圣
ကုပ် (က)	弯曲, 蜷缩	ကြိုး (န)	绳子, 绳索
ခွေ (မ)	盘, 圈	တန်ဖိုးကြီး (က)	值钱
အသက် (န)	生命	စက္ကန့် (န)	秒
ဖြုန်းတီး (က)	浪费	ဗိုင်းငင် (က)	纺纱, 纺线
နောင်တရ (က)	后悔	သွေးထွက် (က)	流血
အမျိုးသားပြတိုက် (န)	国家博物馆	လွတ်လပ်ရေးကျောက်တိုင် (န)	独立纪念塔
တန်ခိုးကြီး (က)	有神通, 显灵	ကမ္ဘာအေးစေတီ (န)	世界和平塔
ဗိုလ်တထောင်စေတီ (န)	勃塔塘佛塔	ကန်တော်ကြီး (န)	大湖
ငါးပြတိုက် (န)	水族馆	တိရစ္ဆာန်ရုံ (န)	动物园
နှိုက်နှိုက်ချွတ်ချွတ် (ကြ)	刨根问底	မြို့တော်စည်ပင်သာယာရေးရုံး (န)	市政厅
မုခ် (န)	门, 城门	ဓာတ်လှေကား (န)	电梯
တောက်ပြောင် (နဝ)	发光, 明亮	စောင်းတန်း (န)	(通佛塔) 斜廊

ခန့်ညား(က) 庄重, 雄伟　　　　ကြီးကျယ်(က) 盛大, 宽阔
စေတီ(န) 佛塔　　　　　　　ဉဏ်တော်(န) 佛塔或佛像的高度
အလေးချိန်(န) 重量　　　　　ကပ်(က) 向僧侣或佛敬献斋食或物品
စိန်ဖူး(န) 佛塔顶上的钻球　　ကရက်(န/လိပ် karat) 克拉
ငြိမ့်ညောင်း(နဝ) 悦耳, 动听　　ဆည်းလည်း(က)（塔檐下悬挂的）风铃
ကုသိုလ်ကောင်းမှု(န) 功德　　　ပတ်ပတ်လည်(နဝ) 四周, 周围
စေတီရံ(န) 围绕在大佛塔四周的小塔　တန်ဆောင်း(န)（有尖顶的）殿堂
အမွှေးတိုင်(န) 香, 线香　　　　ထွန်း(က) 点燃
ညည်သည်မှတ်တမ်း(န) 留言簿　　သေတ္တာ(န) 箱子, 盒子
ဖြူစင်(နဝ) 洁白, 纯洁, 心诚　　လှူဒါန်း(က) 布施, 捐献
ကုသိုလ်(န) 善事, 功德　　　　လက်ယာရစ်(ကဝ) 顺时针方向转动
ခရုသင်း(န) 海螺, 法螺　　　　ဖူး(က) 瞻仰, 朝拜
စဉ့်ကူးမင်း(န) 辛古王　　　　ကုန်းဘောင်ခေတ်(န) 贡榜王朝
ခေါင်းလောင်း(န) 钟　　　　　သွန်း(က) 铸造, 造型
စစ်ပွဲ(န) 战争　　　　　　　နယ်ချဲ့(န) 帝国主义
စစ်သင်္ဘော(န) 军舰　　　　　လှိုင်မြစ်(န)（仰光附近）莱河
ဆယ်တင်(က) 捞, 打捞　　　　တိမ်းစောင်း(က) 歪斜, 倾斜
ဝါးလုံး(န) 竹竿, 竹棍　　　　မျိုးချစ်(နဝ) 爱国的, 爱种族的, 爱民族的
ထိုး(က) 敲, 打　　　　　　　သာယာဝတီမင်း(န) 达亚瓦底王
လျှို့ဝှက်ချက်(န) 秘密, 神秘

လေ့ကျင့်ခန်း

၁။ ကွင်းထဲက ဝေါဟာရများကို ပေးထားသောဝေါဟာရများဖြင့် အစားထိုးလေ့ကျင့်ပါ။

(၁) (ရွှေတိဂုံ) အပြင်ဘာ (လည်စရာပတ်စရာ) တွေများရှိသေးသလဲ။

　　　ဗိုလ်ချုပ်ဈေး　　　ကုန်တိုက်
　　　ပြည်လမ်း　　　　လမ်း
　　　ဖောင်တိန်　　　　စာရေးကိရိယာ
　　　ပေါင်မုန့်　　　　စားစရာ

(၂) (ပြော) လို့ကုန်မှာမဟုတ်ဘူး။

　　　စား
　　　သုံး
　　　သောက်
　　　ဝတ်

(၃) (နာမည်ကြား) ရုံနဲ့ (သာယာဝတီမင်းရဲ့ကုသိုလ်ကောင်းမှုဖြစ်တယ်) ဆိုတာကိုသိနိုင်တယ်။
အသံကြား   ဘယ်သူ
လက်ရေးကြည့်   ဘယ်သူရေးတယ်
ပန်းချီကားကိုကြည့် ဘယ်ပန်းချီဆရာရဲ့လက်ရာ
ခြေသံကြား   ဘယ်သူလာတယ်

(၄) (အဲဒီခေါင်းလောင်း) ဟာ (ဒီ) ထက် (ကြီး) တယ်။
သူရေးတာ   ကျွန်တော်ရေးတာ   လှ
လှလှလုပ်တာ   မောင်မောင်လုပ်တာ ကောင်း
ဖြူဖြူပြောတာ   နနပြောတာ   နားဝင်ချို
မန္တလေးစကား   ရန်ကုန်စကား   ယဉ်ကျေး

(၅) (တော်ကြာ) မှ (ကြည့်) မယ်။
သူလာ   စား
သူလက်လာ   ကိုယ့်လက်ပေး
ထမင်းစားပြီး   သွား
စာမေးပွဲဖြေပြီး   အိမ်ပြန်

(၆) မောင်မောင်က (နိုက်နိုက်ကျွတ်ကျွတ်မေးတတ်တဲ့) လူကိုး။
စကားပြောကောင်းတဲ့
ရယ်တတ်မောတတ်တဲ့
လိမ္မာပါးနပ်တဲ့
အားကောင်းတဲ့

(၇) (ရိုက်) ကို (ရိုက်) ရမယ်။
သွား   သွား
ဝယ်   ဝယ်
လုပ်   လုပ်
ကြည့်   ကြည့်

(၈) (စာမေးပွဲဖြေခါနီး)တိုင်း (ကျောင်းသားတွေဟာဒီမယ်တော်ကို ချည်းပဲလာပူဇော်)ကြတယ်။
သင်္ကြန်ပွဲတော်နေ့ရောက်   မြန်မာလူမျိုးတွေကရေပက်ကစား
ဘောလုံးချန်ပီယံဆွတ်ခူး   သက်ဆိုင်ရာကဆုချီးမြှင့်
မိုးရွာ   သစ်ပင်ပန်းပင်တွေစိမ်းလန်းစိုပြေလာ
ဓာတ်မြေသြဇာကျွေး   ကောက်ပဲသီးနှံတွေရှင်သန်လာ

၂။ အောက်ပါမေးခွန်းများကို နှုတ်ဖြင့်ဖြေပါ။
(၁) ရန်ကုန်နိုင်ငံခြားဘာသာတက္ကသိုလ်က ဘယ်အချိန်မှာကျောင်းပြန်ဖွင့်မလဲ။

(၂) လှလှက ကျောင်းပြန်မဖွင့်ခင် ဘယ်ကိုသွားဖို့ စိတ်ကူးထားသလဲ။

(၃) လှလှက ဘယ်သူနဲ့အတူ ရွှေတိဂုံဘုရားကို သွားဖူးကြသလဲ။

(၄) ခုတလောမှာ လှလှက ဘယ်ကိုသွားသလဲ။ မောင်မောင်ကဘာကြောင့် သူ့ကို တစ်ခါမှမတွေ့ရတာလဲ။

(၅) လှလှက ဘာကြောင့် ဒီလောက်စာကြိုးစားသလဲ။ သူ့မှာ ဘယ်လိုခံယူချက်ရှိသလဲ။

(၆) သွေးထွက်အောင်မှန်တယ်ဆိုတာ ဘာကိုဆိုလိုတာလဲ။

(၇) ရွှေတိဂုံအပြင် ရန်ကုန်မှာ ဘာလည်စရာပတ်စရာတွေ ရှိသေးသလဲ။

(၈) ရွှေတိဂုံဘုရားဟာ ရန်ကုန်မြို့ရဲ့ဘယ်ဘက်မှာ တည်ရှိသလဲ။

(၉) ရွှေတိဂုံတည်ရှိတဲ့ တောင်ကုန်းရဲ့နာမည် ဘယ်လိုခေါ်သလဲ။ တောင်ကုန်းရဲ့အမြင့် ဘယ်လောက်ရှိသလဲ။

(၁၀) လှလှတို့ဟာ ရွှေတိဂုံဘုရားကုန်တော်ကို ဘယ်မုခ်ကနေတက်သလဲ။

(၁၁) လှလှတို့ဟာ ရွှေတိဂုံဘုရားကုန်တော်ပေါ်ကို ဘာကြောင့် အနောက်ဘက်မုခ်ကနေတက်သလဲ။

(၁၂) ရွှေတိဂုံဘုရားဟာ မုခ်ဘယ်နှစ်ခု ရှိသလဲ။

(၁၃) စောင်းတန်းထဲက တိုင်တွေဟာ ဘာကြောင့် တောက်ပြောင်နေသလဲ။

(၁၄) ရွှေတိဂုံဘုရားမှာ စောင်းတန်း ဘယ်နခုရှိသလဲ။

(၁၅) စောင်းတန်းတစ်ခုကို နှစ်ပြားစောင်းတန်းလို့ ဘာကြောင့်ခေါ်သလဲ။

(၁၆) စောင်းတန်းရဲ့တစ်ဘက်တစ်ချက်မှာ ဘာတွေများရှိသလဲ။

(၁၇) မြန်မာတိုင်းရင်းသားဆိုရင် ဝင်ခဘယ်လောက်ပေးရသလဲ။ နိုင်ငံခြားသားကော။

(၁၈) လှလှက ရွှေတိဂုံရင်ပြင်တော်ထဲဝင်တဲ့အခါ ဝင်ခဘယ်လောက်ပေးရသလဲ။

(၁၉) ရွှေတိဂုံဘုရားရင်ပြင်တော်ရဲ့ဇရိယာဟာ ဘယ်လောက်ရှိသလဲ။

(၂၀) ရွှေတိဂုံဘုရားရဲ့ဉာဏ်တော် အမြင့်ဘယ်လောက်လဲ။

(၂၁) ရွှေတိဂုံဘုရားပေါ်မှာ ရွှေအလေးချိန် ဘယ်လောက်ကပ်လှူထားသလဲ။

(၂၂) စေတီရဲ့စိန်ဖူးပေါ်မှာ စိန်လုံးတွေ စုစုပေါင်း ဘယ်လောက်ရှိသလဲ။

(၂၃) စေတီရဲ့ထီးပေါ်မှာ ရွှေဆည်းလည်း ငွေဆည်းလည်း စုစုပေါင်း ဘယ်လောက်ရှိသလဲ။

(၂၄) ရွှေတိဂုံဘုရားရဲ့ပတ်ပတ်လည်မှာ စေတီ စုစုပေါင်းဘယ်လောက်ရှိသလဲ။

(၂၅) ရွှေတိဂုံစေတီမှာ တန်ဆောင်း ဘယ်နှစ်ဆောင်ရှိသလဲ။

(၂၆) တန်ဆောင်းမှာ ဘုရားဆင်းတုတော်တွေရှိသလား။

(၂၇) နိုင်ငံခြားသားလာရင် ဘယ်မှာ ည်သည်မှတ်တမ်းရေးသလဲ။

(၂၈) မြန်မာတွေက အလှူဒါနပြုလုပ်တဲ့အခါမှာ ဘာများယုံကြည်ချက်ရှိသလဲ။

(၂၉) ရင်ပြင်တော်ပေါ်မှာ ဘုရားဖူးတဲ့အခါ ဘယ်လိုသွားရမလဲ။ ဘယ်ဘက်ကပတ်ရမလား။ ညာဘက်က ပတ်ရမလား။

(၃၀) စဉ့်ကူးမင်းခေါင်းလောင်းတော်ဟာ ဘယ်သူလှူတာလဲ။

(၃၁) စဉ့်ကူးမင်းခေါင်းလောင်းတော်ရဲ့အလေးချိန် ဘယ်လောက်ရှိသလဲ။

(၃၂) လူတွေက စဉ့်ကူးမင်းခေါင်းလောင်းတော်ကို မျိုးချစ်ခေါင်းလောင်းလို့ ဘာကြောင့်ခေါ်ကြသလဲ။

(၃၃) သာယာဝတီမင်းခေါင်းလောင်းတော်ဟာ ဘယ်သူလှူတာလဲ။ ခေါင်းလောင်းရဲ့အလေးချိန် ဘယ်လောက်ရှိသလဲ။

သင်ခန်းစာ(၁၅) ရွှေတိဂုံဘုရားသို့သွားရောက်ဖူးမြော်ခြင်း

(၃၄) ရွှေတိဂုံဘုရားရဲ့ရင်ပြင်တော်ပေါ်မှာ ပညာရေးနဲ့ဆိုင်တဲ့မယ်တော်တစ်ပါးရှိတယ်။ အဲဒီမယ်တော်ရဲ့နာမည် ဘယ်လိုခေါ်သလဲ။

(၃၅) စာမေးပွဲဖြေခါနီးမှာ ကျောင်းသူကျောင်းသားများဟာ ဘာဖြစ်လို့အဲဒီမယ်တော်ကို သွားပူဇော်ဆုတောင်း ကြသလဲ။

(၃၆) လှလှက သူရဿတီမယ်တော်ရဲ့ရုပ်တုရှေ့မှာ ဘာတွေများဆုတောင်းတာလဲ။

(၃၇) မောင်မောင်က ဘာကြောင့် လှလှကို သိပ်ဆိုးတယ်လို့ ပြောသလဲ။

၃။ ။ ပေးထားသော အောက်ပါ အချက်အလက်များကို အခြေခံ၍ စကားပြောတစ်ပုဒ် ရေးပါ။

  薇薇到北京大学对外汉语教育学院以后，整天埋头读书，很少有空出去玩。北京到底多大？有多少名胜古迹？薇薇不是很清楚。没来北京之前，薇薇看过一些有关北京的书籍，对北京有了大概的了解。今天，她想去逛逛北京城，领略一下中国古都的风光。于是，她约了钦钦暖，花了一整天把北京城逛了个遍。虽然很疲乏，但心里很高兴。

သင်ခန်းစာ(၁၆)   မန္တလေးမြို့သို့သွားလည်ကြရအောင်

က ။   လှလှ
ခ ။   မောင်မောင်
ဂ ။   ဦးအုန်းဖေ
ဃ ။   ဒေါ်ခင်ခင်

(မေလ၏ရာသီဥတုသည် ချွေးဒီးဒီးကျအောင် ချစ်ချစ်တောက်ပူ၏။ စိန်ပန်းတွေကလည်း အဖူးအငုံတွေနှင့် ဖူးပွင့်နေကြသည်။ စိန်ပန်းပွင့်ချိန်တွင် နွေရာသီရက်ရှည်ကျောင်းပိတ်ရက်ရောက်ပြီဟုကျောင်းသားတိုင်းသိကြ၏။ ကျောင်းသူကျောင်းသားများသည် စာမေးပွဲဖြေပြီးပြီမို့ ကိုယ့်အိမ်ကိုကိုယ်ပြန်ရန် ပြင်ဆင်နေကြသည်။ ကျောင်းမပိတ်ခင်က စည်စည်ကားကားရှိလေသမျှ ကျောင်းပိတ်သောအခါတွင်ခြောက်ကပ်ကပ်ကြီးဖြစ်လာပါတော့မည်။ လှလှကလည်း သူတစ်ယောက်တည်း အဆောင်တွင် ပျင်းနေတော့မည်ကိုသိသဖြင့် ကျောင်းပိတ်ရက်အတွင်း မန္တလေးသို့ ခရီးထွက်ရန် စိတ်ကူးထားသည်။ သို့ရာတွင် အဖော်မရှိသဖြင့်စိတ်ညစ်နေသည်။ ဤတွင်မောင်မောင်လာ၍....)

ခ ။   လှလှ၊ ကျွန်တော်တို့တစ်အိမ်သားလုံး မန္တလေးမြို့ကိုသွားလည်ကြမယ်။ ညည် လိုက်မလား။

က ။   လိုက်မှာပေါ့။ ကျွန်မသွားချင်နေတာကြာလှပြီ။ အဖော်မရှိလို့ စိတ်ညစ်နေတာ။ ဟန်ကျလိုက်တာ။

ခ ။   ဒါဆို၊ လှလှကလည်း ခရီးသွားဖို့ပြင်ဆင်ထားပါ။

က ။   ဟုတ်ကဲ့၊ ဒါနဲ့၊ ကျွန်မတို့ ဘာနဲ့သွားမလဲ။

ခ ။   ရန်ကုန်ကနေ မန္တလေးကိုသွားရင် ဘတ်စကားနဲ့လည်း ရတယ်။ မီးရထားနဲ့လည်း ရတယ်။ သင်္ဘောနဲ့လည်း ရတယ်။ အဝေးပြေးဘတ်စ်ကားနဲ့ဆိုရင်ကားခများတယ်။ သင်္ဘောနဲ့ဆိုရင် နေးလွန်းအားကြီးတယ်။ မီးရထားနဲ့ဆိုရင် လုံလုံခြုံခြုံရှိပြီး စရိတ်လည်းသက်သာတယ်။ ဒါကြောင့် ကျွန်တော်တို့ အမြန်မီးရထားနဲ့ သွားမယ်။ မကောင်းဘူးလား။

က ။   တောက်လျှောက်သွား မီးရထားလား။ တစ်ဆင့်ပြောင်း စီးရသလား။

ခ ။   တောက်လျှောက်သွား အမြန်မီးရထားပါ။

က ။   ညရထားလား။ နေ့ရထားလား။

ခ ။   ညရထားပါ။

က ။   ဘာကြောင့် ညရထား စီးရသလဲ။ နေ့ရထား မကောင်းဘူးလား။

ခ ။   ညရထားစီးရင် ည(၇)နာရီလောက် ရန်ကုန်က ထွက်တယ်။ နောက်နေ့ မနက်(၇)နာရီကျော်လောက်

မန္တလေးရောက်တယ်။ နားဖို့မလိုပဲဆက်လည်လို့ရတယ်။ နေ့ရထားနဲ့ဆိုရင် မနက်(၇)နာရီလောက် ရန်ကုန်က ထွက်တယ်။ ည(၇)နာရီလောက်မန္တလေးကို ရောက်တယ်။ ည(၇)နာရီဆို နေဝင်မိုးချုပ်နေပြီ။ ဘယ်ကိုမှ ထွက်လည်လို့ မရတော့ဘူး။ အဲဒါကြောင့်။

က။	။	ဩော်–ကျွန်မနားလည်ပြီ ဒါဖြင့်၊ အိပ်ခန်းနဲ့လား။ အထက်တန်းတွဲနဲ့လား။ ရိုးရိုးတွဲနဲ့လား။
ခ။	။	အိပ်ခန်းနဲ့ပါ။
က။	။	မီးရထားခ ဘယ်လောက် ပေးရသလဲ။
ခ။	။	သိပ်တော့ မများပါဘူး။ ကျပ်(၂၀၀)ပဲ ပေးရတယ်။
က။	။	ညရထား ဘယ်အချိန်မှာ စထွက်မလဲ။
ခ။	။	ည(၇)နာရီ ထွက်မယ်။ နောက်နေ့မနက် (၇)နာရီရောက်မယ်။
က။	။	ကောင်းပါတယ်။ ညမှာရထားစီး၊ မနက်မှာရောက်၊ နေ့ခင်းမှာ ကောင်းကောင်းလည်လို့ရတာပေါ့။
ခ။	။	ဟုတ်တယ်။

(ခရီးထွက်မည့်နေ့ည ၆ နာရီခွဲလောက်ပွင့် လုလုက ရန်ကုန်ဘူတာကြီးရုံသို့ရောက်ရှိလာပြီး မောင်မောင်တို့မိသားစုနှင့် ဘူတာကြီးရဲ့အဝင်ဝတွင်ဆုံကြသည်။ မန္တလေးသွား အမြန်မီးရထားအိပ်ခန်းတွဲပေါ် ရောက်ကြသည်။ အိပ်ခန်းတစ်ခန်းကို အိပ်စင်နှစ်ခုစီရှိသည်။ အိပ်စင်တစ်ခုတွင် နှစ်ထပ်ရှိသည်။ တစ်ခန်းတွင် လေးယောက်အိပ်လို့ရသည်။ အိပ်ခန်းတွဲတွင်.....)

ခ။	။	လှလှ၊ မြန်မာနိုင်ငံမီးရထားအိပ်ခန်းတွဲဟာ တရုတ်ပြည်ရထားအိပ်ခန်းတွဲနဲ့ တူသလား။
က။	။	မတူဘူး။ ကျွန်မတို့တရုတ်ပြည်မှာ အိပ်ခန်းတွဲဆို နှစ်မျိုးခွဲခြားထားတယ်။ တစ်မျိုးက ရိုးရိုးအိပ်ခန်းတွဲ၊ တစ်ခန်းမှာ (၆)ယောက်အိပ်လို့ရတယ်။ အိပ်စင် နှစ်စင်ထားတယ်။ တစ်စင်မှာ ခုတင်(၃) ထပ်ရှိတယ်။ အောက်ထပ်ခုတင်၊ အလယ်ထပ်ခုတင်၊ အပေါ်ထပ်ခုတင်ပေါ့။ နောက်တစ်မျိုးက အထက်တန်း အိပ်ခန်းတွဲဖြစ်ပါတယ်။ အိပ်ခန်းတစ်ခန်းထဲမှာ ခုတင်လေးခုရှိတယ်။ ခုတင်က ရိုးရိုးခုတင်မဟုတ်ဘူး။ ဆိုဖာခုတင်ပါ။ လေးယောက် အိပ်လို့ရတယ်။ ဒီက အိပ်ခန်း ထက်ပိုကျယ်တယ်။ ပိုကောင်းတယ်။
ခ။	။	ဟုတ်တယ်။ တရုတ်ပြည်ရောက် မြန်မာပညာတော်သင် မခင်မိမိလည်းပြောတယ်။ တရုတ်ပြည်ရဲ့မီး ရထားအိပ်ခန်းတွဲ သိပ်ကောင်းတယ်။ ကျယ်တယ်၊ သန့်ရှင်းတယ်။ (၆) ယောက်အိပ်လို့ရတယ်တဲ့။
က။	။	ဦး၊ ကျွန်မတို့ ဘယ်လိုအိပ်မလဲ။
ဂ။	။	ဒီလိုလုပ်ပါလား။ ဦးနဲ့မောင်မောင်က ဒီဘက်အိပ်စင်မှာ အိပ်မယ်။ ဦးကအောက်ထပ်၊ မောင်မောင်ကအပေါ်ထပ် ခင်နဲ့သမီးတို့ကဟိုဘက်အိပ်စင်မှာ အိပ်ပါ။ သမီးက အပေါ်ထပ်မှာ၊ ခင်က အောက်ထပ်မှာ၊ မကောင်းဘူးလား။
က။	။	ကောင်းတယ်။ ဒါနဲ့၊မီးရထားက တော်တော်ဆောင့်ကယ်နော်။ ဟိုဘက်စောင်း၊ ဒီဖက်ယောင်းနဲ့၊ လဲလှုမတတ် ဖြစ်နေတယ်။ ဘာကြောင့်လဲ။
ခ။	။	မီးရထားလမ်းက တော်တော်ဟောင်းနေပြီ။ ရထားတွဲကလည်း ဟောင်းနေပြီ။ ဒီလိုအခြေအနေမျိုးမှာ မဆောင့်ဘဲနေပါ့မလား။ ဒါပေမဲ့လုံခြုံပါတယ်။ သမီး စိတ်ချလက်ချနေပါ။ မစိုးရိမ်ပါနဲ့။
က။	။	ဟုတ်ကဲ့။ မစိုးရိမ်ပါဘူး။

(မီးရထားပေါ်တွင် ဉီကဲ့သို့ပြောရင်းဆိုရင်းနှင့်ပင်လေးယောက်စလုံးအိပ်ပျော်သွားသည်။ တူး–တူး–တူး– ရထား၏ဉဩဆွဲသံကြားရသောအခါမှ.....)

ဃ။ ။ ကဲ–သားတို့၊ သမီးတို့၊ ထ၊ ထ၊ ထ၊ မန္တလေးရောက်တော့မယ်။ ဆင်းဖို့ ပြင်လိုက်ကြဦး။

က။ ။ ဟုတ်လား။ မြန်လိုက်တာ။ ဘာလိုလို့နဲ့။

ခ။ ။ အမြန်မီးရထားဆို မမြန်ဘဲနေပါ့မလား။ ကဲ၊ ကျွန်တော်တို့ တက္ကစီစီးရအောင်။ မဟာမုနိဘုရားကို အရင်သွားဖူးရင် မကောင်းဘူးလား။

က။ ။ ကောင်းတယ်။ ဘယ်ကိုပဲ သွားသွားရပါတယ်။ ကျွန်မက ဘယ်ကိုမှမသိဘူး။ ရှင်ခေါ်ရာ လိုက်ရုံပဲ။

ခ။ ။ ကဲ၊ မဟာမုနိဘုရား ရောက်ပြီ။ ဆင်းကြရအောင်။

က။ ။ မောင်မောင်၊ ဒီမဟာမုနိဘုရားဟာ မန္တလေးမြို့ရဲ့ဘယ်ဘက်မှာလဲ။

ခ။ ။ မဟာမုနိဘုရားဟာ မန္တလေးမြို့ထဲမှာပဲ ရှိပါတယ်။ စေတီရဲ့အောက်မှာကုလားကျောင်းခံထားတယ်။ စေတီဟာ အဲဒီကုလားကျောင်းပေါ်မှာတည်ထားတယ်။

က။ ။ စေတီရဲ့ဉာဏ်တော် ဘယ်လောက်ရှိသလဲ။

ခ။ ။ စေတီရဲ့ဉာဏ်တော်ဟာ (၁၇၆) ပေရှိတယ်။ ကုလားကျောင်းလို့ခေါ်တဲ့ဂန္ဓကုဋီအုတ်ကျောင်းတော်ထဲမှာ မဟာမုနိဘုရားဆင်းတုတော်ကြီးရှိတယ်။ ဉာဏ်တော် (၁၂) ပေရှိတယ်။ အလေးချိန်စုစုပေါင်း (၈) တန်ရှိတယ်။ ဒီထဲက ရွှေအလေးချိန် (၂) တန်ရှိတယ်။

က။ ။ ဒါဆို ကျွန်မတို့ အထဲဝင်ပြီး ဖူးကြရအောင်လား။

ခ။ ။ ဟင့်အင်း၊ မရဘူး။ အမျိုးသားတွေပဲ အထဲကိုဝင်ခွင့်ပြုတယ်။ ဆင်းတုတော်ကြီးပေါ်တက်ပြီး ရွှေပြား ကပ်လှူနိုင်တယ်။ အမျိုးသမီးတွေကိုတော့ဝင်ခွင့်ကိုမပြုဘူး။

က။ ။ ဒါဆို ဦးနဲ့မောင်မောင်နှစ်ယောက်သာတက်ပြီး ရွှေပြားကပ်လှူပါ။ အဒေါ်နဲ့ကျွန်မအတွက်လည်း ကပ်လှူပေးပါ။ မောင်မောင်ကလည်းကျွန်မအတွက် ဆုတောင်းပေးပါဦး။ လုလုက ပညာရွှေအိုးထမ်းပြီး ပြန်ပါရစေလို့။

ခ။ ။ စိတ်ချပါ။ ကျွန်တော် လုလုအတွက် ဆုကောင်းကောင်းတောင်းပေးမယ်။

က။ ။ အခု၊ ကျွန်မတို့ဘယ်သွားဦးမလဲ။

ခ။ ။ ဒီမဟာမုနိဘုရားဘေးနားမှာ ဗုဒ္ဓဝင်ပြတိုက်ရှိတယ်။ သွားကြည့်ရအောင် မကောင်းဘူးလား။

က။ ။ ကောင်းသားပဲ။ သွားကြစို့။

  (ဗုဒ္ဓဝင်ပြတိုက်တွင်.....)

က။ ။ မောင်မောင်၊ ဟိုဘက်နံရံပန်းချီဟာ ဘာတွေလဲ။

ခ။ ။ အဲဒါက မြတ်စွာဘုရားဟာ တာဝတိံသာနတ်ပြည်မှာ ဝါတွင်းသုံးလပတ်လုံးနေ့ညမစဲ အဘိဓမ္မာတရား တော်မြတ်ကို ဟောကြားတော်မူခဲ့တယ်။ ပြီးစီးတော်မူသွားတဲ့အတွက် လူပြည်ကို ဆင်းသက်နေပုံဖြစ်တယ်။ ပန်းချီကားပေါ်မှာ စောင်းတန်းသုံးသွယ် ရှိတယ်။ အဲဒီစောင်းတန်းသုံးသွယ်ဟာ သိကြားမင်းက ဖန်ဆင်းပေးတာဖြစ်ပါတယ်။ လက်ယာဘက်ကစောင်းတန်းဟာ ရွှေစောင်းတန်းဖြစ်တယ်။ နတ်အပေါင်းတို့ အတွက်ဖြစ်တယ်။ လက်ဝဲဘက်စောင်းတန်းဟာ ငွေစောင်းတန်းဖြစ်တယ်။ ဗြဟ္မာကြီးတို့အတွက်ဖြစ်တယ်။ အလယ်က စောင်းတန်းဟာပတ္တမြားစောင်းတန်းဖြစ်တယ်။ ဘုရားရှင်အတွက်ပါ။ အဲဒီနံရံပေါ်ကပန်းချီကားဟာ သီတင်းကျွတ်လပြည့်နေ့မှာ တာဝတိံသာနတ်ပြည်ကနေ လူပြည်ကို ဆင်းသက်လာတဲ့မြတ်စွာဘုရားကို မီးရှူး၊ မီးပန်း၊ မီးပုံး၊ ဆီမီးရောင်စုံတို့နဲ့ပူဇော်ပုံ၊ ကြိုဆိုပုံ ဖြစ်တယ်။

က။ ။ ကြားရတာ ဗဟုသုတတိုးပါတယ်။ ဒါထက်၊ အောက်မှာ ကြမ်းပြင်ပေါ်ကပုံတွေက ဘာတွေလဲ။

ခ။ ။ အဲဒါက ဗုဒ္ဓသာသနာကမ္ဘာမှာပြန့်ပွားပုံကို ဖော်ပြထားတာပါ။ အိန္ဒိယကနေသီရိလင်္ကာ၊ သီရိလင်္ကာကနေ မြန်မာ၊ ထိုင်း၊ ကမ္ဘောဒီးယား၊ အင်ဒိုနီးရှားစသဖြင့်ပေါ့။

က။ ။ အပေါ်ထပ်မှာကော ဘာတွေများ ပြထားသလဲ။

ခ။ ။ အပေါ်ထပ်မှာဆိုရင် ခေတ်အဆက်ဆက်က မြန်မာနိုင်ငံမှာရှိတဲ့ဘုရားဆင်းတုတော်များကို ခင်းကျင်း ပြသထားတယ်။ နောက်ပြီး အရှေ့တောင်အာရှနိုင်ငံများက ဗုဒ္ဓဘာသာရဲ့အခြေအနေတွေကိုလည်း ဖော်ပြထားပါတယ်။ ခင်ဗျားဟာ ဒီပြခန်းကို ကြည့်ရှုလေ့လာခြင်းအားဖြင့်မြန်မာနိုင်ငံ ခေတ်အဆက်ဆက်က ဆင်းတုတော်ရဲ့ခြားနားပုံကိုတွေ့ရှိနိုင်တယ်။ မြန်မာနိုင်ငံကဗုဒ္ဓဆင်းတုတော်တွေဟာ အိန္ဒိယနိုင်ငံနဲ့တရုတ်နိုင်ငံရဲ့ဗုဒ္ဓဆင်းတုတော်တွေနဲ့ ဆက်စပ်မှုရှိတာကိုလည်း သိရှိနိုင်တယ်။

က။ ။ ဗုဒ္ဓဘာသာပညာရှင်တိုင်း ဒီဗုဒ္ဓဝင်ပြတိုက်ကိုလာလေ့လာဖို့ကောင်းတယ်။ ဗုဒ္ဓသာသနာပြန့်ပွားပုံ၊ ဗုဒ္ဓဆင်းတုတော်တွေ တစ်စတစ်စပြောင်းလဲလာပုံ၊ မြန်မာဆင်းတုတော်နဲ့အိန္ဒိယနိုင်ငံနဲ့တရုတ်နိုင်ငံ ဆင်းတုတော်တွေရဲ့ခြားနားပုံနဲ့ဆက်စပ်ပုံတို့ကို အားလုံးလေ့လာသိရှိနိုင်တယ်။

ခ။ ။ ဟုတ်တယ်။ လှလှပြောတာ မှန်တယ်။

က။ ။ မောင်မောင်၊ ကျွန်မကို ဘယ်ကိုသွားဦးမလဲ။

ခ။ ။ မန္တလေးနန်းတော်ကြီးကို သွားလည်ရင်မကောင်းဘူးလား။

က။ ။ ကောင်းတယ်။ အခုပဲ သွားကြစို့။

(မန္တလေးနန်းတော်ကြီးတွင်.....)

က။ ။ မောင်မောင်၊ နန်းတော်ကြီးရဲ့အကြောင်းကို မိတ်ဆက်ပေးစမ်းပါဦး။

ခ။ ။ ကျွန်တော်သိသလောက် ပြောရမယ်ဆိုရင် ဒီနန်းတော်ကြီးဟာ မြန်မာနိုင်ငံပဒေသရာဇ်ခေတ် နောက်ဆုံးမင်းဆက်ဖြစ်တဲ့ကုန်းဘောင်မင်းဆက်ရဲ့နန်းတော် ဖြစ်တယ်။

က။ ။ နန်းတော်ကြီးမှာ နန်းဆောင် စုစုပေါင်း ဘယ်လောက်ရှိသလဲ။

ခ။ ။ စုစုပေါင်း (၁၀၄) ဆောင်ရှိတယ်။ သစ်သားတွေနဲ့ဆောက်ထားတာချည်းပဲ။ မှန်စီရွှေချပြီး သိပ်ထည်ဝါခန့်ညား လှပါတယ်။

က။ ။ ဒါနဲ့၊ ကျွန်မကြားရတာက ဒုတိယကမ္ဘာစစ်ကြီးထဲမှာ နန်းတော်ကြီးတစ်ခုလုံးဟာ နယ်ချဲ့အင်္ဂလိပ်တို့လေယာဉ်ပျံနဲ့ ဗုံးချလို့ ပြာပုံဖြစ်သွားပြီဆို။

ခ။ ။ ဟုတ်တယ်။ ဒုတိယကမ္ဘာစစ်တုန်းက အင်္ဂလိပ်လေယာဉ်ပျံဗုံးကြလို့ နန်းတော်တစ်ခုလုံးဟာ ပြာပုံဖြစ်သွား ရှာတယ်။ ဒါအတွက် ကျွန်တော်တို့၊ မြန်မာတွေကသိပ်စိတ်နာတယ်။

က။ ။ ဒါဖြင့်၊ အခုကျွန်မတို့ မြင်တွေ့နေတဲ့နန်းတော်ဆောင်တွေဟာ ဘယ်တုန်းက တည်ဆောက်ထားတာလဲ။

ခ။ ။ ဒါကတော့၊ မြန်မာနိုင်ငံလက်ရှိအစိုးရရဲ့ကျေးဇူးကြောင့်ပါ။ (၁၉၉၀)ပြည့်နှစ်က လက်ရှိအစိုးရခေါင်းဆောင်မှု အောက်မှာ နန်းတော်ပြန်လည်ဆောက်လုပ်ရေးလုပ်ငန်းကို စတင်လုပ်ကိုင်ခဲ့ပါတယ်။ အစိုးရနဲ့ ပြည်နယ်တိုင်းတွေပူးတွဲပြီး အကောင်အထည်ဖော်ခဲ့ကြတယ်။ ပြည်သူလူထုရဲ့အလှူကိုလည်း လက်ခံတယ်။ ပြည်နယ်တိုင်း အလိုက်တာဝန်ခွဲပြီး လုပ်ကြပါတယ်။ ဒီလိုနဲ့ပဲ တိုတောင်းလှတဲ့အချိန်အတောအတွင်းမှာ နန်းတော် ပြန်လည်ဆောက်လုပ်ရေးလုပ်ငန်းကို လုံး၀ပြီးစီးအောင်လုပ်ကိုင်နိုင်ခဲ့တယ်။ အခုဆိုရင် မူလက

ထည့်ဝါခန်းညားလှတဲ့နန်းတော်ကြီးကို ပြည်သူလူထုက ပြန်လည်တွေ့မြင်နိုင်ပါပြီ။ ဒီနန်းတော်ကြီးကို မြန မာ့စံကျော်ရွှေနန်းတော်လို့ အမည်ပေးထားပါတယ်။

ကျွန်မ အမှတ်တရဓာတ်ပုံ ရိုက်ချင်တယ်။ လာ၊ ရိုက်ပေးပါဦး၊ မောင်မောင်ရေ။

ခ။ ။ ရန်ကုန်ကနာမည်ကျော်ဓာတ်ပုံဆရာမောင်မောင်က လက်ရာပြလိုက်မယ်။ စိတ်ချပါ။ တရုတ်ပြည်ပြန်ရောက်ရင် ဓာတ်ပုံပြိုင်ပွဲမှာဝင်ပြိုင်ပေတော့။

က။ ။ အောင်မယ်။ မောင်မောင်က တကယ်ကြွားတတ်တယ်နော်။ တော်ကြာကူးပြီး မကောင်းရင်လျော်ကြေး ပေးရမယ်နော်။

ခ။ ။ မတော်တဆမကောင်းရင် နောက်တစ်ခါလာလည်ရံပေါ့။

က။ ။ ဟင့်အင်း။ မလာတော့ဘူး။

ခ။ ။ ဘာကြောင့်လဲ။

က။ ။ မောင်မောင်က ကြွားကြွားနေတာကို မကြားချင်လို့။

ခ။ ။ ဒါက ကြွားတာမဟုတ်ပါဘူး။ အမှန်တကယ်ပါ။ ညည်းမယုံရင်ကူးပြီး ဓာတ်ပုံကိုကြည့်။

က။ ။ ယုံပါတယ်။ ယုံပါတယ်။ မယုံစရာမရှိပါဘူး။ ကျွန်မသက်သက်နှောက်တာပါ။

ခ။ ။ ကျွန်တော်သိပါတယ်။ ဒါပေမဲ့၊ ကူးပြီးတဲ့အခါ ဓာတ်ပုံက စကားပြောပါလိမ့်မယ်။

က။ ။ မောင်မောင်၊ တခြားသွားစရာ ရှိသေးသလား။

ခ။ ။ အများကြီးရှိသေးတယ်။ ဥပမာ၊ မန္တလေးတောင်ရယ်၊ ရွှေကျောင်းရယ်၊ ကုသိုလ်တော်ရယ်၊ အို−အများကြီးပဲ။ သွားဦးမလား။ လှလှ မမောဘူးလား။

က။ ။ ဟင့်အင်း။ မမောပါဘူး။ ခုလိုသာယာလှပတဲ့ရှုခင်းတွေ အသစ်အဆန်းတွေကိုကြည့်လိုက်ရတော့၊ မောရမှန်း ပန်းရမှန်း မသိတော့ပါဘူး။

ဃ။ ။ သမီးရယ်။ သမီးကလူငယ်မို့ မမောပေမဲ့ အဒေါ်တို့ကတော့ မခံနိုင်တော့ဘူးကွယ်။ ဒီနေ့တော့ ဒီအထိပဲ မကောင်းဘူးလား။ မနက်ဖြန်ကျမှ ဆက်ကြည့်ကြရအောင်။

က။ ။ ဟုတ်ကဲ့။ ဒါဆို ဟိုတယ်ကို ပြန်ကြစို့။ ကောင်းကောင်းအနားယူမယ်။ မနက်ဖြန်မန္တလေးတောင်တက်မယ်။

ဝေါဟာရ

စိန်ပန်း(န) 凤凰花
မန္တလေး(ပ) 曼德勒市
အဝေးပြေးဘတ်စ်ကား(န) 长途汽车
စရိတ်(န) 费用,开支
တောက်လျှောက်(ကြ) 一直地
မိုးချုပ်(ကြ) 天黑
ရိုးရိုးတွဲ(န) 普通硬坐车厢
ဆုံ(ကြ) 遇见, 碰在一起
အထက်တန်းအိပ်ခန်းတွဲ(န) 软卧车厢

အဖူးအငုံ(န) 花苞, 花蕾, 蓓蕾
ဟန်ကျ(ကြ) 正好, 合意, 妥当
သင်္ဘော(န) 轮船
အမြန်မီးရထား(န) （火车）快车
နေဝင်(ကြ) 日落
အိပ်ခန်းတွဲ(န) 卧铺车厢
ဘူတာရုံ(န) 火车站
အိပ်စင်(န) 铺, 床
ဆောင့်(ကြ) 颠簸

စောင်း(က) 偏斜, 歪斜, 倾斜	စိတ်ချလက်ချ(ကြ) 安心, 放心
မဟာမုနိဘုရား(န) 摩诃牟尼大佛	ရွှေပြား(န) 金箔
အောက်ခြေ(န) 下层, 底部	ဗုဒ္ဓဝင်ပြတိုက်(န) 佛教史展览馆
နံရံပန်းချီ(န) 壁画	တာဝတိံသာ(န) 忉利天
အဘိဓမ္မာတရား(န) 三藏经论藏	ရွှေကျောင်း(န) 金殿
ြဗဟ္မာ(န) 梵天, 大梵天	မီးရှူး(န) 烟火
မီးပုံး(န) 灯笼, 孔明灯	ဆီမီး(န) 油灯
သီရိလင်္ကာ(န) 斯里兰卡	ကမ္ဘောဒီးယား(န) 柬埔寨
အင်ဒိုနီးရှား(န) 印度尼西亚	နန်းတော်(န) 皇宫, 宫殿
ပဒေသရာဇ်ခေတ်(န) 封建时代	နန်းဆောင်(န) 大殿
ထည်ဝါ(နဝ) 壮观, 庄严, 体面	လက်ချက်(န) 干的坏事, 毒手
ြပာပုံ(န) 废墟, 灰烬	မိပ်နာ(ၢ) 痛心, 寒心
ပူးတွဲ(က) 联合, 附着	ရင်းနှီးမြှုပ်နှံ(က) 投资
လျော်ကြေး(န) 赔款, 赔偿金	ကုသိုလ်တော်စေတီ(န) 古都陶佛塔

လေ့ကျင့်ခန်း

၁။ ။ ကွင်းထဲက ဝေါဟာရများကို ပေးထားသောဝေါဟာရများဖြင့် အစားထိုးလေ့ကျင့်ပါ။

(၁) သိပ်တော့မ (များ) ပါဘူး။

    ကောင်း

    ဝေး

    လေး

    ချို

    ကြီး

(၂) (အိပ်ခန်းတစ်ခန်း) ကို (အိပ်စင် နှစ် ခု) စီရှိတယ်။

    အတန်းတစ်တန်း   ကျောင်းသား ၁၀ ယောက်

    အဖွဲ့တစ်ဖွဲ့   လူ ၄း ယောက်

    လူတစ်ယောက်   ပန်းသီး ၄း လုံး

    ဌာနတစ်ခု   အမှုထမ်း ၉ ယောက်

(၃) (လဲ) လူမတတ်ဖြစ်နေတယ်။

    အလွတ်ရ

    နားကွဲ

    သေ

    ထ

ပျက်

(၄) (မြန်မာမီးရထားလမ်းကတော်တော်ဟောင်း) နေပြီ။

မိုးချုပ်

မိုးရွာ

(၆)နာရီထိုး

သူလာ

(၅) (ဆင်း) ဖို့ပြင်လိုက်ကြဦး။

သွား

စား

လုပ်

ပြန်

(၆) (ရှင်ခေါ်ရာလိုက်) ရုံပဲ။

သူ့ကိုပေး

မောင်မောင်ဆီမှာသွားငှား

ဆရာ့ကိုပြောပြ

အိမ်ပြန်ရောက်ရင်ရေချိုး

(၇) (ဒါ)အတွက်ကျွန်တော်တို့ (မြန်မာတွေဟာသိပ်စိတ်နာ) ကြတယ်။

သူ   တော်တော်စိတ်ပူ

မောင်မောင့်   အားလုံးဝမ်းမြောက်ဝမ်းသာဖြစ်မိ

ဆရာ့   ဂုဏ်ယူမိ

လှလှ   ဝယ်ပေး

၂။ ။ အောက်ပါမေးခွန်းများကို နှုတ်ဖြင့်ဖြေပါ။

(၁)   မြန်မာနိုင်ငံမှာ စိန်ပန်းပွင့်ချိန်ဟာ ဘယ်အချိန်ရောက်ပြီလို့ ဖော်ပြသလဲ။

(၂)   ကျောင်းပိတ်ချိန်မှာ ကျောင်းဝင်းထဲမှာ ကျောင်းမပိတ်ခင်ကလောက် စည်စည်ကားကား ရှိသလား။

(၃)   လှလှက နွေရာသီကျောင်းပိတ်ချိန်မှာ ဘယ်ကို သွားဖို့စိတ်ကူးထားသလဲ။

(၄)   လှလှက ဘာကြောင့် စိတ်ညစ်နေသလဲ။

(၅)   လှလှ စိတ်ညစ်နေတုန်း ဝမ်းသာစရာသတင်းတစ်ခု ကြားရတယ်။ အဲဒါက ဘာလဲ။

(၆)   မောင်မောင်တို့ တစ်အိမ်သားလုံးက လှလှနဲ့အတူ ဘယ်ကိုသွားလည်မလို့လဲ။

(၇)   ရန်ကုန်က မန္တလေးကိုသွားရင် ဘာနဲ့များ သွားလို့ရသလဲ။ ဘာနဲ့သွားမှ အကောင်းဆုံးလဲ။ ဘာကြောင့်လဲ။

(၈)   မောင်မောင်နဲ့လှလှတို့က ဘာကြောင့် ညရထားနဲ့ မန္တလေးကိုသွားကြသလဲ။

(၉)   သူတို့ အိပ်ခန်းတွဲနဲ့ သွားတာလား။ ရိုးရိုးတွဲနဲ့ သွားတာလား။

သင်ခန်းစာ(၁၆) မန္တလေးမြို့သို့သွားလည်ကြရအောင်

(၁၀) မီးရထားနဲ့ မန္တလေးကိုသွားရင် လူတစ်ယောက်အတွက် မီးရထားခ ဘယ်လောက်ပေးရသလဲ။
(၁၁) မန္တလေးကိုသွားတဲ့ ညရထားဆိုရင် ဘယ်အချိန်လောက်မှာ ရန်ကုန်က စထွက်သလဲ။
(၁၂) မန္တလေးကိုသွားတဲ့ ညရထားဟာ ဘယ်အချိန်မှာ မန္တလေးကိုရောက်သလဲ။
(၁၃) လှလှက ရန်ကုန်ဘူတာရုံကြီးကို သွားတော့ ဘယ်နေရာမှာ မောင်မောင်တို့နဲ့တွေ့ဆုံရသလဲ။
(၁၄) မြန်မာနိုင်ငံ မီးရထားအိပ်ခန်းတွဲဟာ တရုတ်နိုင်ငံမီးရထားအိပ်ခန်းတွဲနဲ့ အတူတူပဲလား။
(၁၅) ဦးအုန်းဖေ သူတို့ (၄) ယောက်အိပ်ဖို့အတွက် ဘယ်လိုစီစဉ်ပေးသလဲ။
(၁၆) မြန်မာနိုင်ငံရဲ့မီးရထားဟာ ဘာကြောင့် ဆောင့်ပြီး ဟိုဘက်စောင်း ဒီဘက်စောင်းဖြစ်သလဲ။
(၁၇) မြန်မာနိုင်ငံ မီးရထားစီးရတာ စိတ်ချရသလား။
(၁၈) ဦးအုန်းဖေ ဘယ်အချိန်ရောက်မှ အိပ်ပျော်ရာကနိုးလာသလဲ။
(၁၉) မန္တလေးရောက်တော့ မောင်မောင်တို့တွေ ဘယ်နေရာကိုအလျင်သွားသလဲ။
(၂၀) မဟာမုနိဘုရားဟာ ဘယ်မှာတည်ရှိသလဲ။
(၂၁) စေတီရဲ့အောက်ခြေဟာ ဘာရှိသလဲ။
(၂၂) မဟာမုနိဘုရားရဲ့ဉာဏ်တော် ဘယ်လောက်ရှိသလဲ။
(၂၃) မကမုနိဘုရားဆင်းတုတော်ရဲ့ အလေးချိန်ဘယ်လောက်ရှိသလဲ။ ရွှေအလေးချိန်ကော။
(၂၄) မဟာမုနိဘုရားပေါ် လူတိုင်းတက်ပြီး ရွှေပြားကပ်လှူနိုင်သလား။
(၂၅) ဘာကြောင့် အမျိုးသမီးတွေကို ဘုရားပေါ်တက်ခွင့်မပြုသလဲ။ ခင်ဗျားသိသလား။ သိရင်ပြောပြပါ။
(၂၆) မောင်မောင်က လှလှကို ဘာမှာထားသလဲ။
(၂၇) ဗုဒ္ဓဝင်ပြတိုက်မှာရှိတဲ့နံရံပန်းချီဟာ ဘာတွေများဖော်ပြသလဲ။
(၂၈) ဗုဒ္ဓဝင်ပြတိုက်ရဲ့ကြမ်းပြင်မှာရှိတဲ့ပုံဟာ ဘာကိုဖော်ပြသလဲ။
(၂၉) ဗုဒ္ဓဝင်ပြတိုက်ရဲ့အပေါ်ထပ်မှာ ဘာတွေရှိသလဲ။ ဘာကို ဖော်ပြသလဲ။
(၃၀) ဒီဗုဒ္ဓဝင်ပြတိုက်ကြည့်ရှုလေ့လာဖို့ ဗုဒ္ဓဘာသာပညာရှင်အတွက် ဘာကြောင့် တော်တော်အရေးကြီးသလဲ။
(၃၁) မန္တလေးနန်းတော်ဟာ ဘယ်ပဒေသရာဇ်ခေတ်ရဲ့နန်းတော်လဲ။
(၃၂) နန်းတော်ထဲမှာ နန်းဆောင် စုစုပေါင်း ဘယ်လောက်ရှိသလဲ။
(၃၃) ဒုတိယကမ္ဘာစစ်တုန်းက မန္တလေးနန်းတော်တစ်ခုလုံးဟာ ပြာပုံဖြစ်သွားပြီ မဟုတ်လား။ ဘာကြောင့် ခုမူလအတိုင်းပဲ မြင်တွေ့နေရသလဲ။
(၃၄) လက်ရှိအစိုးရခေတ်မှာ မန္တလေးနန်းတော်ကို ဘယ်လိုခေါ်သလဲ။
(၃၅) လှလှက ဘာကြောင့် မန္တလေးမြို့ကို နောက်ထပ်မလာချင်တာလဲ။

၃။ ပေးထားသော အောက်ပါ အချက်အလက်များကို အခြေခံ၍ စကားပြောတစ်ပုဒ် ရေးပါ။

北京大学就要放暑假了。薇薇想去古都西安旅游。她约了钦钦暖,预定了从北京到西安的直达快车的卧铺票。到西安以后,住进了胜利宾馆。第二天,她俩就去大雁塔参观,还参观了被称为世界第八大奇迹的秦始皇兵马俑。薇薇参观以后惊叹不已,深深地被中国悠久的历史和中国人民的智慧所感动,直说不虚此行。

သင်ခန်းစာ(၁၇)   ပုဂံမြို့ဒ့လည်ပတ်ကြည့်ရှုခြင်း

က။ ။ လှလှ
ခ။ ။ မောင်မောင်
ဂ။ ။ ဦးအုန်းဖေ
ဃ။ ။ ဒေါ်ခင်ခင်

(မောင်မောင်တို့သည် မန္တလေးမြို့တွင် သုံးရက်တိုင်တိုင် ဆက်တိုက်လည်ပတ်ကြည့်ရှုပြီး စတုတ္ထမြောက်နေ့သို့ ရောက်သောအခါ မန္တလေးမြို့မှ စေတီမြို့တော်ဟု ခေါ်သောပုဂံမြို့သို့ ခရီးစထွက်ခဲ့ကြသည်။ သူတို့သည် မီးရထားမစီးဘဲ အဝေးပြေးဘတ်စ်ကားဖြင့် သွားကြသည်။ ဘတ်စ်ကားပေါ်တွင် လေအေးပေးစက်တပ်ဆင်ထားသည်။ ဆိုဖာထိုင် ခုံကလည်း ထိုင်လို့လည်း ရသည်။ လှဲလို့လည်း ရသည်။ ထို့ကြောင့် သူတို့သည် လမ်းဘေး တစ်ဖက်တစ်ချက်၌ ရှိသောရှုခင်းကိုကြည့်ရင်း ရယ်ကာမောကာ သက်သောင့်သက်သာစွာနှင့် ပုဂံမြို့သို့ ရောက်ရှိသွားကြသည်။)

က။ ။ မောင်မောင်၊ ကျွန်မတို့ ဘယ်မှာတည်းမလဲဟင်။

ခ။ ။ ပုဂံမြို့မှာ ဟိုတယ်အများကြီး ရှိတယ်။ ဘယ်မှာတည်းတည်း ရပါတယ်။

က။ ။ အကောင်းဆုံးဟိုတယ်ကို ရွေးပါ။

ခ။ ။ ဧရာဝတီမြစ်ကမ်းနားမှာ အင်းဝဟိုတယ် ရှိတယ်။ သီရိပစ္စယာဟိုတယ်ရှိတယ်။ အင်းဝဟိုတယ်ကို တည်ဆောက်ထားတာ သိပ်မကြာသေးဘူး။ ခေတ်မီဗီသုကာပုံစံနဲ့ဆောက်ထားတာ။ သီရိပစ္စယာဟိုတယ်က ဖွင့်လှစ်ထားတာကြာလှပါပြီ။ ရှေးခေတ်ပုံစံနဲ့ ဆောက်ထားတာဖြစ်တယ်။ နန်းဆောင်လိုပဲ တစ်မူထူးခြားလှပါတယ်။

က။ ။ ဒါဆို၊ ကျွန်မတို့ သီရိပစ္စယာဟိုတယ်မှာ တည်းမယ်။ နန်းတွင်းသူနန်းတွင်းသားနေသလို နေကြရအောင်။ မကောင်းဘူးလား။ ဦး။

ဂ။ ။ အေး၊ ကောင်းတယ်။ သမီးကြိုက်ရင်ဦးတို့လည်းကြိုက်တယ်။ ကဲ–သီရိပစ္စယာဟိုတယ်ကို သွားကြစို့။
(သီရိပစ္စယာဟိုတယ်တွင်.....)

က။ ။ မောင်မောင်၊ ဒီဟိုတယ်က အဆောင်တွေဟာ မန္တလေးနန်းတွင်းထဲမှာ ရှိတဲ့အဆောင်တွေနဲ့ ခပ်ဆင်ဆင်ပဲနော်။

ခ။ ။ ဟုတ်တယ်။ အဲဒီအတိုင်းပဲ တမင်သက်သက်ဆောက်ထားတာနဲ့တူတယ်။ တည်းတဲ့လူတွေ စိတ်ကြည်နူး အောင်ပေါ့။ ဒါက ခရီးသည်တွေကို ဆွဲဆောင်ဖို့ပါ။

က။ ။ အဆောင်တစ်ဆောင်ဆိုရင် ဘယ်နှခန်းရှိသလဲ။

ခ။	လေးခန်းရှိတယ်။ တစ်ဖက် နှစ်ခန်းစီပါ။ ကျွန်တော်တို့က သုံးခန်းငှားမယ်။ ဖေဖေမေမေတို့အတွက် တစ်ခန်း၊ လှလှတစ်ခန်း၊ ကျွန်တော်တစ်ခန်း။
က။	ကောင်းပါတယ်။
ခ။	က-အဆောင်နံပတ်(၆) သွားရအောင်။ ပစ္စည်းတွေကိုချ၊ မျက်နှာသစ်၊ ရေမိုးချိုး၊ အကျီုလဲ၊ ပြီးရင် နေ့လယ်စာသွားစားကြမယ်။
က။	ဟုတ်ကဲ့။
ခ။	အောင်မယ်။ လှလှက ပိုးအကျီု၊ ချိုတ်ထမီ၊ ညှပ်ဖိနပ်နဲ့၊ မြန်မာစစ်စစ် မိန်းကလေးတစ်ယောက်ပါလား။
က။	ဒါကတော့ ရောမရောက်ရင် ရောမလိုကျင့် ဆိုသလိုပေ့။
ဃ။	အေး၊ဒါမှ ကောင်းတယ်။ အဒေါ်တို့ သိပ်သဘောကျတယ်။
က။	အဒေါ်သဘောကျရင် နောင်သမီးနေ့တိုင်းပဲ မြန်မာလိုဝတ်မယ်။ ဘယ်နယ်လဲ အဒေါ်။
ဃ။	ကောင်းလိုက်တာ။ သမီးရေ။
က။	မောင်မောင်၊ ပုဂံဒေသမှာ စေတီပုထိုးတွေသိပ်များတယ်နော်။
ခ။	ဟုတ်တယ်။ များမှများပါပဲ။ သမိုင်းပညာရှင်တစ်ယောက်က ပြောတယ်။ ရှေးတုန်းကဆိုရင် ဒီပုဂံဒေသမှာ စေတီပုထိုးတွေ စုစုပေါင်း (၅၀၀၀) ကျော်ရှိသတဲ့။
က။	အခုကော။ ရှေးတုန်းကလိုပဲလား။
ခ။	အခုတော့ ရှေးတုန်းကလောက် မများတော့ဘူး။
က။	အခု ဘယ်လောက် ရှိသေးသလဲ။
ခ။	သမိုင်းသုတေသနဌာနက ပညာရှင်တွေရဲ့ ကွင်းဆင်းလေ့လာတွေ့ရှိချက်အရ ခုခေတ်မှာ အဲဒီဒေသတဝိုက်မှာ စေတီပုထိုးတွေဟာ (၂၂၁၇)ဆူပဲ ကျန်တော့တယ်။
က။	ဘာကြောင့် တစ်ဝက်ကျော်ကျော် လျော့နည်းသွားတာလဲ။
ခ။	ရာသီဥတုဒဏ်ကြောင့် ဖြစ်တယ့်။ ဧရာဝတီမြစ်က ရေကြီးတာကတစ်ကြောင်း၊ မြေငလျင် အကြိမ်ပေါင်း များစွာ အကြီးအကျယ်လှုပ်တာက တစ်ကြောင်း၊ နေအားကြီးပူတာကတစ်ကြောင်း၊ လေတိုက်စားတာက တစ်ကြောင်း၊ အဲဒီ အကြောင်းကြောင်းတွေကြောင့် စေတီပုထိုးတော်တော်များများဟာ ပျက်စီးယိုယွင်း သွားတာပါ။
က။	ဒီလောက် အဖိုးတန်တဲ့ ယဉ်ကျေးမှုအမွေတွေ ပျက်စီးယိုယွင်းသွားတာ တော်တော်နှမြောစရာကောင်း တယ်နော်။
ခ။	ဒါကြောင့် လက်ရှိအစိုးရဟာ ရှေးဟောင်းယဉ်ကျေးမှုပစ္စည်းတွေကိုထိန်းသိမ်းကာကွယ်ဖို့အတွက် နည်းမျိုးစုံနဲ့၊ ကြိုးစားနေပါတယ်။ ခုဆိုရင် အောင်မြင်မှု ရသင့်သလောက်တော့ ရရှိနေပါပြီ။
က။	ဒါဖြင့်၊ ပုဂံဒေသရဲ့ အကျယ်အဝန်း ဘယ်လောက်ရှိသလဲ။
ခ။	ပုဂံဒေသရဲ့အကျယ်အဝန်းကတော့ စုစုပေါင်း (၁၆)စတုရန်းမိုင်ရှိတယ်။ ကျဉ်းကျဉ်းလေးပါပဲ။
က။	(၁၆)စတုရန်းမိုင်သာကျယ်ဝန်းတဲ့နေရာမှာစေတီပုထိုး(၅၀၀၀)ကျော်တောင် ရှိတယ်။ ပျမ်းမျှ တစ်စတုရန်းမိုင်ကို စေတီပုထိုးဘယ်လောက်စီရှိသလဲ။
ခ။	ပျမ်းမျှ တစ်စတုရန်းမိုင် စေတီပုထိုး (၃၁၂)ဆူစီရှိတယ်။

က။ ။ တော်တော် များတယ်နော်။

ခ။ ။ ဟုတ်တယ်။ ကျွန်တော်တို့မြန်မာတွေက ပုဂံဒေသမှာရှိတဲ့စေတီပုထိုးတွေဟာ "လှည်းဝင်ရိုးသံတညံညံ, ပုဂံဘုရားပေါင်း"။ ပုဂံဒေသရဲ့စေတီပုထိုးတွေဟာ "လက်ညှိုးထိုးမလွဲ" လို့ဆိုကြပါတယ်။

က။ ။ မောင်မောင်, ပုဂံဒေသမှာ ဘာကြောင့် စေတီပုထိုးတွေ ဒီလောက်များသလဲ။

ခ။ ။ အဲဒါက ဒီလို။ ရှေးခေတ် ရှင်ဘုရင်တွေနဲ့တကွ တိုင်းသူပြည်သားတွေကလည်း ဗုဒ္ဓဘာသာကို ကိုးကွယ်ကြတယ်။ အဆက်ဆက်က ရှင်ဘုရင်တွေဟာ ကိုယ်တိုင် ဦးဆောင်ပြီး စေတီပုထိုးတွေ တည်ဆောက်ကြတယ်။ သူတို့စိတ်ထဲမှာ စေတီတည်ရင် ကုသိုလ်ရမယ်။ ကုသိုလ်ရရင် နောက်ဘဝမှာ ဒီဘဝထက် ပိုကောင်းမယ်။ ဒါကြောင့် ရှင်ဘုရင်ကအစ ပြည်သူလူထုတစ်ရပ်လုံးအပါအဝင် လူတိုင်းလူတိုင်း မစားရက်မသောက်ရက်နဲ့, ရှိသမျှပိုက်ဆံတွေနဲ့, စေတီတည်ကြတယ်, ပုထိုးဆောက်ကြတယ်, အလှူဒါန ပြုလုပ်ကြတယ်။ အဲဒီလို ရှင်ဘုရင်တွေရော တိုင်းသူပြည်သားတွေရော သူထက်ငါဦး စေတီပုထိုး တည်တည်လာကြတော့, နုလို့များလာတာပေါ့။

က။ ။ ဒါထက်, ဒီလောက်များပြားလှတဲ့စေတီပုထိုးတွေကို ကျွန်မတို့ဘယ်ကစပြီး ဖူးမြော်ကြရမလဲ။

ခ။ ။ ပုဂံဒေသမှာ စေတီပုထိုးတွေများပေမဲ့, အဓိကစေတီဟာ ငါးဆူပဲရှိတယ်။ ရှေးအကျဆုံးဖြစ်တဲ့ရွှေစည်းခုံစေတီ, ဉာဏ်တော်အမြင့်ဆုံးဖြစ်တဲ့သဗ္ဗညုစေတီ, ထုထည်အကြီးဆုံးဖြစ်တဲ့ဓမ္မရံကြီးစေတီ, အသဟွယ်ဆုံးဖြစ်တဲ့ အာနန္ဒာဘုရား, ဗိသုကာပညာအကောင်းဆုံးဖြစ်တဲ့စူဠာမဏိစေတီတို့ ဖြစ်ပါတယ်။ ဒီစေတီတွေကို ဖူးပြီး တယ်ဆိုရင်တခြားစေတီတွေကို မဖူးရလည်း ကိစ္စမရှိပါဘူး။

က။ ။ ကောင်းပါတယ်။ ဒီစေတီ(၅)ဆူကိုပဲ ဖူးမယ်။ အားလုံးဖူးရင် အချိန်လည်း မလောက်ပါဘူး။

ခ။ ။ ဒါဆို ဒီ(၅)ဆူထဲက ရှေးအကျဆုံးစေတီဖြစ်တဲ့ရွှေစည်းခုံစေတီကို အရင်သွားဖူးရအောင်။

က။ ။ ကောင်းပါတယ်။ ပြောနေကြတာတဲ့ အခုပဲ သွားကြစို့လား။

(ရွှေစည်းခုံစေတီရဲ့ရင်ပြင်တော်တွင်.....)

ခ။ ။ ဒါက ရှေးအကျဆုံးဖြစ်တဲ့ရွှေစည်းခုံစေတီပါ။ ပုဂံခေတ်အနော်ရထာမင်းကြီးက ခရစ်နှစ် ၁၀၅၉ ခုနှစ်ကစတည်ပြီး ကျန်စစ်သားမင်းလက်ထက်ကျမှ အပြီးသတ်နိုင်တာ ဖြစ်ပါတယ်။ ကျောက်ချပ်ကြီးတွေ နဲ့ချည်းတည်ထားတာပါ။ ပစ္စယာ(၃)ဆင့်ရဲ့နံရံပေါ်မှာ ငါးရာ့ငါးဆယ်စဉ်ကွင်းတွေကိုလည်း ကပ်ထားတယ်။ စုစုပေါင်း(၅၄၇)ချပ်ရှိပါတယ်။

က။ ။ မောင်မောင်, ဝန်ကြီးချုပ်ချူအင်လိုင်းဟာ ၁၉၆၀ ပြည့်နှစ်တုန်းက ဒီစေတီတော်ကြီးကို ဖူးမြော်တဲ့အခါမှာ ဇရပ်တစ်ဆောင် လှူခဲ့တယ်လို့ပြောသံကြားဖူးပါတယ်။ ဟုတ်လားရှင့်။

ခ။ ။ ဟုတ်တယ်။ ဟိုဘက်ရင်ပြင်တော်မှာ ဆောက်ထားတဲ့ဇရပ်ပါ။

က။ ။ မြတ်စွာဘုရားရဲ့စွယ်တော်ပွား‌နဲ့, နဖူးသင်းကျစ်တော်, ဆံတော်စတဲ့ဓာတ်တော်မွေတော်အပေါင်းကို ရွှေစည်း ခုံစေတီတော်မှာ ဌာပနာထားတယ်ဆို။

ခ။ ။ ဟုတ်တယ်။ စာအုပ်ထဲမှာ မှတ်တမ်းတင်ထားတာ တွေ့ရပါတယ်။

က။ ။ မောင်မောင်, ရွှေစည်းခုံစေတီဟာ ဘာဖြစ်လို့ သဲသောင်ပေါ်မှာ တည်ထားတဲ့စေတီလို့ခေါ်သလဲ။

ခ။ ။ အဲဒါက ဒီလိုပါ။ စေတီမတည်ခင် ကျန်စစ်သားမင်းက ဆင်ဖြူတော်ရဲ့ကျောကုန်းပေါ်မှာ ဘုရားရဲ့နဖူးသင်း ကျစ်တော်ကိုထားပြီး ဆင်ဖြူတော်သွားလိုရာသွားစေ၊ ဆင်ဖြူတော်ရပ်ထားတဲ့နေရာမှာ စေတီတည်စေလို့

မိန်းတော်မူခဲ့တယ်။ နောက်ဆုံးမှာ ဆင်ဖြူတော်က သဲသောင်ပေါ်မှာ ရပ်နေတယ်။ အဲဒီနေရာဟာ အခု ရွှေစည်းခုံစေတီတည်ထားတဲ့နေရာပါ။ ဒီအကြောင်းပြုပြီး ရွှေစည်းခုံစေတီကို သဲသောင်ပေါ်မှာ တည်ထားတဲ့ စေတီလို့ လူတွေက ပြောကြတာပါ။

က။ ကြားရတာ ဗဟုသုတတိုးပါတယ်။ ကျေးဇူးလည်း အများကြီးတင်ပါတယ်။ ကျွန်မတို့ ဘယ်စေတီကို သွားဖူး ဦးမလဲ။

ခ။ အာနန္ဒာဘုရားကို သွားဖူးမယ်။ အဲဒါက ပုဂံမှာ အသပွားဆုံးစေတီပဲ။

က။ ဟုတ်ကဲ့ သွားကြရအောင်။

ခ။ ရောက်ပြီ။ ဒီစေတီဟာ ပုဂံမြို့ရဲ့ကျက်သရေ ဖြစ်ပါတယ်။ အာနန္ဒာစေတီရဲ့အောက်ခြေမှာ အိန္ဒိယပုံစံနဲ့ ဆောက်ထားတဲ့လေးထောင့်ပုံလိုဏ်ဂူတစ်ဂူ ရှိတယ်။ စေတီဟာ အဲဒီလေးထောင့်ပုံလိုဏ်ဂူပေါ်မှာ တည်ထား ပါတယ်။

က။ စေတီရဲ့ဉာဏ်တော်ဘယ်လောက်ရှိသလဲ။

ခ။ စေတီရဲ့ဉာဏ်တော်က (၁၆၈)ပေ ရှိတယ်။

က။ လိုဏ်ဂူရဲ့ပုံစံဟာ အိန္ဒိယပုံစံနဲ့ တူတယ်။

ခ။ ဟုတ်တယ်။ လိုဏ်ဂူရဲ့ပုံစံက ဟိမဝန္တာတောင်နားက နန္ဒမူပိုဏ်ဂူတော် ပုံစံကိုအတုယူပြီး ပြည်ဆောက်ထား တာပါ။ လိုဏ်ဂူရဲ့လေးဘက်လေးတန်မှာ အာရုံခံမုခ်တစ်မုခ်စီ ရှိတယ်။ လိုဏ်ဂူရဲ့အပြင်ဘက်နဲ့ ပစ္စယာအဆင့်ပေါ်မှာ စဉ့်စိမ်းရောင်သုတ် ငါးရာ့ငါးဆယ်ဇာတ်တော် သရုပ်ဖော်ရုပ်ကြွေတွေနဲ့ တန်ဆာဆင်ထား ပါတယ်။

က။ သရုပ်ဖော်ရုပ်ကြွ စုစုပေါင်း ဘယ်လောက်ရှိသလဲ။

ခ။ စုစုပေါင်း (၁၈၀၃)ပြား ရှိပါတယ်။ သိပ်ကြည့်လို့ လှတာပဲ။

က။ လိုဏ်ဂူထဲမှာ ဒီလိုစကြီးမျိုး ဘယ်နှစ်သွယ် ရှိသလဲ။

ခ။ စုစုပေါင်းသုံးသွယ် ရှိတယ်။ အပြင်စွန်းကတစ်သွယ်ဟာ ရိုးရိုးအရပ်သားတွေ လျှောက်ဖို့ဖြစ်တယ်။ အလယ်ကတစ်သွယ်ဟာ ရဟန်းသံဃာတော်တို့အတွက် ဖြစ်တယ်။ အတွင်းတစ်သွယ်ဟာ ရှင်ဘုရင်အတွက်သာ ဖြစ်တယ်။

က။ မောင်မောင်ကြည့်ပါဦး။ ဒီစကြီးနံရံပေါ်မှာ ဘုရားဆင်းတုတော်တွေအများကြီးရှိတယ်။ နောက်ပြီး ပန်းတမော့ကျောက်ဆစ်လက်ရာများ၊ ပန်းပုလက်ရာများဟာ ဒုနဲ့ဒေးပဲနော်။

ခ။ ဟုတ်တယ်။ ဒါတင်မကသေးဘူး။ လှလှ ဒီဘက်လာကြည့်။ ဒီအာရုံခံမုခ်ရဲ့နံရံပေါ်မှာ နံရံဆေးရေးပန်း ချီတွေအများကြီး ရှိပါတယ်။ အရောင်လှပြီး အသက်ပါတယ်။ သိပ် စိတ်ဝင်စားစရာ ကောင်းတယ်။

က။ ဒါကြောင့် အာနန္ဒာဘုရားကို မြန်မာနိုင်ငံရဲ့အနုပညာရတနာသိုက်လို့ ခေါ်ကြတာကိုး။

ခ။ လှလှဒီဘက် လာကြည့်ပါဦး။ ဒီမှာ သစ်သားနဲ့ထွင်းထားတဲ့ ဘုရားဆင်းတုတော် တစ်ဆူရှိတယ်။ ဒီဘက်မှာ ရှိရုံမကပဲ တစ်ခြားဘက်မှာလည်း တစ်ဆူစီ ရှိတယ်။ ကျွန်းသား၊ စကားသား၊ ထင်းရှူးသား၊ စန္ဒကူးသားနဲ့ အသီးသီးထုလုပ်ထားတာ ဖြစ်ပါတယ်။ ပင်စည်ပင်လုံး တစ်ခုလုံးနဲ့ ထုထားတာပါ။

က။ တော်တော် အံ့သြစရာကောင်းတယ်။

ခ။ ဒီ့ထက် ပိုပြီး အံ့သြစရာကောင်းတာ ရှိသေးတယ်။

က။ ။ ဘာလဲ။ ပြောစမ်းပါဦး။ မလျှို့နဲ့နော်။

ခ။ ။ မလျှို့ပါဘူး။ ဒီဘုရားဆင်းတုတော်ဟာ အနီးကပ်ဖူးရင် ဘုရားရဲ့မျက်နာတော်ဟာ ခပ်တည်တည်ပဲ။ ဒါပေမဲ့ လှလှ မီတာ(၂၀)လောက် နောက်ဆုတ်ပြီး ပြန်ဖူးကြည့်ရင် ဘုရားရဲ့မျက်နာတော်ဟာ ပြုံးတော်မူနေတာကို တွေ့ရလိမ့်မယ်။ အံ့ဩစရာ မကောင်းဘူးလား။

က။ ။ ဟုတ်တယ် တကယ်နော်။ ဘယ်လိုလုပ်တာလဲ သိပ် အံ့ဩစရာကောင်းတယ်။

ခ။ ။ လှလှ၊ဒီအာနန္ဒာဘုရားရဲ့ အလင်းရောင်ယူပုံ၊ စနစ်တကျ ဖွဲ့စည်းတည်ဆောက်ထားပုံ၊ လေဝင်လေထွက် ကောင်းပုံ၊ ပန်းတမော့ကျောက်ဆစ်လက်ရာများနဲ့ တန်ဆာဆင်ထားပုံ၊ နံရံပန်းချီ၊ ပန်းပုလက်ရာကောင်း ပုံတွေဟာ ရှေးခေတ်က မြန်မာနိုင်ငံရဲ့ဗိသုကာပညာ ဘယ်လောက်ကောင်းမှန်း သက်သေပြနေတာပဲ။

က။ ။ ဟုတ်တယ်။ ကျွန်မ လုံးဝသဘောတူတယ်။ ဒီနေ့ ကျွန်မ သိပ်ဗဟုသုတရတယ်။ မျက်စိပွင့်တယ်။ ဒါပေမဲ့၊ ကျေးဇူးတင်ပါတယ်လို့ မပြောချင်သေးဘူး။

ခ။ ။ ဘာကြောင့်လဲဟင်။

က။ ။ ဘုရားတွေအားလုံး ဖူးပြီးမှ…..

ဝေါဟာရ

လေအေးပေးစက်(န) 空调	ရယ်မော(က) 欢笑
ပုဂံ(န) 蒲甘	တစ်မူထူးခြား(က) 别具特色
နန်းတွင်းသူနန်းတွင်းသား(န) 宫廷人员	ဆင်(က) 相像，相似
ဆွဲဆောင်(က) 吸引	တမင်သက်သက်(ကြ) 特意，有意识地
ရောမ(န) 罗马	ကျင့်(က) 干，训练，练习
ပိုး(န) 绸，丝绸	ပုထိုး(န) 浮屠，有门的佛塔
ပညာရှင်(န) 学者	အနားတဝိုက်(န) 附近
သုတေသနဌာန(န) 研究部门	ရေကြီး(က) 大水泛滥，发洪水
မြေငလျင်လှုပ်(က) 地震	တိုက်စား(က) 腐蚀，冲刷，风化
ပျက်စီး(က) 损坏，毁坏	ယိုယွင်း(က) 毁坏，有缺陷
အမွေ(န) 遗产	နမြော(က) 怜惜，可惜
ကျဉ်း(နဝ) 狭窄，窄小	လှည်းဝင်ရိုး(န) 车轴
ညံ(နဝ) 吵，响	လက်ညှိုးထိုး(က) （用手）指
တိုင်းသူပြည်သား(န) 国民，人民	လွဲ(က) 偏差，差错，错误
ဗုဒ္ဓဘာသာ(န) 佛教	ကိုးကွယ်(က) 信奉，信仰
အပါအဝင်(ကဝ) 包括，包含	ရက်(ကထ) 忍心，舍得
ရွှေစည်းခုံစေတီ(န) 瑞喜宫佛塔	သဗ္ဗညုစေတီ(န) 他冰瑜佛塔
ဓမ္မရံကြီးစေတီ(န) 达玛央基佛塔	အာနန္ဒာဘုရား(န) 阿难陀佛塔
ဗိသုကာပညာ(န) 建筑学	စူဠာမဏိစေတီ(န) 苏拉牟尼佛塔

အနော်ရထာမင်း(န) 阿奴律陀王	ခရစ်နှစ်(န) 公历
ကျန်စစ်သားမင်း(န) 江喜陀土	အပြီးသတ်(က) 结束, 了结
ပစ္စယာ(န) 佛塔的底层	ငါးရာ့ငါးဆယ်စဉ်ကွင်း(န) 五百五十佛本生经彩釉砖
ဇရပ်(န) 亭子, 凉亭	စွယ်တော်(န) 佛牙
ချပ်(မ) 片, 张	နဖူးသင်းကျစ်တော်(န) 佛陀的前额
ဓာတ်တော်မွေတော်(န) 舍利子	သဲသောင်(န) 沙滩, 沙洲
အကြောင်းပြု(က) 根据, 因为	အောက်ခြေ(န) 基础, 底部
လိုဏ်ဂူ(န) 洞穴, 窟	ဟိမဝန္တာတောင်(န) 喜马拉雅山
နန္ဒမူလိုဏ်ဂူ(န) 难陀摩窟	လေးဘက်လေးတန်(န) 四面
အာရုံခံမုခ်(န) 佛窟门	စဉ်(န) 釉子
သုတ်(က) 涂抹, 刷	ရုပ်ကြွ(န) 浮雕
တန်ဆာဆင်(က) 点缀, 装饰	စကြီ(န) 走廊
အရပ်သား(န) 居民, 老百姓	ပန်းတမော့(န) 石雕, 石刻
ကျောက်ဆစ်ပညာ(န) 石雕艺术, 石雕手艺	ပန်းပုလက်ရာ(န) 雕刻艺术品
မျက်စိပွင့်(က) 长见识, 开眼界	အသက်ပါ(က) 生动, 感人
ရတနာသိုက်(န) 宝库, 宝窟	ထွင်းထု(က) 雕刻
စံကားသား(န) 玉兰木	ထင်းရူးသား(န) 松木
စန္ဒကူးသား(န) 檀香木	ပင်စည်ပင်လုံး(န) 树干
တည်(က) 稳重, 严肃, 庄重	အလင်းရောင်ယူ(က) 采光
ဖွဲ့စည်း(က) 组织, 结构, 组成	လေဝင်လေထွက်(န) 通风

လေ့ကျင့်ခန်း

၁။ ကွင်းထဲက ဝေါဟာရများကို ပေးထားသောဝေါဟာရများဖြင့် အစားထိုးလေ့ကျင့်ပါ။

(၁) ဘယ်မှာ (တည်းတည်း) ရပါတယ်။
       စားစား
       ထိုင်ထိုင်
       အိပ်အိပ်
       နေနေ
       ပြောပြော

(၂) ဒီလို (စီစဉ်ပေး) တာတော်တော်ကောင်းပါတယ်။
       ဝေဖန်
       ချီးကျူး
       ရှင်းပြ

လုပ်

(၃) (ပုဂံဒေသ) မှာ (စေတီပုထိုးတွေ) သိပ်များတယ်နော်။

ဆိပ်ကမ်း သင်္ဘောတွေ

လမ်းပေါ် ကားတွေ

မြန်မာနိုင်ငံ အုန်းပင်တွေ

တရုတ်ပြည် လူတွေ

(၄) (များ) မှ (များ) ပါပဲ။

ပေါ ပေါ

ကောင်း ကောင်း

ကြီး ကြီး

ဝေး ဝေး

(၅) (ရာသီဥတုဒဏ်) ကြောင့်ဖြစ်ပါတယ်တဲ့။

လေမုန်တိုင်းဒဏ်

စစ်ဘေးစစ်ဒဏ်

သူ့လက်ချက်

တင်တင်ရဲ့ကျေးဇူး

(၆) (ရှေးဟောင်းယဉ်ကျေးမှုပစ္စည်းတွေထိန်းသိမ်းကာကွယ်) ဖို့အတွက်နည်းမျိုးစုံနဲ့ကြိုးစားနေကြပါတယ်။

ဒုက္ခသည်တွေကိုကယ်တင်နေရာချထား

နွေစပါးအထွက်ကောင်းမွန်

စားနပ်ရိက္ခာဖူလုံ

စက်မှုလက်မှုဖွံ့ဖြိုးတိုးတက်

(၇) (ပန်းတမော့ကျောက်ဆစ်လက်ရာတွေ၊ ပန်းပုလက်ရာတွေ) ဟာဒုနဲ့ဒေးပဲနော်။

ပြဿနာတွေ

လုပ်စရာတွေ

ရယ်စရာတွေ

စိတ်ညစ်စရာတွေ

(၈) ဒီ့ထက်ပိုပြီး (အံ့သြ) စရာကောင်းတာရှိပါသေးတယ်။

စိတ်ဝင်စား

ဒေါပွ

ပျော်

စိတ်နာ

၂။ အောက်ပါမေးခွန်းများကို နှုတ်ဖြင့်ဖြေပါ။

(၁) လုလှနဲ့မောင်မောင်တို့ဟာ မန္တလေးမြို့မှာ ဘယ်နရက် လည်ပတ်ကြည့်ရှုခဲ့ကြသလဲ။

(၂) သူတို့တစ်တွေဟာ ဘယ်နေ့မှာ မန္တလေးမြို့ကနေ စေတီမြို့ တော်လို့ခေါ်တဲ့ ပုဂံမြို့ကို သွားလည်ကြသလဲ။

(၃) လုလှတို့က ဘာကားနဲ့ ပုဂံမြို့ကို သွားကြသလဲ။ ခရီးကဝေး ပေမဲ့ ဘာကြောင့်ခရီးမပန်းကြတာလဲ။

(၄) လုလှတို့က ပုဂံမြို့က ဘယ်ဟိုတယ်မှာ တည်းကြသလဲ။

(၅) အဲဒီဟိုတယ်ဟာ ဘယ်နားမှာ တည်ရှိသလဲ။

(၆) သီရိပစ္စယာဟိုတယ်ဟာ ဘယ်လိုပုံစံမျိုးနဲ့ တည်ဆောက်ထားတာလဲ။

(၇) သီရိပစ္စယာဟိုတယ်ဟာ ရှေးခေတ်နန်းတွင်း အဆောင်တွေလိုပဲ ဘာကြောင့်ဆောက်ထားသလဲ။

(၈) လုလှက "ရောမရောက်ရင် ရောမလိုကျင့်တယ်"လို့ ဘာဖြစ်လို့ ပြောသလဲ။

(၉) ရှေးတုန်းကဆိုရင် ပုဂံဒေသမှာ စေတီပုထိုးတွေဘယ်လောက် ရှိသလဲ။

(၁၀) အခုကော၊ စေကီပုထိုးတွေဟာ ရှေးတုန်းကပေါ့ပဲ များသလား။

(၁၁) ပုဂံမှာ စေတီပုထိုးတချို့ဟာ ဘာကြောင့် ပျက်စီးကုန်သလဲ။

(၁၂) ပုဂံမှာရှိကဲ့ရှေးဟောင်းယဉ်ကျေးမှုပစ္စည်းတွေကို ကာကွယ်ထိန်းသိမ်းဖို့ အတွက်လက်ရှိ အစိုးရက ကြိုးစားသလား။

(၁၃) ပုဂံဒေသရဲ့ အကျယ်အဝန်း ဘယ်လောက်ရှိသလဲ။

(၁၄) ပုဂံဒေသမှာ ပျှမ်းမျှ တစ်စတုရန်းမိုင်ကို စေတီပုထိုးဘယ်လောက်စီ ရှိသလဲ။

(၁၅) ပုဂံဒေသမှာရှိတဲ့ စေတီပုထိုးများပုံကို မြန်မာပြည်သူပြည်သားတွေက ဘယ်လိုတင်စားပြီး ပြောဆိုကြသလဲ။

(၁၆) ပုဂံဒေသမှာ ဘာကြောင့် စေတီပုထိုးတွေ ဒီလောက်များတာလဲ။

(၁၇) ပုဂံဒေသမှာ အမည်တန်ခိုးကြီးတဲ့စေတီဟာ ဘယ်နှဆူရှိပါသလဲ။ အသေးစိတ် ပြောပြပါ။

(၁၈) လုလှတို့ဟာ မထမဦးဆုံး ဘယ်စေတီကို သွားဖူးကြသလဲ။

(၁၉) ရွှေစည်းခုံစေတီကိုဘယ်သူတည်ခဲ့သလဲ။

(၂၀) ရွှေစည်းခုံစေတီကို ဘာတွေနဲ့ချည်းပဲ တည်ဆောက်ခဲ့သလဲ။

(၂၁) ရွှေစည်းခုံစေတီရဲ့ ပစ္စယာ(၃)ဆင့်ပေါ်မှာ ဘာစဉ်ကွင်းချပ်တွေ ကပ်ထားသလဲ။ စုစုပေါင်း ဘယ်နချပ်ရှိသလဲ။

(၂၂) ဝန်ကြီးချုပ်ဟောင်းချူအင်လိုင်း ၁၉၆၀ ပြည့်နှစ် မြန်မာနိုင်ငံကို သွားရောက်လည်ပတ်ကြည့်ရှုတုန်းက ရွှေစည်းခုံစေတီမှာ ဘာလှူခဲ့သလဲ။

(၂၃) ရွှေစည်းခုံစေတီမှာ ဘာတွေကို ဌာပနာထားသလဲ။

(၂၄) ရွှေစည်းခုံစေတီဟာ သဲသောင်ပြင်ပေါ်မှာ ဘာကြောင့်တည်ထားခဲ့သလဲ။

(၂၅) ရွှေစည်းခုံစေတီကို ဖူးမြော်ပြီးတဲ့နောက် လုလှတို့ဟာ ဘယ်စေတီကို သွားဖူးကြသေးသလဲ။

(၂၆) အာနန္ဒာဘုရားကိုပုဂံမြို့ရဲ့ကျက်သရေလို့ ဘာကြောင့်ပြောဆိုကြသလဲ။

(၂၇) အာနန္ဒာဘုရားရဲ့ဉာဏ်တော် ဘယ်လောက်ရှိသလဲ။

(၂၈) အာနန္ဒာဘုရားအောက်ခြေမှာရှိတဲ့ လိုဏ်ဂူဟာ ဘယ်လိုဂူရဲ့ပုံစံကို အတုယူပြီး တည်ဆောက်ခဲ့တာလဲ။

(၂၉) အာနန္ဒာအောက်ခြေက လိုဏ်ဂူရဲ့ ပစ္စယာပေါ်မှာ ဘာတွေတန်ဆာဆင်ထားသလဲ။

(၃၀) ရုပ်ကြွ စုစုပေါင်း ဘယ်လောက်ရှိသလဲ။

(၃၁) လိုဏ်ဂူထဲမှာ စကြီဘယ်နှသွယ် ရှိသလဲ။ အသေးစိတ် ပြောပြပါ။

(၃၂) အာနန္ဒာဘုရားကို မြန်မာနိုင်ငံရဲ့အနုပညာရတနာသိုက်လို့ ဘာကြောင့် ခေါ်ဝေါ်ကြသလဲ။

(၃၃) လှလှက တော်တော်အံ့ဩစရာကောင်းပါတယ်လို့ ဘာကြောင့် ပြောခဲ့သလဲ။

(၃၄) ဒီ့ထက်ပို၍ အံ့ဩစရာကောင်းတာ ရှိသေးတယ်ဆို။ ဘာလဲ။ ပြောပြစမ်းပါ။

(၃၅) ရှေးခေတ်က မြန်မာနိုင်ငံရဲ့ ဗိသုကာပညာအခြေအနေ အဆင့်အတန်းကိုပြောပြပါ။

၃။ ။ ပေးထားသော အောက်ပါ အချက်အလက်များကို အခြေခံ၍ စကားပြောတစ်ပုဒ် ရေးပါ။

  暑假放得很长，薇薇从西安游览回来已经一周了。几天的休息，旅途的疲乏已经消失得无影无踪了，可以说体力已经完全恢复过来了。薇薇又约钦钦暖一块儿去上海旅游。钦钦暖本来不想去。可是又不好拒绝她，只好勉强同意了。于是，她们俩乘特快直达车去上海。在上海，她们乘车通过浦东斜拉桥，参观了东方明珠电视塔和浦东开发区。乘船游览了黄浦江。江面上停泊着巨大的轮船，游轮穿梭往来，十分繁忙。此外，在上海，薇薇她们还参观了浦西的南京路，人民商场和浦西公园。还在豫园吃了风味小吃。此外，她们还到被人们称为"上有天堂，下有苏杭"的杭州和苏州去玩了。在上海的游览，薇薇感触很深，她说："中国发展实在太快了！"

သင်ခန်းစာ(၁၈) ပြင်ဦးလွင်သို့သွားရောက်လည်ပတ်ခြင်း

က။ လှလှ
ခ။ မောင်မောင်
ဂ။ ဦးအုန်းဖေ
ဃ။ ဒေါ်ခင်ခင်

(ပုဂံညောင်ဦးကို လည်ပတ်ကြည့်ရှုပြီးသည်နောက်တွင် လှလှနှင့်မောင်မောင်တို့သည် နွေရာသီတွင် အပန်းဖြေစခန်းဖြစ်သော ပြင်ဦးလွင်သို့မဟုတ်မေမြို့သို့သွားရန် မန္တလေးကို ခေတ္တပြန်ရသည်။ မန္တလေးမှတဆင့် ပြင်ဦးလွင်သို့ သွားရမည်ဖြစ်သည်။ အလာကဲ့သို့ ပုဂံညောင်ဦးမှ အဝေးပြေးဘတ်စ်ကားဖြင့် မန္တလေးသို့ ပြန်ကြသည်။ ည(၉)နာရီကျော်လောက်မှ မန္တလေးသို့ ပြန်ရောက်သည်။ မောမောင်နှင့် ညစာစား၊ ရေမိုးချိုးပြီးသည်နှင့် လေးယောက်စလုံး အိပ်မောကျသွားကြ၏။ နောက်နေ့မနက် နေဖင်ထိုးမှ....)

ဂ။ သား၊ မနိုးသေးဘူးလားဟင်၊ နေဖင်ထိုးနေပြီဟော့၊ ထ၊ ထ၊ ခပ်မြန်မြန်။
ခ။ ကျွန်တော် အိပ်ချင်သေးတယ်။
ဃ။ သမီး၊ ထပြီလား။
က။ ဟုတ်ကဲ့၊ ထပါပြီ။ အလုတောင်ပြင်ပြီးပါပြီ။ မောင်မောင်ကော၊ မထသေးဘူးလား။
ခ။ ဘယ်ဟုတ်မလဲ။ မောင်မောင်ထတာ နာရီဝက်လောက်တောင်ရှိနေပြီ။ ဒီမှာစောင့်နေသားပဲ။
ဂ။ ခပ်မြန်မြန်မျက်နာသွားသစ်လိုက်။ လိမ်မပြောနဲ့။
ခ။ လိမ်ပြောတာမဟုတ်ပါဘူး။ တကယ်ပါ။
က။ ဘယ်က တကယ်လဲ။ ဘယ်ကိုပဲသွားသွား ရှင်ခဏခဏ နောက်ကျလေ့ ရှိတယ်မဟုတ်လား။
ခ။ ကျွန်ကော ဘယ်တုန်းက နောက်ကျဖူးလို့လဲ။
က။ ရှင် မေ့သွားပြီလား။ အလျှင်တစ်ခါ ပဲခူးကို သွားလည်တော့ ကျွန်မရှင်ကို ဘယ်လောက်ကြာအောင် စောင့်ရသလဲရှင်။ နောက်ကျတော့ ရှင့် အိပ်ခန်းကိုသွားကြည့်လိုက်တော့ ရှင်ကဝက်လိုတခေါခေါနဲ့ အိပ်နေ တုန်းပဲ။ ကျွန်မ မနည်းနိူးမှ နိုးလာတာမဟုတ်လား။
ခ။ ဟာ–လှလှကလည်း ပြီးပြီးသားကိစ္စကို ပြန်ပြောမနေနဲ့ကွာ။ ရှက်စရာကြီး။
က။ ဒါနဲ့၊ ဒီနေ့ ကျွန်မတို့၊ ဘယ်ကို သွားကြဦးမလဲ။
ဂ။ ဒီနေ့၊ ကျွန်တော်တို့၊ နွေရာသီအပန်းဖြေစခန်းဖြစ်တဲ့ပြင်ဦးလွင်ကို သွားကြမယ်။ အရင်တုန်းကဆို မေမြို့လို့

ခေါ်တယ်လေ။

က။ ပြင်ဦးလွင်က လှသလား။

ဂ။ လှတာပေါ့။ ပြင်ဦးလွင်မှာ ရုက္ခဗေဒဥယျာဉ်အကြီးကြီးတစ်ခု ရှိတယ်။ အဲဒီရုက္ခဗေဒဥယျာဉ်မှာ ရေကန် ရှိတယ်။ ရေကန်ထဲမှာ ရေလယ်ဘုရားတစ်ဆူ ရှိတယ်။ ကန်ဘောင်မှာ သစ်ပင်တွေအများကြီးပဲ။ သစ်ခွပန်းစိုက်ခင်း တစ်ခင်းလည်း ရှိတယ်။ အို-အဲဒီရုက္ခဗေဒဥယျာဉ်ကြီးမှာလမ်းလျှောက်ရင် ထွေရာလေးပါးပြောရင် သိပ် စိတ်ကြည်နူးစရာကောင်းလှပါတယ်။ နောက်ပြီးမြို့ပြင်မှာ ပိတ်ချင်းမြောင်လို့ဂူလို့ခေါ်တဲ့ ကျောက်စက်ပန်းဆွဲဂူ တစ်ဂူ ရှိတယ်။ လိုဏ်ဂူထဲမှာ ချောင်းလေးတစ်သွယ်ရှိတယ်။ မြို့တွင်းမှာရော မြို့ပြင်မှာပါ မေမြို့ပန်းတွေ ရိုင်းအောင်းဖူးပွင့်နေတယ်။ ဘယ်နေရာကိုပဲကြည့်ကြည့် သိပ်မျက်စိပသာဒ ရှိလှပါတယ်။

က။ ဒီ မန္တလေးအနားတဝိုက်မှာ တခြားလည်ပတ်စရာတွေ ရှိသေးသလား။

ဂ။ ရှိတာပေါ့။ အများကြီးပဲ။ ဥပမာ၊ စစ်ကိုင်းတောင်ရယ်၊ အမရပူရမြို့မှာရှိတဲ့ဦးပိန်တံတားရယ်၊ ရောဝတီမြစ်ရဲ့ ဟိုဘက်ကမ်းမှာရှိတဲ့မင်းကွန်းစေတီကြီးနဲ့၊ မင်းကွန်းခေါင်းလောင်းကြီးရယ်။ ကြည့်လို့ကို မကုန်နိုင်ဘူး။

က။ စစ်ကိုင်းတောင်မှာ ဘာတွေရှိသလဲ။

ဂ။ စစ်ကိုင်းတောင်က စေတီပုထိုးတွေ သိပ်တန်ခိုးကြီးတယ်။ အရင်တုန်းကတောင်ပေါ်ကိုခြေကျင်တက်ရယ်။ အခုတော့ ကားစီးပြီးတောင်ခြေကနေ တောင်ထိပ်ကို တန်းတက်လို့ရပြီ။ တောင်ထိပ်ကနေပြီး အောက်ကို ငုံ့ကြည့်လိုက်ရင် မြင့်လိုက်နိမ့်လိုက်သွားနေတဲ့တောင်ရဲ့အနေထားအလိုက် စေတီပုထိုးတွေ သူ့နေရာနဲ့ သူတည်ထားပါတယ်။ တစ်ဆူနဲ့တစ်ဆူ ပုံစံချင်းမတူ အရောင်ချင်းလည်းမတူတာကို ကြည့်လို့ တစ်မျိုးလှုတာပဲ။

က။ တခြားနေရာတွေကော။

ဂ။ ပြောလို့ မကုန်ဘူး။ သမီး ဘယ်သွားချင်သလဲ ပြောစမ်း။

က။ ဒါဆို ကျွန်မတို့ ပြင်ဦးလွင်မြို့ကို သွားလည်ကြရအောင် မကောင်းဘူးလား။

ဂ။ ကောင်းသားပဲ။ အခုပဲ ထွက်ကြစို့။

က။ ဘာနဲ့သွားမလဲ။

ဂ။ အဝေးပြေး ဘတ်စ်ကားနဲ့ သွားမယ်။ က-အဆင်သင့်ရှိပြီလား။ ရှိရင် ငါတို့ကားဂိတ်ကို သွားကြရအောင်လား။

က။ ဟုတ်ကဲ့။ သွားရအောင်။ ဒါဖြင့်၊ ပြင်ဦးလွင်မြို့က မန္တလေးမြို့ရဲ့ဘယ်ဘက်မှာရှိသလဲ။

ဂ။ မန္တလေးမြို့ရဲ့အရှေ့ဘက်မှာ ရှိတယ်။ ခရီးက သိပ်မဝေးဘူး။ ကား နဲ့ဆိုရင် (၂)နာရီလောက်နဲ့၊ ရောက်နိုင်တယ်။

က။ ဦးပြင်ဦးလွင်ကို သွားတဲ့လမ်းက သိပ်မကောင်းဘူးနော်။ ကျဉ်းလည်းကျဉ်းတယ်။ အကွေ့အကောက်လည်း များလွန်းအားကြီးတယ်။ နောက်ပြီး မတ်စောက်လိုက်တာ။ အောက်ကို နည်းနည်းမှ ငုံ့မကြည့်ရဲဘူးလို့ သွားဖူးတဲ့လူက ပြောပြတယ်။

ဂ။ ဟုတ်တယ်။ ပြင်ဦးလွင်မြို့ဟာ တောင်ပေါ်မြို့ပါ။ တောင်ရဲ့အမြင့်ဟာ ပင်လယ်ရေမျက်နှာပြင်ထက် မီတာ(၁၀၀၀) ကျော်လောက် ရှိတယ်။ ဒါကြောင့် အသွားခရီးက အတက်ချည်းပဲ။ တောင်ကလည်း မတ်စောက်၊ အကွေ့အကောက်တွေကလည်း များတယ်ဆိုတော့ အန္တရာယ်သိပ်ကြီးတာပေါ့။ အပြန်ကျရင် အဆင်းချည်းပဲ။ ဒါပေမဲ့ အဆင်းဖြစ်ပေမဲ့လည်း လွယ်တယ်လို့မထင်နဲ့။ တောင်ပေါ်တက်ရတာက လွယ်တယ်၊ တောင်အောက်ဆင်း ရတာက ပိုတောင်ခက်တယ်လို့ တရုတ်ဆိုရိုးစကားလိုပေါ့ကွယ်။

က။	ဦးက တကယ်တော်တယ်။ တရုတ်ဆိုရိုးစကားတောင် သိတယ်။ သမီး တောင်မသိဘူး။
ဂ။	နည်းနည်းတော့ တီးမိခေါက်မိတယ်။ မပြောပလောက်ပါဘူးကွယ်။
က။	ဦး၊သမီးသိပ်ကြောက်တယ်။ ကြည့်လေ။ တောင်တက်လမ်းကလည်းကျဉ်းကျဉ်းလေး၊ အကွေ့အကောက်လည်း များတဲ့အထဲက ကားကလည်း အစုတ်ကြီးဆိုတော့.....အို-ကျွန်မမစဉ်းစားရဲတော့ဘူး။ ဘုရား၊ ဘုရား..... ဘုရားမပါစေ။
ဃ။	သမီးရယ်၊ မကြောက်ပါနဲ့ကွယ်။ ကားအစုတ်ကြီးဖြစ်ပေမဲ့ ကားဆရာက ကမ္ဘာမှာ အကောင်းဆုံးပဲ။ ကား မောင်းတာ သိပ်တော်တယ်။ သမီးစိတ်သာချပါ။
က။	ဟုတ်ကဲ့၊ မြန်မာစကားပုံတစ်ခုရှိတယ်။ ဘာလဲဆိုတော့ အရေးကြီးတော့သွေးနီးတဲ့။ သမီးဟာအဒေါ်တို့ဦးတို့နဲ့ သွေးလည်း နီးတယ်။ စိတ်လည်းနီးတယ်။ အားလည်းကိုးတယ်။ မကြောက်တော့ပါဘူး။ ဒါထက်၊ပြင်ဦး လွင်ကိုဘာပြုလို့မေမြို့လို့ခေါ်တာလဲ။
ဂ။	အဲဒါ ဒီလိုပါ။ မေမြို့ဆိုတာ အင်္ဂလိပ်ခေတ်က အခေါ်အဝေါ်ပါ။ ဟိုတုန်းကဆိုရင် မေမြို့ဟာ အင်္ဂလိပ်နယ်ချဲ့တို့ နွေရာသီမှာအပန်းဖြေတဲ့နေရာ ဖြစ်တယ်။ မြန်မာနိုင်ငံ လွတ်လပ်ရေးရရှိပြီးတဲ့နောက် လုပ်သားပြည်သူတွေ အပန်းဖြေတဲ့နေရာ ဖြစ်လာပါပြီ။ ဒါကြောင့်မေမြို့လို့ မခေါ်တော့ဘဲ မြန်မာအခေါ်အဝေါ် ဖြစ်တဲ့ ပြင်ဦးလွင်လို့ပြောင်းခေါ်ခဲ့တယ်။ ဒါကို မျိုးချစ်စိတ်ဓာတ်ပါလို့ ပြောချင်လို့ရှိရင်လည်း ပြောလို့ရပါတယ်။
က။	ဦး၊ ကြည့်ပါဦး ရှေ့မှာ ပြင်ဦးလွင်က လိုက်လှဲစွာကြိုဆိုပါ၏ဆိုတဲ့ဆိုင်းဘုတ်ကိုတွေ့ရယ်။ ဦး၊ တွေ့လား။
ဂ။	အင်း-တွေ့တယ်၊တွေ့တယ်။ ဒါဆိုပြင်ဦးလွင်ရောက်ပြီ။ ကားပေါ်ကဆင်းဖို့ပြင်လိုက်လေ။
က။	ဦး၊ ပြင်ဦးလွင်က ပြောတာထက်ပိုလှတယ်ထင်တယ်။ ကြည့်စမ်း၊ ပန်းတွေ ဘယ်လောက်များသလဲ။ နေရာတိုင်းမှာ ပန်းတွေချည်းပဲနော်။
ဂ။	ဒါကြောင့်၊ ပြင်ဦးလွင်မြို့ကို ပန်းမြို့တော်လို့လည်း ခေါ်ဝေါ်ကြတယ်။
ခ။	ကျွန်တော်တို့၊ ရုက္ခဗေဒဥယျာဉ်ကို အရင်သွားရင် မကောင်းဘူးလား။
က။	ကောင်းသားပဲ။

(ရုက္ခဗေဒဥယျာဉ်တွင်....)

ခ။	လှလှ၊ ပြင်ဦးလွင် ရုက္ခဗေဒဥယျာဉ်ရောက်ပြီ။ အထဲဝင်ကြရအောင်။
က။	အောင်မယ်။ လှလိုက်တာ။ ပန်းချီကားတစ်ချပ်လိုပဲနော်။ ကြည့်စမ်း၊ဒီမှာ ရေကန်ရှိတယ်။ ကန်ထဲကရေဟာ မှန်တစ်ချပ်လိုပဲ ကြည့်နေတယ်။ ကန်ရဲ့ဟိုဘက်ကန်ဘောင်မှာ သစ်ပင်ပန်းပင်မျိုးစုံရှိတယ်။ အစိမ်းရောင်၊ အနီရောင်၊ ပန်းရောင်၊ အဝါရောင်၊ ခရမ်းရောင်အရောင်မျိုးစုံနဲ့သစ်ပင်ပန်းပင်တွေရဲ့အရိပ်တွေဟာ ကြည့်လင်နေကဲ့ကန်ရေပေါ်မှာပြောင်းပြန်ထင်ဟပ်နေပါတယ်။ တကယ်ကို သီမေးပန်းချီတစ်ချပ်ပါပါကလား။
ခ။	လှလှပြောတာ သိပ်ကဗျာဆန်တယ်။ ကဗျာတစ်ပုဒ်လို နားဝင်ချိုလှပါတယ်။
က။	ကဗျာဆန်ဆို ရှုခင်းလှတာကိုး။ ချော်-ဟိုဘက်ရေကန်ထဲမှာ ရေလယ်ဘုရားတစ်ဆူ ရှိသေးတယ်။ အမှတ်တရဓာတ်ပုံလေး သွားရိုက်ကြရအောင်။
ခ။	ကောင်းပါတယ်။ ကျွန်တော်ရိုက်ပေးမယ်။
က။	အမိုးလေးနဲ့ဟိုဥစ္စာက ဘာလဲ။
ခ။	အဲဒီဥစ္စာက သစ်ခွပန်းပြခန်းပေါ့။

ကႊ ။ သစ်ခွပန်းဆိုတာ မြန်မာနိုင်ငံတော်ရဲ့အမျိုးသားပန်းမဟုတ်လား။

ခႊ ။ ဟုတ်တယ်။ ဒီသစ်ခွပန်းတွေကို ကျွန်တော်တို့မြန်မာတိုင်း ကြိုက်နှစ်သက်ကြတယ်။ အရောင်မျိုးစုံရှိတယ်။ သိပ်လှတယ်။ စိုက်ရလွယ်တယ်။ သစ်ပင်ပေါ် ကပ်စိုက်လို့ရတယ်။ ပန်းအိုးလေးနဲ့ စိုက်ပြီး ကြိုးနဲ့ဆွဲထားလို့လည်းရတယ်။ နှစ်တိုင်းမှာ ပန်းမန်ပြပွဲကျင်းပတယ်။ နိုင်ငံခြားကိုလည်း ပို့သေးတယ်။

ကႊ ။ ဟုတ်တယ်။ မြန်မာနိုင်ငံဟာ အပူပိုင်းဇုံမှာ ပါတယ်။ အပူပိုင်းရာသီဥတုရှိတဲ့မြန်မာနိုင်ငံမှာ ပန်းမျိုး စုံစိုက်ပျိုးလို့ ဖြစ်တယ်။ ဒါကြောင့်ကမ္ဘာ့ပန်းမန်စျေးကွက်မှာ ရောင်းပန်းပွင့်တဲ့သစ်ခွပန်းများများစိုက်ဖို့ ကောင်းတယ်။

ခႊ ။ အခုလုပ်နေတယ်။ ပုဂ္ဂလိကလုပ်ငန်းရှင်ရော အစိုးရရော အကုန်လုပ်နေကြပြီ။ မကြာမီမှာ ကမ္ဘာ့စျေးကွက်ကို လိုင်လိုင်ကြီးပို့မှာပဲ။

ကႊ ။ အဲဒါမှကောင်းမယ်။ မောင်မောင်၊ ဒီရုက္ခဗေဒဉယျာဉ်ဟာ အကျယ်အဝန်း ဘယ်လောက်ရှိသလဲ။

ခႊ ။ အကျယ်အဝန်းတော့ ဟက်တာပေါင်း (၁၄၂) ကျော်ရှိပါတယ်။ တော်တော်ကြီးတယ်။

ကႊ ။ ဒါဆိုရင် ကျွန်မတို့ ဟိုဘက်ကိုမသွားနဲ့တော့၊ ဒီအထဲပဲ မကောင်းဘူးလား။

ခႊ ။ ကောင်းပါတယ်။ ကျွန်တော်တို့ မြို့ပြင်မှာ ရှိတဲ့ပိတ်ချင်းမြောင်လိုဏ်ဂူကို သွားကြရအောင်။

ကႊ ။ အဲဒါက ဗုဒ္ဓဂူလား။

ခႊ ။ တွေ့ခါစကတော့ ဗုဒ္ဓဂူမဟုတ်ဘူး။ ကျောက်စက်ပန်းဆွဲလိုဏ်ဂူပဲ။ နောက်ကျတော့ လူတွေက အဲဒီဂူထဲမှာ စေတီတွေတည်၊ ဘုရားဆင်းတုတော်တွေတည်နဲ့၊ အခု ဗုဒ္ဓလိုဏ်ဂူဖြစ်နေပြီ။

(ပိတ်ချင်း မြောင်လိုဏ်ဂူတွင်.....)

ကႊ ။ မောင်မောင်၊ အဲဒီအပေါက်က ရေတွေထွက်တယ်။ ဘာကြောင့်လဲ။

ခႊ ။ အဲဒီအပေါက်ဟာ ပိတ်ချင်းမြောင်လိုဏ်ဂူရဲ့ အပေါက်ပဲ။ လိုဏ်ဂူထဲမှာမြေအောက်ချောင်းတစ်သွယ် ရှိတယ်။ အဲဒီရေက မြေအောက်ချောင်းကရေပဲ။

ကႊ ။ ဟုတ်လား။ ကျွန်မတို့ လိုဏ်ဂူထဲကို ဝင်ကြရအောင်။

ခႊ ။ ဒါဆို ဖိနပ်ကို ချွတ်လိုက်ပါ။ ပလတ်စတစ်အိတ်ထဲထည့်ပြီး ဆွဲခဲ့ပါ။

ကႊ ။ လမ်းပေါ်မှာ ရေတွေရှိလို့ တော်တော်ချော်တယ်နော်။

ခႊ ။ ဟုတ်တယ်။ သတိထား။ ချော်လဲမသွားစေနဲ့။

ကႊ ။ မောင်မောင်၊ လိုဏ်ဂူက တော်တော်ရှည်တယ်နော်။ နောက်ပြီး စေတီတွေ၊ ဘုရားဆင်းတုတော်တွေ တော်တော်များတယ်။ မြေအောက်ချောင်းရေစီးသံကလည်း တော်တော်သာယာငြိမ့်ညောင်းပါတယ်။ ဒါနဲ့၊ဒီလိုဏ်ဂူဟာ ဘယ်လောက်ရှည်သလဲ။ အဆုံးထိ ကြည့်လို့မရဘူးနော်။

ခႊ ။ လိုဏ်ဂူရဲ့အရှည်ကိုတော့ ကျွန်တော်မသိပါဘူး။ ဒါပေမဲ့ ခန့်မှန်းခြေအရပြောရရင် တစ်ကီလိုမီတာ နီးပါးလောက် ရှိလိမ့်မယ်ထင်တယ်။

ကႊ ။ တော်တော်ရှည်တယ်နော်။ ဟိုဘက်မှာ ထွက်ပေါက်ရှိသလား။

ခႊ ။ မရှိဘူး။ အပေါက်ဆို ဒီတစ်ခုပဲ ရှိတယ်။ ကျွန်တော်တို့ဝင်လာတဲ့ပေါက်က အပြင်ပြန်ထွက်ရမယ်။ က–အဆုံး ရောက်နေပြီ။ ပြန်ကြရအောင်။

ကႊ ။ ကျွန်မက ဒီအဝင်ပေါက်မှာ အမှတ်တရဓာတ်ပုံရိုက်ချင်တယ်။ ဦးရော်၊ အဒေါ်ရော်၊ မောင်မောင်ရော် အားလုံး

လာကြပါ။ အတူတူရှိုက်ရအောင်။ မကောင်းဘူးလား။

မ။ ။ ကောင်းပါ့ယ်။ လူတစ်ယောက်ယောက်ကို အကူအညီတောင်းမှ ရမယ်။

က။ ။ ဟင့်အင်း။ မလိုပါဘူး။ ကျွန်မအင်္ကျီမှာ ခြေထောက်ရှိတယ်။ ခလုတ် နှိပ်လိုက်ရင် ပြီးတာပဲ။ အော်တိုမက်တစ်ပါ။

မ။ ။ ကဲ–နေရာယူထား။ နှိပ်မယ်နော်။ တစ်–နှစ်–သုံး။

က။ ။ မောင်မောင်၊ ပြင်ဦးလွင်မှာ ဘာလည်ပတ်စရာများရှိသေးသလဲ။

မ။ ။ မြို့ထဲမှာ တရုတ်ဘုံကျောင်း ရှိပါတယ်။ သွားကြည့်လို့ရတယ်။ နောက်ပြီး မြို့ပြင်(၁၁)ကီလိုမီတာကွာဝေးတဲ့ နေရာတစ်ခုမှာ ကြည့်လို့သိပ်လှတဲ့ရေတံခွန်တစ်ခုလည်းရှိတယ်။ အဲဒီရေတံခွန်ရဲ့အမြင့်ဟာ(၆၀) မီတာကျော်ရှိတယ်။ ရေဟာခန်းဆီးကြီးတစ်ခုလို အထက်ကနေအောက်ကိုကျလာတယ်။ ရေတံခွန်ရဲ့နာမည်က အနီးစခန်းရေတံခွန်လို့ ခေါ်တယ်။ သွားဦးမလား။

က။ ။ မသွားနိုင်တော့ဘူး။ စိတ်က သွားချင်ပေမဲ့လည်းကိုယ်က မပါနိုင်တော့ဘူး။ မောင်မောင်ကော၊ မမောဘူးလား။

မ။ ။ မောတာပေါ့။ မမောဘဲ နေပါ့မလား။

က။ ။ ဒါဆို ပြန်ကြရအောင်။ (၆)နာရီကောင်ထိုးနေပြီ။ (၈)နာရီကျော်ယောက်မှ မန္တလေးမြို့ကို ပြန်ရောက်နိုင်တယ်။

မ။ ။ ကဲ–ကားပေါ်တက်ကြရအောင်။

က။ ။ မောင်မောင်၊ ကျွန်မကော့ကော့စိုးရိမ်မိတယ်။

မ။ ။ ဘာများစိုးရိမ်စရာရှိလို့လဲဟင်။

က။ ။ တော်ကြာမန္တလေးပြန်ရောက်ရင် သူကဖက်လိုတခေါခေါနဲ့အိပ်မောကျနေတော့ ဘေးခန်းမှာ အိပ်နေတဲ့ကျွန်မ အိပ်ရေးပျက်မှာပဲစိုးရိမ်တာပါ။

မ။ ။ ဟာ၊ လှလှကလည်း။

ဝေါဟာရ

အပန်းဖြေ(က)	修养, 休息	နေဖင်ထိုး(က)	日上三竿
နိုး(က)	唤醒, 叫醒	တခေါခေါ(ကဝ)	(鼾声) 呼噜呼噜
နိုး(က)	醒	ရုက္ခဗေဒဥယျာဉ်(န)	植物园
ရေလယ်ဘုရား(န)	水上佛塔	သစ်ခွပန်း(န)	兰花
ခန်းဆီး(န)	帘子, 屏风	ကျောက်စက်ပန်းဆွဲ(န)	钟乳石
မေမြို့ပန်း(န)	翠菊, 江西腊	ရိုင်း(နဝ)	野蛮, 喻花开得繁茂
စစ်ကိုင်းတောင်(န)	实皆山	အမရပူရ(န)	阿摩罗补罗市
မင်းကွန်းစေတီ(န)	敏贡大佛塔	မင်းကွန်းခေါင်းလောင်း(န)	敏贡钟
ငုံ့ကြည့်(က)	俯视, 鸟瞰	အကွေ့အကောက်(န)	曲曲弯弯
မတ်စောက်(နဝ)	陡峭	တီးမိခေါက်မိ(က)	稍懂, 略懂
စုတ်(နဝ)	破旧, 破乱	လွတ်လပ်ရေး(န)	独立
မျိုးချစ်စိတ်ဓာတ်(န)	爱国精神	ပန်းရောင်(န)	粉红色
ခရမ်းရောင်(န)	紫色	အရိပ်(န)	影子, 影像

ထင်ဟပ်(က) 映出, 反映	ဆီဆေးပန်းချီ(န) 油画
ကဗျာဆန်(က) 富有诗意	နားဝင်ချို(က) 悦耳, 中听
အမျိုးသားပန်း(န) 国花	ပန်းအိုး(န) 花瓶, 花盆
ပန်းမန်ဈေးကွက်(န) 花市	ရောင်းပန်းပွင့်(က) 畅销
လုပ်ငန်းရှင်(န) 企业主, 企业家	လိုင်လိုင်ကြီး(ကဝ) 大量地
မြေအောက်ချောင်း(န) 地下河	ပလတ်စတစ်အိပ်(န) 塑料袋
ချော(နဝ) 光滑, 滑溜	ချော်လဲ(က) 滑倒
ခန့်မှန်းခြေ(န) 估计, 预算	ထွက်ပေါက်(န) 出口
ခလုတ်(န) 按钮, 开关	နှိပ်(က) 按, 压
အော်တိုမက်တစ်(န/လိပ် automatic) 自动的	နေရာယူ(က) 就坐, 就位
ဘုံကျောင်း(န)（华侨）庙宇, 祠堂, 会馆	ရေတံခွန်(န) 瀑布

လေ့ကျင့်ခန်း

၁။ ။ ကွင်းထဲက ဝေါဟာရများကို ပေးထားသောဝေါဟာရများဖြင့် အစားထိုးလေ့ကျင့်ပါ။

(၁) ရှင်က (ဝက်လိုတခေါခေါနဲ့အိပ်) နေတုန်းပဲ။
ထမင်းစား
ကျောင်းတက်
လေ့ကျင့်ခန်းလုပ်
ကျန်းမာရေးလေ့ကျင့်

(၂) (မြို့) တွင်းမှာရော (မြို့) ပြင်မှာပါ (မေမြို့ပန်းတွေရှိုင်းအောင်ဖူးပွင့်) နေတယ်။
စတိုး   စတိုး   လူတွေကြိတ်ကြိတ်တိုး
စာသင်ခန်း   စာသင်ခန်း   ကျောင်းသားတွေစာဖတ်
ရွာ   ရွာ   "အ" သုံးလုံးကြေလှုပ်ရှားမှုဆင်နွှဲ
ရန်ကုန်တိုင်း   ရန်ကုန်တိုင်း   ရွှေဝါရောင်စစ်ဆင်ရေးလုပ်

(၃) (တစ်ဆူနဲ့တစ်ဆူပုံစံချင်းမတူ, အရောင်ချင်းလည်းမတူတာကို) ကြည့်လို့တစ်မျိုးလှတာပဲ။
သူကတစ်သားမွေးပြီးမှ
အဆောင်ကိုပြုပြင်မွမ်းမံပြီးမှ
လှလှကချိတ်ထမီကိုဝတ်ပြီးမှ
တင့်တင့်ရေချိုးပြီးမှ

(၄) (အဆင်းဖြစ်) ပေမဲ့လည်း (လွယ်တယ်) လို့မထင်နဲ့။
ဈေးချို   အရည်အသွေးမကောင်းဘူး
ဈေးကြီး   အရည်အသွေးကောင်းတယ်
အရောင်ကောင်း   လှတယ်

ရုပ်ရည်လှ နှလုံးသားကောင်းတယ်

(၅) (ဘုရားမ) ပါစေ။
ကြံတိုင်းအောင်ဆောင်တိုင်းမြောက်
ရာသက်ပန်ရိုးမြေကျပေါင်း
ကျန်းမာချမ်းသာ
လိုအင်ဆန္ဒပြည့်ဝ

(၆) (ကန်ထဲကရေ) ဟာ (မှုန်တစ်ချပ်) လိုပဲ (ကြည်လင်) နေတယ်။
ပီကင်းတက္ကသိုလ် ပန်းခြံကြီးတစ်ခု ရှုခင်းသာယာ
သူ့ရဲ့ရုပ်ရည် ဖက်ရှင် ကြည်ပျော်
မလှ ယမင်းရုပ် ချော
သူတို့နှစ်ယောက် ညီအစ်ကိုအရင်း ခင်မင်ရင်းနှီး

(၇) (ကဗျာဆန်) ဆို (ရှုခင်းလှ) တာကိုး။
ပထမရ စာကြိုးစား
ချော နဂိုကတည်းကလှ
မလာ အလုပ်များ
အထနောက်ကျ ညကနာရီပြန်(၂)ချက်ထိုးမှအိပ်

(၈) (သစ်ခွပန်းများများစိုက်) ဖို့ကောင်းတယ်။
မြန်မာနိုင်ငံတစ်ခေါက်သွား
အချိန်ကျပ်ကျပ်ကိုင်ပြီးစာကျက်
ဆေးရုံကိုသွားပြီးသူ့ကိုသွားကြည်
ကျောင်းမနေနိုင်တဲ့ကလေးတွေကိုငွေထောက်ပံ့

(၉) မကြာမီမှာ (ကမ္ဘာ့ဈေးကွက်ကိုလိုင်လိုင်ကြီးပို့) မှာပဲ။
သူရောက်လာ
မင်္ဂလာသတင်းကြားရ
ကျွန်တော်တို့တဲ့ပေါ်ကတိုက်ပေါ်ကိုပြောင်းရွှေ့
အလယ်ပိုင်း(၉)ခရိုင်ဟာစိမ်းလန်းစိုပြည်လာ

(၁၀) သတိထား၊ (ချော်လဲ) မသွားစေနဲ့။
ပိုက်ဆံအိပ်ပျောက်
အအေးမိ
ကျောင်းတက်နောက်ကျ
ခလုတ်ထိ

(၁၁) (လူတစ်ယောက်ယောက်ကိုအကူအညီတောင်း) မှရမယ်။
သူ့ကိုအချိန်မီအကြောင်းကြား

မောင်ဘကိုအသိပေး
သားကိုကျောင်းအထိကိုယ်တိုင်ပို့
ဒီကိစ္စကိုသူနဲ့တိုင်ပင်

၂။ ။ အောက်ပါမေးခွန်းများကို နှုတ်ဖြင့်ဖြေပါ။

(၁) ပုဂံနှောင်ဦးကိုလည်ပတ်ကြည့်ရှုပြီးတဲ့နောက် လှလှနဲ့မောင်မောင်တို့ဟာ ဘာဖြစ်လို့ မန္တလေး ကိုခေတ္တပြန်ရသလဲ။

(၂) လှလှနဲ့မောင်မောင်တို့တတွေဟာ မန္တလေးကို ဘာနဲ့ပြန်ကြသလဲ။ ဘယ်အချိန်လောက်မှ မန္တလေး ပြန်ရောက်သလဲ။

(၃) သူတို့ ဘာဖြစ်လို့ နောက်နေ့မနက် နေဖင်ထိုးမှ ထကြသလဲ။

(၄) မောင်မောင် ဘယ်ကိုပဲသွားသွား နောက်ကျလေ့ ရှိသလား။

(၅) ပဲခူးကို သွားလည်တဲ့အခါမှာ မောင်မောင်ရဲ့နောက်ကျပုံကို ပြောပြပါ။

(၆) ဘာကိစ္စအတွက် မောင်မောင်က ရှက်မိသလဲ။

(၇) ပြင်ဦးလွင်မြို့ကို အရင်တုန်းက ဘယ်လိုခေါ်သလဲ။

(၈) ပြင်ဦးလွင်မြို့မှာ ဘာများ လည်ပတ်စရာ ရှိသလဲ။

(၉) မန္တလေးအနားတဝိုက်မှာ တခြားလည်ပတ်စရာတွေ ရှိပါသေးသလား။

(၁၀) စစ်ကိုင်းတောင်ကို တက်လို့ဆင်းလို့ လွယ်လွယ်ကူကူ ရှိသလား။

(၁၁) စစ်ကိုင်းတောင်မှာ ဘာတွေရှိသလဲ။

(၁၂) စစ်ကိုင်းတောင်ပေါ်မှာရှိတဲ့ စေတီပုထိုးတွေကို ဘယ်လိုများ တည်ထားသလဲ။

(၁၃) ပြင်ဦးလွင်ကို သွားတဲ့ကားလမ်းက ကောင်းသလား။

(၁၄) ပြင်ဦးလွင်မြို့ဟာ မန္တလေးမြို့ရဲ့ ဘယ်ဘက်မှာ ရှိသလဲ။

(၁၅) ပြင်ဦးလွင်မြို့ရဲ့ မြေမျက်နှာသွင်ပြင်ကို ပြောပြစမ်းပါ။

(၁၆) လှလှမှာ ဘာများ ကြောက်စရာရှိလို့လဲ။

(၁၇) ဒေါ်ခင်ခင်က လှလှကို ဘယ်လိုများ နှစ်သိမ့်သလဲ။

(၁၈) ပြင်ဦးလွင်ကို အလျင်တုန်းက ဘာဖြစ်လို့ မေမြို့လို့ ခေါ်သလဲ။

(၁၉) ဦးအုန်းဖေက ပြင်ဦးလွင်ကိုရောက်ပြီးလို့ ဘယ်လိုလုပ် သိသလဲ။

(၂၀) ပြင်ဦးလွင်ရောက်တဲ့အခါမှာ လှလှက ဘာတွေက စတွေ့သလဲ။

(၂၁) သူတို့တတွေဟာ ဘယ်ကို အရင်သွားလည်ကြသလဲ။

(၂၂) မြန်မာနိုင်ငံရဲ့ အမျိုးသားပန်းဟာ ဘာပန်းလဲ။

(၂၃) သစ်ခွပန်းဟာ ဘာများ ထူးခြားချက်ရှိသလဲ။

(၂၄) မြန်မာနိုင်ငံမှာ ပန်းမန်မျိုးစုံ ရှိသလား။ ဘာကြောင့်လဲ။

(၂၅) ပြင်ဦးလွင်မြို့ရုက္ခဗေဒဥယျာဉ်ဟာ ဘယ်လောက်ကျယ်သလဲ။

(၂၆) ပိတ်ချင်းမြောင်လိုဏ်ဂူဟာ ဗုဒ္ဓဂူလား။

သင်ခန်းစာ(၁၈) ပြင်ဦးလွင်သို့သွားရောက်လည်ပတ်ခြင်း

(၂၇) ပိတ်ချင်းမြောင်လိုဏ်ဂူထဲမှာ ဘာတွေများ ရှိသလဲ။
(၂၈) ခန့်မှန်းခြေအရ ပြောရမယ်ဆိုရင် လိုဏ်ဂူရဲ့အရှည် ဘယ်လောက်ရှိသလဲ။
(၂၉) ပိတ်ချင်းမြောင်လိုဏ်ဂူမှာ ဝင်ပေါက်ရှိသလို ထွက်ပေါက်လည်းရှိသလား။
(၃၀) ပိတ်ချင်းမြောင်လိုဏ်ဂူရဲ့ ဝင်ပေါက်မှာ ဘာဖြစ်လို့ ရေထွက်သလဲ။
(၃၁) ဘုံကျောင်းဆိုတာ ဘာကို ဆိုလိုတာလဲ။
(၃၂) ပြင်ဦးလွင်မှာ နာမည်ကျော် ရေတံခွန်ရှိသလား။
(၃၃) ပြန်ခါနီးကျမှ လုလုက ဘာကို စိုးရိမ်တာလဲ။

၃။ ။ ပေးထားသော အောက်ပါ အချက်အလက်များကို အခြေခံ၍ စကားပြောတစ်ပုဒ် ရေးပါ။

　　薇薇从上海回来以后，就开始预习功课，因为还有两周就要开学了。看看功课复习得差不多了。薇薇又想出去散散心。她打电话给钦钦暧，约她一起去香山玩。钦钦暧正好也想轻松一下，于是，吃过早饭，他们乘332路公共汽车到了颐和园，又从颐和园乘333路汽车到了香山公园。她们俩先乘缆车上了"鬼见愁"山顶，又去了孙中山陵参观。接着，她们去了香山植物园，看了热带植物馆，又去了卧佛寺和罗汉堂。从香山公园回来，已经是下午2点多了。

သင်ခန်းစာ(၁၉)   အင်းလေးကန်သို့ သွားရောက်လည်ပတ်ကြည့်ရှုခြင်း

က။ ။ လှလှ
ခ။ ။ မောင်မောင်
ဂ။ ။ ဦးအုန်းဖေ
ဃ။ ။ ဒေါ်ခင်ခင်

(လှလှနှင့်မောင်မောင်တို့ မနက်အိပ်ရာမှ ထလာသောအခါ(၉)နာရီတောင်ထိုးနေပြီ။ ညကအိပ်လို့ကောင်း သဖြင့်သည်နေ့မနက်ကျတော့ လေးယောက်စလုံး လန်းလန်းဆန်းဆန်း ဖြစ်နေကြသည်။ နံနက်စာကို ဖြစ်သလို စားလိုက်ကြသည်။ စားပြီးသည်နှင့်အင်းလေးသို့ သွားရန် မန္တလေးဘူတာရုံသို့ ချက်ချင်းပင်ထွက်ကြသည်။ လမ်းပေါ်တွင်.....)

က။ ။ မောင်မောင်၊ ကျွန်မတို့ ဘတ်စ်ကားနဲ့သွားရင် မရဘူးလားဟင်။

ခ။ ။ အင်းလေးကန်သွားတဲ့ဘတ်စ်ကားတော့ ရှိတယ်။ ဒါပေမဲ့ မစီးချင်ဘူး။

က။ ။ ဘာကြောင့်လဲ။

ခ။ ။ အင်းလေးကန်သွားတဲ့လမ်းကလည်း သိပ်မကောင်းဘူး။ ပြင်ဦးလွင်သွားတဲ့လမ်းလိုပဲ ကျဉ်းလည်းကျဉ်းတယ်၊ အကွေ့အကောက်လည်းများတယ်၊ မတ်လည်း မတ်စောက်တယ်။ တောင်တက်တောင်ဆင်းနဲ့လှလှကြောင်မှာ စိုးလို့ပါ။ ဒါကြောင့် ကျွန်တော်တို့မီးရထားနဲ့သွားဖို့ စီစဉ်ထားပါတယ်။

က။ ။ ကျေးဇူးတင်ပါတယ်။ ဒါထက်၊ ကျွန်မတို့ ရန်ကုန်ကိုပြန်တဲ့လမ်းအတိုင်းသွားရမှာမဟုတ်လား။

ခ။ ။ ဟုတ်တယ်။ ဒါပေမဲ့၊ ကျွန်တော်တို့ သာစည်ဘူတာရုံကဆင်းပြီး ရထားပြောင်းစီးရတယ်။ မန္တလေး–ရန်ကုန်သွား မီးရထားမစီးတော့ဘဲ သာစည်–တောင်ကြီးသွားမီးရထားကို စီးရမယ်။ ကဲ–ဘူတာရုံရောက်ပြီ၊ ကျွန်တော် မီးရထားလက်မှတ် သွားဝယ်လိုက်မယ်။ လှလှက ဖေဖေမေမေနဲ့အတူ ဒီမှာစောင့်နော်။

က။ ။ ဟုတ်ကဲ့။

        (မီးရထားပေါ်တွင်.....)

က။ ။ မောင်မောင်၊ အင်းလေးကန်ဆိုတာ ဘယ်နေရာမှာရှိသလဲ။

ခ။ ။ အင်းလေးကန်ဟာ ရှမ်းပြည်နယ်တောင်ပိုင်းမှာ ရှိပါတယ်။

က။ ။ ဒါဆို ကျွန်မတို့ တောင်ကြီးရောက်ရင် အင်းလေးကန်ရောက်ပြီပေါ့။

ခ။ ။ ဟင့်အင်း၊ ဝေးလေစွ။ တောင်ကြီးရောက်ရင် အင်းလေးကန်ရောက်ပြီလို့ မဆိုနိုင်ဘူး။ ကျွန်တော်တို့

တောင်ကြီးကနေ အဝေးပြေးဘတ်စ်ကားနဲ့ ညောင်ရွှေမြို့ကို သွားရမယ်။ ညောင်ရွှေမြို့ကနေပြီး မော်တော်ဆင်စီးရမယ်။ အဲဒီအခါကျမှ အင်းလေးကန်ရောက်ပြီလို့ ဆိုနိုင်တယ်။

က။ ။ ဩော်–ကျွန်မသိပြီ။

ခ။ ။ ဒါပေမဲ့ အကျိုကိုတော့ ပိုပိုမိုမိုယူသွားမှ ရမယ်။ ဘာကြောင့်လဲဆိုတော့ အင်းလေးကန်တဝိုက်မှာ ရာသီဥတု နည်းနည်းအေးလို့ပါ။

က။ ။ အကျိုကိုတော့ ကျွန်မအပိုအမို ယူလာခဲ့တယ်။ အပေါ်အကျိုရယ်၊ သိုးမွေးဆွယ်တာရယ် အကုန်ပါလာတယ်။ ကျွန်မထင်တယ်။ ပိုတောင်ပိုနေတယ်။

ခ။ ။ ဟာ၊ မပိုပါဘူး။

က။ ။ ဒါဖြင့်၊ ကနေ့ည ကျွန်မတို့ ဘယ်မှာတည်းမလဲ။

ခ။ ။ ကနေ့ည ကျွန်တော်တို့ တောင်ကြီးဟိုတယ်မှာတည်းမယ်။

က။ ။ တောင်ကြီးဟိုတယ်က မြို့ထဲမှာလား၊ မြို့ပြင်မှာလား။

ခ။ ။ တောင်ကြီးဟိုတယ်က မြို့ပြင်တောင်ခါ၊ပန်းမှာ ရှိပါတယ်။ အဆောက်အအုံပုံစံဟာ တစ်မျိုးထူးခြားပါတယ်။ ပတ်ပတ်လည်မှာလည်း သစ်ပင်ပန်းပင်တွေ ထူထပ်တယ်။ လေကောင်းလေသန့်ရှူလို့လည်း ရတယ်။ အရမ်း တိတ်ဆိတ်သာယာလှပတဲ့ နေရာလေးတစ်ခု ဖြစ်တယ်။ လူလွှိုက်မှာပါ။

က။ ။ ဟုတ်ကဲ့။ ရှင်ပြောတဲ့အတိုင်းဆိုရင်ကျွန်မသိပ်ကြိုက်ပါတယ်။

ခ။ ။ ကဲ–တောင်ကြီးမြို့ ရောက်ပြီ ဆင်းကြရအောင်။

(လှလှနှင့်မောင်မောင်တို့မိသားစုသည်ဘီးရထားပေါ်က ဆင်းပြီးသည်နှင့် တက္ကစီငှားပြီး တောင်ကြီးဟိုတယ်ကို တန်းသွားကြသည်။ နာရီဝက်လောက်အကြာတွင် တောင်ကြီးဟိုတယ် တံခါးဝရှေ့တွင်ရောက်ရှိပြီး ဟိုတယ်ကအမှုထမ်းတွေ ဆီးကြိုနေသည်ကို တွေ့ရသည်။ ဤအချိန်တွင်.....)

က။ ။ မောင်မောင်၊ ဒီကအမှုထမ်းတွေက တော်တော်ဖော်ဖော်ရွေရွေရှိတယ်နော်။

ခ။ ။ ဟုတ်တယ်။ ည်သည်လာတိုင်း သူတို့အမြဲ ကြိုဆိုလေ့ရှိတယ်။ ပန်းစည်းတွေဆက်လေ့ရှိတယ်။

က။ ။ ဒီဟိုတယ်မှာ တည်းရတာဟာ ကျွန်မလူစိမ်းသူစိမ်းဆီ ရောက်တယ်လို့မထင်ဘူး။ ကိုယ့်အိမ်ကို ပြန်ရောက်ရသလို ခံစားမိပါတယ်။ တကယ်နွေးနွေးထွေးထွေးပါပဲ။

ခ။ ။ ကဲ–လှလှ၊ အိပ်ခန်းထဲဝင်ပြီး မျက်နှာသစ်လိုက်ပါ။ ပြီးရင် ထမင်းစားခန်းကိုသွားပြီး ထမင်းစားရအောင်။

က။ ။ ကောင်းပါတယ်။ ကျွန်မ အခုပဲ လာခဲ့မယ်။

ခ။ ။ ထမင်းစားခန်းက ဒီဟိုတယ်ရဲ့မြေညီထပ်မှာ ရှိတယ်။

က။ ။ ဟုတ်ကဲ့။

(ထမင်းစားခန်းတွင်.....)

က။ ။ မောင်မောင်၊ ဒီနေ့ည ဘာစားမလဲ။

ခ။ ။ ရောမရောက်ရင် ရောမလိုကျင့်မယ်ဆို။

က။ ။ ဘာလဲ။ ရှမ်းထမင်းနဲ့၊ ရှမ်းခေါက်ဆွဲ၊ ရှမ်းဟင်းတွေ စားမလို့လား။

ခ။ ။ ဟုတ်တယ်လေ။ ရှမ်းခေါက်ဆွဲနဲ့၊ ရှမ်းဟင်းတွေ စားလို့ကောင်းတယ်။

က။ ။ ဟုတ်ကဲ့။ စားမယ်။ စားမယ်။

ခ။ ဘယ်နယ်လဲ။ ကောင်းလား။ အရသာရှိသလား။ ခံတွင်းတွေ့သလား။

က။ တွေ့ပါတယ်။ ဒီကရမ်းထမင်းနဲ့ရှမ်းဟင်းတွေဟာ ကျွန်မတို့တရုတ်ပြည် တိုင်လူမျိုး ထမင်းဟင်းနဲ့ တူတူလောက်ပါပဲ။ နည်းနည်းကွာခြားချက်ရှိတာက ရှမ်းထမင်းနဲ့ရှမ်းဟင်းတွေဟာ မြန်မာထမင်းနဲ့မြန်မာဟင်း ဘက် နီးစပ်သွားတယ်။ တိုင်လူမျိုး ထမင်းနဲ့ဟင်းတွေဟာ ဟန်လူမျိုး ထမင်းနဲ့ဟင်းဘက် နီးစပ်သွား ပါတယ်။

ခ။ ဟုတ်လား။ လှလှ သိပ်တော်တယ်။

က။ အဲဒါက မုဆိုးနားနီးမုဆိုး၊ တံငါနားနီးတံငါ၊ သူတော်ကောင်းနားနီး သူတော်ကောင်း ဆိုသလိုပေါ့။

ခ။ ဟုတ်ပါ။ ဟုတ်ပါ။

က။ မောင်မောင်၊ ကျွန်မတို့ ဘယ်တော့လောက် အင်းလေးကန်ကို သွားမလဲ။

ခ။ မနက်ဖြန်ကျမှ သွားမယ်။ ဒီနေ့တော့ အချိန်မမီတော့ပါဘူး။ ဒီနေ့ညဒီဟိုတယ်မှာပဲ တည်းမယ်။ အမောပြေအောင် ရေမိုးချိုးလိုက်ပါ။ ကောင်းကောင်းအနားယူလိုက်။ မနက်ဖြန်မနက်(၉)နာရီ လောက်မှာ အင်းလေးကန်ကို သွားလည်ကြမယ်။ မကောင်းဘူးလား။

က။ ကောင်းသားပဲ။ ဒီလိုစီစဉ်တာ သိပ်ကောင်းတယ်။ နားနားနေနေသွားမှကောင်းတယ်။ နို့မဟုတ်ရင် အချိန်လည်း ကုန်၊ ပိုက်ဆံလည်းဖြုန်း၊ လူကလည်းမောဆိုတော့ လာရကျိုးနပ်မှာမဟုတ်ဘူး။

ခ။ ကဲ၊ ထမင်းစားပြီးပြီ၊ အိမ်ခန်းကို ပြန်ကြရအောင်။ လှလှ ညအိပ်ပျော်ပါစေ။

က။ ပျော်မှာပေါ့။ မပျော်ဘဲနေပါ့မလား။ ပင်ပန်းလိုက်တာ။

(နောက်နေ့မနက်တွင် လှလှနဲ့မောင်မောင်တို့ မိသားစုသည် ခပ်စောစောထကြသည်။ နံနက်စာအတွက် ရှမ်းခေါက်ဆွဲကျွေးသည်။ နောက်ပြီး ကော်ဖီနှင့်မုန့်မျိုးစုံလည်း ရှိ၏။ နံနက်စားပြီးနောက်၊ သူတို့သည် အဝေးပြေးဘတ်စ်ကားပေါ်တက်ပြီး အင်းလေးကန်သို့သွားရန် ညောင်ရွှေဘက်သို့ ထွက်လာကြသည်။)

က။ မောင်မောင်၊ ညောင်ရွှေရောက်ပြီလား။

ခ။ ရောက်ပြီ။ ကားပေါ်က ဆင်းကြပါ။ ကျွန်တော်မော်တော်လှေမှတ်သွားဝယ်မယ်။ ဒီမှာပဲ ခဏစောင့်ပါ။

က။ ဟုတ်ကဲ့။

ခ။ မော်တော်ပေါ် တက်ကြရအောင်။ အင်းလေးကန်ထဲဆင်းမယ်။

က။ ဦး၊ အင်းလေးကန်ရေပြင်ဟာ တယ်ကျယ်ဝန်းပါလား။

ဂ။ ဟုတ်တယ်။ ဒီရေကန်ဟာ မြန်မာနိုင်ငံရဲ့ဒုတိယအကြီးဆုံး ရေကန်ပါ။ တောင်နဲ့မြောက် အနံအရှည်ဟာ (၁၄.၅)ကီလိုမီတာ၊ အရှေ့နဲ့အနောက် အလျားအရှည်ဟာ (၅.၆)ကီလိုမီတာ၊ ရေပြင်တစ်ခုလုံးရဲ့ အကျယ်အဝန်းဟာ(၆၇)စတုရန်းကီလိုမီတာ ရှိတယ်။ အကြီးဆုံးမဟုတ်ပေမဲ့ အလှဆုံးရေကန်ဖြစ်ပါတယ်။

က။ အဒေါ် ကြည့်စမ်းပါဦး။ ကျွန်မတို့ မော်တော်နောက်က လိုက်နေတဲ့စင်ရော်တွေ ဘယ်လောက်များသလဲ။ စင်ရော်တွေကို ဒီလောက်နီးနီးကပ်ကပ်တစ်ခါမှ မမြင်ဖူးဘူး။

ဃ။ သမီး၊ ရော့၊ ပေါင်မုန့်၊ စင်ရော်တွေကို ပစ်ကျွေးလိုက်လေ။

က။ မောင်မောင်၊ကြည့်ပါဦး။ စင်ရော်တွေ သူ့ထက်ငါဦး ပေါင်မုန့်တွေလုစားနေတာ ဘယ်လောက်စိတ်ဝင်စားစရာ ကောင်းသလဲ။ ဒါတွေကိုကျွန်မစိတ်ထဲမှာ အမြဲဆိုသလို စွဲသွားမှာပါ။ ဘယ်တော့မှ မေ့မှာမဟုတ်ပါဘူး။

ခ။	လှလှ၊ ရှေ့ကဘုရားကို ကြည့်ပါ။ အဲဒါက ရေလယ်ဘုရားပဲ။ ဘွဲ့တော်က ဖောင်တော်ဦးဘုရားတဲ့။
က။	ဟုတ်လား။ အရမ်း သပ္ပာယ်တယ်နော်။
ခ။	က-ဖောင်တော်ဦးဘုရားရင်ပြင်တော်ပေါ် တက်ကြရအောင်။
က။	မောင်မောင်၊ ဒီမှာ ဘုရားဆင်းတုတော် စုစုပေါင်း ဘယ်နှဆူရှိသလဲ။
ခ။	စုစုပေါင်း ငါးဆူရှိတယ်။
က။	ဘာဖြစ်လို့ ဘုရားပုံ မထင်တော့တာလဲ။
ခ။	အဲဒါ ဒီလိုပါ။ အင်းလေးကန်မှာ နေထိုင်ကြတဲ့အင်းသားတွေဟာ တစ်နှစ်ကိုတစ်ကြိမ် ဘုရားလှည့်ပွဲ ခြိမ့်ခြိမ့်သဲ ကျင်းပလေ့ရှိတယ်။ တစ်နှစ်တုန်းက ဒီဘုရားငါးဆူကို ဖောင်တော်ပေါ်ပင့်ပြီး လှည့်တဲ့အခါမှာ မမျှော်လင့်ဘဲ ရေထဲကျသွားတယ်။ အဲဒီဘုရားတွေကို ဆယ်ဖို့အတွက် အင်းသားတွေက မနည်းကြိုးစားရတယ်။ ဒါပေမဲ့၊တော်တော်နဲ့ ရေပေါ်မဆယ်နိုင်ဘူး။ ရေအောက်မှာ ရေစီးတော်တော်သန်တယ်။ အဲဒီလို ရေအကြိမ်ပေါင်းမြောက်များစွာတိုက်စားလို့ အခုလိုပုံပိုင်းဝိုင်းဖြစ်လာတာပါ။
က။	မောင်မောင်၊ ကျွန်မကြားဖူးတာက ဘုရားဖူးကွေ့ ရွှေချတာများယောလို့ ခုလိုဖြစ်လာတဲ့။
ခ။	အဲဒါလည်း အကြောင်းရင်းတစ်ခု ဖြစ်ပါလိမ့်မယ်။
က။	ဦး၊ အင်းလေးကန်မှာ ရွာတွေရှိတယ်ဆို
ဂ။	ဟုတ်တယ်။ စုစုပေါင်း (၁၀၀၀)ကျော်ရှိတယ်။ အင်းသားရွာတွေချည်းပဲ။
က။	သမီးကြားတာက ဒီအင်းလေးကန်ပေါ်မှာ ရေပေါ်ဘုရားရှိတဲ့အပြင်ရေပေါ်အိမ်၊ ရေပေါ်ဈေး၊ ရေပေါ်စိုက်ပျိုးခင်းတွေလည်း ရှိတယ်တဲ့။ ဟုတ်လား။
ဂ။	ဟုတ်တယ်။ ရေပေါ်အိမ်ဆိုရင် အင်းသားတွေ နေတဲ့အိမ်ပဲ။ အင်းသားတွေက မွေးဖွားလာတဲ့အချိန်ကစပြီး သေသွားတဲ့အထိ ဒီကန်ပေါ်မှာပဲ နေကြတယ်။ သူတို့ဟာ သစ်တိုင်အရှည်ကြီးကို ရေအောက်ကြမ်းပြင်မှာ စိုက်ထားတယ်။ အဲဒီတိုင်ပေါ်မှာ အိမ်ဆောက်တယ်။ လှိုင်းကြီးရင် အိမ်တစ်ခုလုံးဟာ လူပ်ယမ်းလာပြီး ပုခက်ကြီးတစ်ခုလိုပဲ။
က။	ကောင်းလိုက်တာ။ အဲဒီအိမ်မှာနေရင် အိပ်ရေးပျက်မှာ မဟုတ်ဘူး။ ဒါထက်၊ရေပေါ်ဈေးကော။ ဘယ်လို ရေပေါ်ဈေးလဲ
ဃ။	သမီး၊ အဒေါ် ပြောပြမယ်။ ရေပေါ်ဈေးဆိုတာဟာ ဈေးနေ့ရောက်တိုင်း အင်းလေးကန်မှာ နေထိုင်ကြတဲ့ အင်းသားတွေဟာ သူ့အိမ်နဲ့သူလှော်လှော်ပြီး ဈေးလို့သတ်မှတ်တဲ့နေရာမှာ စုညီးကြတယ်။ အဲဒီနေရာမှာ ရောင်းတဲ့လူကရောင်း၊ ဝယ်တဲ့လူကဝယ်နဲ့ စည်စည်ကားကားရှိလှပါတယ်။
က။	သူတို့ ဘာတွေများ ရောင်းကြသလဲ
ဃ။	များသောအားဖြင့် ခြံထွက်ဟင်းသီးဟင်းရွက်တွေ၊ သစ်သီးဝလံတွေ၊ ငါးပုစွန်တွေ၊ ပန်းမန်တွေပေါ့။
က။	သြော်-ဒါဖြင့်၊ ရေပေါ်စိုက်ပျိုးခင်းပေါ့။ မြေကွက်မှမရှိဘဲနဲ့ဘယ်နှယ်လုပ်ပြီး ခြံလုပ်နိုင်ပါ့မလဲ
ဂ။	အဲဒါကဒီလိုပါ။ အင်းလေးကန်မှာ ရေစီးလည်းရှိတယ်။ ရေစီးသန်တဲ့နေရာမှာ သန်တယ်။ မသန်တဲ့နေရာမှာ မသန်ဘူး။ အဲဒီလိုရေစီးမသန်တဲ့နေရာမှာ ရေထဲကပါလာတဲ့မြေ၊ သဲ၊ မြက်ပင်၊ မှော်ပင်တွေ ပါပါလာတော့ တစ်နေရာထဲမှာ စုထားကြတယ်။ အချိန်ကြာလာတော့ မြေကွက်ဖြစ်လာရော၊ အင်းသားတွေက အဲဒီမြေကွက်ပေါ်မှာပဲ မျိုးစေ့တွေချပြီး ခရမ်းချဉ်သီးတွေ၊ ခရမ်းသီးတွေ၊ ဗိုလ်စားပဲတွေ၊ အာလူးတွေ စိုက်ကြတယ်။

က။ ။ ဒီလိုမြေပေါ်မှာ စိုက်ရတဲ့ဟင်းသီးဟင်းရွက်တွေဟာ အင်းလေးကန်မှာ နေထိုင်ကြတဲ့ အင်းသားတွေအတွက် ဖူဖူလုံလုံရှိသလား။

ဂ။ ။ ဖူလုံရုံသာမကဘဲ ရန်ကုန်ဈေးကိုတောင် ပို့သေးတယ်။

က။ ။ အင်းလေးကန်မှာ နေထိုင်ကြတဲ့ အင်းသားတွေက အပြင်ထွက်တဲ့အခါမှာ ဘယ်ကိုပဲသွားသွား လှေလှော်ပြီး သွားလေ့ရှိတယ်။ ဒါပေမဲ့ သူတို့က လက်နဲ့မလှော် ခြေထောက်နဲ့လှော်ကြတယ်လို့ မြန်မာစာအုပ်မှာ ကျွန်မ ဖတ်ရတယ်။ ဒါကတကယ်လား။

ခ။ ။ တကယ်ပေါ့။ ဟိုဘက်ကြည့်ပါဦး။ ဟိုမှာ လူတစ်ယောက်ကငါးဖမ်းနေတယ်။ သူလှေလှော်ပုံကို သေသေချာချာကြည့်ပါ။

က။ ။ တကယ်နော်။ တကယ်ကို တစ်မူထူးခြားတယ်နော်။ ဒါနဲ့ အင်းသားတွေက လက်နဲ့မလှော် ခြေထောက်နဲ့လှော်တာဟာ မပင်ပန်းဘူးလား။ အားရှိသလား။ လက်နဲ့လှော်တာလောက်မြန်သလား။

ခ။ ။ မြန်တာပေါ့။ အင်းသားတွေကလှော်ပြိုင်ပွဲလုပ်ကြတယ်။ အသင်းနှစ်သင်းခွဲတယ်။ တစ်သင်းက လက်နဲ့ လှော်ကြတယ်။ နောက်တစ်သင်းက ခြေထောက်နဲ့လှော်ကြတယ်။ နောက်ဆုံးမှာ ခြေထောက်နဲ့လှော်တဲ့အသင်းက ပထမရတယ်။

က။ ။ မောင်မောင်၊ အင်းသားတွေက ဘာကြောင့် ခြေထောက်နဲ့လှော်လေ့ရှိသလဲ။

ခ။ ။ ဒီကိစ္စနဲ့ပတ်သက်ပြီး အင်းသားတွေကို ကျွန်တော်ကိုယ်တိုင်မေးခဲ့ဖူးတယ်။ သူတို့က ကျွန်တော်တို့ဟာ တစ်နှစ်ပတ်လုံး အင်းလေးကန်ပေါ်မှာ နေထိုင်ကြတယ်။ ဘာလုပ်လုပ် ခြေထောက်ကိုမသုံးဘဲ လက်ချည်းပဲ သုံးကြရတယ်။ အချိန်ကြာတော့ ခြေထောက်မှာ အားမရှိတော့ဘူး။ ခြေထောက်လည်း လက်လိုပဲ အားရှိလာအောင် ခြေထောက်ကို လေ့ကျင့်ဖို့အတွက် ခြေထောက်နဲ့လှော်ရခြင်း ဖြစ်တယ်တဲ့။

က။ ။ မောင်မောင်၊ ရှင်ကြည့်လေ။ ကန်ရေက ဘယ်လောက်ကြည်သလဲ။ တကယ်မှန်ကြီးတစ်ချပ်နဲ့၊ မခြားပါကလား။

ခ။ ။ ဟုတ်တယ်။ ရေထဲက မြက်ပင်တွေ၊ မှော်ပင်တွေ အထင်းသားတွေမြင်နိုင်တယ်။

က။ ။ ခုလိုအချိန်မျိုးမှာ ကျွန်မဘာဆို မေ့သွားပါပြီ။

ခ။ ။ ဟင်.....လှလှဘာပြောလိုက်တာလဲ။

က။ ။ ခုလိုအချိန်မျိုးမှာ ကျွန်မဘာဆို မေ့သွားနိုင်ပါပြီလို့။

ခ။ ။ ဟာ–ဘယ်သူမေ့မေ့၊ ဘာမေ့မေ့၊ မောင်မောင်တစ်ယောက်ကိုတော့ မမေ့နဲ့နော်။ နော်။

က။ ။ ဘယ်မေနိုင်မလဲ။ ဝက်လိုတခေါခေါနဲ့ အိပ်တတ်တဲ့ ပုဂ္ဂိုလ်ကြီးတစ်ယောက်.....

ခ။ ။ ဟာ–လှလှကလည်း......

ဝေါဟာရ

အင်းလေးကန်(န) 茵丽湖　　　　　　　လန်းလန်းဆန်းဆန်း(ကြ) 精神饱满地
သာစည်(န) 大市　　　　　　　　　　တောင်ကြီး(န) 东枝
ညောင်ရွှေ(န) 良瑞　　　　　　　　　　မော်တော်(န/လိပ် motor) 摩托艇,汽艇
အပိုအမို(န) 多余,富余　　　　　　　　သိုးမွေးဆွယ်တာ(န) 毛衣,羊毛衫
တောင်ဒါးပန်း(န) 山腰　　　　　　　　အထင်းသား(ကြ) 清晰,一清二楚
ရှူ(က) 呼吸　　　　　　　　　　　　တိတ်ဆိတ်(နဝ) 寂静,恬静,安静

အမှုထမ်း(န)	公务员, 职员	ဆီးကြို(က)	迎接
ဖော်ဖော်ရွှေရွှေ(ကဝ)	殷勤地, 和蔼地, 好客地	ပန်းစည်း(န)	花束
ဆက်(က)	进贡, 呈献, 献	နွေးနွေးထွေးထွေး(ကဝ)	热烈地, 热情地
တိုင်လူမျိုး(န)	傣族	ကွာခြားချက်(န)	区别, 差距
နီးစပ်(က)	接近, 毗连	မုဆိုး(န)	猎人
တံငါ(န)	渔夫, 渔民	သူတော်ကောင်း(န)	善人, 君子
နားနားနေနေ(ကဝ)	走走停停, 干干歇歇	အနံအရှည်(န)	宽度
အလျားအရှည်(န)	长度	စင်ရော်(န)	海鸥
နီးနီးကပ်ကပ်(ကဝ)	近距离地	ဘုရားလှည့်(က)	佛像巡游
ဖောင်တော်(န)	御筏, 皇筏	ပင့်(က)	请, 恭请（僧侣、佛像）
ရေစီးသန်(က)	水急, 水流湍急	ဝိုင်း(နဝ)	圆
ခပ်(ကဝ)	稍, 略, 有些	အကြောင်းရင်း(န)	原因
ရေပေါ်အိမ်(န)	水上人家	ရေပေါ်ဈေး(န)	水上集市
ရေပေါ်စိုက်ပျိုးခြံ(န)	水上种植园	မွေးဖွား(က)	诞生, 出生
ကြမ်းပြင်(န)	河床, 湖底	လှုပ်ယမ်း(က)	晃动, 摇晃
ပုခက်(န)	摇篮, 吊床	အိပ်ရေးပျက်(က)	失眠
ဈေးနေ့(န)	集日	စုစည်း(က)	集中, 统一
မှော်ပင်(န)	浮萍		

လေ့ကျင့်ခန်း

၁။ ။ ကွင်းထဲက ဝေါဟာရများကို ပေးထားသောဝေါဟာရများဖြင့် အစားထိုးလေ့ကျင့်ပါ။

(၁) ဘာကြောင့်လဲဆိုတော့ (အင်းလေးကန်တိုက်မှာရာသီဥတု နည်းနည်းအေး) လို့ပါ။

စာမေးပွဲဖြေခါနီး

နည်းနည်းပင်ပန်း

လေ့ကျင့်ခန်းလုပ်တာမပြီးသေး

လုပ်စရာရှိသေး

(၂) အဆင်သင့်ရှိရင်ဘယ်လောက်ပဲ (အေးအေး) မကြောက်ပါဘူး။

ခက်ခက်

ဝေးဝေး

ခါးခါး

စပ်စပ်

ပူပူ

(၃) (ရှမ်းခေါက်ဆွဲနဲ့ရှမ်းဟင်းတွေစား) လို့ကောင်းပါတယ်။

                ဒီမှာထိုင်
                ဒီသိုးမွေးဆွယ်တာဝတ်
                ဟိုစက်ဘီးစီး
                အဲဒီနေရာမှာအိပ်

(၄) (အကြီးဆုံး) မဟုတ်ပေမဲ့ (အလှဆုံးရေကန်) ဖြစ်ပါတယ်။
        ဈေးအကြီးဆုံး   အရည်အသွေးကအကောင်းဆုံး
        အလီမွှာဆုံး   စာအကြိုးစားဆုံး
        ကိုယ်ကာယအထွားဆုံး   တာဝေးပြေးအမြန်ဆုံး
        ရုပ်ရည်အလှဆုံး   စိတ်နေစိတ်ထားကအကောင်းဆုံး

(၅) တော်တော်နဲ့ (ရေပေါ်မဆယ်) နိုင်ဘူး။
        ထိပ်ဖျားထိမတက်နိုင်
        ပထမမရ
        ပြီးအောင်မလုပ်
        ကုန်အောင်မစား

(၆) (မြေကွက်) မှမရှိဘဲ့နဲ့ဘယ်နယ်လုပ်ပြီး (ခြံလုပ်) နိုင်ပါ့မလဲ။
        ဖောင်တိန်   စာရေး
        ဆန်   ထမင်းချက်
        ရေ   စပါးစိုက်
        ပိုက်ဆံ   အိမ်ဝယ်

(၇) (ဖူလုံ) ရုံသာမကဘဲ (ရန်ကုန်ဈေးကိုတောင်ပို့) သေးတယ်။
        လောက်   ပိုတောင်ပို့
        ရန်ကုန်ကိုသွား   မန္တလေးကိုတောင်သွား
        မိုးစပါးကိုစိုက်   နွေစပါးကိုလည်းစိုက်
        သူ့ကို့သိရုံ   ရင်းလည်းရင်းနှီး

၂။ အောက်ပါမေးခွန်းများကို နုတ်ဖြင့်ဖြေပါ။

(၁) လှလှနဲ့မောင်မောင်တို့ဟာ အိပ်ရာကမနက်ထလာတော့ ဘယ်အချိန်ရှိပြီလဲ။
(၂) သူတို့ ဘာကြောင့် ဒီနေ့မနက် လန်းလန်းဆန်းဆန်းဖြစ်နေကြသလဲ။
(၃) နံနက်စာအတွက် သူတို့ ဘယ်လို စားကြသလဲ။
(၄) နံနက်စာစားပြီးတာနဲ့ သူတို့ ဘယ်ကို ထွက်ကြသလဲ။
(၅) မောင်မောင်က အင်းလေးကန်သွားတော့ ဘာဖြစ်လို့ အဝေးပြေးဘတ်စ်ကားနဲ့မစီးဘဲ မီးရထားစီးဖို့ စီစဉ်ထားသလဲ။
(၆) မန္တလေးကနေ အင်းလေးကန်ကိုသွားရင် ဘယ်လိုသွားရသလဲ။

(၇) အင်းလေးကန်ဟာ ဘယ်နေရာမှာ ရှိသလဲ။
(၈) ပေဘာင်ကြီးရောက်ရင် အင်းလေးကန်ရောက်ပြီလို့ ဆိုနိုင်သလား။
(၉) လှလှနဲ့မောင်မောင်တို့ဟာ တောင်ကြီးရဲ့ဘယ်ဟိုတယ်မှာ တည်းကြသလဲ။
(၁၀) သူတို့ ဘာဖြစ်လို့ တောင်ကြီးဟိုတယ်မှာ တည်းကြသလဲ။
(၁၁) သူတို့တွေ တောင်ကြီးဟိုတယ် တခါဝရောက်တော့ ဘာကိုများတွေ့မြင်ကြသလဲ။
(၁၂) တောင်ကြီးဟိုတယ် အမှုထမ်းတွေ လိုက်လိုက်လှဲလှဲကြိုဆိုတာကို တွေ့ရတော့ လှလှက ဘယ်လိုခံစား မိသလဲ။
(၁၃) ထမင်းစားခန်းမှာ မောင်မောင်က ရှောမရှောက်ရင်ရှောမလိုကျင့်ရမယ်လို့ ဘာကြောင့် ပြောသလဲ။
(၁၄) ရှမ်းထမင်းနဲ့ ရှမ်းဟင်းတွေစားပြီးတဲ့အခါ လှလှက ဘယ်လိုသဘောရှိသလဲ။
(၁၅) မှဆိုးနားနီးမှဆိုး၊ တံငါနားနီးတံငါ၊ သူတော်ကောင်းနားနီးသူ တော်ကောင်းဆိုတာဟာ ဘာကိုဆိုလိုသလဲ။
(၁၆) အင်းလေးကန်ကို သူတို့ ဘာလို့ နောက်တစ်နေ့ကျမှသွားကြရသလဲ။
(၁၇) နောက်နေ့မနက် သူ့ကို ဘာတွေစားကြသလဲ။
(၁၈) ညောင်ရွှေရောက်တော့ သူတို့က ဘာနဲ့ အင်းလေးကန်ထဲဆင်းကြသလဲ။
(၁၉) အင်းလေးကန်က ကောက်တော်ကျယ်ဝန်းသလား။
(၂၀) သူတို့စီးတဲ့မော်တော်နောက်မှာ ဘာဌက်တွေ လိုက်လိုက်လာသလဲ။
(၂၁) လှလှက ပျော်ရွှင်လာပြီး ဘာတွေများပြောသလဲ။
(၂၂) ရေလယ်ဘုရားမှာ ဘုရားဆင်းတုတော် ဘယ်နှစ်ဆူရှိသလဲ။
(၂၃) အဲဒီဆင်းတုတော်တွေ ဘာကြောင့် ဘုရားပုံ မထင်တော့တာလဲ။
(၂၄) အဲဒါနဲ့ပတ်သက်ပြီး လှလှက ဘယ်လိုကြားခဲ့ရသလဲ။ ခင်ဗျား ဘယ်လိုယူဆသလဲ။
(၂၅) အင်းလေးကန်ပေါ်မှာ အင်းသားရွာ ဘယ်လောက်ရှိသလဲ။
(၂၆) အင်းလေးကန်ပေါ်မှာ အင်းသားရွာတွေရှိတဲ့အပြင် တခြားဘာတွေများ ရှိသေးသလဲ။
(၂၇) လှလှက အဲဒီရေပေါ်အိမ်မှာအိပ်ရင် အိပ်ရေးပျက်မှာမဟုတ်ဘူးလို့ ဘာဖြစ်လို့ ပြောသလဲ။
(၂၈) ရေပေါ်ဈေးဟာ ဘာဖြစ်လို့ စည်စည်ကားကားရှိသလဲ။
(၂၉) အင်းသားတွေက ရေပေါ်ဈေးမှာ ဘာတွေများ ရောင်းကြသလဲ။
(၃၀) ရေပေါ်စိုက်ပျိုးခြံဆိုတာဟာ ဘယ်လိုလုပ်ပြီး ဖြစ်လာတာလဲ။
(၃၁) အဲဒီစိုက်ပျိုးခြံပေါ်မှာ စိုက်ရတဲ့ဟင်းသီးဟင်းရွက်တွေဟာ အင်းလေးကန်ပေါ်မှာ နေထိုင်ကြတဲ့ အင်းသားတွေအတွက် စားလို့ လောက်သကား။
(၃၂) အင်းသားတွေက လှော်လှော်တဲ့အခါမှာလက်နဲ့မလှော်ဘဲ ဘာဖြစ်လို့ ခြေထောက်နဲ့လှော်ကြသလဲ။
(၃၃) လက်နဲ့လှော်မလှော်ဘဲ ခြေထောက်နဲ့လှော်တာဟာ တကယ်မြန်သလား။ လက်နဲ့လှော်တာနဲ့ စာကြည့်ရင် ဘယ်ဟာက ပိုမြန်သလဲ။
(၃၄) လှလှက ဘာကြောင့် အင်းလေးကန်ဟာ မှန်တစ်ချပ်နဲ့မခြားပါကလားလို့ ပြောတာလဲ။
(၃၅) နောက်ဆုံးမှာ လှလှနဲ့မောင်မောင်ဟာ ဘယ်လိုနောက်သလဲ။

၃။ ။ ပေးထားသော အောက်ပါ အချက်အလက်များကို အခြေခံ၍ စကားပြောတစ်ပုဒ် ရေးပါ။

　　这几天天气很热，几乎每天都达到38度。同学们热得吃不好，睡不着，当然就更不想看书了。很多同学都结伴去北戴河海滩消暑。薇薇也呆不住了。她约钦钦暖一起去北戴河游泳。钦钦暖同意了。第二天晚上，她们俩就乘夕发朝至到秦皇岛的直达快车出发了。在秦皇岛刚一住下，她俩就穿上游泳衣下到海里泡上了两个小时。海水很蓝，游泳的人也很多，一片热闹景象。在北戴河，除了游泳以外，她们俩还去了孟姜女庙、燕塞湖、鸽子窝等处游玩。从北戴河回来的时候，她们感到一身轻松。

သင်ခန်းစာ (၂၀)   မြန်မာနိုင်ငံ၏ ရာသီဥတုအကြောင်း ပြောကြရအောင်

က။ ။ လှလှ
ခ။ ။ မောင်မောင်

(လှလှသည် မြန်မာနိုင်ငံသို့ ရောက်လာသည်မှာ ဘာလိုလိုနှင့် (၇)လကျော်(၈)လနီးပါး ရှိပါတော့မည်။ မေလယ်လောက်တွင် မိုးဦးကျ ရောက်လာသဖြင့် နေ့တိုင်းလိုလိုပင် မိုးရွာသည်။ ရွာသည့်အခါတွင် မိုး သဲသဲမဲမဲ ရွာသည်။ စဲသည့်အခါတွင် နေ သည်းထိပ်ချစ်တောက် ပူပူပြင်းပြင်း၏။ ဤသို့ရွာလိုက်စဲလိုက်ဖြစ်တတ်သဖြင့် ပဲခူးသူအိုးရေ ရန်ကုန်မိုးအစိုးမရဟူသော ဆိုရိုးစကားတစ်ခု ဖြစ်ပေါ်လာသည်ဆို၏။ ဤနေ့သည် မိုးရွာသောနေ့တစ်နေ့ ဖြစ်သည်။ လှလှသည် ကျောင်းအားသောကြောင့် မောင်မောင်နှင့် ရာသီဥတုအကြောင်း စကားစမြည် ပြောသည်။)

ခ။ ။ လှလှကိုကြည့်ရတာ မျက်နှာမကောင်းဘူး။ ဘာဖြစ်လို့လဲဟင်။
က။ ။ ဘာမှ မဖြစ်ပါဘူး။ စိတ်ညစ်လို့။
ခ။ ။ ဘာကြောင့် စိတ်ညစ်သလဲ။ စိတ်ဆင်းရဲစရာရှိလို့လား။
က။ ။ ဟင့်အင်း။ စိတ်ဆင်းရဲစရာရယ်လို့ မရှိပေါင့်။ မိုးရွာလို့။
ခ။ ။ သြော်—ဒီလိုကိုး။ ကြည့်ရတာ လှလှက မြန်မာရာသီဥတုနဲ့ ကျင့်သားမရသေးဘူးထင်တယ်။
က။ ။ ဟုတ်တယ်။ အသားမကျသေးဘူးနဲ့တူတယ်။ ဒါပေမဲ့ မောင်မောင်တို့နိုင်ငံရဲ့ရာသီဥတုကို မကြိုက်ဘူး လို့တော့ မဆိုနိုင်ဘူး။ မြန်မာနိုင်ငံရဲ့ရာသီဥတုကို သဘောကျတယ်လို့ ဆိုချင်ရင်လည်း ဆိုနိုင်ပါတယ်။
ခ။ ။ လှလှပြောတာကို ကျွန်တော် ဘယ်လို နားလည်ရမှန်း မသိတော့ဘူး။
က။ ။ ဒီလိုပါ။ မတ်လကစပြီး နေပူအိုက်လာလို့ နေ့တိုင်းလိုလို ချွေးဒီးဒီးကျတယ်။ အဲဒီလိုချွေးဒီးဒီးကျအောင် ပူအိုက်တဲ့အချိန်မှာ မိုးရွာလာတော့ အပူရှိန်လျော့သွားတာပေါ့။ အဲဒီအခါမှာ ကိုယ်ရောစိတ်ရော အေးလာပြီး စိတ်ချမ်းသာစရာမဟုတ်ဘူးလား။ ဒါကြောင့် မိုးရွာတာဟာ စိတ်ညစ်စရာလည်းဖြစ်တယ်။ စိတ်ချမ်းသာ စရာလည်းဖြစ်တယ်လို့ ပြောတာပါ။
ခ။ ။ အင်း—ဟုတ်တယ်။ လှလှပြောတာ မှန်ပါတယ်။ ကျွန်တော်တို့ မြန်မာနိုင်ငံမှာ ရာသီဥတု(၃)ပါး ခွဲခြားပါတယ်။ နွေ၊ မိုး၊ ဆောင်းလို့ ခေါ်ပါတယ်။ နွေရာသီက မတ်လကစပြီးမေလအထိ။ မိုးရာသီကဇွန်လက စပြီး စက်တင်ဘာလအထိ။ ဆောင်းရာသီကအောက်တိုဘာလကစပြီး နောင်နှစ်ဖေဖော်ဝါရီလအထိပါ။ မြန်မာလို ဆိုရင်တပေါင်းလပြည့်ကျော်(၁)ရက်က ဝါဆိုလပြည့်ထိနွေရာသီ။ ဝါဆိုလပြည့်ကျော်(၁)ရက်က တန်ဆောင်မုန်း လပြည့်ထိမိုးရာသီ။ တန်ဆောင်မုန်းလပြည့်ကျော်(၁)ရက်က တပေါင်းလပြည့်ထိ ဆောင်းရာသီလို့

သတ်မှတ်ထားတယ်။

က။ ။ ဒါဆို မိုးရာသီက အချိန်တော်တော်ရှည်တယ်နော်။ (၅)လလောက် ကြာတယ်။

ခ။ ။ အဲဒါ တစ်နှစ်နဲ့တစ်နှစ် မတူဘူး။ တချို့နှစ်မှာ မိုးစောစောကျရင်၊ မိုးရာသီ(၄)လထက်နည်းနည်းပိုတယ်။ တချို့နှစ်မှာ မိုးနောက်ကျတတ်တယ်။ ပုံမှန်အားဖြင့်၊ မိုးရာသီလည်း (၄)လပါ။

က။ ။ ကျွန်မတို့တရုတ်ပြည်မှာ ရာသီဥတု(၄)ပါးခွဲခြားပါတယ်။ နွေဦးရာသီရယ်၊ နွေရာသီရယ်၊ ဆောင်းချုင်းရာသီရယ်၊ ဆောင်းရာသီရယ်ရှိပါတယ်။ နွေဦးရာသီကမတ်လက မေလထိ၊ နွေရာသီကဇွန်လက သြဂုတ်လထိ၊ ဆောင်းချုင်းရာသီကစက်တင်ဘာလက နိုဝင်ဘာလထိ၊ ဆောင်းရာသီကဒီဇင်ဘာလက နောက်နှစ် ဖေဖော်ဝါရီလထိ သတ်မှတ်ထားပါတယ်။

ခ။ ။ တရုတ်ပြည်မှာ မိုးရာသီမရှိဘူးလား။

က။ ။ ဟုတ်ကဲ့၊ မိုးရာသီရယ်လို့ မရှိဘူး။ ဒါပေမဲ့၊ နွေရာသီမှာ မိုးရွာတတ်တယ်။ မြန်မာနိုင်ငံလို တရွာတည်း ရွာရွာနေတာတော့ မဟုတ်ပါဘူး။ သုံးလေးရက်ခြားတစ်ခါ၊ တစ်ပတ်ခြားတစ်ခါရွာပါတယ်။ မိုးရေချိန်ကမြန်မာနိုင်ငံလောက် မများပါဘူး။

ခ။ ။ ဟုတ်ကဲ့၊ မြန်မာနိုင်ငံ မိုးရာသီမှာဆိုရင် မိုးဆက်တိုက် ရွာလေရှိတယ်။ ရွာတဲ့အခါ သဲသဲမဲမဲနဲ့၊ စဲတဲ့အခါ နေထွက်လာပြီး ချစ်ချစ်တောက်ပူ တတ်တယ်။ အဲဒီလို ရွာလိုက်စဲလိုက်နဲ့ဘယ်အချိန်မှာ ရွာမှန်စဲမှန် မသိဘူး။ ဒါကြောင့်၊ ဘယ်ကိုပဲသွားသွား ထီးပါရစမြဲပဲ။ မိုးရွာရင် မိုးရေကာမယ်။ နေပူရင် နေကာမယ်။ ထီးဟာ ကျွန်တော်တို့ဘဝမှာ တော်တော်အရေးကြီးတဲ့အခန်းကဏ္ဍမှာပါဝင်တယ်။ ကျွန်တော်တို့မြန်မာတွေဟာ မိုးရွာတာကို သိပ်သဘောကျတယ်။ မိုးထဲလေထဲမှာ ကစားရတာလည်း ပျော်စရာတစ်မျိုးပါပဲ။

က။ ။ မြန်မာနိုင်ငံရဲ့ဆောင်းရာသီကို ကျွန်မသိပ်သဘောကျတယ်။ နိုဝင်ဘာလကစပြီး နောက်နှစ်ဖေဖော်ဝါရီလထိ ဒီအတောအတွင်းမှာ မြန်မာနိုင်ငံရဲ့ရာသီဥတုဟာ ကျွန်မတို့တရုတ်ပြည်ကလာတဲ့လူတွေအဖို့ရွှေရာသီလို့လည်း ဆိုလို့ရပါတယ်။ ဒီအချိန်မှာ အေးလည်းမအေး ပူလည်းမပူ နေလို့ထိုင်လို့ တော်တော်ကောင်းတဲ့အချိန် ဖြစ်တယ်။ နောက်ပြီးလေလည်း တစိုးတစိမှမတိုက်ဘူး။ မိုးလည်း တစ်ပေါက်တလေမှမရွာဘူး။ နေ့တိုင်း နေသာတယ်လို့ ကြားဖူးပါတယ်။

ခ။ ။ တရုတ်ပြည်မှာ နွေဦးရာသီဟာ တော်တော်ကောင်းတဲ့ရာသီ ဖြစ်တယ်လို့သိရတယ်။ ရာသီဥတုက သိပ်မပူဘူး။ နေလို့ထိုင်လို့ တော်တော်ကောင်းပါတယ်။ မိုးတဖွဲဖွဲပဲရွာတယ်။ သဲသဲမဲမဲမရွာဘူး။ မြက်ပင်သစ်ပင်တွေ စိမ်းလန်းစိုပြည်ပြီး ပန်းပင်တွေဝေဝေဆာဆာဖူးပွင့်လာတယ်။ ရောက်လေရာအရပ်တိုင်းမှာ မျက်စိ ပသာဒရှိတယ် ဆိုတာဟုတ်သလား။

က။ ။ ဟုတ်တော့ဟုတ်ပါတယ်။ နွေဦးရာသီမှာ ပန်းမျိုးစုံတွေဖူးပွင့်လာတယ်။ နေရာတကာမှာစိမ်းလန်းစိုပြည် လာတယ်။ မိုးသိပ်မရွာတာတော့အမှန်ပါပဲ။ ဒါပေမဲ့၊ ပြီးခဲ့တဲ့သုံးလေးနှစ်မှာ နွေဦးရာသီရောက်တိုင်း သဲမုန်တိုင်းတွေ ကျကျလာတော့၊ လေထဲမှာ ဖုန်တွေချည်းပါပဲ။ သွားရလာရတော်တော်ခက်တယ်။ ဝေးဝေး မမြင်ရဘူး။ လေကောင်းလေသန့်မရဘူး။ တော်တော်စိတ်ညစ်စရာပါပဲ။

ခ။ ။ အဲဒါက သစ်ပင်တွေအရမ်းခုတ်လို့၊ သဲကန္တာရဖြစ်ပြီး လေတိုက်တိုင်းလေထဲမှာ သဲတွေပါလာတာပါ။ ဒါကြောင့် ကျွန်တော်တို့က သဘာဝပတ်ဝန်းကျင်ကိုထိန်းသိမ်းရမယ်။ ပတ်ဝန်းကျင်ညစ်ညမ်းမှုကိုရှောင်ရမယ်။ နေရာတိုင်းမှာ သစ်ပင်ပန်းပင်တွေ အပြည့်စိုက်ရမယ်။ အဲဒီလိုလုပ်မှသာ ရေမြေသဘာဝသဟဇာတဖြစ်မှုရှိရှိပြီး ရာသီဥတုကောင်း

သထက်ကောင်းလာနိုင်တယ်။

(ဂ)။ ဟုတ်တယ်။ မောင်မောင်ပြောတာနဲ့ ကျွန်မအယူအဆနဲ့ သဘောချင်းတူပါတယ်။ သဘာဝရေမြေသိမ့်မျှလာနိုင်အောင် ကျွန်မတို့အတူတူ သစ်ပင်စိုက်ကြရအောင်မကောင်းဘူးလား။

ခ။ ။ ကောင်းတာပေါ့ဗျာ။ ဒါထက်၊တရုတ်ပြည်မှာ အကောင်းဆုံးရာသီက ဆောင်းချုင်းရာသီဆို။

က။ ။ ဟုတ်ကဲ့ပါ။ ဆောင်းချုင်းရာသီကို ကျွန်မတို့တရုတ်တွေဟာရွှေရာသီလို့ခေါ်ပါတယ်။ အကောင်းဆုံးရာသီပေါ့။ ဆောင်းချုင်းရာသီရောက်တိုင်း မိုးမရွာတဲ့အပြင် လေလည်း မတိုက်ပါဘူး။ နေ့တိုင်းလိုလို နေသာတယ်။ နေလို့ထိုင်လို့လည်းကောင်းတယ်။ ဒီရာသီမှာ တစ်နှစ်လုံး အပင်ပန်းခံစိုက်ပျိုးထားတဲ့ ကောက်ပဲသီးနှံတွေဟာ ရွှေရောင်ဝင်းဝင်းဖြစ်လာပြီးရိတ်သိမ်းချိန်ကျရောက်လာတယ်။ လယ်သမားတွေက လယ်ထဲမှာ ရိတ်သိမ်းရင်း သီချင်းတကြောကြော်ဆိုကြတယ်။ သူတို့ရဲ့မျက်နှာပေါ်မှာ အပြုံးပန်းတွေ ဝေဆာနေတယ်။

ခ။ ။ ဟုတ်တယ်။ ကျွန်တော်တို့နိုင်ငံ ကောက်ရိတ်ချိန်မှာလည် ဒီအတိုင်းပါပဲ။ လူတိုင်း ပျော်ကြတယ်။ ထမနဲပွဲကျင်း ဂြိမ့်ဂြိမ့်သဲကျင်းပတယ်။ ပူတွေဆိုကြကကြန့် ပျော်ကြတယ်။

က။ ။ ကဲ-မိုးစဲသွားပြီ။ အပြင်ကို ထွက်လည်ကြရအောင်။

ခ။ ။ ကောင်းသားပဲ။

ဝေါဟာရ

နီးပါး(ပ) 近乎, 几乎	မိုးတွင်း(န) 雨季
သဲသဲမဲမဲ(ကြ) 猛烈	ချစ်ချစ်တောက်ပူ(က) 极热, 极烫
စဲ(က) 终止, 停止, 结束	အစိုးရ(က) 控制, 支配, 统治
အမှန်(န) 正确, 对, 肯定	မတ်လ(န/လိပ် March+လ) 公历 3 月
ချွေးဒီးဒီးကျ(က) 汗如雨下	အပူရှိန်(န) 温度, 热度
ဂြိမ့်ဂြိမ့်သဲ(ကြ) 响彻云霄；热火朝天	ပါး(မ)（气候）季
နွေရာသီ(န) 暑季, 旱季	ကိုယ်(န) 躯体, 身躯
စိတ်(န) 精神	ဇွန်လ(န/လိပ် June+လ) 公历 6 月
မိုးရာသီ(န) 雨季	ဇူလိုင်လ(န/လိပ် July+လ) 公历 7 月
အောက်တိုဘာလ(န/လိပ် October+လ) 公历 10 月	နိုဝင်ဘာလ(န/လိပ် November+လ) 公历 11 月
ဖေဖော်ဝါရီလ(န/လိပ် February+လ) 公历 2 月	တပေါင်းလ(န) 缅历	二月
ဝါဆိုလ(န) 缅历四月	တန်ဆောင်မုန်းလ(န) 缅历八月
မိုးကျ(က) 雨季来临	ပို(နဝ) 多, 超出, 增加
ပုံမှန်(နဝ) 常规的, 正常的	ခွဲခြား(က) 分, 分别, 区别
နွေဦးရာသီ(န) 春天	ဆောင်းချုင်းရာသီ(န) 秋天
မေလ(န/လိပ် May+လ) 公历 5 月	သြဂုတ်လ(န/လိပ် August+လ) 公历 8 月
ထမနဲပွဲ(န) 糯米糕节	စက်တင်ဘာလ (န/လိပ် September+လ) 公历 9 月

ဒီဇင်ဘာလ(န/လိပ် December+လ) 公历 12 月   သတ်မှတ်(က) 决定, 规定
ခြား(က) 隔, 隔开   မိုးရေချိန်(န) 降雨量
ဆက်တိုက်(ကဝ) 连续   အရေးကြီး(နဝ) 重要的
အခန်းကဏ္ဍ(န) 章,（戏剧）幕, 场   ပါဝင်(က) 参加, 包含
အတောအတွင်း(န) 期间   တစိုးတစိ(ကဝ) 丝毫, 一丁点儿
ပေါက်(မ) 水滴   စိတ်ချမ်းသာ(က) 心情愉快
တဖွဲဖွဲ(ကဝ) 又细又密, 密密麻麻   စိမ်းလန်း(နဝ) 翠绿, 苍翠
ဝေဝေဆာဆာ(ကဝ) 繁茂地   ဖူးပွင့်(က) 开花
မျက်စိပသာဒ(န) 赏心悦目   သဲမုန်တိုင်း(န) 沙尘暴
အရပ်(န) 地方, 地区   သဘာဝ(န) 自然, 天然
ပတ်ဝန်းကျင်(န) 周围, 环境   ထိန်းသိမ်း(က) 保护, 维护
ညစ်ညမ်းမှု(န) 肮脏, 污染   ရှောင်(က) 避免, 回避
ရေမြေသဘာဝသဟဇာတဖြစ်မှု(န) 生态平衡   ဖုန်(န) 灰尘
အပင်ပန်းခံ(က) 受累   စိုက်ပျိုး(က) 种植, 栽培
ရွှေရောင်တဝင်းဝင်း(ကဝ) 金光闪闪   ရိတ်သိမ်း(က) 收割
အပြုံး(န) 微笑, 笑容

လေ့ကျင့်ခန်း

၁။ ကွင်းထဲက ဝေါဟာရများကို ပေးထားသောဝေါဟာရများဖြင့် အစားထိုးလေ့ကျင့်ပါ။

(၁) (လုလု) ကိုကြည့်ရတာ မျက်နှာမကောင်းပါဘူး။

မြမြ

ဝေဝေ

မမ

ကိုကို

(၂) (စိတ်ဆင်းရဲ) စရာရှိလို့လား။

ဝမ်းသာ

ပြော

သွား

မေး

(၃) ဟင့်အင်း၊ (စိတ်ဆင်းရဲ) စရာရယ်လို့မရှိပေါင်။

နားမလည်

အထင်လွဲ

တောင်းပန်

စိတ်ဆိုး
(၄) နေ့တိုင်းလိုလို (ချွေးဒီးဒီးကျ) တယ်။
　　　ဆီးနှင်းကျ
　　　လေတိုက်
　　　နေပူ
　　　ကျောင်းတက်
(၅) (နွေရာသီ) မှာ (မိုးရွာ) တတ်တယ်။
　　ဆောင်းရာသီ　ဆီးနှင်းကျ
　　နွေဦးရာသီ　　ပန်းမျိုးစုံဖူးပွင့်
　　ဆောင်းချုံးရာသီ ရာသီဥတုပွင့်လင်း
　　ကုန်းမြင့်ဒေသ　ရာသီဥတုပြောင်း
(၆) အဒီလို (ရွာ) လိုက် (စဲ) လိုက်နဲ့ဘယ်အချိန်မှာ (ရွာ) မှန်း (စဲ) မှန်းမသိပါဘူး။
　　ဝင်　　ထွက်　　　ဝင်　　ထွက်
　　ဖတ်　　နား　　　ဖတ်　　နား
　　တက်　　ဆင်း　　　တက်　　ဆင်း
　　သွား　　လာ　　　သွား　　လာ
(၇) ဘယ်ကိုပဲသွားသွား (ထီး) ပါရစမြဲပဲ။
　　　လွယ်အိတ်
　　　စာအုပ်
　　　ဆေး
　　　ကွမ်းယာ

၂။ ။ အောက်ပါမေးခွန်းများကို နှုတ်ဖြင့်ဖြေပါ။
(၁) လှလှ မြန်မာနိုင်ငံကို ရောက်လာတာ ဘယ်လောက်ကြာပြီလဲ။
(၂) မြန်မာနိုင်ငံမှာ မိုးတွင်း ဘယ်အချိန်ကျသလဲ။
(၃) မိုးတွင်းမှာ နေ့တိုင်းမိုးရွာသလား။
(၄) ပဲခူးသူအစိုးမရ၊ ရန်ကုန်မိုးအစိုးမရဆိုတဲ့ဆိုရိုးစကားရဲ့အဓိပ္ပာယ်ကို ရှင်းပြပါ။
(၅) လှလှက ဘာကြောင့် မျက်နှာမကောင်းသလဲ။ စိတ်ဆင်းရဲစရာရှိလို့လား။
(၆) မိုးရွာရင် လှလှစိတ်ညစ်တယ်ဆိုတော့ ဘာလို့လဲ။
(၇) လှလှက မြန်မာနိုင်ငံရဲ့ရာသီဥတုနဲ့ နေသားကျပြီလား။
(၈) လှလှကမိုးရွာတာဟာစိတ်ညစ်စရာလည်းဖြစ်တယ်၊စိတ်ပျော်စရာလည်းဖြစ်တယ်လို့ ဘာကြောင့်ပြောသလဲ။
(၉) မြန်မာနိုင်ငံမှာ ရာသီဥတု ဘယ်လိုခွဲခြားထားသလဲ။ တရုတ်ပြည်နဲ့တူသလား။
(၁၀) မြန်မာနိုင်ငံရာသီဥတုခွဲခြားပုံကို မြန်မာသင်္ကေတဖြစ်ပြောစမ်းပါ။

(၁၁) မြန်မာနိုင်ငံမှာ မိုးရာသီဟာ တော်တော်ကြာသလား။

(၁၂) တရုတ်ပြည်ရဲ့ရာသီဥတုခွဲခြားပုံကို ပြောပြစမ်းပါ။

(၁၃) တရုတ်ပြည်မှာ မိုးရာသီမရှိတော့ ဘယ်ရာသီမှာ မိုးရွာတတ်သလဲ။

(၁၄) မြန်မာလူမျိုးတွေဟာ ဘယ်ကိုပဲသွားသွား ထီးကို ဘာကြောင့် ယူသွားကြသလဲ။

(၁၅) မြန်မာလူမျိုးတွေဟာ ဘာကြောင့် မိုးရွာတာကို သိပ်သဘောကျသလဲ။

(၁၆) မြန်မာနိုင်ငံရဲ့ရွှေရာသီဟာ ဘယ်ရာသီလဲ။

(၁၇) ဘာကြောင့် ဆောင်းရာသီကို ရွှေရာသီလို့ ခေါ်သလဲ။

(၁၈) မြန်မာလူမျိုးရဲ့မျက်စိထဲမှာ တရုတ်ပြည်ရဲ့ရွှေရာသီဟာ ဘယ်ရာသီလဲ။

(၁၉) တရုတ်ပြည်ရဲ့ရွှေရာသီနဲ့ပတ်သက်ပြီး တရုတ်လူမျိုးက ဘယ်လိုသဘောထားသလဲ။

(၂၀) ပြီးခဲ့တဲ့သုံးလေးနှစ်ကစပြီး တရုတ်ပြည်မှာ ဘာကြောင့်သဲမုန်တိုင်းကျကျနေသလဲ။

(၂၁) သဲမုန်တိုင်းမကျအောင် ဘယ်လိုလုပ်ရမလဲ။

(၂၂) သစ်ပင်စိုက်ရင် ဘာအကျိုးတွေ ရရှိနိုင်သလဲ။

(၂၃) တရုတ်ပြည် ဆောင်းချင်းရာသီရဲ့သာယာပုံကို ပြောပြပါ။

(၂၄) မြန်မာနိုင်ငံမှာ ကောက်ရိတ်ချိန်မှာ ဘာပွဲတော်တွေ ခြိမ့်ခြိမ့်သဲကျင်းပသလဲ။

(၂၅) လုလုတို့က ဘယ်တော့လောက် ကျောင်းပြန်သလဲ။

၃။ ပေးထားသော အောက်ပါ အချက်အလက်များကို အခြေခံ၍ စကားပြောတစ်ပုဒ် ရေးပါ။

薇薇到北京大学对外汉语教育学院留学已经快7个月了。转眼秋天过去了,冬天来了。天气变冷,北风呼啸着,不时地下起大雪。未名湖结冰了。学生们在湖面上上体育课,练习滑冰。薇薇从没有看见下雪,也没有看见滑冰。今天,她约钦钦暖一起来到未名湖畔,两个人一边观看学生们滑冰,一边兴高采烈地交谈起来。

သင်ခန်းစာ(၂၁)   အွန်လိုင်းက ဈေးဝယ်ခြင်း

က။ ။ လှလှ
ခ။ ။ မောင်မောင်

(လှလှသည်မြန်မာနိုင်ငံ၊ ရန်ကုန်မြို့ရှိနိုင်ငံခြားဘာသာတက္ကသိုလ်သို့ ရောက်ရှိလာသည်မှာသုံးလေးရက်ကြာပါပြီ။ ယနေ့သည်တနင်္ဂနွေနေ့ဖြစ်သဖြင့် မိတ်ဆွေဟောင်းမောင်မောင်၏ဖိတ်ကြားချက်အရ လှလှသည်မောင်မောင့်အိမ်သို့ အလည်သွားပါသည်။)

က။ ။ ဒေါက်ဒေါက်ဒေါက် (လှလှအသာကလေး တံခါးခေါက်နေသည်။)
ခ။ ။ ဘယ်သူပါလဲခင်ဗျာ။
က။ ။ ကျွန်မပါ၊ လှလှ။
ခ။ ။ သြော်၊လှလှလား။ မြန်လိုက်တာ၊ ကြွပါဗျာ။
က။ ။ မြန်တာပေါ့။ ကျွန်မကတက္ကစီနဲ့လာတာမို့လို့။
ခ။ ။ တက္ကစီခဘယ်လောက်ပေးရသလဲ။
က။ ။ ၈၀၀။
ခ။ ။ များလိုက်တာ။ ဈေးမဆစ်ဘူးလား။
က။ ။ မဆစ်တော့ဘူး။ မြန်မြန်ရောက်ဖို့လိုရင်လေ။
ခ။ ။ ရက်ရောလိုက်တာ။ ခင်ဗျားက သူဌေးပေါ့။
က။ ။ သူဌေးတော့ မဟုတ်ပါဘူး။ ကားဆရာက အမ်းစရာအကြွေမရှိလို့တဲ့၊ ဘယ်တတ် နိုင်မလဲ။
ခ။ ။ ဒါနဲ့၊ လှလှ တရုတ်ပြည်မှာ တက္ကစီစီးရင်ပိုက်ဆံပေးစရာမလိုတော့ဘူး။ လက်ကိုင်ဖုန်းနဲ့ပေးလိုက်တယ်လို့ ကျွန်ကြားပါတယ်။ အဲဒါတကယ်လား။
က။ ။ ဟုတ်တယ်လေ။ တရုတ်ပြည်မှာတက္ကစီစီးမယ်ဆိုရင် လက်ကိုင်ဖုန်းနဲ့အရင် ဘွတ်ကင် လုပ်ပြီး ခဏစောင့်လိုက်ရင် တက္ကစီက လာခေါ်မယ်။ စီးတဲ့သူ ဘယ်လောက်ဝေးဝေးစီးစီးမဆင်ခင် လက်ကိုင်ဖုန်းပိုက်ဆံရှင်းရုံပဲလေ။ အဲဒါကို မိုဘိုင်းငွေရှင်းစစ်လို့ ခေါ်ပါတယ်။
ခ။ ။ ကျွန်တော်တို့မြန်မာပြည်မှာလည်း မိုဘိုင်းငွေရှင်းစစ်ရှိနေပေမဲ့ အသုံးမတွင်ကျယ်သေးပါဘူး။ သုံးတဲ့သူ နည်းသေးတယ်။
က။ ။ တရုတ်ပြည်မှာတော့ ဘာဝယ်ဝယ် အားလုံးလိုလိုမိုဘိုင်းငွေရှင်းစစ်နဲ့ ငွေရှင်းလို့ရပါတယ်။ ဒါမှမဟုတ် အာလီပေး

(Alipay)နဲ့လည်း ရှင်းလို့ရပါတယ်။ အပြင်ထွက်ရင် ပိုက်ဆံယူသွားစရာမလိုတော့ဘဲ ဖုန်းတစ်လုံးတည်းနဲ့ ဘာမဆို အဆင်ပြေပြေ ချော ချောမွေ့မွေ့ ဝယ်လို့ လုပ်လို့ရတာပဲ။

ခ။ ။ ဒါဆိုရင် ဘယ်သူမဆို အဒီစနစ်ကို သုံးလို့ရတာလား။

က။ ။ ဒါပေါ့။ အခုဆိုရင်တရုတ်ပြည်မှာ လူငယ်တွေတော်တော်များများ မိုဘိုင်းငွေရှင်းစနစ်ကိုသုံးနေကြတာ။ သူတို့က သုံးလည်းသုံးတတ်ကြပါတယ်။ လူကြီးတွေကတော့ ခေတ်ပေါ်စနစ်တွေကိုနားလည်လက်ခံဖို့ နောက်ကျလို့ သုံးတဲ့သူ သိပ်မများသေးဘူး။

ခ။ ။ တရုတ်ပြည်မှာနေရာတကာ ပလက်ဖောင်းတွေမှာ စက်ဘီးတွေတန်းစီထားပြီးဘယ်သူမဆို စီးလို့ ရတယ်လို့လည်းကြားပါတယ်။ တကယ်လား။

က။ ။ ဟုတ်တယ်လေ။ အများသုံးဝေမျှစက်ဘီး(shared bikes)လို့ခေါ်တာပေါ့။ ဝေမျှဆိုတာဟာအများသုံးလို့ရတဲ့ အဓိပ္ပာယ်ပါပဲ။ အဲဒါလည်း တရုတ်ပြည်ရဲ့ဆန်းသစ်တီထွင်မှုလေးမျိုးထဲက တစ်မျိုးပေါ့။ သုံးတဲ့အခါမှာ စက်ဘီးပေါ်မှာ ရှိတဲ့ကုဒ်(QR code)ကိုဖုန်းနဲ့တစ်ချက် စကင်(scan)ဖက်လိုက်ရုံနဲ့ စက်ဘီးသော့ အလိုလိုပွင့်သွားပြီး တက်စီးရုံပဲ။ မစီးချင်တော့ဘူးဆိုရင်လည်း စက်ဘီးကို လမ်းဘေးမှာ စနစ်တကျရပ်ထားပြီး သော့ခတ်ထားလိုက်ရုံပဲ။

ခ။ ။ တစ်ခါစီးရင်ဘယ်လောက်ပေးရသလဲ။

က။ ။ တစ်ယွမ်ပဲ။ ဈေးသက်သာပါတယ်။

ခ။ ။ တကယ်ဈေးသက်သာပြီး အဆင်ပြေလိုက်တာ၊ စီးချင်ရင်စီးမယ်၊ မစီးချင်တဲ့အခါမှာ အချိန်မရွေးလမ်းဘေးမှာ ရပ်လိုက်မယ်၊ ကောင်းလိုက်တာ။

က။ ။ အခုဆိုရင် ဒီလိုအများသုံးဝေမျှစက်ဘီးကိုတရုတ်ပြည်သာမက ဥရောပနဲ့အမေရိကတိုက်က တစ်ချို့မြို့ကြီးတွေ မှာလည်း တရုတ်ပြည်လုပ်အများသုံးစက်ဘီးတွေကိုစသုံးနေကြပါပြီ။ နိုင်ငံခြားသားတွေလည်း ဒီစနစ်ကို သိပ်စိတ်ဝင်စားနေကြတယ်။

ခ။ ။ ကျွန်တော်တို့ ရန်ကုန်မြို့နဲ့မန္တလေးမြို့တွေမှာလည်း ဘယ်တော့များမှမျှဝေစက်ဘီး စီးနိုင်မလဲမသိဘူးနော်။

က။ ။ စိတ်မပူပါနဲ့။ ဒီဆန္ဒ မြန်မြန်ပြည့်နိုင်မှာပါ။

ခ။ ။ ဒါဆိုရင် ကောင်းလိုက်တာ၊ ကျွန်တော် လည်ပင်းရှည်အောင်တော့ မစောင့်ရပါစေနဲ့။ အဲဒါနဲ့ ခုနကတရုတ်ပြည်မှာအခု ဆန်းသစ်တီထွင်မှုအသစ် လေးရပ်ရှိတယ်လို့ပြောတယ်မဟုတ်လား။ အများသုံးဝေမျှစက်ဘီးပြီးရင် ဘာတွေ ရှိသေးလဲ။

က။ ။ လူတွေကတရုတ်ပြည်မှာ အခုအသုံးများနေတဲ့ မိုဘိုင်းငွေရှင်းတာရယ်၊ အွန်လိုင်းဈေးဝယ်တာရယ်၊ အာလီပေးရယ်၊ မျှဝေစက်ဘီးရယ်တို့ကိုတရုတ်ပြည်ရဲ့ဆန်းသစ်တီထွင်မှုအသစ်လေးရပ်လို့ခေါ်ကြပါတယ်။

ခ။ ။ အခုတရုတ်ပြည်မှာအွန်လိုင်းပစ္စည်းဝယ်တာဟာ တော်တော်ခေတ်စားနေတယ်၊ ဟုတ်လား။

က။ ။ ဟုတ်တယ်လေ။ အခုတရုတ်ပြည်မှာလူငယ်တွေက အလုပ်တွေသိပ်ရှုပ်နေကြတာ။ လူမှုဘဝကလည်း လုပ်ရှားနေရတဲ့ကြားထဲမှာနားရက်ရဖို့တောင်မလွယ်ဘူး။ ပစ္စည်းတွေဘာတွေဝယ်ဖို့ အပြင်မထွက်ချင်ဘူး။ အိမ်မှာနေပြီး အွန်လိုင်းမှာပဲကိုယ်လိုချင်တဲ့ပစ္စည်းတွေကို ဝယ်ကြတယ်။ မိုဘိုင်းငွေရှင်းစနစ်နဲ့ဖြစ်ဖြစ် အာလီပေးနဲ့ဖြစ်ဖြစ် ငွေရှင်းကြတယ်။ အဆင်ပြေချောမွေ့တဲ့အပြင် အချိန်ကုန်လူပန်းလည်းသက်သာပါတယ်။ အွန်လိုင်းကပစ္စည်းဝယ်တာနဲ့ မိုဘိုင်းငွေရှင်းစနစ်တွေဟာ လူတွေရဲ့နေထိုင်တဲ့ပုံစံတွေကို ပြောင်းလဲသွားစေတယ်။

တရုတ်ပြည်သူတွေအတွက် အဆန်းအသစ်တွေ၊ အပြောင်းအလဲတွေကိုလည်း သယ်ဆောင်ပေးနေပါတယ်။

ခ။ ဒါဆိုရင် စူပါမာကက်မှာ ပစ္စည်းတွေဝယ်ရင်ကော မိုဘိုင်းငွေရှင်းစနစ်သုံးလို့ ရသလား။

က။ ရတယ်လေ။ အခုတရုတ်ပြည်ကမြို့ကြီးတွေမှာ စူပါမာကက်ဆိုတာငွေကိုင်မရှိဘူး။ စီမံခန့်ခွဲတဲ့ ဝန်ထမ်းတွေလည်း မရှိဘူး။ လူတွေက ကိုယ်လိုချင်တဲ့ပစ္စည်းတွေကို ရွေးပြီးလို့ရှိရင်ထွက်ပေါက်မှာ ဖုန်းတစ်ချက်ကပ်လိုက်တာနဲ့ ငွေရှင်းပြီးသွားပြီ။

ခ။ တကယ်လား။ ကောင်းလိုက်တာ။ နောက်ဆိုရင်အပြင်သွားတဲ့အခါ ပိုက်ဆံယူသွားစရာလိုတော့ဘူးပေါ့။

က။ စူပါမာကက်မှာတင်မကဘူး။ စားသောက်ဆိုင်မှာ၊ ဟိုတယ်မှာ၊ အမြန်ချောပို့တဲ့အချိန်၊ လေယဉ်လက်မှတ်၊ ရထား လက်မှတ်ယူတဲ့အချိန်စတဲ့နေရာအမျိုးမျိုးမှာ မိုဘိုင်းငွေရှင်းစနစ် ဒါမှမဟုတ် အာလီပေးနဲ့ငွေရှင်းလို့ရပါတယ်။ ကိစ္စတော်တော်များများကို အပြင်ထွက်စရာမလိုဘဲ ကိုယ့်အိမ်မှာ ကွန်ပျူတာတစ်လုံးနဲ့ ပြီးစီးအောင်လုပ်နိုင်ပါပြီ။ မိုဘိုင်းငွေရှင်းစနစ်က တရုတ်ပြည်မှာ အရှိန်အဟုန်နဲ့တိုးတက်နေပြီး နယ်ပယ်အမျိုးမျိုးမှာ ပျံ့နှံ့နေပါပြီ။ လမ်းဘေးက ဈေးသည်တွေတောင် ဖုန်းနဲ့ငွေယူငွေအမ်းနေကြပြီ။ အခုဆိုရင် တရုတ်လူငယ်တွေက အပြင်ထွက်ရင် များသောအားဖြင့် ပိုက်ဆံမယူကြတော့ဘူး။ ဖုန်းတစ်လုံးတည်းပဲကိုင်ပြီး ဝယ်ချင်တာတွေကို ဖုန်းနဲ့ပဲ ငွေရှင်းကြတယ်။

ခ။ အမယ်လေး၊ လက်ငင်းငွေမရှိတဲ့ ခေတ်ကပါလား။

က။ ဟုတ်တယ်။ တရုတ်ပြည်ကဒီလိုဖြစ်အောင် ကြိုးစားနေတဲ့အချိန်မှာဖွံ့ဖြိုးပြီးသား အနောက်နိုင်ငံတွေတောင် နောက်ကျနေကြပြီ။ အခုတရုတ်ပြည်ရဲ့မိုဘိုင်းငွေရှင်းတဲ့ပမာဏဟာ အမေရိကန်ထက်တောင်အဆပေါင်း (၅၀) များ နေတယ်လို့ စာရင်းကောက်တာတွေအရသိရပါတယ်။ တရုတ်လူမျိုးတွေဟာ အပြင်ထွက်ရင် ပိုက်ဆံအိတ်တောင် ယူစရာမလိုတော့ဘူး။ ဟန်းဖုန်းကိုပိုက်ဆံအိတ်လိုသုံးနေကြတယ်။ အမေရိကန်တွေက အားကျရတော့မယ်။

ခ။ ဒါတွေဟာ တရုတ်နိုင်ငံရဲ့ သိပ္ပံနည်းပညာတွေ ဖွံ့ဖြိုးတိုးတက်တဲ့အောင်မြင်မှုလည်းပဲ၊ တရုတ်ပြည်သူလူထုရဲ့ ဉာဏ်ပညာ အသီးအပွင့်တွေဖြစ်ပြီးတော့၊ တရုတ်ပြည်သူတစ်ရပ်လုံးရဲ့ဆန်းသစ်တီထွင်မှုတွေပါ။ ကြီးမြတ်လှတဲ့ တရုတ်နိုင်ငံ။ လိမ္မာပါးနပ်လိုက်တဲ့တရုတ်လူမျိုး။

က။ ရှင်လည်း စိတ်တွေစောစရာမလိုပါဘူး။ မြန်မာပြည်လည်း အနေနဲ့အမြန် အဲဒီလိုဖြစ်လာမှာပါ။

ဝေါဟာရများ

အွန်လိုင်း(န/လိပ် on Line) 网上	အသာကလေး(ကြ) 轻轻地, 轻声地, 柔和地
လိုရင်း(န) 原意, 本意, 要点	ရက်ရော(နဝ) 慷慨, 大方
အမ်း (က) 找钱	အကြွေ(န) 零钱
ဘွတ်ကင်လုပ် (က/လိပ် booking+လုပ်) 预定	မိုဘိုင်းငွေရှင်းစနစ်(န/လိပ် mobile+ငွေရှင်းစနစ်) 移动支付
အာလီပေး(န/လိပ် Alipay) 支付宝	ခေတ်ပေါ်(န) 时兴的, 时髦的, 现代的, 新生的
ပလက်ဖောင်း(န) 人行道；月台, 站台	အများသုံးဝေမျှစက်ဘီး(န) 共享自行车
အများသုံး(နဝ) 公用	ဆန်းသစ်တီထွင်မှု(န) 新发明
စကင်ဖတ်(က/လိပ် Scan+ဖတ်) 扫描, 扫掠	ကုဒ်(န/လိပ် QR code) 二维码
အလိုလို(ကြ) 自然而然地, 自动	တရုတ်ပြည်လုပ်(န) 中国产的, 中国造的

လည်ပင်း(န) 脖子, 颈, 项　　　　　　　ခေတ်စား(က) 流行, 盛行, 时髦
အချိန်ကုန်လူပန်း(န) 费时费力　　　　　သယ်ဆောင်(က) 带来, 搬运
စူပါမာ့ကက်(န/လိပ် super market) 超市　ငွေကိုင်(န) 收银员
စီမံခန့်ခွဲ(က) 管理　　　　　　　　　　ဝန်ထမ်း(န) 职员
ကပ်(က) 靠近, 挨近, 贴近；刷　　　　　ကွန်ပျူတာ(န/လိပ် computer) 计算机
ငွေယူငွေအမ်း(က) 收钱找钱, 收费　　　စာရင်းကောက်(က) 统计
ဟန်းဖုန်း(န/လိပ် hand phone) 手机

လေ့ကျင့်ခန်း

၁။ ။ ကွင်းထဲက ဝေါဟာရ၊ ပုဒ်များကို ပေးထားသောဝေါဟာရ၊ ပုဒ်များဖြင့် အစားထိုးလေ့ကျင့်ပါ။

(၁) (ကျွန်တော်ကတက္ကစီနဲ့လာတာ) မို့လို့။
　　ကျွန်တော်မလာခင် နည်းနည်းစားထားတာ
　　မနှစ်ကသင်္ကြန်ပွဲမှာသူနှင့်တွေ့ရတာ
　　　　　　သူ ဒီလောက်သည်းခံနိုင်တာ
　　　　　　မောင်မောင် ဆင်းရဲပင်ပန်းခံပြီးနေ့ရောညပါစာဖတ်တယ်။

(၂) (ကျွန်တော်လည်ပင်းရှည်အောင်တော့) မ (စောင့်)ပါရစေနဲ့။
　　　　ကျွန်တော်ဟိုအခန်း　　　နေ
　　　　ကျွန်မဒီအလုပ်　　　　　 လုပ်
　　　　ကျွန်တော် ဒီလိုဆောင်းပါး　ရေး

(၃) (စာရင်းကောက်တာတွေ) အရ (သိရပါတယ်)။
　　အစိုးရအမိန့်　　သေရည်သေရက်သောက်ခြင်းကိုတားမြစ်ထားပါတယ်။
　　အထက်လမ်းညွှန်မှု　 အဖိုးနှုန်းချိုသာစွာနဲ့ဖြန့်ဖြူး ရောင်းချလိမ့်မယ်။
　　သူတို့ပြောပြချက်　 သိရတယ်။

၂။ ။ အောက်ပါ မေးခွန်းများကို နှုတ်ဖြင့်ဖြေပါ။

(၁) သင်ခန်းစာထဲမှာဘယ်သူကဘယ်သူ့ဆီကိုသွားလည်သလဲ။
(၂) လှလှကမောင်မောင်ဆီကို ဘာနဲ့သွားသလဲ။
(၃) လှလှကဘာဖြစ်လို့တက္ကစီကိုရက်ရက်ရောရောနဲ့ပေးသလဲ။
(၄) လှလှကတက္ကစီကိုလက်ငင်းငွေနဲ့ပေးတာလား။
(၅) အခုတရုတ်ပြည်မှာပစ္စည်းဝယ်ရင်ဟန်းဖုန်းနဲ့ငွေရှင်းတယ်ဆို။
(၆) မိုဘိုင်းငွေရှင်းစနစ်ဆိုတာဘာကိုဆိုလိုတာလဲ။
(၇) အာလီပေးကကော။ ဘာအဓိပ္ပာယ်လဲ။
(၈) အများသုံးဝေမျှစက်ဘီးကိုဘယ်လိုဖွင့်စီးရမလဲ။

သင်ခန်းစာ(၂၁) အွန်လိုင်းက ဈေးဝယ်ခြင်း

(၉) အခုတရုတ်ပြည်ကိုလက်ငင်းငွေမသုံးသောနိုင်ငံလို့ဘာလို့အများက ပြောကြသလဲ။

(၁၀) ဘာဖြစ်လို့အမေရိကန်နိုင်ငံကတရုတ်ပြည်ကိုအားကျသလဲ။

(၁၁) လမ်းဘေး ဈေးသည်တွေကလည်း မှိုဘိုင်းငွေရှင်းစနစ်ကိုသုံး ကြသလား။

၃။ ။ ပေးထားသော အောက်ပါ အချက်အလက်များကို အခြေခံ၍ စကားပြောတစ်ပုဒ် ရေးပါ။

  星期天，拉拉约貌貌一起去仰光百货大楼购物，貌貌同意了。他们一起打出租车前往百货大楼。仰光百货大楼里熙熙攘攘，拥挤不堪，热闹非凡。拉拉买了一大堆东西，排队付款时，花费了很多时间。拉拉心里想这要是在国内该多好呀！根本不用外出，在家里网上购物很方便。于是拉拉把我国网上购物省时省力的情况讲给貌貌听。

သင်ခန်းစာ(၂၂) ရပ်ဝန်းတစ်ခုနှင့်လမ်းကြောင်းတစ်သွယ်အကြောင်း

က။ မောင်မောင်
ခ။ လှလှ

(တနင်္ဂနွေနေ့မို့ ရန်ကုန်နိုင်ငံခြားဘာသာတက္ကသိုလ်ကော်ဖီဆိုင်တွင် စည်စည်ကားကားဖြစ်ပြီးလှလှနှင့် မောင်မောင်သည် ကော်ဖီသောက်ရင်းထွေရာလေးပါပြောနေကြသည်။)

က။ လှလှ။ တစ်ခုတည်းသောရပ်ဝန်း၊ တစ်ခုတည်းသောလမ်းကြောင်းဆိုတာ မင်းသိသလား။

ခ။ သိတာပေါ့။

က။ ဒါဆိုရင်ပြောပြပါဦး။ တစ်ခုတည်းသောရပ်ဝန်း၊ တစ်ခုတည်းသောလမ်းကြောင်းဆိုတာ ဘာအဓိပ္ပယ်လဲ။

ခ။ ရပ်ဝန်းနဲ့လမ်းကြောင်းဆိုတာဟာ ပိုးလမ်းမကြီးစီးပွားရေးစနစ်နဲ့(၂၁)ရာစု ပင်လယ်ရေကြောင်း ပိုးလမ်းမကြီးကို ပေါင်းပြီးတော့ ခေါ်လိုက်တာပါ။ ဒါကမဟာစီမံကိန်းတစ်ခုဖြစ်ပါတယ်။ ရေးခေတ်ပိုးလမ်းမကြီးတစ်လျှောက်မှာ ရှိတဲ့နိုင်ငံတွေနဲ့ ပင်လယ်ပိုးလမ်းမကြီးတစ်လျှောက်မှာရှိတဲ့နိုင်ငံတွေကို တရုတ်နိုင်ငံဖွံ့ဖြိုးတိုးတက်မှု နဲ့ဆက်စပ်ပြီး ဖော်ဆောင်တဲ့မဟာဗျူဟာစီမံကိန်းတစ်ခု ဖြစ်ပါတယ်။

က။ ဩော်။ ဒီလိုလား။ အဲဒါကို ဘယ်သူကစပြီး အကြံပြုခဲ့တာလဲ။

ခ။ သမ္မတ ရှီကျင့်ဖျင်လေ။

က။ ဘယ်တုန်းကစပြီး အကြံပြုခဲ့တာလဲ။ မင်းသိလား။

ခ။ ကာဇက်စတန်နိုင်ငံမှာ ကျင်းပတဲ့နိုင်ငံတကာအစည်းအဝေးတစ်ခုမှာပြီး အကြံပြုခဲ့တာပါ။

က။ ဒါဆိုရင် တစ်ခုတည်းသောရပ်ဝန်း၊ တစ်ခုတည်းသောလမ်းကြောင်း စီမံကိန်းမှာ ဘာအကြောင်းတွေပါသလဲ။

ခ။ ဒါကတော့ တရုတ်နိုင်ငံနဲ့လမ်းကြောင်းတစ်လျှောက်မှာရှိတဲ့နိုင်ငံတွေကြားမှာ မူဝါဒ၊ အခြေအဆောက်အအုံ၊ ကုန်သွယ်ရေး၊ ငွေပင်ငွေရင်း၊ ပြည်သူတွေရဲ့ထပ်တူကျတဲ့၊ သဘောထားတွေ တစ်သားတည်းဆက်စပ်ပြီး နိုင်ငံအသီးသီးရဲ့အခြေအဆောက်အအုံနဲ့၊ စီးပွားရေးဖွံ့ဖြိုးတိုးတက်မှုတွေကိုတိုးမြှင့်ပေးသွားမှာ ဖြစ်ပါတယ်။

က။ ဩော်၊ တစ်ခုတည်းသောရပ်ဝန်း၊ တစ်ခုတည်းသောလမ်းကြောင်းစီမံကိန်းကို ဖော်ဆောင်ရင် ဘယ်လိုအကျိုး အမြတ်တွေရလာနိုင်သလဲ။

ခ။ လမ်းကြောင်း တစ်လျှောက်မှာ ရှိတဲ့နိုင်ငံတွေရဲ့စီးပွားရေးဖွံ့ဖြိုးအောင်တိုးမြှင့်ပေးနိုင်ပါတယ်။ အဲဒီနိုင်ငံတွေကို ကျွန်မတို့တရုတ်နိုင်ငံရဲ့စီးပွားရေးတံခါးဖွင့်မှုဝါဒရလဒ်တွေကိုမျှဝေပေးနိုင်ပါတယ်။ ဒေသတွင်း စီးပွားရေးပူးပေါင်း ဆောင်ရွက်မှုစနစ်သစ်တစ်မျိုးဖြစ်ပြီး အတူတကွညှိနှိုင်း၊ တည်ဆောက်၊ ခံစားကြမယ့်မဟာဗျူဟာတစ်ရပ်ဖြစ်ပါတယ်။

က။ ။ မြန်မာနိုင်ငံတော် အတိုင်ပင်ခံပုဂ္ဂိုလ် ဒေါ်အောင်ဆန်းစုကြည်နဲ့ မြန်မာနိုင်ငံအစိုးရဌာနအသီးသီးကလည်း ရပ်ဝန်းလမ်းကြောင်းစီမံကိန်းကိုအလေးထားကြပါတယ်။ ရပ်ဝန်းလမ်းကြောင်းတည်ဆောက်ရေးလုပ်ငန်းမှာ တက်တက်ကြွကြွ ပါဝင်ဆောင်ရွက်ဖို့ဆန္ဒရှိကြပါတယ်။ မြန်မာနိုင်ငံစီးပွားရေးဖွံ့ဖြိုးတိုးတက်မှုစီမံကိန်းကို ရပ်ဝန်းလမ်းကြောင်းစီမံကိန်းနဲ့ဆက်စပ်ပြီး မြန်မာနိုင်ငံစီးပွားရေးဖွံ့ဖြိုးတိုးတက်မှုကို တွန်းအားပေးနိုင်လိမ့်မယ်လို့ မျှော်လင့်ပါတယ်။

ခ။ ။ ဟုတ်ပါတယ်။ ဒေါ်အောင်ဆန်းစုကြည်ကအလုပ်သိပ်များတဲ့ကြားထဲမှာတောင် ပီကင်းမှာကျင်းပတဲ့ရပ်ဝန်း လမ်းကြောင်းတစ်လျှောက် နိုင်ငံအသီးသီးရဲ့ထိပ်သီးအစည်းအဝေးကို တက်ရောက်ခဲ့ပါတယ်။ ရပ်ဝန်းလမ်းကြောင်းစီမံကိန်းကို အစွမ်းကုန်ထောက်ခံကြောင်း သူရဲ့လက်တွေ့လုပ်ဆောင်ချက်နဲ့ သက်သေပြတာဖြစ်ပါတယ်။

က။ ။ အကြောင်းအမျိုးမျိုးကြောင့်ကျွန်တော်တို့ မြန်မာနိုင်ငံက စီးပွားရေးဖွံ့ဖြိုးတိုးတက်မှု နှေးကွေးပြီး စက်မှုလုပ်ငန်း အဆင့်အတန်းနိမ့်ကျခဲ့ပါတယ်။ အထောက်အပံ့ပစ္စည်းတွေချို့တဲ့လို့ အခြေခံအဆောက်အအုံ ဖြည့်ဆည်းရေးလုပ်ငန်းကိုတိုးမြှင့်ဖို့ အရေးကြီးနေပါတယ်။ ရပ်ဝန်းလမ်းကြောင်းစီမံကိန်းက ရထားလမ်း၊ ကားလမ်း၊ ဆိပ်ကမ်း၊ ဆက်သွယ်ရေးနဲ့ အင်တာနက်စတဲ့အခြေခံအဆောက်အအုံတည်ဆောက်ရေးကို ဦးစားပေးကဏ္ဍထားတာဟာမြန်မာနိုင်ငံရဲ့လက်တွေ့အခြေအနေနဲ့အင်မတန်ကိုက်ညီပါတယ်။ မြန်မာနိုင်ငံရဲ့ စီးပွားရေးရည်မှန်းချက်နဲ့လည်းထပ်တူထပ်မျှဖြစ်နေပါတယ်။

ခ။ ။ မှန်ပါတယ်။ ကျွန်မလည်းအဲဒီလိုပဲမြင်ပါတယ်။ ရပ်ဝန်းလမ်းကြောင်းတည်ဆောက်ရေးဟာ မြန်မာနိုင်ငံရဲ့ အခြေခံအဆောက်အအုံအခြေအနေကိုအများကြီးပြောင်းလဲလာစေလိမ့်မယ်။ မြန်မာနိုင်ငံရဲ့စီးပွားရေး ဖွံ့ဖြိုးတိုးတက်မှုနဲ့ ပြည်သူတွေရဲ့လူမှုဘဝတွေကိုလည်း အများကြီးတိုးမြှင့်ပေးနိုင်မှာ သေချာပါတယ်။

က။ ။ အဲဒါဆို ရပ်ဝန်းလမ်းကြောင်းတည်ဆောက်ရေးအတွက် ငွေပင်ငွေရင်းအများအပြားလိုအပ်တာပေါ့။ မြန်မာနိုင်ငံလည်း အမြန်ရထားလမ်းတို့၊ အဝေးပြေးလမ်းမကြီးတို့ကို တည်ဆောက်ချင်တာကြာလှပြီ။ အရင်းအနှီးတွေ ချို့တဲ့နေလို့အကောင်အထည်မဖော်နိုင်တာ။ ဒါဆိုရင် ရပ်ဝန်းလမ်းကြောင်း တည်ဆောက်ရေးမှာရော လိုအပ်တဲ့ ငွေပင်ငွေရင်းတွေကို ဘယ်လိုဖြေရှင်းတာလဲ။

ခ။ ။ ရပ်ဝန်းလမ်းကြောင်းတည်ဆောက်ရေးငွေပင်ငွေရင်းပြဿနာကိုဖြေရှင်းဖို့တရုတ်နိုင်ငံက အမေရိကန်ဒေါ်လာ ဘီလီယံ (၄၀) ထောက်ပံ့ပြီးပိုးလမ်းမကြီးရန်ပုံငွေဆိုပြီးတော့ထူထောင်ထားခဲ့ပါတယ်။ တစ်ချိန်တည်းမှာပဲ တရုတ်နိုင်ငံရဲ့အဆိုပြုချက်အရ အာရှအခြေခံအဆောက်အအုံရင်းနှီးမြှုပ်နှံမှုဘဏ်ကိုလည်းထူထောင် ခဲ့ပါသေးတယ်။

က။ ။ ငွေပင်ငွေရင်းရှိရင် အဆင်ပြေသွားမှာပေါ့။

ခ။ ။ မင်းပြောတာမှန်ပါတယ်။ ဒါပေမဲ့အဓိကသော့ချက်တစ်ခုလိုပါသေးတယ်။ ပြည်သူတွေရဲ့ထောက်ခံအားပေးမှုပါ။ ပြည်သူတွေထောက်ခံမယ်ဆိုရင်ဘယ်လောက်ကြီးမားတဲ့အခက်အခဲဖြစ်ဖြစ်ဖြေရှင်းနိုင်မှာဖြစ်ပါတယ်။ ပြည်သူတွေရဲ့ ထောက်ခံအားပေးမှုမရှိရင် ဘာကိုမှလုပ်ဖြစ်စရာအကြောင်းမရှိပါဘူး။ တရုတ်ပြည်မှာဆိုရိုးတစ်ခုရှိပါတယ်။ ညီညွတ်ရင် ထိုက်စန်းတောင်ကိုတောင်ရွှေ့နိုင်မယ့်၊ ဒီသဘောတရားကို ဆိုလိုတာဖြစ်ပါတယ်။

က။ ။ ဩော်၊ အဲဒါနဲ့၊ မင်းခုနကပြောတဲ့ပြည်သူတွေထပ်တူကျတဲ့သဘောထားတွေ တစ်သားတည်းဆက်စပ်တယ်ဆို တာဟာလည်း ဒီအဓိပ္ပာယ်လား။

ჂႮ ။   ။   ဟုတ်တယ်၊ မှန်တာပေါ့။ အားလုံးကသဘောထားတွေတစ်သားတည်းဖြစ်ပြီးအပြန်အလှန်နားလည်မှုရှိရင်ဘာ
              အလုပ်မဆိုအောင်မြင်နိုင်မယ်။
က ။   ။   မှန်ပါတယ်။ ကျွန်တော်လုံးဝထောက်ခံပါတယ်။ တရုတ်မြန်မာနှစ်နိုင်ငံဟာ တောတောင်ရေမြေချင်းဆက်စပ်ပြီး
              နှစ်နိုင်ငံပြည်သူတွေက ရှေးခေတ်ကတည်းကပေါက်ဖော်ချစ်ကြည်ရေးထားရှိခဲ့ပြီးသားဖြစ်ပါတယ်။ နှစ်နိုင်ငံလွတ်မြောက်ရေး
              နဲ့လွတ်လပ်ရေးရရှိပြီးတဲ့နောက်ပိုင်းမှာလည်း ထိပ်သီးခေါင်းဆောင်တွေအပြန်အလှန်လည်ပတ်ကြည့်ရှုတာတွေ
              အများကြီးလုပ်ခဲ့ကြပါတယ်။ ပြည်သူတွေလည်း ပိုရင်းနှီးလာပြီးအပြန်အလှန်ရိုင်းပင်းကူညီ၊ နားလည်
              ထောက်ခံခဲ့ကြလို့ ပေါက်ဖော်ချစ်ကြည်ရေးကလည်းတစ်ဆင့်ပိုတက်လာပါတယ်။ နှစ်နိုင်ငံပြည်သူတွေက
              သဘောထားတွေတစ်သားတည်းဖြစ်ပြီး တက်ညီလက်ညီပူးပေါင်းဆောင်ရွက်မယ်ဆိုရင်ကြိုးတိုင်းအောင်နိုင်ပြီး
              ရည်မှန်းချက်အိပ်မက်တွေကိုလည်း အပြည့်အဝဖော်ဆောင်နိုင်မှာ ဖြစ်ပါတယ်။
Ⴢ ။   ။   အပြန်အလှန်နားလည်မှု အခွန်းရှည်ပါစေ။

ဝေါဟာရများ

ရပ်ဝန်း(န) 地带, 地域	လမ်းကြောင်း(န) 路, 道路, 轨道
ပိုးလမ်းမကြီး(န) 丝绸大道, 丝绸之路	စကြီ(န) 走廊, 游廊, 车站站台
ရာစု(န) 世纪	စီမံကိန်း(န) 计划, 规划
တစ်လျှောက်(န) 一带, 一线, 一条	ဆက်စပ်(က) 连接, 结合, 联系
မဟာဗျူဟာ(န) 战略	အကြံပြု(က) 提议, 建议, 出主意
ကဇက်စတန်(န) 哈萨克斯坦	နိုင်ငံတကာ(န) 国际
မူဝါဒ(န) 政策, 方针	အခြေခံအဆောက်အအုံ(န) 基础设施
ငွေပင်ငွေရင်း(န) 资金, 本钱	ထပ်တူကျ(က) 一样, 相似, 雷同
တစ်သားတည်း (ကဝ) 一致地, 连成一片地	ဖော်ဆောင်(က) 实现, 体现
အကျိုးအမြတ်(န) 利益, 好处, 利润	တံခါးဖွင့်မူဝါဒ(န) 开放政策
ရလဒ်(န) 结果, 成果, 产物	ပူးပေါင်း(က) 联合, 合并, 汇合
စနစ်သစ်(န) 新制度, 新规格, 新方式, 新方法	ညှိနှိုင်း(က) 协商, 磋商
အတိုင်ပင်ခံပုဂ္ဂိုလ်(န) 顾问	တွန်းအားပေး(က) 推动
ထိပ်သီးအစည်းအဝေး(န) 峰会	လက်တွေ့ (ကဝ) 实践
လုပ်ဆောင်ချက်(န) 工作, 操作	နှေးကွေး(နဝ) 慢, 缓慢
ချို့တဲ့(က) 不足, 缺乏, 缺少	ဖြည့်ဆည်း(က) 补充, 填补, 充实
အင်တာနက်(န/လိပ် internet) 网络	ကိုက်ညီ(က) 符合, 一致
ထပ်တူထပ်မျှဖြစ်(က) 相同, 相等, 同样	အမြန်ရထားလမ်း (န) 铁路
အဝေးပြေးလမ်းမကြီး (န) 高速公路	အရင်းအနှီး(န) 资本, 资金
ဘီလီယံ(န/လိပ် billion) 十亿	ရန်ပုံငွေ(န) 基金
ဘဏ်(န/လိပ် bank) 银行	သော့ချက်(န) 关键

သဘောတရား (န) 理论, 学说, 道理　　　　　　ပေါက်ဖော်(န) 同胞, 亲戚
ရိုင်းပင်း(က) 帮助, 协助, 辅助

လေ့ကျင့်ခန်း

၁။ ။ ကွင်းထဲက ဝေါဟာရ၊ ပုဒ်များကို ပေးထားသောဝေါဟာရ၊ ပုဒ်များနှင့်အစားထိုးလေ့ကျင့်ပါ။

(၁) (ရပ်ဝန်းလမ်းကြောင်းတည်ဆောက်ရေးလုပ်ငန်းမှာတက်တက်ကြွကြွပါဝင်ဆောင်ရွက်) ဖို့ဆန္ဒရှိပါတယ်။

ကျွန်တော်ကမြန်မာနိုင်ငံကိုသွားလည်
ဖေဖေနဲ့မေမေတို့နိုင်ငံခြားကိုခရီးထွက်လည်
သားကြီးဟာအိမ်ထောင်ကျပြီးတဲ့နောက်တိုက်ခန်းအသစ်တစ်ခုဝယ်

(၂) (တရုတ်–မြန်မာနှစ်နိုင်ငံဟာ တောတောင်ရေမြေချင်းဆက်စပ်ပြီး နှစ်နိုင်ငံပြည်သူတွေက ရှေးခေတ်ကတည်းက ပေါက်ဖော်ချစ်ကြည်ရေးထားရှိခဲ့) ပြီးသား (ဖြစ်ပါတယ်)။

မချိုဟာကိုအေးထွန်းအကြောင်းကိုသိ　　　　ပါ။
မင်းတောင်းပန်ဖို့မလိုဘူး။ ကျွန်တော်ခွင့်လွှတ်　　ပြီ။
ကြာရှည်အတူနေမဖြစ်ဘူးဆိုတာ ငါအစကတည်းကတွက်　ပါ။
မနက်ဖြန်ဆိုရင် ကျွန်တော်မြို့ထဲကိုသွားပြီးချုပ်　အကျီ ကိုသွားဝယ်မယ်။

၂။ ။ အောက်ပါ မေးခွန်းများကို နှုတ်ဖြင့်ဖြေပါ။

(၁) တနင်္ဂနွေနေ့မှာလှလှနဲ့မောင်မောင်တို့ဟာဘာသွားလုပ်သလဲ။
(၂) လှလှနဲ့မောင်မောင်တို့ဟာ ကော်ဖီသောက်ရင်း ဘာအကြောင်းကိုများဆွေးနွေးကြသလဲ။
(၃) တစ်ခုတည်းသောရပ်ဝန်းနဲ့တစ်ခုတည်းသောလမ်းကြောင်းဆိုတာဘာအဓိပ္ပာယ်လဲ။
(၄) ရပ်ဝန်းတစ်ခုနဲ့လမ်းကြောင်းတစ်ခုဆိုတဲ့မဟာဗျူဟာစီမံကိန်းကိုဘယ်သူကအဆိုပြုတာလဲ။ ဘယ်တုန်းကလဲ။
(၅) ရပ်ဝန်းတစ်ခုနဲ့လမ်းကြောင်းတစ်ခုစီမံကိန်းဟာဘာအကြောင်းတွေပါသလဲ။
(၆) ရပ်ဝန်းတစ်ခုနဲ့လမ်းကြောင်းတစ်ခုစီမံကိန်းကိုဖော်ဆောင်ရင်ဘာအကျိုးအမြတ်များရှိသလဲ။
(၇) ဒေါ်အောင်ဆန်းစုကြည်ကအလုပ်သိပ်များတဲ့အထဲဘယ်ကိုသွားပြီးထိပ်သီးအစည်းအဝေးတက်ရောက်သလဲ။
(၈) မြန်မာနိုင်ငံရဲ့စီးပွားရေးအခြေအနေပြောပြပါ။
(၉) ရပ်ဝန်းတစ်ခုနဲ့လမ်းကြောင်းတစ်ခုစီမံကိန်းကိုဖော်ဆောင်ဖို့လိုအပ်တဲ့ငွေပင်ငွေရင်းများကိုဘယ်လိုဖြေရှင်းသလဲ။
(၁၀) ရပ်ဝန်းတစ်ခုနဲ့လမ်းကြောင်းတစ်ခုစီမံကိန်းကိုဖော်ဆောင်ဖို့အတွက်အဓိက သော့ချက်ဆိုတာဘာလဲ။

၃။ ။ ပေးထားသော အောက်ပါ အချက်အလက်များကို အခြေခံ၍ စကားပြောတစ်ပုဒ် ရေးပါ။

　　星期六，貌貌找拉拉玩，两人一起聊起了一带一路。拉拉详细向貌貌介绍了一带一路的情况，貌貌听得很高兴，说毕业后一定积极参加到一带一路建设中来。

သင်ခန်းစာ(၂၃)   ဒါက Big Data ပါ

က။   ဝန်ဆောင်မှုကောင်တာမှအမျိုးသမီး

ခ။   ဖောက်သည်

(ကလင်ကလင်.....Pizza Hut ဝန်ဆောင်မှုကောင်တာဖုန်းသံမြည်လျက်.....)

က။ ။   ဟလို။ ဘာကူညီပေးရမလဲရှင်။

ခ။ ။   ဟလို။ ကျွန်တော် Pizza တစ်ခုလောက်.....

က။ ။   မစ္စတာ။ ရှင့် VIP ကတ်နံပါတ် အရင်သိပါရစေရှင်။

ခ။ ။   ၁၆၈၄၆၁၄၆၀၀၀

က။ ။   မစ္စတာချန်။ မင်္ဂလာပါ။ ရှင်က လွတ်မြောက်ရေးလမ်း။ နံပါတ် ၁။ (၁၂) လွှာ အခန်းနံပါတ် ၁၂၀၅ မှာနေပါတယ်။ အိမ်ဖုန်းနံပါတ်က ၂၆၄၆၀၀၀ ။ ရုံးဖုန်း နံပါတ်က ၄၆၆၆၀၀၀ ။

ခ။ ။   ကျွန်တော့်ဖုန်းနံပါတ်တွေကို ဘယ်လိုသိတာလဲ။

က။ ။   ကျွန်မတို့က CRM စနစ်နဲ့ ဆက်ထားလို့ပါ မစ္စတာချန်။

ခ။ ။   ကျွန်တော်က ပင်လယ်စာ Pizza တစ်ခု မှာချင်လို့.....

က။ ။   မစ္စတာချန်။ ပင်လယ်စာ Pizza က ရှင်နဲ့မတည့်ပါဘူးရှင်။

ခ။ ။   ဘာဖြစ်လို့လဲ။

က။ ။   ရှင်ရဲ့ ဆေးမှတ်တမ်းအရ ရှင်မှာ သွေးတိုးရောဂါရှိပြီး ကိုလက်စထရောလည်းများနေလို့ပါ။

ခ။ ။   ဒါဆိုရင် ဘာစားရင်ကောင်းမလဲ။ အကြံပေးပါဦး။

က။ ။   ကျွန်မတို့ရဲ့ အဆီလျော့ကျန်းမာရေး Pizza ကို စားကြည့်ပါလား။

ခ။ ။   ကျွန်တော် အဲဒါ ကြိုက်တာ ခင်ဗျားဘယ်လိုသိတာလဲ။

က။ ။   ပြီးခဲ့တဲ့တစ်ပတ်မှာ ရှင်က အမျိုးသားစာကြည့်တိုက်မှာ ကျန်းမာရေးနဲ့ ညီညွတ်တဲ့အဆီလျော့ဟင်း ချက်နည်းဆိုတဲ့စာအုပ်ကို ငှားခဲ့ဖူးတယ်မဟုတ်လား။

ခ။ ။   ဟုတ်ပြီ။ ဒါဆိုရင် ကျွန်တော် မိသားစု Pizza အကြီးစား တစ်ခုမှာမယ်။

က။ ။   မစ္စတာချန်။ အကြီးစားဆိုရင် မလောက်သေးဘူး။

ခ။	ဘာဖြစ်လို့လဲ။
က။	ရှင့်မိသားစုမှာ စုစုပေါင်း ၆ ယောက်ရှိပါတယ်။ စပယ်ရှယ်အကြီးစားတစ်ခုမကောင်းဘူးလား။
ခ။	ဘယ်လောက်ကျမလဲ။
က။	၉၉ ယွမ်။ အဲဒါတော့ ရှင့်မိသားစု ၆ ယောက်အတွက် လုံလောက်ပါပြီ။ ဒါပေမဲ့ ရှင်အမေကလျှော့စားသင့်တယ်။ သူကအရင်လမှာ နှလုံးရောဂါကြောင့်ခွဲစိတ်ကုသပြီး အခုအချိန်ဟာ နာလန်ပြန်ထလာတဲ့အချိန်မို့လို့ပါ။
ခ။	ဒါဆို ကတ်နဲ့ရှင်းလို့ရလား။
က။	ဆောရီး။ မစ္စတာချန်။ လက်ငင်းငွေပေးပါ။
ခ။	ခင်ဗျားတို့ဆီမှာ ကတ်နဲ့ရှင်းလို့ရတယ်မဟုတ်လား။
က။	တကယ်တော့ ရပါတယ်။ ဒါပေမဲ့ ရှင့်ခရက်ဒစ်ကတ်က ပိုက်ဆံမကျန်တော့ဘူး။ အခုအချိန်မှာ ရှင်က ဘဏ်ကို (၄၈၀၇)ယွမ် ကြေးဆပ်ဖို့ရှိသေးတယ်။ ဒါ တောင် ရှင့်တိုက်ခန်း အရစ်ကျငွေချေဖို့ ပိုက်ဆံမပါသေးဘူး။
ခ။	ဒါဆို ကျွန်တော် ဒီနားက ATM မှာ ပိုက်ဆံသွားထုတ်မယ်။
က။	မစ္စတာချန်။ ရှင့်ရဲ့ငွေထုတ်မှတ်တမ်းအရ ရှင်ဒီနေ့ ငွေထုတ်ထားတဲ့ပမာဏ ပြည့်နေပါပြီရှင်။
ခ။	ထားပါတော့။ ခင်ဗျားတို့ ကျွန်တော့်အိမ်ကို တိုက်ရိုက်ပို့ပေးပါ။ အိမ်မှာငွေလက်ငင်းရှိတယ်။ ခင်ဗျားတို့ ဘယ်လောက်ကြာဦးမလဲ။
က။	မိနစ် (၃၀)လောက်ပါ။ ရှင်မစောင့်နိုင်ဘူးဆိုရင် ဆိုင်ကယ်နဲ့ ဝင်ယူလို့လည်း ရပါတယ်။
ခ။	ဘာဖြစ်လို့လဲ။
က။	ကျွန်မတို့ CRM ရဲ့ GPS စနစ်အရ ရှင်နာမည်ပေါက်ကား နံပါတ် SB-၇၅၈ ဆိုင်ကယ်က အခုလောလောဆယ် လွတ်မြောက်ရေးလမ်းအရှေ့ပိုင်း hualian ကုန်တိုက်ရဲ့ညာဘက်မှာ ရောက်နေပါတယ်။ ကျွန်မတို့နဲ့ မီတာ (၅၀)ပဲ ဝေးပါတယ်။
ခ။	ဟုတ်ပါပြီ။ (ခေါင်းက စမူးလာတယ်။)
က။	မစ္စတာချန်။ ပင်လယ်စာ Pizza အသေးတစ်ခုထပ်မှာဖို့ အကြံပေးချင်ပါတယ်ရှင်။
ခ။	ဘာဖြစ်လို့လဲ။ ကျွန်တော်နဲ့မတည့်ဘူးလို့ ခုနပဲပြောသွားတယ် မဟုတ်ဘူးလား။
က။	ကျွန်မတို့ရဲ့ CRM စနစ်အတိုင်းဆိုရင် ဒီနေ့ ရှင်က အမျိုးသမီးတစ်ယောက်နဲ့ဖုန်းခဏနာပြောပြီး ပြောတဲ့အချိန်လည်း တော်တော်ကြာပါတယ်။ ကျွန်မတို့အထင်သူဟာရှင့်မိတ်ဆွေတစ်ယောက်ဖြစ်မှာပါ။ အဲဒီအမျိုးသမီး ဖောက်သည်ရဲ့ဖုန်းနံပါတ်ကိုကြည့်ပြီး သူအနတစ်လော ပင်လယ်စာ Pizza ပဲ အများဆုံးမှာခဲ့ပါတယ်။ သူ အဲဒီ အရသာ ကြိုက်တယ် ထင်ပါတယ်ရှင်။
ခ။	.....
က။	အခု ရှင်ချက်ချင်းအိမ်ပြန်ပို့ရင် အကောင်းဆုံးပဲ။ ဒါမှမဟုတ်ရင် ရှင်ပြန်ထွက်ဖို့ အဆင်မပြေတော့ဘူး။
ခ။	ဘာဖြစ်လို့လဲ။
က။	ကျွန်မတို့ရဲ့ GPS စနစ်အရ ရှင့်ဇနီးက မိနစ်(၃၀)အတွင်း အိမ်ပြန်ရောက်လိမ့်မယ်ရှင်။

ခ။ ။ ကျွန်တော် ဘာဖြစ်လို့ ပြန်ထွက်ရမှာလဲ။

က။ ။ ရှင်က huifeng ဟိုတယ်ကော်ဖီဆိုင်မှာ ဘွတ်ကင်လုပ်ထားပါတယ်။ ရှင်က ခုနပြောတဲ့အမျိုးသမီးမိတ်ဆွေနဲ့ ချိန်းထားတာဖြစ်လိမ့်မယ်။ မဟုတ်ဘူးလား။

ခ။ ။ .....(ချက်ချင်းမူးလဲသွားတယ်။)

က။ ။ ဒါဟာ Big Data ပါ။

ဝေါဟာရများ

Big Data(န) 大数据	ကလင်ကလင်(မသ)（铃声）叮铃叮铃
Pizza(န) 比萨饼	ကတ်နံပါတ်(န/လိပ် card+number) 卡号
CRM(န) 客户关系管理系统	ပင်လယ်စာ(န) 海鲜食品
သွေးတိုးရောဂါ(န) 高血压	ကိုလက်စထရော(န/လိပ် cholesterol) 胆固醇
အဆီလျော့(န) 低脂	ဟင်းချက်နည်း(န) 烹饪方法, 食谱
ခွဲစိတ်(က) 开刀, 动手术	နာလန်ထ(က) 恢复, 康复
ခရက်ဒစ်ကတ်(န/လိပ် credit card) 信用卡	အရစ်ကျငွေချေ(က) 分期付款
ငွေလက်ငင်း(န) 现款, 现金	ဆိုင်ကယ်(န/လိပ် motor cycle) 摩托车

လေ့ကျင့်ခန်း

၁။ ။ ကွင်းထဲက ဝေါဟာရ၊ ပုဒ်များကို ပေးထားသောဝေါဟာရ၊ ပုဒ်များဖြင့်အစားထိုးလေ့ကျင့်ပါ။

(၁) (ရှင်မစောင့်နိုင်ဘူး)ဆိုရင်(ဆိုင်ကယ်နဲ့ဝင်ယူလို့လည်းရပါတယ်)။

ကလေး	အဝင်လက်မှတ်ဝယ်ဖို့မလိုဘူး။
မနက်ဖြန်မိုးရွာမယ်	ကျွန်တော်ကားနဲ့သွားမယ်။
မင်းနားမလည်သေးဘူး	ကျွန်တော်ထပ်ရှင်းပြပါဦးမယ်။

(၂) (၉၉ယွမ် အဲဒါတော့ရှင့်မိသားစုဖယောက်)အတွက်(လုံလောက်ပါပြီ)။

သူတစ်ပါး	လုပ်တာဟာအလှတမျိုးပါ။
မင်းဒီလိုလုပ်တာဟာနိုင်ငံတော်	အကျိုးရှိတယ်။
ရေဘေးဒုက္ခသည်များ	ရန်ပုံငွေကောက်ခံနေကြသည်။

၂။ ။ အောက်ပါ မေးခွန်းများကို နှုတ်ဖြင့်ဖြေပါ။

(၁) ဖောက်သည်တစ်ယောက်ကဘာဖြစ်လို့ Pizza Hut ထဲကိုဝင်သလဲ။

(၂) ဝင်ဆောင်မှုကောင်းတာအမျိုးသမီးကဆိုင်ထဲဝင်လာတဲ့ဖောက်သည်ကိုဘာများမေးသလဲ။

သင်ခန်းစာ(၂၃) ဒါက Big Data ပါ

(၃) ဖောက်သည်ကဘယ်နားမှာနေသလဲ။ သူအိမ်ဖုန်းနံပါတ်ဘယ်လောက်လဲ။
(၄) ဝင်ဆောင်မှုကောင်တာအမျိုးသမီးကဖောက်သည်ရဲ့ဖုန်းနံပါတ်ကိုဘယ်လိုသိလာသလဲ။
(၅) ဖောက်သည်မစ္စတာချန်နဲ့မတည့်တဲ့ Pizza ကဘယ်လိုဟာမျိုးလဲ။
(၆) ဝင်ဆောင်မှုကောင်တာအမျိုးသမီးကမစ္စတာချန်အတွက်ဘယ်လိုအကြံပေးသလဲ။
(၇) ဘာဖြစ်လို့ဝင်ဆောင်မှုကောင်တာအမျိုးသမီးက မစ္စတာချန်မိသားစုအတွက်အကြီးစား Pizza တောင် မလောက်သေးဘူးလို့ပြောသလဲ။
(၈) မစ္စတာချန်ရဲ့အမေဟာကျန်းမာရေးကောင်းသလား။
(၉) မစ္စတာချန်အမေဟာဘယ် Pizza မျိုးကြိုက်သလဲ။ဘာဖြစ်လို့လဲ။
(၁၀) Pizza ဆိုင်မှာကတ်နဲ့ငွေရှင်းလို့ရသလား။
(၁၁) ဝင်ဆောင်မှုကောင်တာအမျိုးသမီးကဘာဖြစ်လို့မစ္စတာချန်ကိုလက်ငင်းငွေနဲ့ငွေရှင်းဖို့တောင်းဆိုသလဲ။
(၁၂) မစ္စဟာဘာချန်မှာဆိုင်ကယ်ရှိသလား။ အခုသူဆိုင်ကယ်ဘယ်နားမှာရှိသလဲ။
(၁၃) မစ္စတာချန်ရဲ့အမျိုးသမီးဟာ ဘယ်အချိန်မှာအိမ်ကိုပြန်ရောက်မှာလဲ။
(၁၄) ဘာဖြစ်လို့မစ္စတာချန်ဟာအိမ်ကပြန်ထွက်ရမှာလဲ။
(၁၅) မစ္စတာချန်ကမိတ်ဆွေရှိသလား။ သူကသူ့မိတ်ဆွေနဲ့ဘယ်မှာချိန်းထားသလဲ။

၃။ ။ ပေးထားသော အောက်ပါ အချက်အလက်များကို အခြေခံ၍ စကားပြောတစ်ပုဒ် ရေးပါ။

拉拉与貌貌一起沿着茵雅路回宿舍。拉拉与貌貌说起了大数据。貌貌感到很新鲜，他还是头一次听到"大数据"这个词，更不知道大数据的内容和作用。于是，拉拉与貌貌边走边聊，貌貌听着拉拉的谈话，惊奇万分。

ဒုတိယပိုင်း

မြန်မာနိုင်ငံကိုယ်စားလှယ်အဖွဲ့တစ်ဖွဲ့သည် တရုတ်ပြည်တွင်....

သင်ခန်းစာ(၂၄)   လေဆိပ်၌ ကြည့်ကြိုခြင်း

က။ ။ ခင်ခင်နွဲ့(တရုတ်စကားပြန်)
ခ။ ။ ဦးဝင်းမောင်(ညွှန်ချုပ်၊ မြန်မာနိုင်ငံယဉ်ကျေးမှုအဖွဲ့ခေါင်းဆောင်)
ဂ။ ။ မစ္စတာဝမ်း(ညွှန်ချုပ်၊ ကရုတ်ပြည်ယဉ်ကျေးမှုဝန်ကြီးဌာနနိုင်ငံခြားဆက်သွယ်ရေးဦးစီးဌာန)
ဃ။ ။ အကောက်ခွန်ဌာနအမှုထမ်း

(တရုတ်ပြည်ယဉ်ကျေးမှုဝန်ကြီးဌာန၊ နိုင်ငံခြားဆက်သွယ်ရေးဦးစီးဌာနညွှန်ကြားရေးမှူးချုပ် မစ္စတာဝမ်း ၏ဖိတ်ကြားချက်အရ ပြည်ထောင်စုသမ္မတမြန်မာနိုင်ငံတော်ယဉ်ကျေးမှုဝန်ကြီးဌာန ယဉ်ကျေးမှုဗိမာန်ဦးစီးဌာန ညွှန်ကြားရေးမှူးချုပ် ဦးဝင်းမောင်ခေါင်းဆောင်သောအဖွဲ့ဝင် ခြောက်ဦးပါဝင်သောမြန်မာနိုင်ငံယဉ်ကျေးမှု ကိုယ်စားလှယ်အဖွဲ့သည် တရုတ်လေကြောင်းဖြင့် ရန်ကုန်မြို့မှ ပီကင်းမြို့သို့ ယနေ့ညတွင်ရောက်ရှိလာမည်ဖြစ်သည်။ ညွှန်ကြားရေးမှူးချုပ် မစ္စတာဝမ်းနဲ့အတူ စကားပြန်ဖြစ်သူမစ္စခင်ခင်နွဲ့လိုက်ပါ၍ ဦးဝင်းမောင်တို့ကိုခရီးဦးကြိုပြုရန် ပီကင်း နိုင်ငံတကာလေဆိပ်သို့ ရောက်ရှိလာကြသည်။ မစ္စတာဝမ်း နှင့်ခင်ခင်နွဲ့တို့သည် လေယာဉ်စောင့်ရင်း ထွေရာလေးပါး ပြောကြသည်။)

က။ ။ ညွှန်ချုပ်၊ ဦးဝင်းမောင်တို့စီးတဲ့လေယာဉ်က CA၉၀၆ လား။

ဂ။ ။ ဟုတ်တယ်။ အသွားမှာ CA၉၀၅။ ပီကင်းစံတော်ချိန် မနက်(၈)နာရီ ပီကင်းလေဆိပ်က ထွက်တယ်။ ခွင်မင်းမြို့မှာ ခရီးတစ်ထောက်အဖြစ် တစ်နာရီရပ်နားတယ်။ နေ့လယ်(၁)နာရီနှစ်(၃၀)မှာ မြန်မာနိုင်ငံမြို့ တော်ဖြစ်တဲ့ရန်ကုန်မြို့ကို ဆိုက်တယ်။ ရန်ကုန်ကအပြန်ကျတော့ CA၉၀၆ပြောင်းပြီး ပီကင်းစံတော်ချိန် (၃)နာရီမှာ ရန်ကုန်အပြည်ပြည်ဆိုင်ရာလေဆိပ်က ထွက်တယ်။ (၁)နာရီခွဲလောက်ကြာရင် ခွင်မင်းမြို့ရောက်တယ်။ အလာလိုပဲ ခွင်မင်းမှာတစ်နာရီရပ်နားတယ်။ (၅)နာရီခွဲလောက်မှာ ခွင်မင်းက ထွက်တယ်။ (၇)နာရီကျော်လောက်မှာ ပီကင်းလေဆိပ်မှာ ဆိုက်တယ်။ ဒါပုံမှန်ပါ။ ဒါပေမဲ့ ဒီလေယာဉ်က ခဏခဏနောက်ကျတယ်။

က။ ။ ဟုတ်ကဲ့ရှင်၊ ဒီနေ့လည်း နာရီဝက်လောက် နောက်ကျတယ်တဲ့။ ဒါဖြင့်၊ မြန်မာနိုင်ငံကို ပျံသန်းတဲ့တရုတ်လေယာဉ်က တစ်ပတ်ကို ဘယ်နှကြိမ်ရှိသလဲ။

ဂ။ ။ ပုံမှန်ဆိုရင် တစ်ပတ်ကို နှစ်ကြိမ်ပျံသန်းတယ်။ ဗုဒ္ဓဟူးနေ့မှာ တစ်ကြိမ်၊ တနင်္ဂနွေနေ့မှာ တစ်ကြိမ်။

က။ ။ ထွက်တဲ့အချိန် အတူတူပဲလား။

ဂ။ ။ ဟုတ်တယ်။ အတူတူပဲ။ ဒါပေမဲ့၊ လေယာဉ်ပတ်နံပါတ်ကျတော့မတူပါဘူး။

က။ ။ ဟုတ်လား။

ဂ။ ဟုတ်တယ်။ ဗုဒ္ဓဟူးနေ့မှာ CA၉၀၅၊ တနင်္ဂနွေနေ့မှာ CA၉၀၆။

က။ ညွှန်ချုပ်၊ CA၉၀၆က လေဆိပ်မှာဆိုက်နေပြီတဲ့။

ဂ။ ဒါဆို ဟိုအပေါက်ကိုသွားပြီး ကြိုကြရအောင်။

က။ မင်္ဂလာပါရှင်။ ဆရာကြီးက မြန်မာနိုင်ငံယဉ်ကျေးမှုကိုယ်စားလှယ်အဖွဲ့ခေါင်းဆောင် ဦးဝင်းမောင်ပါလားရှင်။

ခ။ ဟုတ်ကဲ့။ ကျွန်တော်အဖွဲ့ခေါင်းဆောင်ဝင်းမောင်ပါ။

က။ ကျွန်မက ခင်ခင်နွဲ့လို့ ခေါ်ပါတယ်။ စကားပြန်ပါ။ ဒီက တရုတ်ပြည်ယဉ်ကျေးမှုဝန်ကြီးဌာန နိုင်ငံခြားဆက်သွယ်ရေး ဦးစီးဌာနညွှန်ကြားရေးမှူးချုပ် မစွတာဝမ်းဖြစ်ပါတယ်။

ခ။ ဩော်–ဟုတ်လား။ တွေ့ရတာဝမ်းသာပါတယ်။

ဂ။ ကျွန်တော်လည်း ဝမ်းသာပါတယ်။ လိုက်လိုက်လဲ့လဲ့ ကြိုဆိုပါတယ်။

ခ။ ခုလိုလာကြိုတာကို ကျေးဇူးအများကြီးတင်ပါတယ်။ ကဲ–ကျွန်တော်တို့ ဘာလုပ်ရဦးမလဲ။

က။ ဒီဘက်ကြွပါ။ ဝန်စည်စလယ်တွေကို ကပ်စတန်က စစ်ဆေးပါလိမ့်မယ်။

ဃ။ တစ်ဆိတ်မေးပါရစေ။ ခင်ဗျားတို့ ဘယ်နိုင်ငံကလာကြတာလဲခင်ဗျာ။

ခ။ ကျွန်တော်တို့က ပြည်ထောင်စုသမ္မတမြန်မာနိုင်ငံက လာတာပါ။ တရုတ်ပြည် ယဉ်ကျေးမှုဝန်ကြီးဌာန နိုင်ငံခြား ဆက်သွယ်ရေးဌာနရဲ့ဖိတ်ကြားချက်အရ လာရောက်လည်ပတ်ကြည့်ရှုတာ ဖြစ်ပါတယ်။

ဃ။ ကြိုဆိုပါတယ်။ ကျေးဇူးပြုပြီး နိုင်ငံကူးလက်မှတ်နဲ့၊ ကာကွယ်ဆေးထိုးလက်မှတ်ထုတ်ပြပါခင်ဗျာ။

ခ။ ဟုတ်ကဲ့။ ဒါက ကျွန်တော်ရဲ့နိုင်ငံကူးလက်မှတ်နဲ့၊ ကာကွယ်ဆေးထိုးလက်မှတ်။ ဟိုဟာက ဦးကျော်စိုး ရဲ့နိုင်ငံကူးလက်မှတ်နဲ့၊ ကာကွယ်ဆေးထိုးလက်မှတ်ပါ။ အဲဒါက....

ဃ။ ကျေးဇူးတင်ပါတယ်။ ဒါထက်၊ ခင်ဗျားတို့ဝန်စည်စလယ်တွေပါလား။

ခ။ ပါတယ်။ ဒါက ကျွန်တော်တို့ရဲ့ဝန်စည်စလယ်တွေပါ။ ဖွင့်ဖို့လိုသေးသလား။

ဃ။ ခင်ဗျားတို့မှာ လျှောက်လွှာတင်စရာများရှိပါသလား။ နောက်ပြီး ယူခွင့်မပြုတဲ့ပစ္စည်းတွေပါလား။ ပါရင်ထုတ်ပြပါ။ မပါရင် ဖွင့်ပြဖို့မလိုပါဘူး။ ဖောင်ကိုလည်း ဖြည့်ပါဦး။

ခ။ ဟင့်အင်း။ ယူခွင့်မပြုတဲ့ပစ္စည်းတွေ လုံးဝမပါဘူး။ ကျွန်တော်တို့ပါလာတာဟာ အဝတ်အစားတွေ၊ နေ့စဉ်သုံး ပစ္စည်းတွေချည်းပဲ။ ဒါတွေလျှောက်လွှာတင်ဖို့ လိုသေးသလား။

ဃ။ မလိုပါဘူးခင်ဗျာ။ ကျွန်တော်တို့စစ်ဆေးလို့ ပြီးသွားပါပြီ။ သွားလို့ရပြီ။ ကျေးဇူးတင်ပါတယ်။

ဂ။ ကဲ–ကပ်စတန်မှာ ဆောင်ရွက်စရာတွေအကုန်ပြီးသွားပါပြီ။ ကျွန်တော်တို့ အပြင်ထွက်ကြရအောင်။ အပြင်မှာ ကျွန်တော်တို့ရုံးကား စောင့်နေပါတယ်။ အဲဒီကားနဲ့ပဲ ဂရိတ်ဝေါဟိုတယ်ကို သွားပါမယ်။

က။ ညွှန်ချုပ်တို့ကို အဲဒီဟိုတယ်မှာတည်းဖို့ ကျွန်မတို့စီစဉ်ပေးထားပါတယ်။

ခ။ ကောင်းပြီ။ အပြင်ထွက်ကြရအောင်။

က။ ဆရာကြီး၊ ဒီကားပေါ် တက်ကြရအောင်။ ပစ္စည်းတွေ မကျန်စေနဲ့နော်။

ခ။ ဟုတ်ကဲ့။

(လေဆိပ်မှ ဂရိတ်ဝေါဟိုတယ်သွား အဝေးပြေးလမ်းမကြီးပေါ်တွင်....)

ခ။ ညွှန်ချုပ်၊ ဒီအဝေးပြေးလမ်းမကြီးက ဘယ်ကျယ်ပါလား။ တော်တော်အံ့ဩစရာကောင်းပါတယ်။

ဂ။ ဟုတ်တယ်။ ဆောက်ထားတာလည်း သိပ်မကြာသေးပါဘူး။ တစ်နှစ်ကျော်ကျော်လောက်ပဲ ရှိပါသေးတယ်။

သင်ခန်းစာ (၂၄) လေဆိပ်၌ခ္ကည်ကြိုခြင်း

တရုတ်ပြည်ရဲ့ပထမလမ်းမကြီးလို့ အားလုံးက ခေါ်ဝေါ်သမုတ်ကြပါတယ်။ အခိမ္ဘဝါ်က နိုင်ငံခြား ည်သည်တွေ တရုတ်ပြည်ရောက်လာပြီးတဲ့နောက် ပထမဖြတ်ကျော်သွားရမဲ့လမ်းပါ။

ခ။ ။ ဒီလမ်းမကြီးကိုကြည့်ခြင်းအားဖြင့် တရုတ်ပြည်ကြီးဟာ အခုဘယ်လောက် ခုန်လွှားတိုးတက်လာသလဲ ဆိုတာကို ကျွန်တော်တို့ ခန့်မှန်းလို့ရပါတယ်။ ကျွန်တော်တို့ သိပ်အားကျမိပါတယ်။

က။ ။ ကျွန်တော်တို့နိုင်ငံဟာ အရင်တုန်းကနဲ့ စာကြည့်လို့ရှိရင်တော့ အများကြီးတိုးတက်လာပါပြီ။ ဒါပေမဲ့၊ ဖွံ့ဖြိုးပြီး နိုင်ငံများနဲ့နှိုင်းယှဉ်ကြည့်ရင် ကွာဟချက်အများကြီးရှိပါသေးတယ်။ ရှေ့ကြိုးစားဖို့ အများကြီးလိုပါသေးတယ်။

ခ။ ။ ဟုတ်ပါတယ်။ ခင်ဗျားပြောတာ ကျွန်တော်လုံးဝ သဘောတူပါတယ်။ ဘယ်တော့မှ ကိုယ်ဟုတ်လှပြီလို့ မထင်ရဘူး။ အဆက်မပြတ်ကြိုးစားမှ အောင်မြင်မှုတစ်ခုပြီးတစ်ခု ရရှိနိုင်ပါတယ်။ နို့မဟုတ်ရင် လမ်း ခုလတ်မှာပဲရပ်နား၍ နောက်ဆုံးရည်မှန်းချက်ပန်းတိုင်ရောက်မှာ မဟုတ်ဘူး။ ဘယ်လောက်နမြော်စရာကောင်း သလဲ။

က။ ။ ဟုတ်တယ်။ မြန်မာနိုင်ငံလည်း မကြာမီမှာဖွံ့ဖြိုးတိုးတက်လာမယ်လို့ ကျွန်တော် လေးလေးနက်နက်ယုံကြည်ပါတယ်။ ဆာလုပ်လုပ် စွံရှိုးရှင်းအောင်မြင်မှာပါ။ ဒါက အမှန်တရားပဲ။

ခ။ ။ ညွှန်ချုပ်ပြောတဲ့အတိုင်းဖြစ်ပါစေ။

က။ ။ ဆရာကြီး၊ ဂရိတ်ဝေပါဟိုတယ်ရောက်ပါပြီ။ ကားပေါ်ကဆင်းကြစို့။

ခ။ ။ ဟုတ်ကဲ့။

(ဂရိတ်ဝေါဟိုတယ်၏ည်ခန်းထဲ၌....)

က။ ။ ဆရာကြီး၊ ဒီစာရွက်ပေါ်မှာ ဘယ်သူက ဘယ်အခန်းမှာ တည်းမယ်ဆိုတာကို ကျွန်မအသေးစိတ်ရေး ထားပါတယ်။ ကျွန်မတို့ရေးထားတဲ့အတိုင်းနေနိုင်ပါပြီ။ အလိုရှိတာ ပြောသာပြောပါ။ အချင်းချင်းတွေပဲ။ ဘာမှ အားမနာပါနဲ့ရှင်။

ခ။ ။ အားမနာပါဘူး။ တော်တော်ပြည့်စုံပါတယ်။ အလိုမရှိပါဘူး။ အပိုသာ ရှိတယ်။

က။ ။ (၈)နာရီတိတိမှာ ထမင်းစားမယ်။ (၉)နာရီမှာ လည်ပတ်ကြည့်ရှုဖို့အစီအစဉ်ဆွေးနွေးရင် မကောင်းဘူးလား။

ခ။ ။ ကောင်းသားပဲ။ အခုလို လိုလေသေးမရှိအောင် စီစဉ်ပေးထားတာကို အများကြီး ကျေးဇူးတင်ပါတယ်။

က။ ။ မဖြစ်လောက်ပါဘူး။ ဘိုင့်ဘိုင့်။

ခ။ ။ ဘိုင့်ဘိုင့်။

ဝေါဟာရ

လေဆိပ်(န) 机场
ညွှန်ကြားရေးမှူးချုပ်(န) 局长
အကောက်ခွန်ဌာန(န) 海关
ဖိတ်ကြားချက်(န) 邀请
အဖွဲ့ဝင်(န) 成员, 团员
ထွေရာလေးပါးပြော(က) 闲谈, 闲聊
ရပ်နား(က) 停止, 休息

စကားပြန်(န) 翻译
တစ်ထောက်(န) 一站路, 一程
ဆက်သွယ်ရေး(န) 联系, 联络
ယဉ်ကျေးမှုဗိမာန်ဦးစီးဌာန(န) 文化局
တရုတ်လေကြောင်း(န) 中国民航
ပီကင်းစံတော်ချိန်(န) 北京时间
ဆိုက်(က) 到达, 抵达

အစီအစဉ်(န)	安排, 日程	ပျံသန်း(က)	飞行, 飞翔
လေယာဉ်ပတ်(န)	班机	လိုက်လိုက်လှဲလှဲ(ကဝ)	热烈地
ဝန်စည်စလယ်(န)	行李, 包袱	ကပ်စတန်(န/လိပ် customs)	海关
စစ်ဆေး(က)	检查, 检验, 审查	နိုင်ငံကူးလက်မှတ်(န)	护照
ကာကွယ်ဆေးထိုးလက်မှတ်(န)	预防接种证书	လျှောက်လွှာတင်(က)	申报
ဖောင်(န/လိပ် form)	表格	ဖြည့်(က)	填, 填满, 填充
ဆောင်ရွက်(က)	执行, 履行	ဂရိတ်ဝေါ(န/လိပ် great wall)	长城
ဖြတ်ကျော်(က)	经过, 越过	အားကျ(က)	羡慕
ခုန်လွှား(က)	跳跃, 飞跃, 跃进	ကွာဟချက်(န)	差距, 差别
ဟုတ်(က)	真行, 了不起	ခရီး(န)	路, 路途, 旅程
ခုလတ်(န)	中间, 一半	ရည်မှန်းချက်ပန်းတိုင်(န)	目标, 目的
နမြော(က)	可惜, 怜惜	လေးလေးနက်နက်(ကဝ)	深深地, 深刻地
ဇွဲ(န)	毅力, 意志	အမှန်တရား(န)	真理
အသေးစိတ်(ကဝ)	详细, 具体	အချင်းချင်း(န)	自己人
အားနာ(က)	客气, 不好意思		

လေ့ကျင့်ခန်း

၁။ ။ ကွင်းထဲက ဝေါဟာရများကို ပေးထားသောဝေါဟာရများဖြင့် အစားထိုးလေ့ကျင့်ပါ။

(၁) (ဒီနေ့လည်းနာရီဝက်လောက်နောက်ကျတယ်) တဲ့။

သူကနေ့အစည်းအဝေးမလာနိုင်တော့ဘူး

မနက်ဖြန်မိုးသက်မုန်တိုင်းကျမယ်

ဖေဖေကအိပ်နေပြီ

ဒီကတရုတ်ပညာတော်သင်လှလှ

(၂) (ဖွင့်) ဖို့လိုသေးသလား။

သွား

ဝယ်

ပြော

ရှင်းပြ

အကူအညီပေး

(၃) ဘယ်လောက်(နမြော)စရာကောင်းသလဲ။

ဝမ်းသာ

စိတ်ကြည်နူး

သနား

သင်ခန်းစာ(၂၄) လေဆိပ်၌ ၌ကြိုခြင်း

အားကျ

၂။ **အောက်ပါ မေးခွန်းများကို နှုတ်ဖြင့်ဖြေပါ။**

(၁) ခင်ခင်နဲ့မစ္စတာဝမ်းတို့ဟာ ဘာဖြစ်လို့ ပီကင်းနိုင်ငံတကာလေဆိပ်ကို သွားကြတာလဲ။

(၂) ဦးဝင်းမောင်နဲ့အဖွဲ့ဝင်တွေဟာ တရုတ်ပြည်ဘယ်ဝန်ကြီးဌာနရဲ့ဖိတ်ကြားချက်အရ ရောက်ရှိလာတာလဲ။

(၃) ရန်ကုန်ကပီကင်းကိုပျံသန်းလာတဲ့ တရုတ်လေကြောင်းက လေယာဉ်ဟာ ပီကင်းလေဆိပ်ကို မဆိုက်ခင် ခင်ခင်နဲ့ မစ္စတာဝမ်းဟာ ဘာလုပ်ကြသလဲ။

(၄) ရန်ကုန်ကိုပျံသန်းတဲ့တရုတ်လေကြောင်းက လေယာဉ်ပတ်ရုံ့နံပါတ်ဟာ ဘယ်လောက်လဲ။ တစ်ပတ်ကို ဘယ်နှစ်ကြိမ် ပျံသန်းသလဲ။

(၅) ရန်ကုန်ကအပြန်လေယာဉ်ပတ်ရုံ့နံပါတ်နဲ့ အသွားလေယာဉ်ပတ်ရုံ့နံပါတ်က အတူတူပဲလား။

(၆) ပီကင်းကရန်ကုန်ကို ပျံသန်းတဲ့တရုတ်လေကြောင်းက လေယာဉ်ဟာ ရန်ကုန်ကို တန်းပျံသလား။

(၇) ပုံမှန်အချိန်ပြောရရင် လေယာဉ်ဟာ ပီကင်းလေဆိပ်က ဘယ်အချိန်မှာ ထွက်သလဲ။ ရန်ကုန်ကိုကော ဘယ်အချိန်မှာ ဆိုက်ရောက်သလဲ။

(၈) ဒီနေ့တော့ လေယာဉ်က အချိန်မှန်မှန် ဆိုက်မလား။

(၉) မြန်မာနိုင်ငံ ယဉ်ကျေးမှုကိုယ်စားလှယ်အဖွဲ့ခေါင်းဆောင်ဦးဝင်းမောင်ကိုတွေ့တော့ ခင်ခင်နဲ့က ဘယ်လိုပြောသလဲ။

(၁၀) ကပ်စတန်အမှုထမ်းက ဦးဝင်းမောင်ကို ဘယ်လိုစစ်ဆေးသလဲ။

(၁၁) ကပ်စတန်အမှုထမ်းက ဦးဝင်းမောင်တို့ရဲ့ ဝန်စည်စလယ်တွေကို ဖွင့်ပြီးစစ်ဆေးသလား။

(၁၂) ဘာကြောင့်များ ဦးဝင်းမောင်တို့ရဲ့ဝန်စည်စလယ်တွေကို ဖွင့်ပြီးမစစ်ဆေးသလဲ။

(၁၃) လေယာဉ်ပေါ်မှာ ဘာပစ္စည်းများ ယူခွင့်မပြုသလဲ။ ခင်ဗျားသိသလား။ သိရင် သိသလောက်ပြောပြပါ။

(၁၄) ဦးဝင်းမောင်နဲ့တကွ မြန်မာနိုင်ငံက လာကြတဲ့အခြားအဖွဲ့ဝင်တွေဟာ လေဆိပ်က ဟိုတယ်ကို ဘယ်လိုသွားကြသလဲ။

(၁၅) မြန်မာနိုင်ငံက ကြွရောက်လာကြတဲ့ညည်သည်တွေအတွက် ဘယ်ဟိုတယ်မှာတည်းဖို့ တရုတ်ဘက်က စီစဉ်ပေးထားသလဲ။

(၁၆) လေဆိပ်က ဟိုတယ်သွားတဲ့လမ်းပေါ်မှာ ဦးဝင်းမောင်က ဘာကြောင့်အံ့ဩသွားသလဲ။

(၁၇) လေဆိပ်က ဟိုတယ်ကိုသွားတဲ့လမ်းဟာ ဘာဖြစ်လို့ တရုတ်ပြည်ရဲ့ပထမလမ်းလို့ ခေါ်သလဲ။

(၁၈) ဦးဝင်းမောင်က ဘာကိုများ အားကျမိသလဲ။

(၁၉) ပြီးခဲ့တဲ့အနှစ်(၂၀)ကျော်အတွင်းမှာ တရုတ်ပြည်ရရှိတဲ့အောင်မြင်မှုအပေါ် မစ္စတာဝမ်းက ဘယ်လိုမြင်သလဲ။

(၂၀) မစ္စတာဝမ်းပြောတာကို ဦးဝင်းမောင်က သဘောတူသလား။

(၂၁) ဘာကြောင့် မစ္စတာဝမ်းက မြန်မာနိုင်ငံကလည်း မကြာမီမှာ တိုးတက်လာမှာပါလို့ လေးလေးနက်နက် ယုံကြည်သလဲ။

(၂၂) တရုတ်ဘက်က စီစဉ်ပေးတာကို ဦးဝင်းမောင်တို့က ကျေနပ်သလား။ သူတို့ ဘယ်လိုပြောသလဲ။

(၂၃) မြန်မာညည်သည်တွေဟာ ဘယ်အချိန်မှာ ညစာစားမလဲ။

(၂၄) ထမင်းစားပြီးရင် သူတို့မှာ လုပ်စရာရှိသေးသလား။

၃။ ပေးထားသော အောက်ပါ အချက်အလက်များကို အခြေခံ၍ စကားပြောတစ်ပုဒ် ရေးပါ။

　　拉拉刚从缅甸留学回来。一天，她接到一个电话，是国家体委打来的。国家体委对外联络司国际交流处皇甫处长说，7月底有一个缅甸体育代表团要来访，请拉拉去当翻译。拉拉同意了。7月26日，国家体委派车把拉拉接到体委，并一起到机场去接乘中国民航来华的缅甸体育代表团。飞机准时在北京机场降落。办完手续后，她们把以缅甸体育运动局吴貌貌局长为首的缅甸体育代表团一行12人拉到了昆仑饭店下榻。

သင်ခန်းစာ(၂၅) လည်ပတ်ကြည့်ရှုရန်အစီအစဉ်ကို ညှိနှိုင်းဆွေးနွေးခြင်း

က။ ခင်ခင်နွဲ့
ခ။ ဦးဝင်းမောင်
ဂ။ မစ္စတာဝမ်း

(ညစာစားပြီးသည်နှင့် ဦးဝင်းမောင်နှင့်အဖွဲ့ဝင်များသည် အစည်းအဝေးခန်းမဆောင်ကို ရောက်ရှိလာကြပြီး မစ္စတာဝမ်းဖုံခင်ခင်နွဲ့တို့(၂) ခန်းမဆောင်ထဲမှာ စောင့်နေသည်ကို တွေ့ရသည်။ အချိန်ကလည်း မစောတော့ပေ။ ဦးဝင်းမောင်တို့ကလည်း ဆိုးပန်းလာကြသဖြင့် သူတို့ ခန်းမဆောင်ထဲရောက်ရှိသည်နှင့်တစ်ပြိုင်နက် လည်ပတ်ကြည့်ရှုရန် အစီအစဉ်ကို ဆွေးနွေးညှိနှိုင်းကြသည်။)

က။ ဆရာကြီး၊ တရုတ်ဟင်းစားရတာ ခံတွင်းတွေ့သလား။

ခ။ ဟုတ်ကဲ့၊ တွေ့ပါတယ်။ သိပ်စားလို့ကောင်းပါတယ်။ ကြည့်စမ်း၊ ကျွန်တော် ဗိုက်ပေါက်တော့မလိုနည်းနည်းပဲ လိုတော့တယ်။

က။ ကြာရတာဝမ်းသာပါတယ်။ ဆရာကြီး၊ အချိန်မစောတော့ပါဘူး။ ကျွန်မတို့ လည်ပတ်ကြည့်ရှုဖို့ အစီအစဉ်ကို ဆွေးနွေးကြရအောင်။ မကောင်းဘူးလား။

ခ။ ကောင်းသားပဲ။

က။ ဆရာကြီးတို့ရဲ့တောင်းဆိုချက်အရ ကျွန်မတို့ဘက်က ဆရာကြီးတို့တရုတ်ခရီးစဉ်အတွက် အစီအစဉ်တစ်ခုကို အကြမ်းရေးဆွဲထားပါတယ်။ ကျွန်မတို့ညွှန်ကြားရေးမှူးချုပ်မစ္စတာဝမ်းက အခုပဲပြောပြပါလိမ့်မယ်။ ယိုကွက်ဟာကွက်တွေရှိရင် ဆရာကြီးဖြည့်ပေးပါဦးရှင်။

ခ။ ဖြည့်ပေးပါမယ်။ စိတ်ချပါ။

ဂ။ ဒါဆို ကျွန်တော်ပြောပြမယ်။ နှစ်ဦးနှစ်ဘက်သံရုံးတို့ရဲ့ညှိနှိုင်းဆွေးနွေးချက်အရ လည်ပတ်ကြည့်ရှုဖို့အစီအစဉ်ကို ကျွန်တော်တို့ရေးဆွဲထားပါတယ်။ မနက်ဖြန်(၆)ရက်နေ့ဖြစ်ပါတယ်။ မနက်(၈)နာရီတိတိမှာဟိုတယ်ရဲ့ တံခါးမကြီးရှေ့မှာ ကားပေါ်တက်မယ်။ ဦးဝင်းမောင်၊ ကျွန်တော်နဲ့ခင်ခင်နွဲ့သုံးယောက်က ကားလေးတစ်စီးနဲ့ သွားမယ်။ ကျန်မိတ်ဆွေတွေက ပေါင်မုန့်ကားစီးမယ်။ ရေးဟောင်းနန်းတော်ကိုသွားပြီး လည်ပတ်ကြည့်ရှုမယ်။

ခ။ ကျွန်တော်ကြားဖူးတာက ရေးဟောင်းနန်းတော်ကို သုံးရက်လုံးလုံးနဲ့တောင် ကြည့်လို့ပြီးမှာမဟုတ်ဘူးတဲ့။ ဟုတ်လား။

ဂ။ ဟုတ်ပါတယ်။ ရေးဟောင်းနန်းတော်ကြီးဟာ တော်တော်ကြီးပါတယ်။ ခင်ဗျားအသေးစိတ်ကြည့်ရင် သုံးရက်တောင်

မလောက်ဘူး။ အနည်းဆုံး တစ်ပတ်လောက်တော့လိုပါတယ်။ ကျွန်တော်တို့က အချိန်မရှိတာနဲ့ အသေးစိတ် မကြည့်နိုင်တော့ပါဘူး။ အဓိကနေရာကိုပဲ ကြည့်လိုက်မယ်။

ခ။ ။ ဒီလိုစီစဉ်တာ ကောင်းပါတယ်။ ဒါဖြင့်၊ မနက်ဖြန်နေ့လယ်စာ ဘယ်မှာစားမလဲ။

ဂ။ ။ ဟိုတယ်ကို ပြန်စားဖို့ စီစဉ်ထားပါတယ်။

ခ။ ။ ဘယ်အချိန်မှာ ဟိုတယ်ကို ပြန်မလဲ။

ဂ။ ။ အဲဒါက ကျွန်တော်တို့လည်ပတ်ကြည့်ရှုရေးအပေါ်မှာ မူတည်ပါတယ်။ မြန်ရင် မြန်သလို၊ နေးရင် နေးသလိုပေ့။ ဒါပေမဲ့၊ ကျွန်တော်ထင်တယ်။ ရှေးဟောင်းနန်းတော်ကို ကြည့်ရှုလေ့လာတာအနည်းဆုံး နွေဝက်လောက်တော့ လိုပါတယ်။ ကျွန်တော်တို့ နေ့လယ်(၁၂)နာရီမထိုးခင်ပြီးအောင်ကြီးစားပါမယ်။

ခ။ ။ မနက်ဖြန် ညနေပိုင်းကော ဘာအစီအစဉ်များ ရှိပါသလဲ။

ဂ။ ။ ညနေ(၄)နာရီမှာ တရုတ်ပြည်ယဉ်ကျေးမှုဝန်ကြီးဌာနကို သွားပြီးဝန်ကြီးကို တွေ့ဆုံဂါဝပြုမယ်။ နှစ်နိုင်ငံယဉ်ကျေးမှုဖလှယ်ရေးကိစ္စဝဝတွေကို ဆွေးနွေးဖို့ စီစဉ်ထားပါတယ်။

ခ။ ။ မနက်ဖြန်ညမှာကော။ အစီအစဉ် ရှိပါသလား။

ဂ။ ။ ရှိပါတယ်။ ည(၆)နာရီမှာ ယဉ်ကျေးမှုဝန်ကြီးက ညစာထမင်းစားပွဲတည်ခင်းပြီး မိတ်ဆွေတို့ကို ကျွေးမွေးညီခံမယ်။

ခ။ ။ ဝန်ကြီးက ဘယ်နေရာမှာ ကျွေးမလဲ။

ဂ။ ။ ချန်မင်းခေါ်မှခံဦးဆောင်နားမှာရှိတဲ့တရုတ်ပြည်နာမည်အကြီးဆုံး ဘဲကင်ဆိုင်မှာပါ။

ခ။ ။ ဒါဆို ဝန်ကြီးက ပီကင်းဘဲကင်ကျွေးမလား။

ဂ။ ။ ဟုတ်တယ်လေ။

ခ။ ။ ဝမ်းသာလိုက်တာ။ ကျွန်တော်ပီကင်းဘဲကင်ကို စားချင်တာကြာလှပြီ။ ဒါထက်၊ ကျွန်တော်တို့ ဝန်ကြီးနဲ့တွေ့ပြီး ဟိုတယ်ကို ပြန်မလား။ နို့မဟုတ်ရင် ဟိုတယ်ကိုမပြန်ဘဲ တန်းသွားမလား။

ဂ။ ။ ဟိုတယ်ကို မပြန်တော့ပါဘူး။ ပြန်ဖို့လည်း အချိန်လုံးဝမရှိတော့ပါဘူး။ ဘဲကင်ဆိုင်ကို တန်းသွားမယ်။ မနက်ဖြန်အတွက်တော့ ဒီလောက်ပါပဲ။ ရှင်းပြီလား။

ခ။ ။ ရှင်းပြီ။ (၇)ရက်နေ့အတွက်ကော။ ဘာတွေများ စီစဉ်ပေးထားသလဲ။

ဂ။ ။ (၇)ရက်နေ့မှာ ကျွန်တော်တို့ ပါတာလင်ခေါ် မဟာတံတိုင်းရှည်ကြီးကိုသွားလည်ဖို့ စီစဉ်ထားပါတယ်။ မနက်(၈)နာရီမှာ ဟိုတယ်ကထွက်မယ်။ နေ့လယ်စာကိုတော့ ဟိုတယ်ကို ပြန်စားနိုင်တော့ဘဲ မဟာတံတိုင်း ရှည်ကြီးနားမှာ ရှိတဲ့ဟိုတယ်တစ်ခုမှာ စားမယ်လို့စိတ်ကူးထားပါတယ်။ ရလား။

ခ။ ။ ရပါတယ်။ ဒါဖြင့်၊ ညနေမှာ ကျွန်တော်တို့ ဘယ်ကို သွားမလဲ။

ဂ။ ။ နေ့လယ်စာစားပြီးရင် (၂)နာရီလောက်ပတ်ဝန်းကျင်မှာ ကျွန်တော်တို့မင်မင်းဆက်ရှင်ဘုရင်တို့ရဲ့ ဂူသချိုင်း (၁၃)ဂူကို သွားပြီးကြည့်ရှုလေ့လာမယ်။ ညနေ(၅)နာရီလောက်မှာ ဟိုတယ်ကို ပြန်လာခဲ့မယ်။

ခ။ ။ ညကျတော့ကော၊ အစီအစဉ် ရှိသေးသလား။

ဂ။ ။ ညမှာတော့ မိတ်ဆွေတို့ခရီးပင်ပန်းတာနဲ့ အစီအစဉ်မရှိတော့ဘူး။ အားလပ်ချိန်အဖြစ်ပဲ ထားပါတယ်။ မိတ်ဆွေတို့ ကောင်းကောင်းအနားယူလိုက်ပါ။ ကောင်းကောင်းအနားယူတတ်မှ ကောင်းကောင်း အလုပ်လုပ်နိုင်တယ်။ အလုပ်လည်း တွင်ကျယ်မယ် မဟုတ်လား။ ကဲ–(၇)ရက်နေ့အတွက် ဒီလိုစီစဉ်ပေးရင်

သင်ခန်းစာ(၂၅) လည်ပတ်ကြည့်ရှုရန်အစီအစဉ်ကို ညှိနှိုင်းဆွေးနွေးခြင်း

မကောင်းဘူးလား။

ခ။ ကောင်းပါတယ်။ အားလုံး ကောင်းပါတယ်။ ဒါပေမဲ့ ကျွန်တော်တို့ဈေးဝယ်ချင်တယ်။ စီစဉ်ပေးစေချင်ပါတယ်။ ဘာကြောင့်လဲဆိုတော့ ဇနီးနဲ့သားသမီးတို့၊ မိတ်ဆွေသင်္ဂဟတို့၊ မှာထားတာ တစ်ပြုံတစ်ခေါင်းကြီးရှိနေလို့ပါ။

ဂ။ စိတ်ချပါ။ ဈေးဝယ်ဖို့အချိန် ကျွန်တော်တို့ စီစဉ်ပြီးသားဖြစ်ပါတယ်။ (၈)ရက်နေ့မနက်(၈)နာရီမှာ ကျွန်တော်တို့ အီဟိုယွမ်းခေါ် နေ့ရာသီခန်းတော်ကို သွားလည်မယ်။ နေ့လယ်(၁၂)နာရီမှာ ကျွန်တော်တို့ အီဟိုယွမ်းထဲမှာ ရှိတဲ့ထမင်းစားဆောင်ကြီးတစ်ခုမှာ ထမင်းသုံးဆောင်မယ်။

ခ။ ဒါဆို ကျွန်တော်တို့ ညနေဈေးသွားဝယ်မယ်။ ဟုတ်လား။

ဂ။ ဟုတ်ပါတယ်။ ညနေ(၂)နာရီမှာ အမှတ်တရပစ္စည်းလေးဝယ်ဖို့အတွက် ချစ်ကြည်ရေးဆိုင်ကို သွားမယ်။ (၅)နာရီမှာ ဟိုတယ်ပြန်မယ်။ မကောင်းဘူးလား။

ခ။ ဒါဖြင့်၊ ညစာကျတော့ ဘယ်မှာစားမလဲ။

ဂ။ ညစာကို ကျွန်တော်တို့ ဟိုတယ်မှာပဲ စားမယ်။

ခ။ (၈)ရက်နေ့ညအတွက် အစီအစဉ်ရှိပါသလား။

ဂ။ ညမှာ ကျွန်တော်တို့ ချွန်ချောပြဇာတ်ရုံကိုသွားပြီး ပီကင်းအော်ပရာ ကြည့်မယ်။

ခ။ ကောင်းလိုက်တာ။ ကျွန်တော်တို့ ပီကင်းအော်ပရာကို သိပ်ကြည့်ချင်တယ်။ ဘာကြောင့်လဲဆိုတော့ မြန်မာပြဇာတ်ဟာ ပီကင်းအော်ပရာနဲ့သိပ်တူတယ်လို့ ပညာရှင်တချို့က ပြောလို့ပါ။ တကယ်တူမတူ ကိုယ်တိုင်လေ့လာချင်လို့ပါ။

ဂ။ (၈)ရက်နေ့မှာ ဒီလိုစီစဉ်ရင် မကောင်းဘူးလား။

ခ။ ကောင်းပါတယ်။ (၉)ရက်နေ့မှာကော ဘာအစီအစဉ်များ ရှိပါသလဲ။

ဂ။ (၉)ရက်နေ့မှာ ကျွန်တော်တို့ ရှမ်းဟဲမြို့ကိုသွားပြီး လည်ပတ်ကြည့်ရှုဖို့ စီစဉ်ထားပါတယ်။

ခ။ ရှမ်းဟဲမြို့ကို ကျွန်တော်တို့ ဘာနဲ့သွားမလဲ။ လေယာဉ်နဲ့လား။ မီးရထားနဲ့လား။

ဂ။ လေယာဉ်နဲ့ပဲ သွားမယ်။

ခ။ ဘယ်အချိန်မှာ ပီကင်းက ထွက်မလဲ။

ဂ။ မနက်(၉)နာရီမှာ လေယာဉ်နံပါတ်စီအေ(၉၉၉)နဲ့သွားဖို့ စီစဉ်ထားပါတယ်။

ခ။ ရှမ်းဟဲမြို့မှာ လည်ပတ်ကြည့်ရှုဖို့အစီအစဉ်ကို ပြောပြစေချင်ပါတယ်။

ဂ။ ရှမ်းဟဲမြို့မှာ ကျွန်တော်တို့ အရှေ့တိုင်းပုလဲဆိုတဲ့ရုပ်မြင်သံကြားထုတ်လွှင့်စင်ကြီးကို သွားကြည့်မယ်။ အဲဒီထုတ်လွှင့်စင်ပေါ်ကနေ ရှမ်းဟဲမြို့တစ်ခုလုံးကို မြင်ရနိုင်ပါတယ်။

ခ။ တခြားဘယ်နေရာကို သွားဦးမလဲ။

ဂ။ အရှေ့တိုင်းပုလဲခေါ် ရုပ်မြင်သံကြားထုတ်လွှင့်စင်အပြင် ကျွန်တော်တို့ဖူတွန်းစီးပွားရေးဇုန်ကိုလည်း သွားကြည့်မယ်။ လူရွှင်ပန်းခြံကို သွားလည်မယ်။ ရှမ်းဟဲပြတိုက်ကို သွားကြည့်မယ်။ အချိန်အတိအကျကိုတော့ ရှမ်းဟဲမြို့ရောက်မှ ပြောပြပါမယ်။

ခ။ ဒါဖြင့်၊ ကျွန်တော်တို့ ဘယ်တော့လောက် ခွင်မင်းမြို့ကို ရောက်နိုင်မလဲ။

ဂ။ ရှမ်းဟဲမြို့မှာ ကျွန်တော်တို့နှစ်ရက်လေ့လာမယ်။ (၁၁)ရက်နေ့မနက်(၈)နာရီမှာ စီအေ(၁၂၀၆)လေယာဉ်နဲ့ ခွင်မင်းမြို့သွားမယ်။ ခွင်မင်းမြို့မှာ လည်ပတ်ကြည့်ရှုဖို့ အစီအစဉ်ကို ဟိုရောက်မှ အသေးစိတ်ပြောပြပါမယ်။

ဒါပေမဲ့။ ကျွန်တော်ထင်တာက ကျောက်တောကို သွားကြည့်ရမှာ၊ Expo Garden ကိုသွားလည်ရမှာ၊ ထျွန်ဆီခေါ် ကန်တော်ကြီးကို သွားလေ့လာရမှာပါ။ ကျွန်တော်ပြောလိုတာ ဒီလောက်ပါပဲ။ ဖြည့်စရာရှိရင် ပြောသာပြောပါ။ အားမနာပါနဲ့။

ခ။ တော်တော်လေး ပြည့်စုံပါတယ်။ လိုလေသေး မရှိပါဘူး။ ကျေးဇူးအများကြီးတင်ပါတယ်။

က။ ဆရာကြီး၊ အချိန် မစောတော်ပါဘူး။ ဆရာကြီးတို့ စောစောအနားယူလိုက်ပါ။ ကျွန်မတို့ကို ပြန်ခွင့်ပြုပါ။ မနက်ဖြန် တွေ့မှာပေါ့။

ခ။ ဟုတ်ကဲ့။ ကောင်းပါပြီ။

ဝေါဟာရ

ခန်းမဆောင်(န)	大厅, 礼堂	ညှိနှိုင်း(က)	磋商, 协商
အကြမ်း(န)	草稿, 草案, 轮廓	ယိုကွက်ဟာကွက်(န)	漏洞, 缺陷
နှစ်ဦးနှစ်ဘက်(န)	双方	သံရုံး(န)	大使馆
ရေးဆွဲ(က)	制定	ပေါင်မုန့်ကား(န)	面包车
ရှေးဟောင်းနန်းတော်(န)	故宫	မူတည်(က)	根据, 依据
ဂါရဝပြု(က)	瞻仰, 拜谒, 拜见	ဖလှယ်ရေး(န)	交换, 交流
တည်ခင်း(က)	摆设, 陈列	မုခ်ဦးဆောင်(န)	牌楼
ဘဲကင်ဆိုင်(န)	烤鸭店	မဟာတိုင်ရှည်ကြီး(န)	长城
ပတ်ဝန်းကျင်(န)	左右	ဂူသင်္ချိုင်း(န)	陵墓, 墓地
အားလပ်(က)	空缺, 空闲, 有空	တွင်ကျယ်(က)	效率高
တစ်ပြုံတစ်ခေါင်းကြီး(န)	一大堆, 大量	ကျောက်တော(န)	石林
ပြဇာတ်ရုံ(န)	剧院	ပီကင်းအော်ပရာ(န)	京剧
အရှေ့တိုင်း(န)	东方	ရုပ်မြင်သံကြားထုတ်လွှင့်စင်(န)	电视发射塔
ပုလဲ(န)	珍珠		

လေ့ကျင့်ခန်း

၁။ ကွင်းထဲက ဝေါဟာရများကို ပေးထားသောဝေါဟာရများဖြင့် အစားထိုးလေ့ကျင့်ပါ။

(၁) ကြည့်စမ်း။ (ကျွန်တော်ဖိုက်ပေါက်) တော်မလိုနည်းနည်းပဲလို တော့တယ်။

သူထက

မိုးရွာ

သူ့တို့တိုက်

ပန်းကန်ကွဲ

(၂) ဆရာကြီးတို့ရဲ့တောင်းဆိုချက်အရ (ကျွန်တော်တို့ဘက်က ဆရာကြီးတို့တရက်ခရီးစဉ်အတွက် အစီအစဉ်တစ်ခုအကြမ်း ရေးဆွဲထား) ပါတယ်။

ဥပဒေတစ်ခုရေးဆွဲထား
ကွင်းဆင်းလေ့လာသွားကြ
သစ်ပင်တွေကိုအများကြီးစိုက်ထား
ပတ်ဝန်းကျင်သစ်ညှမ်းမှုကို သိပ်ဂရုစိုက်

(၃) ဦးဝင်းမောင်၊ ကျွန်တော်နဲ့ခင်ခင်နွဲ့သုံးယောက်က (ကားလေးတစ်စီး) နဲ့ သွားမယ်။

မီးရထား
လေယာဉ်
သင်္ဘော
ရဟတ်ယာဉ်
ခြေကျင်

(၄) အဲဒါက(ကျွန်တော်တို့လည်ပတ်ကြည့်ရှုရေး)အပေါ်မှာ မူတည်ပါတယ်။

လုပ်ငန်းပြီးစီးချိန်
ပစ္စည်းအရည်အသွေး
ကုန်ပစ္စည်းဈေးနှုန်း
ပြည်သူလူထုရဲ့သဘောထား

၂။ အောက်ပါ မေးခွန်းများကို နှုတ်ဖြင့်ဖြေပါ။

(၁) ညစာစားပြီးတဲ့နောက် ဦးဝင်းမောင်တို့နဲ့ မစွတာဝမ်းတို့ဟာ လည်ပတ်ကြည့်ရှုဖို့ အစီအစဉ်ကို ဘယ်နေရာမှာ ဆွေးနွေးညှိနှိုင်းကြသလဲ။
(၂) သူတို့ ဘာအကြောင်းကြောင့် တွေ့တွေ့ချင်စပြီးဆွေးနွေးကြသလဲ။
(၃) တရုတ်ဟင်းအပေါ် ဦးဝင်းမောင်က ဘယ်လိုသဘောထားသလဲ။
(၄) လည်ပတ်ကြည့်ရှုဖို့ အစီအစဉ်နဲ့ပတ်သက်ပြီး ဘယ်သူက ဦးဝင်းမောင်ကို တာဝန်ယူပြီးပြောပြသလဲ။
(၅) မြန်မာမိတ်ဆွေတွေအတွက် (၆)ရက်နေ့မှာ ဘယ်လိုစီစဉ်ထားသလဲ။
(၆) ရေးဟောင်းနန်းတော်ကိုသွားဖို့၊ ကားကိုဘယ်လိုစီစဉ်ထားသလဲ။
(၇) ရေးဟောင်းနန်းတော်ကို အေးဆေးစိတ်လေ့လာချင်ရင် အချိန်ဘယ်လောက်ကုန်သလဲ။
(၈) ဦးဝင်းမောင်တို့ကော အချိန်ဘယ်လောက်နဲ့ကြည့်ချင်သလဲ။
(၉) သူတို့ဘယ်အချိန်လောက်မှာ ဟိုတယ်ကို ပြန်ဖို့ရည်ရွယ်ထားသလဲ။
(၁၀) တရုတ်ပြည် ယဉ်ကျေးမှုဝန်ကြီးဌာနဝန်ကြီးက ဘယ်အချိန်မှာ မြန်မာနိုင်ငံယဉ်ကျေးမှု ကိုယ်စားလှယ် အဖွဲ့ကို လက်ခံတွေ့ဆုံမလဲ။
(၁၁) တရုတ်ပြည် ယဉ်ကျေးမှုဝန်ကြီးဌာနဝန်ကြီးက မြန်မာနိုင်ငံညသည်တော်များကို ဘယ်နေရာမှာ ညစာထမင်းစားပွဲတည်ခင်းပြီး ကျွေးမလဲ။

(၁၂) (၇)ရက်နေ့မှာ မြန်မာနိုင်ငံညသည်တော်များဟာ ဘယ်ကိုသွားပြီး လည်ပတ်ကြည့်ရှုမလဲ။

(၁၃) အဲဒီနေ့ နေ့လယ်စာကို သူတို့ ဘယ်နေရာမှာ စားမလဲ။

(၁၄) (၇)ရက်နေ့ညနေပိုင်းမှာ မြန်မာနိုင်ငံက ကြရောက်လာကြတဲ့ညသည်တော်များဟာ ဘယ်နေရာကို သွားပြီး လည်ပတ်ကြည့်ရှုကြမလဲ။ ဘယ်အချိန်မှာ ဟိုတယ်ကိုပြန်မလဲ။

(၁၅) မြန်မာနိုင်ငံညသည်တော်တို့အတွက် (၇)ရက်နေ့ညမှာ အစီအစဉ်ရှိသလား။ ဘာကြောင့် စီစဉ်မပေး သလဲ။

(၁၆) ဦးဝင်းမောင်ဟာ ဘယ်ကိုသွားဖို့ တောင်းဆိုသလဲ။

(၁၇) ဦးဝင်းမောင်ဟာ ဘာကြောင့် ဈေးဝယ်ချင်သလဲ။

(၁၈) (၈)ရက်နေ့မှာ မြန်မာနိုင်ငံက ကြရောက်လာကြတဲ့ညသည်တော်တွေဟာ ဘယ်နေရာကို သွားလည်ကြမလဲ။

(၁၉) နေ့လယ်စာကို ဘယ်မှာစားဖို့ တရုတ်ဘက်က စီစဉ်ပေးထားသလဲ။

(၂၀) (၈)ရက်နေ့ည သူတို့က ဘယ်ကိုသွားပြီး ပီကင်းအော်ပရာကို သွားကြည့်ကြမလဲ။

(၂၁) ပညာရှင်တချို့က မြန်မာပြဇာတ်ဟာ တရုတ်ပြည်ပီကင်းအော်ပရာနဲ့တူတယ်လို့ ဘာ့ကြောင့်ပြောသလဲ။

(၂၂) (၉)ရက်နေ့မှာ မြန်မာနိုင်ငံညသည်တော်များဟာ ဘယ်ကို သွားကြမလဲ။

(၂၃) ရှမ်းဟဲကို သူတို့ ဘာနဲ့သွားကြမလဲ။

(၂၄) မြန်မာနိုင်ငံညသည်တော်များဟာ ရှမ်းဟဲမှာ ဘယ်နေရာတွေကိုသွားပြီး လည်ပတ်ကြည့်ရှုမလဲ။

(၂၅) သူတို့ဘယ်နေ့မှာ ဘာနဲ့ခွင်မင်းမြို့ကို သွားမလဲ။

(၂၆) ခွင်မင်းမြို့မှာ ဘယ်နေရာတွေကို သွားရောက်လည်ပတ်ကြည့်ရှုဖို့ တရုတ်ဘက်က စီစဉ်ပေးမလဲ။

၃။ ■ ပေးထားသော အောက်ပါ အချက်အလက်များကို အခြေခံ၍ စကားပြောတစ်ပုဒ် ရေးပါ။

缅甸体育代表团住进了昆仑饭店以后，吴貌貌局长和全体团员很快吃过了晚饭，然后来到了饭店的礼堂。皇甫处长和钦钦暖正在礼堂等候他们。大家落座以后，便开始讨论访问日程。根据中缅双方预先商定的结果，中方制定了一个访问日程草稿。27日上午9时，代表团会见中国国家体育总局局长，双方就进一步加强体育交流交换意见，并签定谅解备忘录。中午，局长将在和平门烤鸭店宴请缅甸朋友。下午2时，代表团去参观中国运动员的训练馆和训练活动。晚上自由活动。28日上午8时，代表团瞻仰八大处佛牙塔，下午参观故宫博物馆。29日上午8时去颐和园游览，下午参观著名学府北京大学。晚上在北京大剧院看京剧。30日，代表团在中方体育总局局长的陪同下到上海、昆明访问，从昆明离境回国。

သင်ခန်းစာ(၂၆) ယဉ်ကျေးမှုဝန်ကြီးဌာနဝန်ကြီးနှင့် တွေ့ဆုံဂါရဝပြုခြင်း

က။ ခင်ခင်နွဲ့
ခ။ ဦးဝင်းမောင်
ဂ။ ပစ္စတာဝမ်း
ဃ။ ယဉ်ကျေးမှုဝန်ကြီးဌာနဝန်ကြီး

(တရုတ်ပြည် ယဉ်ကျေးမှုဝန်ကြီးဌာန အဆောက်အအုံထက် ခန်းမဆောင်တွင် ယဉ်ကျေးမှုဝန်ကြီးနှင့်တကွ ယဉ်ကျေးမှုဝန်ကြီးဌာနက အရာရှိများသည် မြန်မာသည်သည်တော်များကို စောင့်ကြိုနေကြသည်။ (၈)နာရီထိုးရန် (၅)မိနစ်အလိုတွင် မြန်မာနိုင်ငံသည်သည်တော်များ ရောက်ရှိလာသည်။ ဝန်ကြီးက ထိုင်ရာကမတ်တတ်ရပ်ပြီး မြန်မာနိုင်ငံ သည်သည်တော်များကို လိုက်လိုက်လဲ့လဲ့ကြိုဆိုကြောင်း ပြောသည်။ ဦးဝင်းမောင်က ရှေ့ဆုံးမှ ဒ့ံနေ၍ ကျန်မြန်မာ သည်သည်များသည်ရာထူးအလိုက် ရှေ့စဉ်နောက်ဆက်တန်းစီပြီး ဝန်ကြီးနှင့်အသီးသီးလက်ဆွဲနှုတ်ဆက်ကြ၏။ ထို့နောက် နေရာယူကထိုင်ကြလေသည်။)

စ။ ဦးဝင်းမောင်တို့ ခရီးလမ်းတစ်လျှောက်မှာ တော်တော်ပင်ပန်းခဲ့ကြသလား။ တရုတ်ပြည်ရောက်တော့လည်း တရုတ်ပြည်ရာသီဥတုနဲ့ ကျင့်သားရပြီလား။ ခုတလောမှာ ပီကင်းမြို့ရဲ့ရာသီဥတုဟာ တော်တော်ဖောက်ပြန်ပါတယ်။ အရမ်း ပူအိုက်ပါတယ်။ မိတ်ဆွေတို့က ကျန်းမာရေးဂရုစိုက်ပါ။ နားနားနေနေ ကြည့်ရှုပါ။ ကျန်းမာခြင်းဟာ လာဘ်တစ်ပါးဖြစ်တယ်မဟုတ်လား။

ဆ။ ဟုတ်ကဲ့။ ဝန်ကြီးပြောတာကို ကျွန်တော်တို့သဘောတူပါတယ်။ ဘာလုပ်လုပ် ကျန်းမာရေးဟာ အဓိကပဲ။ ပီကင်းမြို့ရဲ့ရာသီဥတုဟာ တကယ်ပူတာပဲ။ မြန်မာနိုင်ငံရဲ့ရာသီဥတုထက်တောင် ပူသေးတယ်။ ဒါပေမဲ့၊ ကျွန်တော်တို့စိတ်ထဲမှာတော့ သိပ်ကို အေးမြနေပါတယ်။ ဘာကြောင့်လဲဆိုတော့၊ကျွန်တော်တို့အစေကြီး ကကည်းကရောက်ချင်လွှဲပဲပျရတ်ပြည်ကြီးကို အခုရောက်ရှိလာလို့ပါ။ နောက်ပြီး ရောက်လာတဲ့အချိန်ကစပြီး ရောက်လေရာအရပ်တိုင်းမှာ တရုတ်မိတ်ဆွေတွေလိုလေသေးမရှိ လိုက်လိုက်လဲ့လဲ့ညည်ခံပြုစုလို့ပါ။ ဒီနေ့ကံကောင်း ထောက်မလို့ ဝန်ကြီးကိုတွေ့ဆုံဂါရဝပြုခွင့်ရတဲ့အတွက် ကျွန်တော့်စိတ်ထဲမှာ ပိုပြီးပိုပြီး လိုက်လိုက်လဲ့လဲ့ ဖြစ်မိပါတယ်။

ဇ။ ညွှန်ကြားရေးမှူးချုပ်ဦးဝင်းမောင်နဲ့တကွ လိုက်ပါလာတဲ့တခြား မြန်မာနိုင်ငံသည်သည်တော်များကို လိုက်လိုက်လဲ့လဲ့ ကြိုဆိုကြောင်း ပထမဦးစွာပြောကြားပါရစေ။ တရုတ်–မြန်မာနှစ်နိုင်ငံဟာ အိမ်နီးချင်းကောင်း ပီသတဲ့မိတ်ဆွေနိုင်ငံဖြစ်ပါတယ်။ နှစ်နိုင်ငံပြည်သူပြည်သားများဟာ ရှေးပဝေသဏီကတည်းက ချစ်ခင်ရင်းနှီး

လာခဲ့ကြတာဖြစ်ပါတယ်။ ပြီးခဲ့တဲ့အချိန်ကာလမှာ ကျွန်တော်တို့နှစ်နိုင်ငံပြည်သူပြည်သားများဟာ အေးအတူပူအမျှ မရှိအတူရှိအတူ ညီအစ်ကိုမောင်နှမလို အပြန်အလှန်ထောက်ခံကူညီခဲ့ကြပါတယ်။ နောင်မှာလည်း ဒီထက်မက အချင်းချင်း စာနာမယ်။ အချင်းချင်း နားလည်သဘောပေါက်မယ်။ အဖက်ဖက်မှာ ပူးပေါင်းဆောင်ရွက်ပြီး အတူတကွ ဖွံ့ဖြိုးဟိုးတက်လာမယ်လို့ ကျွန်တော်ယုံကြည်ပါတယ်။

ခ။ ဝန်ကြီးပြောတဲ့အတိုင်း ဖြစ်ပါစေ။ ကျွန်တော်တို့နှစ်နိုင်ငံဟာ မိတ်ဆွေဖြစ်အိမ်နီးချင်းနိုင်ငံ ဖြစ်ပါတယ်။ နှစ်နိုင်ငံပြည်သူများကလည်း ညီအစ်ကိုအရင်းလို ချစ်ခင်ရင်းနှီးလှပါတယ်။ ကျွန်တော်တို့ မြန်မာတွေက တရုတ်လူမျိုးအပေါ် မေတ္တာအများကြီးထားရှိပါတယ်။ တရုတ်လူမျိုး "ဆွေမျိုးပေါက်ဖော်" လို့ ချစ်စနိုးခေါ်ကြပါတယ်။ တရုတ်ပြည်ဟာ နိုင်ငံခြားကိုတံခါးဖွင့်ပြီးတဲ့နောက် ကမ္ဘာပြည်သူပြည်သား များအာရုံစူးစိုက်ပြီး ကြည်ရလောက်အောင် အောင်မြင်မှုတွေရရှိတဲ့အတွက် ကျွန်တော်တို့ သိပ်အားကျမိပါတယ်။ ကောင်းကောင်းအတုယူဖို့ ကောင်းပါတယ်။ ကျွန်တော်တို့နိုင်ငံဟာ တရုတ်ပြည်နဲ့စာကြည့်လို့ရှိရင် မိုးနဲ့မြေလောက် ကွာပါတယ်။ အများကြီးကြိုးစားဖို့ လိုပါတယ်။

ဃ။ မြန်မာနိုင်ငံကလည်း အာရုံစူးစိုက်ပြီး စီးပွားရေးဖွံ့ဖြိုးတိုးတက်လာအောင် စောက်ချုပ်ပြီး လုပ်ကိုင်ခဲ့ရာမှာ အောင်မြင်မှုတွေရသင့်သလောက်ရနေတာကို ကျွန်တော်တို့ဝမ်းမြောက်ဝမ်းသာစွာနဲ့ တွေ့ရပါတယ်။ ကျွန်တော်တို့နှစ်ဦးနှစ်ဘက် အပြန်အလှန် အတုယူရမယ်။

ခ။ ဟုတ်ကဲ့။ အပြန်အလှန် အတုယူမယ်။ အတူတကွ ဖွံ့ဖြိုးတိုးတက်လာမယ်။ ကျွန်တော်တို့ရဲ့နေထိုင်ရေး ဘဝအကြောင်းကိုပြောရရင် အရင်တုန်းကနဲ့စာကြည့်ရင် တိုးတက်လာပြီလို့ ပြောလို့ရပါတယ်။ အရင်တုန်း ကဆိုရင် ကျွန်တော်တို့မြန်ပြည်သူပြည်သားများဟာ "စားတော့ပဲပြုတ်။ နေတော့တဲကုပ်။ ဝတ်တော့ အစုတ်အနုပ်" ဆိုသလို ဖြစ်ပါတယ်။ အခုတော့ တော်တော်ကောင်းမွန်လာပါတယ်။

ဃ။ နောင်လည်း ဒီထက်မက ကောင်းလာမှာပါ။ မြန်မာနိုင်ငံပြည်သူလူထုနေထိုင်စားသောက်မှုအဆင့်အတန်း တိုးတက်လာတဲ့အပြင် နိုင်ငံရေးမှာရော လူမှုရေးမှာပါ အောင်မြင်မှုတွေ အများကြီးရရှိပါတယ်။ ပြည်တွင်းသောင်း ကျန်းသူအဖွဲ့စည်းများနဲ့ ငြိမ်းချမ်းရေးစာချုပ်ကိုချုပ်ဆိုပြီးအရင်တုန်းက ဘယ်တော့မှမရှိခဲ့ဖူးတဲ့ ပြည်တွင်ငြိမ်ချမ်းတည်ငြိမ်မှုကို ရရှိခဲ့ပါတယ်။ အာဆီယံအဖွဲ့ဝင်လည်း ဖြစ်နေပြီမဟုတ်လား။

ခ။ ပြီးခဲ့တဲ့နှစ်မှာဆိုရင် တရုတ်ပြည်မှာ အောင်မြင်မှုကြီးသုံးခုရှိခဲ့ပါတယ်။ ပထမက တရုတ်ပြည် အမျိုးသား ဘောလုံးအသင်းက အာရှနိုင်ငံအသင်းများလူရွေးပွဲမှာ အဖွဲ့ယ်ထဲမှာ ပထမရရှိပြီး ကမ္ဘာ့ဖလား ဘောလုံးပြိုင်ပွဲမှာ ပါဝင်ယှဉ်ပြိုင်ခွင့်ရရှိခြင်း ဖြစ်ပါတယ်။ ဒုတိယ နှစ်ထောင်နှစ်ခုနှစ် ရွှေရာသီအိုလံပစ်အား ကစားပြိုင်ပွဲကြီးကို ကျင်းပခွင့်ရရှိလိုက်ခြင်းဖြစ်ပါတယ်။ တတိယက ကမ္ဘာ့ကုန်သွယ်ရေးအဖွဲ့ချုပ် တရားဝင်အဖွဲ့ဝင်တစ်ဦးအဖြစ် လက်ခံအတည်ပြုခံရခြင်း ဖြစ်ပါတယ်။ ဒါကြောင့် နှစ်ထောင်နှစ်ခုနှစ်ဟာ တရုတ်ပြည်နှစ်လို့ အားလုံးကပြောကြပါတယ်။ အာရှတိုက်သား တစ်ယောက်အနေနဲ့ ကျွန်တော် သိပ်ဂုဏ်ယူမိပါတယ်။ အားလည်း တက်မိပါတယ်။

ဃ။ ခုလို အားပေးနေတာကို အများကြီးကျေးဇူးတင်ပါတယ်။

ခ။ တရုတ်ပြည်ကြီးရဲ့ တခြားနယ်ပယ်မှာလည်း စီးပွားရေးနယ်ပယ်လိုပဲအားကြီးတိုးတက်လာနေတာကို တွေ့ရပါတယ်။ ကျွန်တော်သိသလောက်ပြောရမယ်ဆိုရင် ပညာရေးဘက်မှာဆိုရင် ပီကင်းတက္ကသိုလ်နဲ့ချင်းဟွာ တက္ကသိုလ်ဟာ ကမ္ဘာ့ပထမတန်းစားတက္ကသိုလ်ဖြစ်ရေးအတွက် အားကြီးမာန်တက် ကြိုးစားနေကြတယ်။

အားကစားဘက်မှာကမ္ဘာ့စံချိန်သစ်ကို တင်တင်ပြီး ကမ္ဘာ့ချန်ပီယံတစ်ခုပြီးတစ်ခု ဆွတ်ခူးနိုင်ခဲ့ပါတယ်။ လူမှုရေးဘက်မှာ အောင်မြင်မှုတွေ ပိုတောင်များသေးတယ်။ ပြောလို့ကုန်မှာ မဟုတ်ပါဘူး။

ယ။ ပန်းတစ်ခိုင်သာဖူးပွင့်ရင် နွေဦးရာသီရောက်ဖယ်လို့ မဆိုနိုင်။ ပန်းမျိုးစုံဖူးပွင့်မှ နွေဦးရာသီရောက်ပြီလို့ ဆိုနိုင်ပါတယ်။ ကျွန်တော်တို့ရဲ့ရည်ရွယ်ချက်ကတော့ နိုင်ငံတိုင်းဖွံ့ဖြိုးတိုးတက်လာမှာကို မြင်ချင်တယ်။ အထူးသဖြင့် ကျွန်တော်တို့ရဲ့အိမ်နီးချင်းနိုင်ငံဖြစ်တဲ့မြန်မာနိုင်ငံ အမြန်ဆုံးဖွံ့ဖြိုးတိုးတက်လာဖို့ မျှော်လင့်ပါတယ်။

ခ။ ဝန်ကြီးပြောတာဟာ တော်တော်ကဗျာဆန်တာပဲ။ တရုတ်ပြည်သူပြည်သားများဟာ အခုအိမ်တိုင်းလိုလို လျှပ်စစ်ပစ္စည်းတွေ ပြည်ပြည့်စုံစုံရှိပါတယ်။ လူတိုင်းလိုလို ဆယ်လူလာဖုန်းကိုင်တယ်။ ကွန်ပျူတာကိုလည်း ကျယ်ကျယ်ပြန့်ပြန့် သုံးနေပါတယ်။ အားလပ်ချိန်မှာ ပြည်တွင်းမှာခရီးထွက်ရုံသာမက နိုင်ငံခြားကိုလည်း တစ်သုတ်ပြီးတစ်သုတ်ခရီးထွက်နေကြပါတယ်။ အခု တရုတ်လူမျိုးရဲ့နေထိုင်စားသောက်မှုအဆင့်အတန်းဟာ ရွှေပေါ်မြင်တင်ဆိုသလို ကောင်းသထက်ကောင်းလာနေတာကို ကျွန်တော်တို့တွေ့ရပါတယ်။

ယ။ ခင်ဗျားပြောတာ ဟုတ်တော့ဟုတ်ပါတယ်။ ဒါပေမဲ့တရုတ်ပြည်မှာ ပြည့်ဝခါမလုသေးတဲ့လူလည်း ထောင်ပေါင်းများစွာ ရှိပါသေးတယ်။ အဲဒီထဲမှာ နယ်စပ်ဒေသမှာနေထိုင်ကြတဲ့ တိုင်းရင်းသားလူမျိုးတွေ ပိုများပါတယ်။ သူတို့လည်း မရှိမရှုးဘဝမှာ နေထိုင်လာနိုင်ဖို့ ကျွန်တော်တို့မှာ တာဝန်ဝတ္တရားရှိပါတယ်။ ဒါကြောင့် ဒါများကြီးကြိုးစားရဦးမယ်။

ခ။ အဆွေတော်ဝန်ကြီးခင်ဗျား၊ စီးပွားရေးလုပ်ငန်းအပြင် ယဉ်ကျေးမှုနယ်ပယ်မှာလည်း တရုတ်ပြည်နဲ့ဆက်သွယ်ရေးကို အားဖြည့်ပေးစေချင်တယ်။ ကိုယ်စားလှယ်အဖွဲ့တွေ ပိုပြီးပိုပြီး စေလွှတ်ချင်ပါတယ်။ ဥပမာ၊ ပညာရေးကိုယ်စားလှယ်အဖွဲ့တွေ၊ စာရေးဆရာကိုယ်စားလှယ်အဖွဲ့တွေ၊ အဆိုအကကိုယ်စားလှယ်အဖွဲ့တွေ၊ သတင်းစာဆရာကိုယ်စားလှယ်အဖွဲ့တွေ၊ သမိုင်းပညာရှင်ကိုယ်စားလှယ်အဖွဲ့တွေ၊ စာကြည့်တိုက်လုပ်ငန်းကိုယ်စားလှယ်အဖွဲ့တွေကို ကျွန်တော်တို့ များများလွှတ်ချင်တယ်။ ဒါက ကျွန်တော်ဒီတစ်ခေါက် လာရောက်လည်ပတ်ကြည့်ရှုတဲ့ အဓိကရည်ရွယ်ချက်တစ်ခုဖြစ်ပါတယ်။

ယ။ ရပါယ်။ ညွှန်ချုပ်ပြောတာကို ကျွန်တော်လုံးဝသဘောတူပါတယ်။ ကျွန်တော်တို့ဘက်ကလည်း ဒီလိုလုပ်ချင်တဲ့ဆန္ဒရှိပါတယ်။ ဒီလိုကိုယ်စားလှယ်အဖွဲ့တွေ များများလွှတ်၊အဆက်မပြတ်လွှတ်မှ ကျွန်တော်တို့နှစ်ဦးနှစ်ဘက်ဟာ ပိုပြီးပိုပြီး နားလည်သဘောပေါက်ပါမယ်။ ပိုပြီးချစ်ခင်ရင်းနှီးလာမယ်။ နှစ်နိုင်ငံရဲ့ဆက်ဆံရေးလည်း ပိုပြီးကောင်းမွန်လာမယ်။ အသေးစိတ်ကိုတော့ ခင်ဗျား မစ္စတာဝမ်းနဲ့ ဆွေးနွေးညှိနိုင်ကြပါ။ ယဉ်ကျေးမှု အပြန်အလှန်ဖလှယ်ရေးစာချုပ်တစ်ခု ချုပ်ဖြစ်အောင်ကြိုးစားပါ။

ခ။ ဟုတ်ကဲ့။ ကြိုးစားပါ့မယ်။ မချုပ်ချုပ်ဖြစ်အောင်ကြိုးစားပါ့မယ်။

ယ။ ကောင်းပြီ။ မနေ့က ခင်ဗျားတို့ ရေးဟောင်းနန်းတော်ကို သွားတယ်မဟုတ်လား။ ဘယ်နယ်လဲ။ ကောင်းလား။

ခ။ ကောင်းပါတယ်။ သိပ်ကောင်းပါတယ်။ ကျွန်တော်တို့ကို သိပ်မျက်စိပွင့်စေပါတယ်။ ဗဟုသုတလည်း တိုးပါတယ်။ တရုတ်ပြည်ရှေးခေတ်ကဆောက်လုပ်ရေးဗိသုကာပညာ ဘယ်လောက်တိုးတက်တယ်ဆိုတာ၊ ဒီဇိုင်းရေးဆွဲတာလည်း ဘယ်လောက်စနစ်ကျတယ်ဆိုတာ၊ အလှဆင်မွမ်းမံတာ ဘယ်လောက်ကောင်းမွန်တယ်ဆိုတာတွေကို ပြနေတာပဲ။ သိပ်အံ့ဩစရာကောင်းတာပဲ။

ယ။ မနက်ဖြန်ကော။ ဘယ်သွားမလဲ။

၁။ ။ မနက်ဖြန် ကျွန်တော်တို့ မဟာတ်တိုင်းရှည်ကြီး သွားမယ်။

သ။ ။ ကောင်းပါပြီ။ တရုတ်ပြည်ရောက်တုန်း ကိုယ့်အိမ်မှာ နေသလိုနေပါ။ အလိုရှိရင် မစ္စတာဝမ်းကို ပြောပါ။ ကျွန်တော်တို့ တတ်နိုင်သလောက်စီစဉ်ပေးပါ့မယ်။ က–အချိန်လည်းမစောတော့ပါဘူး။ (၅)နာရီတောင် ကျော်သွားပြီ။ ညစာသွားစားကြရအောင်။

၁။ ။ ဟုတ်ကဲ့။ အဆွေတော်ဝန်ကြီးက အလုပ်များလှတဲ့အထဲမှာ ကျွန်တော်နဲ့ကျွန်တော့်အဖွဲ့ဝင်များကို လက်ခံတွေ့ဆုံတာကို ကျေးဇူးအများကြီးတင်ပါတယ်။ ဝန်ကြီး ဒါကတော့ မြင်းတစ်ကောင် ပြေးနေတဲ့ ကျောက်မျက်ရတနာပန်းချီတစ်ချပ်။ တန်ဖိုးတော်မရှိပါဘူး။ စေတနာပါ။ အဆွေတော်တို့နိုင်ငံပြေးနေတဲ့ မြင်းလိုပဲ အရှိန်အဟုန်နဲ့ဖွံ့ဖြိုးတိုးတက်ပါစေ။

သ။ ။ ညွှန်ချုပ်။ ဒါကျင်ထိုက်လန်းခေါ်ကြွေကပ်ကြေးထည်ရုပ်ပွားတော်ဖြစ်ပါတယ်။ မြန်မာနိုင်ငံဟာ ဘုရား သိကြားမလို့ ခပ်မြန်မြန်တိုးတက်ဖွံ့ဖြိုးပါစေလို့ဆုတောင်းပါတယ်။

၁။ ။ ဝန်ကြီးပေးတဲ့ဆုနှံ့ပြည်ပါစေ။ က–ဝန်ကြီး၊ ကျွန်တော်တို့ကိုခွင့်ပြုပါဦး။

သ။ ။ ကောင်းပြီ။

က။ ။ ဒါဆို ဒီနေ့အစီအစဉ်ပြီးဆုံးသွားပါပြီ။ ပြန်ကြရအောင်။ မနက်ဖြန်တွေ့အုံးမယ်။

(ယဉ်ကျေးမှုဝန်ကြီးတွေဆုံပွဲအပြီးတွင် အားလုံးမတ်တတ်ရပ်ပြီး ဦးဝင်းမောင်ကအစဉ်ကြီးအား အသီးသီးလက်ဆွဲနှုတ်ဆက်ကြ၏။ ထို့နောက်အပြင်ထွက်ကြသည်။ မစ္စတာဝမ်းနှင့်ခင်ခင်နွဲ့တို့က ဝန်ကြီး ရုံးအဆောက်အဦး၏တံခါးမကြီးအထိ လိုက်ပို့သည်။ မစ္စတာဝမ်းတို့ ကတံခါးမကြီးရှေ့၌ မတ်တတ်ရပ်ပြီး မြန်မာသည်သည်တော်ကို လက်များဝှေ့ရမ်း၍ နှုတ်ဆက်ကြသည်။ သည်သည်တော်တို့၏ကားထွက်သွားပြီးမှ အထဲသို့ပြန်လာကြသည်။)

ဝေါဟာရ

ဝန်ကြီး(န) 部长
အရာရှိ(န) 官员
တန်းစီ(က) 排队, 列队
ရှေးပဝေသဏီ(န) 从前, 古时
မရှိအတူရှိအတူ(ကန) 有福同享，有难同当
အိမ်နီးချင်းနိုင်ငံ(န) 邻国
ကမ္ဘာ(န) 地球, 世界
စောက်ချ(က) 专心致力于
လူရွေးပွဲ(န) 选拔赛，预选赛
အိုလံပစ်(န/လိပ် Olympic) 奥林匹克运动会
အားပေး(က) 鼓励, 促进, 助威
နယ်ပယ်(န) 地域, 领域, 范围
ချန်ပီယံ(န/လိပ် champion) 冠军

အဆင့်ဆင့်(ကန) 各级, 层层
ရှေ့စဉ်နောက်ဆက်(ကန) 先后
လက်ဆွဲနှုတ်ဆက်(က) 握手问好
အေးအတူပူအမျှ(ကန) 同甘共苦
အရင်း(န) 嫡亲
အာရုံစူးစိုက်(က) 聚精会神, 全神贯注
ဖွံ့ဖြိုး(နက) 发达, 兴旺, 旺盛
အာရှ(န) 亚洲
ဖလား(န) 钵, 大杯
ဂုဏ်ယူ(က) 感到荣幸, 感到自豪
ကုန်သွယ်ရေး(န) 商业, 贸易
အားတက်(က) 兴奋, 振奋
ပထမတန်းစား(န) 一流

သင်ခန်းစာ(၂၆)   ယဉ်ကျေးမှုဝန်ကြီးဌာနဝန်ကြီးနှင့် တွေ့ဆုံဂါရဝပြုခြင်း

အားကြိုးမာန်တက်(ကြိ) 积极, 鼓足干劲, 意气风发   စံချိန်တင်(က) 创纪录
လူမှုရေး(န) 社会, 世间之事   ခိုင်(မ) 团, 枝, 串
ရည်ရွယ်ချက်(န) 目的, 宗旨   လျှပ်စစ်ပစ္စည်း(န) 电器
ဆယ်လူလာဖုန်း(န/လိပ် cellular phone) 手机   ခရီးထွက်(က) 旅行, 出门
ကွန်ပျူတာ(န/လိပ် computer) 计算机   သုတ်(မ) 群, 批
ဝမ်း(န) 肚子, 腹部   ခါး(န) 腰, 腰部
နယ်စပ်(န) 边境   တိုင်းရင်းသားလူမျိုး(န) 少数民族
မရှိမရှား(ကြိ) 小康   အဆွေတော်(န) 阁下
အားဖြည့်(က) 加强, 充实   ကိုယ်စားလှယ်အဖွဲ့(န) 代表团
စာရေးဆရာ(န) 作家   အဆိုအက(န) 歌舞
စေလွှတ်(က) 派遣   စာချုပ်(န) 条约, 协定, 协议
ချုပ်ဆို(က) 签定, 缔结

လေ့ကျင့်ခန်း

၁။ ။ ကွင်းထဲက ဝေါဟာရများကို ပေးထားသောဝေါဟာရများဖြင့် အစားထိုးလေ့ကျင့်ပါ။

(၁) (တရုတ်ပြည်ရာသီဥတုနဲ့) ကျင့်သားရပြီလား။

သူနဲ့တွဲတာ
လုံချည်ဝတ်တာ
ညပ်ဖိနပ်စီးတာ
ရန်ကုန်မှာနေတာ

(၂) (ကျန်းမာရေး) ဟာအဓိကပါ။

အရည်အသွေး
ယဉ်ပြိုင်သူရဲ့စိတ်နေသဘောထား
အောင်မြင်မှုရဖို့
ချစ်ကြည်ရေး
လုံခြုံရေး

(၃) ဒီနေ့ကံကောင်းထောက်မလို့ (ဝန်ကြီးကိုတွေ့ဆုံဂါရဝပြုခွင့်ရ) တယ်။

ထီပေါက်
တင်တင်နဲ့တွေ့ရ
အမေပေးတဲ့စာရ
မီးရထားအချိန်မီ

(၄) (ဝန်ကြီးပြော) တဲ့အတိုင်းဖြစ်ပါစေ။

ခင်ဗျားဆုပေး

ဆရာမျှော်လင့်
ကျွန်တော်တို့ခန့်မှန်းထား
ချိန်းဆိုထား

(၅) (ကျွန်တော်ဟိုနိုင်ငံ) ဟာ (တရုတ်ပြည်) နဲ့စာကြည့်လို့ရှိရင် (မိုးနဲ့ မြေလောက်ကွာ) ပါတယ်။

တောရွာတွေ   မြို့တွေ   အများကြီးကွာ
မီးရထား   လေယာဉ်ပျံ   အများကြီးနေ
ဆရာမ   ဆရာ   သဘောပိုကောင်း
ယဉ်ယဉ်နဲ့   မောင်မောင်   မှတ်ဉာဏ်ပိုကောင်း

(၆) (ကိုယ်စားလှယ်အဖွဲ့တွေပိုပြီးပိုပြီးစေလွှတ်) ချင်ပါတယ်။

လူကြီးတွေရဲ့စကားတွေကိုနားထောင်
သူ့ကိုပြောပြ
လေ့လာရေးသွား
ဆရာကြီးမှာထားတာကိုဆောင်ရွက်

(၇) (ယဉ်ကျေးမှုအပြန်အလှန်ဖလှယ်ရေးစာချုပ်တစ်ခုချုပ်) ဖြစ်အောင်ကြိုးစားပါ။

မနက်ဖြန်မြို့ထဲကိုသွား
ရှေ့လမှာအိမ်ပြန်
ခရီးထွက်
အရက်ကိုမသောက်

၂။ ။ အောက်ပါ မေးခွန်းများကို နှုတ်ဖြင့်ဖြေပါ။

(၁) တရုတ်ပြည် ယဉ်ကျေးမှုဝန်ကြီးဌာနဝန်ကြီးနဲ့တကွ အရာရှိတွေဟာ ဘယ်နေရာမှာ မြန်မာ ည်သည်တော်များကို စောင့်ကြိုကြသလဲ။
(၂) မြန်မာနိုင်ငံည်သည်တော်များဟာ ဘယ်အချိန်မှာ ရောက်ရှိလာသလဲ။
(၃) မြန်မာည်သည်တော်များဟာ ခန်းမဆောင်ထဲဝင်လာတဲ့အခါမှာ ဝန်ကြီးက ဘာပြောသလဲ။
(၄) မြန်မာည်သည်တော်များဟာ ဝန်ကြီးနဲ့ ဘယ်လိုလက်ဆွဲနှုတ်ဆက်ကြသလဲ။
(၅) နှစ်ဦးနှစ်ဘက်အရာရှိများ နေရာယူထိုင်ပြီးတဲ့အခါမှာ ဝန်ကြီးက ဘာတွေများစပြောသလဲ။
(၆) ရာသီဥတုနဲ့ပတ်သက်ပြီး ဝန်ကြီးနဲ့ဦးဝင်းမောင်က ဘယ်လိုပြောသလဲ။
(၇) ဦးဝင်းမောင်စိတ်ထဲမှာ ဘာကြောင့် လိုက်လိုက်လဲလဲ ဖြစ်မိသလဲ။
(၈) ဝန်ကြီးက တရုတ်–မြန်မာ နှစ်နိုင်ငံချစ်ကြည်ရေးနဲ့ပတ်သက်ပြီး ဘယ်လိုပြောသလဲ။
(၉) မြန်မာလူမျိုးတွေက ဘာကြောင့် တရုတ်လူမျိုးတွေကို "ဆွေမျိုးပေါက်ဖော်" လို့ခေါ်ကြသလဲ။
(၁၀) ဦးဝင်းမောင်က ဘာတွေများ အားကျသလဲ။ ဘာတွေများ အတုယူချင်သလဲ။
(၁၁) ဦးဝင်းမောင်က မြန်မာနိုင်ငံဟာ တရုတ်ပြည်နဲ့စာကြည့်လို့ရှိရင် မိုးနဲ့မြေလောက်ကွာတယ်လို့ ဘာကြောင့် ပြောသလဲ။

(၁၂) မြန်မာနိုင်ငံ စီးပွားရေးဖွံ့ဖြိုးတိုးတက်မှုနဲ့ပတ်သက်ပြီး ဝန်ကြီးက ဘယ်လိုမြင်သလဲ။

(၁၃) နှစ်ထောင်နဲ့ရှစ်ခုနှစ်ကို တရုတ်ပြည်နှစ်လို့ လူတွေက ဘာကြောင့် ပြောကြသလဲ။

(၁၄) တရုတ်ပြည်ကြီးရဲ့တခြားနယ်ပယ်က အခြေအနေများနဲ့ပတ်သက်ပြီး ဦးဝင်းမောင်က ဘယ်လိုပြောသလဲ။

(၁၅) ဦးဝင်းမောင်ပြောတာကို ဝန်ကြီးက ဘယ်လိုပြန်ပြောသလဲ။

(၁၆) လက်ရှိ တရုတ်ပြည်သူပြည်သားတွေရဲ့နေထိုင်စားသောက်မှု အဆင့်အတန်းနဲ့ပတ်သက်ပြီး ဦးဝင်းမောင်က ဘယ်လိုပြော သွားသလဲ။

(၁၇) အခု တရုတ်ပြည်မှာ ဝမ်းမဝခါးမလှုတဲ့လူ ရှိသေးသလား။ သူတို့နဲ့ပတ်သက်ပြီး ဝန်ကြီးက ဘယ်လို ပြောသလဲ။

(၁၈) ဦးဝင်းမောင်ဒီတစ်ခေါက် တရုတ်ပြည်ကို လာရောက်လည်ပတ်ကြည့်ရှုခြင်းရဲ့အဓိကရည်ရွယ်ချက်ဟာ ဘာလဲ။

(၁၉) တရုတ်–မြန်မာယဉ်ကျေးမှုဖလှယ်ရေးနဲ့ပတ်သက်ပြီး ဝန်ကြီးက ဘယ်လိုသဘောထားသလဲ။

(၂၀) ရှေးဟောင်းနန်းတော်နဲ့ပတ်သက်ပြီး ဦးဝင်းမောင်က ဘယ်လိုသဘောရသလဲ။

(၂၁) နောက်ဆုံးမှာ ဝန်ကြီးက ဘယ်လိုမှာကြားသလဲ။

၃။ ပေးထားသော အောက်ပါ အချက်အလက်များကို အခြေခံ၍ စကားပြောတစ်ပုဒ် ရေးပါ။

8月27日上午，吴貌貌局长和随行的代表团团员一起来到国家体育运动总局，在礼堂会见了中国国家体育运动总局局长，就双方今年的体育交流交换了意见。经会谈，双方一致同意缅方今年将派遣青年足球队、国家女子举重队、国家羽毛球队访华。中方将派遣国家男子乒乓球队、体操队、国家排球代表队访问缅甸。按中缅双方的惯例，代表团国际旅费自理，访问期间食宿、交通费用由接待方负责。会谈后，双方签定了谅解备忘录。

သင်ခန်းစာ (၂၇) ဂုဏ်ပြုညစာထမင်းစားပွဲ၌

က။ ။ ခင်ခင်နွဲ့
ခ။ ။ ဦးဝင်းမောင်
ဂ။ ။ မစ္စတာဝမ်း
ဃ။ ။ တရုတ်ပြည်ယဉ်ကျေးမှုဝန်ကြီးဌာနဝန်ကြီး

(ချန်းမင်းခေါ် မုခ်ဦးဆောင်နားဒ္ဓရှိသော ချွမ်ကျိုတောဘဲကင်ဆိုင်တံခါးမကြီးရှေ့တွင် စကားပြန်ဖြစ်သူခင်ခင်နွဲ့သည် မစ္စတာဝမ်းနှင့်အတူ ဦးဝင်းမောင်တို့အလာကို စောင့်ကြိုလျက်ရှိကြ၏။ ဦးဝင်းမောင်တို့ကားဝင်လာသည်ကို မြင်ရသောအခါ ခင်ခင်နွဲ့က ဆီးကြို၍ ကား၏တံခါးကို ဖွင့်ပေးလိုက်သည်။)

က။ ။ မင်္ဂလာပါဆရာကြီး။
ခ။ ။ မင်္ဂလာပါ။ စောင့်တာ ကြာပြီလား။
က။ ။ ဟင့်အင်း။ မကြာသေးပါဘူး။ ခုပဲ ရောက်လာတာ။
ဂ။ ။ လိုက်လိုက်လဲ့လဲ့ကြိုဆိုပါတယ်။
ခ။ ။ ကျေးဇူးတင်ပါတယ်။
က။ ။ ဆရာကြီးအထဲကြွပါ။
ခ။ ။ ဟုတ်ကဲ့။
က။ ။ ဒီဘက်ညစ်ခန်းကြွပါ။ ခဏထိုင်ရအောင်။
ခ။ ။ ဟုတ်ကဲ့။

(ညစ်ခန်းထဲတွင် ဝန်ကြီးက ထိုင်ရာမှ ထလာပြီး ဦးဝင်းမောင်ကိုကြိုဆိုသည်။)

ဃ။ ။ ဦးဝင်းမောင် ဒီမှာလာထိုင်။
ခ။ ။ ဟုတ်ကဲ့။
ဃ။ ။ ရေနွေးကြမ်းသောက်ပါ။ စံပယ်ပန်းလက်ဖက်ခြောက်။
ခ။ ။ ကောင်းပါတယ်။ မွှေးလိုက်တာ။ ကျွန်တော်တို့ မြန်မာလူမျိုးတွေဟာဒီတရုတ်ပြည်ထုတ်တဲ့စံပယ်ပန်း လက်ဖက်ခြောက်ကို သိပ်ကြိုက်နှစ်သက်ပါတယ်။ မြန်မာစကားမှာ အသားဆိုဝက်၊ အသီးဆိုသရက်၊ အရွက်ဆိုလက်ဖက်ဆိုတဲ့ဆိုရိုးစကားရှိတယ်။ လက်ဖက်ရည်သောက်ခြင်းဓလေ့ဟာ တရုတ်ပြည်က မြန်မာနိုင်ငံကို ဝင်လာတာဖြစ်ပါတယ်။ ဒါပေမဲ့ မြန်မာနိုင်ငံမှာထုတ်တဲ့လက်ဖက်ခြောက်ဟာဒီလောက်မကောင်း

သင်ခန်းစာ(၂၅)   ဂုဏ်ပြုညစာထမင်းစားပွဲ၌

ဧ။	ရပါတယ်။ ဦးဝင်းမောင်ကြိုက်ရင် ကျွန်တော်အထက်တန်းကျစံပယ်ပန်းလက်ဖက်ခြောက်တစ်ထုပ်ကို လက်ဆောင်ပေးလိုက်ပါမယ်။ စံပယ်ပန်းလက်ဖက်ခြောက်လုပ်နည်းကို သင်ချင်ရင်လည်း ကျွန်တော် အထူးစီစဉ်ပေးပါမယ်။
ခ။	ကျေးဇူးတင်ပါတယ်။
ဧ။	ဦးဝင်းမောင်တို့ တရုတ်ပြည်ရောက်တော့ အစားအသောက်အနေအထိုင်ကအစ အစစအရာရာ အဆင်ပြေရဲ့လား။
ခ။	ဟုတ်ကဲ့၊ အဆင်ပြေပါတယ်။ အဆင်မပြေစရာရယ်လို့ မရှိပါဘူး။ အားလုံးကောင်းပါတယ်။ အဆွေတော်တို့ နိုင်ငံရောက်လာတာ နှစ်ရက်လောက်ပဲရှိပါသေးတယ်။ အစားအသောက် အနေအထိုင် ကောင်းလွန်း အားကြီးလို့ ဗိုက်ကောင့်ထွက်လာတယ်။ မြန်မာနိုင်ငံကိုပြန်ရောက်ရင် ကျွန်တော့်မိန်းမက ကျွန်တော့်ကို မှတ်မိမှာမဟုတ်တော့ဘူးထင်တယ်။
ဧ။	ပီကင်းမြို့ရဲ့ရာသီဥတု ပူသလား။ ရန်ကုန်မြို့ရဲ့ရာသီဥတု ပူသလား။
ခ။	ပီကင်းမြို့က ပိုပူတယ်။ ရန်ကုန်မှာတော့ အခုမိုးရာသီမို့ မိုးဆက်တိုက်ရွာနေတယ်။ ဒါကြောင့်သိပ်မပူတော့ပါဘူး။ ကျွန်တော်တို့ရဲ့စိတ်ထဲမှာကတော့ ရန်ကုန်မြို့ရဲ့ရာသီဥတုထက် ပီကင်းမြို့ရဲ့ရာသီဥတုက အဆပေါင်းများစွာ ပူပါတယ်ထင်တယ်။ ဘာကြောင့်လဲဆိုတော့ ဆွေမျိုးပေါက်ဖော်ဆီကိုရောက်ရှိလာလို့ လိုက်လိုက်လဲ့လဲ့ဖြစ်လို့ပါ။
ဧ။	ဦးဝင်းမောင်တို့တရုတ်ပြည်ကိုရောက်လာတော့ ကိုယ့်နိုင်ငံကို ပြန်ရောက်သလို သဘောထားပါ။ ကိုယ့်အိမ်မှာနေသလို လွတ်လွတ်လပ်လပ်နေပါ။ လိုအပ်တာရှိရင် ပြောသာပြောပါ။ ကျွန်တော်တို့ တတ်နိုင်သလောက်လုပ်ပေးပါ့မယ်။ ဘာမှအား မနာပါနဲ့။
ခ။	ဟုတ်ကဲ့၊ အားမနာပါဘူး။ အဆွေတော်တို့ဉာဏ်ဝတ် ကျေပွန်လှပါတယ်။ လိုလေသေးမရှိပါဘူး။ ပိုတောင်ပိုနေတယ်။
ဧ။	ဦးဝင်းမောင်၊ ကျွန်တော်တစ်ခုသိချင်တယ်။
ခ။	ဟုတ်ကဲ့၊ မေးပါ။ ကျွန်တော်သိသလောက် ဖြေကြားပါ့မယ်။
ဧ။	မြန်မာနိုင်ငံပြည်သူပြည်သားတွေဟာ ခါတိုင်းမှာဘာဝတ်ကြသလဲ။
ခ။	ခါတိုင်းမှာတော့ ခုလိုအနောက်တိုင်းဝတ်စုံတွေ မဝတ်ပါဘူး။ မြန်မာတိုင်းရင်းသားဝတ်စုံတွေ ဝတ်ပါတယ်။ အမျိုးသားဆိုရင် အပေါ်မှာရှပ်အင်္ကျီ၊ စပိုရှပ်၊ အောက်မှာ လုံချည်ဝတ်တယ်။ အမျိုးသမီးဆိုရင်အပေါ်မှာ ပိတ်စပါးလေးနဲ့ချုပ်တဲ့လက်ရှည်အင်္ကျီ၊ အောက်မှာပန်းလှလှလေးရိုက်ထားတဲ့ထမီ ဝတ်ကြတယ်။ ဖိနပ်ကိုတော့ ညှပ်ဖိနပ် နဲ့မဟုတ်ရင် ကွင်းထိုးဖိနပ်စီးပါတယ်။ ရှူးဖိနပ်မစီးပါဘူး။ မြန်မာဆန်ဆန် ဝတ်စား ဆင်ယင်လေ့ရှိတယ်။
ဧ။	အစားအစာကျတော့ကော။ ဘာတွေများ စားကြသလဲ။
ခ။	အစားအစာကျတော့ ကျွန်တော်တို့ ထမင်းကိုအဓိကထားပြီး စားပါတယ်။ ဟင်းကျတော့ သားငါးတွေ၊ ဟင်းသီးဟင်းရွက်တွေ တော်တော်များများစားပါတယ်။ မြန်မာရဲ့ပါးစပ်က ချဉ်၊ ငန်၊ စပ်ကိုကြိုက်ပါတယ်။ အဲဒါက မြန်မာနိုင်ငံရာသီဥတုနဲ့ဆိုင်တယ်။ မြန်မာတိုင်းဟာအစပ်ကို သိပ်စားပါတယ်။ အစပ်မပါရင် ဟင်းမမည်လို့ပြောကြတာပဲ။ နောက်ပြီး ငါးပိကြော်ကိုလည်း သိပ်ကြိုက်ပါတယ်။ ငါးပိကြော်မပါရင် ထမင်းမမြိန်လို့လည်း ပြောကြပါတယ်။ ဒီလောက်ဆို မြန်မာတွေရဲ့အစားအစာကို သိနိုင်လောက်ပြီထင်တယ်။

က။ ။ ဝန်ကြီး၊ ထမင်းအဆင်သင့်ရှိပြီ။ စားလို့ရပါပြီ။

ဃ။ ။ ကောင်းပြီ။ ဦးဝင်းမောင်၊ ထမင်းစားရအောင်။

ခ။ ။ ဟုတ်ကဲ့။

(ထမင်းစားခန်းထဲတွင်....)

က။ ။ ဝန်ကြီးက ဒီမှာထိုင်ပါ။ မစ္စတာဝမ်းက ဝန်ကြီးရဲ့မျက်နှာချင်းဆိုင်မှာ ထိုင်ပါဦး။ ဦးဝင်းမောင်က ဝန်ကြီးရဲ့ညာဘက်မှာ ထိုင်ပါ။ မြန်မာနိုင်ငံကိုယ်စားလှယ်အဖွဲ့ ဒုအဖွဲ့ခေါင်းဆောင်ဦးသိန်းဟန်က မစ္စတာဝမ်း ရဲ့ညာဘက်မှာ ထိုင်ပါ။ တခြားမြန်မာနိုင်ငံကိုယ်စားလှယ်အဖွဲ့ဝင်တွေနဲ့ တရုတ်ဘက်ကအရာရှိတွေဟာ ကိုယ့်နာမည်ရေးထားတဲ့နေရာမှာနေရာယူထိုင်ကြပါရှင်။

ခ။ ။ ဟုတ်ကဲ့။

ဃ။ ။ ဦးဝင်းမောင်က မော်ထိုင်အရက်ဖြူ သောက်မလား။ ဝီစကီ သောက်မလား။ ဒါမှမဟုတ်ရင် ဝိုင်သောက်မလား။

ခ။ ။ မော်ထိုင်က သိပ်ပြင်းတယ်။ ကျွန်တော်က ခံနိုင်ရည်မရှိဘူး။ တော်ကြာ မောင်ထိုင်သွားရင် ဒုက္ခရောက်မယ်။ ဒါပေမဲ့၊နည်းနည်းမြည်းကြည့်ချင်တယ်။ နို့မဟုတ်ရင် ပြန်ပြီးကြားစရာတောင် မရှိဘူး။ နောက်ပြီး ဝီစကီ တစ်ခွက်လောက်ပေးပါ။

ဃ။ ။ မြန်မာနိုင်ငံကိုယ်စားလှယ်အဖွဲ့ခေါင်းဆောင် ဦးဝင်းမောင်နဲ့တကွ ကြွရောက်လာကြတဲ့တခြားမြန်မာ ညီသည်တော်များကို ကြိုဆိုဖို့အတွက်လည်းကောင်း၊ မြန်မာနိုင်ငံကိုယ်စားလှယ်အဖွဲ့ တရုတ်ပြည်ခရီး အောင်မြင်ဖို့အတွက်လည်းကောင်း၊ တရုတ်မြန်မာချစ်ကြည်ရေးအဓွန့်ရှည်ဖို့အတွက်လည်းကောင်း၊ အားလုံး ကျန်းမာချမ်းသာဖို့အတွက်လည်းကောင်း မော်ထိုင်ကိုခွက်မှောက်ကြပါစို့။

က။ ။ ဆရာကြီး၊ ဒါက ပီကင်းဘဲကင်ပဲ။ ဒါက ဘဲအရေခွံ။ ဒါက ဘဲရင်အုပ်သား၊ ဟောဒီက ဘဲပေါင်သားပါ။ ဆရာကြီးကြိုက်ရာစားပါဦး။ နောက်ပြီး အဲဒီပန်းကန်လေးတွေထဲမှာ ကြက်သွန်မြိတ်လည်းရှိတယ်။ ပလာတာလို မုန့်ပါးပါးလေးလည်းရှိတယ်။ အချို့ရည်ပျစ်ပျစ်လည်း ရှိတယ်။ သုံးဆောင်ပါရှင်။

ခ။ ။ ကျွန်တော်မစားတတ်ဘူးခင်ဗျာ။ ဘယ်လိုစားရမလဲ။ ဒေါ်ခင်ခင်နဲ့သင် ပေးပါဦး။

က။ ။ ကျွန်မလုပ်ပြမယ်။ ပထမဦးဆုံး ဟောဒီပလာတာလို မုန့်ပါးပါးလေးတစ်ချပ်ကို ပန်းကန်ပြားထဲမှာ ဖြန့်လိုက်။ ကိုယ်ကြိုက်တဲ့ဘဲကင်သားကို တူနဲ့ညှပ်ပြီး ဖြန့်ထားတဲ့မုန့်ပါးပါးလေးပေါ်မှာထား။ ပြီးရင် ကြက်သွန်မြိတ်နဲ့ အချို့ရည်ပျစ်ပျစ်လေးကို တို့ပြီး ဘဲကင်သားပေါ်ထပ်တင်လိုက်။ မုန့်ပါးပါးလေးနဲ့လုပ်ပြီးရင် စားလို့ရပြီရှင်။

ခ။ ။ ဟုတ်ကဲ့။ ကျွန်တော်စမ်းကြည့်လိုက်မယ်။ ဟား–အရသာကောင်းလိုက်တာ။ ဖော်ပြဖို့စကားလုံးတောင် ချက်ချင်းရှာလို့ မရဘူး။ ဒီလောက်အရသာကောင်းတဲ့တင်ကို ကျွန်တော်ဒီတစ်သက်မှာ ဒီတစ်ခါပဲစားရတယ်။

က။ ။ ဆရာကြီး၊ ကျွန်မတို့တရုတ်ပြည်ကို ရောက်ခဲ့တဲ့နိုင်ငံခြားညီသည်တော်များက ဘယ်လိုပြောကြသလဲ။ သိလား။

ခ။ ။ ဟင့်အင်း။ မသိပါဘူးခင်ဗျာ။

က။ ။ သူတို့က မဟာတံတိုင်းရှည်ကြီးမရောက်ရင် တရုတ်ပြည်ရောက်ပြီလို့မဆိုနိုင်ဘူး။ ပီကင်းဘဲကင်ကိုမစားရရင် ပီကင်းကိုရောက်ပြီလို့ မဆိုနိုင်ဘူးတဲ့။

ခ။ ။ ဒါဆိုရင် ကျွန်တော် ပီကင်းမြို့ကိုရောက်ပြီလို့ ဆိုလို့ရတာပေါ့။ မဟာတံတိုင်းရှည်ကြီးကိုရောက်ဖို့ပဲ လိုတော့တယ် မဟုတ်လား။

က။ ။ ဟုတ်ပါတယ်။ သဘက်ခါဆိုရင် ကျွန်မတို့ မဟာတံတိုင်းရှည်ကြီးကိုသွားဖို့ စီစဉ်ထားပါတယ်။ အဲဒီအခါကျရင်

သင်ခန်းစာ(၂၅) ဂုဏ်ပြုညစာထမင်းစားပွဲ၌

		ဆရာကြီးက ဟရတ်ပြည်ကိုလည်းရောက်ခဲ့ပြီ။ ပီကင်းမြို့ကိုလည်း ရောက်ခဲ့ပြီလို့ ဆိုနိုင်တာပေါ့။
ခ။	။	ဟုတ်တယ်။ ခင်ခင်နဲ့က တော်တော်လေးပြောတတ်တယ်။
က။	။	တင်အင်း။ ဒီလောက်မဟုတ်ပါဘူး။
ဃ။	။	ဦးဝင်းမောင်။ နောက်ထပ်စားပါဦး။ အရက်လည်း သောက်ပါဦး။
ခ။	။	တော်ပြီ။ ကျွန်တော်ဗိုက်တင်းနေပြီ။ နောက်ထပ်စားရင် ဗိုက်ပေါက်သွားမှာ စိုးရိမ်ရတယ်။ လုံးဝမစား နိုင်တော့ပါဘူး။ ကျေးဇူးအများကြီးတင်ပါတယ်။
က။	။	ဆရာကြီး။ သစ်သီးဝလံကိုလည်း သုံးဆောင်ပါ။ ဒါက ဖရဲသီး။ ဟောဒီကန်းသီး။ ဟိုဘက်အဝါရောင်က သစ်တော်သီးပါ။
ခ။	။	ကျွန်တော်ပန်းသီးတစ်လုံး စားမယ်။ ပန်းသီးဟာ ကျွန်တော်တို့နိုင်ငံမှာ ရှားမှရှားပါ။ နောက်ပြီး အနောက်တိုင်း ပညာရှင်တစ်ဦးကပြောတယ်မဟုတ်လား။ "An apple a day keeps the doctor away"တဲ့။
ဃ။	။	ဦးဝင်းမောင်။ ကျွန်တော်တို့ ညည်ခန်းကိုသွားပြီး ရေနွေးကြမ်းသောက်ရအောင် မကောင်းဘူးလား။
ခ။	။	ကောင်းသားပဲ။

(ညည်ခန်းထဲ၌ စံပယ်ပန်းလက်ဖက်ရည်သောက်ရင်း ဦးဝင်းမောင်က ကျေးဇူးတင်စကားများ ပြောပြီး သည်နောက် လူတိုင်းနှင့်လက်ဆွဲနှုတ်ဆက်၏။ ပြန်ရန် ဝန်ကြီးကို ခွင့်တောင်း၏။ ဝန်ကြီးက သဘောတူ၏။ ဦးဝင်းမောင်က အပြင်ထွက်လိုက်သည်။ မစ္စတာဝမ်းနဲ့အတူ ခင်ခင်နဲ့ကလည်း လိုက်ပို့လိုက်ကြသည်။)

ဝေါဟာရ

ဂုဏ်ပြု(က)	祝贺	ကြွ(က)	请进, 请来
ညည်ခန်း(န)	客厅	စံပယ်ပန်း(န)	茉莉花
မွှေး(နဝ)	香	သရက်(န)	芒果
လုပ်နည်း(န)	方法, 做法	မှတ်မိ(က)	记得
ညည်ဝတ်(န)	招待客人的义务	ကျေပွန်(က)	完满, 尽职
ရှပ်အင်္ကျီ(န)	衬衫	လုံချည်(န)	筒裙, 纱笼
စပို့ရှပ်(န)	T 恤衫	ပိတ်စ(န)	布, 布块, 布料
လက်ရှည်(န)	长袖	ပန်းရိုက်(က)	印花
ထမီ(န)	女筒裙	သစ်တော်သီး(န)	梨
ကွင်းထိုးဖိနပ်(န)	拖鞋	ရှူးဖိနပ်(န)	皮鞋
ငါးပိကြော်(န)	油炸鱼虾酱	သစ်သီးဝလံ(န)	水果
ညာ(န)	右	ဝီစကီ(န/လိပ် whisky)	威士忌
အရက်ဖြူ(န)	白酒	ပြင်း(နဝ)	厉害, 强烈, 浓烈
ခံနိုင်ရည်(န)	耐力, 承受力	ဒုက္ခရောက်(က)	倒霉, 遭到不幸
ခွက်မော့(က)	干杯	အရေခွံ(န)	皮

ရင်အုပ်သား:(န) 胸部肉   ကြက်သွန်မြိတ်(န) 葱
ပလာတာ(န) 印度千层饼   ပျစ်(ဝိ) 浓, 稠
ပန်းကန်ပြား(န) 盘子   ဖြန့်(ကြ) 张开, 铺开
ထုပ်(ကြ) 包, 裹, 捆   ပန်းသီး(န) 苹果

လေ့ကျင့်ခန်း

၁။ ကွင်းထဲက ဝေါဟာရများကို ပေးထားသောဝေါဟာရများဖြင့် အစားထိုးလေ့ကျင့်ပါ။

(၁) (အထက်တန်း) ကျကျ (စံပယ်ပန်းလက်ဖက်ခြောက်တစ်ထုပ်ကိုလက်ဆောင်ပေး) လိုက်မယ်။
သိပ္ပံနည်း   ဆောင်ရွက်
နည်းလမ်း   လုပ်ကိုင်
ပထမတန်း   ရုပ်အင်္ကျီတစ်ထည်ဝယ်

(၂) ဘာကြောင့်လဲဆိုတော့ (ဆွေမျိုးပေါက်ဖော်ဆီကိုရောက်ရှိလာလို့ ကျွန်တော်တို့ရဲ့စိတ်ထဲမှာလှိုက်လှိုက်လှဲလှဲဖြစ်) လို့ပါ။
သူလေ့ကျင့်ခန်းလုပ်လို့မပြီးသေး
ဆရာကကျန်းမာရေးမကောင်း
ကျွန်တော်ဗိုက်ဆာလွန်း
သူမှာကိစ္စရှိ

(၃) (မြန်မာ) ဆန်ဆန် (ဝတ်စားဆင်ယင်)လေ့ရှိတယ်။
စီးပွားရေး   လုပ်
ကဗျာ   ရေး
ဥရောပ   ဝတ်ဆင်နေထိုင်
ခေတ်   ဆံပင်ပုံစံထား

(၃) (ဒီလောက်ဆိုမြန်မာတွေရဲ့အစားအစာကိုသိနိုင်) လောက်ပြီထင်တယ်။
သူရှမ်းပြည်မြို့ကိုရောက်
ဒီအကြောင်းကိုသူသိ
ဒီလိုရှင်းပြလိုက်ရင်တပည့်တို့နားလည်

၂။ အောက်ပါ မေးခွန်းများကို နှုတ်ဖြင့်ဖြေပါ။

(၁) ခင်ခင်နွဲ့က မစ္စတာဝမ်းနှင့်အတူ ဘယ်နေရာမှာ မြန်မာညည်သည်တော်များကို စောင့်ကြိသလဲ။
(၂) ဦးဝင်းမောင်စီးတဲ့ကားဝင်လာတာကိုမြင်ရတော့ ခင်ခင်နွဲ့က ဘာလုပ်သလဲ။
(၃) ဦးဝင်းမောင်က ခင်ခင်နွဲ့ကို တွေ့တွေ့ချင်းဘာမေးသလဲ။
(၄) နှစ်ဦးနှစ်ဘက် နှုတ်ခွန်းဆက်စကားပြောပြီးတဲ့နောက် ဘယ်နေရာကို သွားကြသလဲ။
(၅) စံပယ်ပန်းလက်ဖက်ခြောက်ကို မြန်မာလူမျိုးက ကြိုက်နှစ်သက်သလား။

(၆) မြန်မာစကားထဲမှာ လက်ဖက်ခြောက်နဲ့ပတ်သက်တဲ့ဆိုရိုးစကားတစ်ခွန်းရှိတယ်။ ဘာလဲ။

(၇) ဝန်ကြီးက ဦးဝင်းမောင်ကို ဘာလက်ဆောင်များပေးသလဲ။

(၈) စံပယ်ပန်းလက်ဖက်ခြောက်လုပ်နည်းကို သင်ဖို့အတွက် ဝန်ကြီးက စီစဉ်ပေးသလား။

(၉) ဦးဝင်းမောင်က ဘာကြောင့် မြန်မာနိုင်ငံပြန်ရင် သူ့ကိုသူ့ဇနီးက မှတ်မိမှာမဟုတ်ဘူးလို့ ပြောသလဲ။

(၁၀) ဦးဝင်းမောင်ရဲ့စိတ်ထဲမှာ ပီကင်းမြို့ရဲ့ရာသီဥတုက ဘာကြောင့် ရန်ကုန်မြို့ရဲ့ရာသီဥတုထက် အဆပေါင်းများစွာပူသလဲ။

(၁၁) တရုတ်ပြည် ယဉ်ကျေးမှုဝန်ကြီးဌာနက ညဉ့်ခံတာနဲ့ပတ်သက်ပြီး ဦးဝင်းမောင်က ဘယ်လိုသဘောထားသလဲ။

(၁၂) မြန်မာတိုင်းဟာ ခါတိုင်းမှာ အနောက်တိုင်းဝတ်စုံတွေ ဝတ်လေ့ရှိသလား။

(၁၃) ခါတိုင်းမှာ မြန်မာအမျိုးသားတွေက ဘာတွေဝတ်သလဲ။ အမျိုးသမီးတွေကော။

(၁၄) မြန်မာတွေက ဘာတွေများ အဓိကထားပြီး စားကြသလဲ။ ဆန်လား။ ဂျုံလား။

(၁၅) မြန်မာတွေဟာ ဘယ်အရသာကြိုက်သလဲ။ ဘာကြောင့်လဲ။ သိသလား။ သိရင်ပြောပြပါ။

(၁၆) အစပ်နဲ့ပတ်သက်ပြီး သူတို့ဘယ်လိုပြောသလဲ။

(၁၇) ငါးပိကြော်နဲ့ပတ်သက်ပြီးကော။ သူတို့ဘာပြောသေးသလဲ။

(၁၈) နိုင်ငံခြားသည်သည်တွေကို ထမင်းတည်ခင်းပြီးကျွေးမွေးတဲ့အခါမှာ ဘယ်လိုများထိုင်ရမလဲ။ ပုံဆွဲပြပါ။

(၁၉) ဦးဝင်းမောင်ကဘာကြောင့် မော်ထိုင်ကို သိပ်မသောက်ချင်သလဲ။

(၂၀) ဦးဝင်းမောင်က ဘာသောက်သလဲ။

(၂၁) ညစာထမင်းစားပွဲမှာ ဝန်ကြီးက ဘယ်လိုများ ဆုမွန်ကောင်း တောင်းသလဲ။

(၂၂) ပီကင်းဘဲကင်ကို စားတဲ့အခါမှာ ဘာစားစရာပါသေးသလဲ။

(၂၃) ဦးဝင်းမောင်က ပီကင်းဘဲကင်ကို စားတတ်သလား။

(၂၄) ပီကင်းဘဲကင်စားနည်းကို ရှင်းပြပါ။

(၂၅) ပီကင်းဘဲကင် စားကြည့်ပြီးတဲ့နောက် ဦးဝင်းမောင်က ဘာပြောသလဲ။

(၂၆) နိုင်ငံခြားသည်သည်တွေက ဘယ်လိုပြောကြသလဲ။

(၂၇) ဦးဝင်းမောင်က ဘာကြောင့်များ ပန်းသီးကိုပဲ စားသလဲ။

၃။ ပေးထားသော အောက်ပါ အချက်အလက်များကို အခြေခံ၍ စကားပြောတစ်ပုဒ် ရေးပါ။

缅甸体育代表团在中国国家体育运动总局礼堂会见了中国国家体育运动总局局长以后，体育总局局长在和平门烤鸭店宴请代表团全体成员。宾主首先在烤鸭店会客厅小坐，稍事休息。吴貌貌局长与中国国家体育总局局长一块儿品茶聊天,谈到了缅甸和中国的风俗习惯。中国体育总局局长发现吴貌貌局长很喜欢茉莉花茶，就让秘书特地准备了一包上等茉莉花茶送给了吴貌貌局长。宾主走进宴会厅，各自落座，宴会开始了。体育总局局长举杯祝酒，拉拉教吴貌貌局长吃烤鸭。宴会气氛热烈，欢快友好。

သင်ခန်းစာ(၂၈) စွယ်တော်ဘုရားသို့ သွားရောက်ကြည်ညိုဖူးမြော်ခြင်း

က။ ။ ခင်ခင်နွဲ့
ခ။ ။ ဦးဝင်းမောင်
ဂ။ ။ မစွတာဝမ်း
ဃ။ ။ လင်ကွမ်းဘုရားကျောင်းကကျောင်းထိုင်ဘုန်းကြီး

(လည်ပတ်ကြည့်ရှုရေးအစီအစဉ်အရ သည်နေ့ မြန်မာနိုင်ငံညည်သည်တော်များသည် စွယ်တော်ဘုရားကို သွားရောက်ကြည့်ညိုဖူးမြော် ရန်ဖြစ်သည်။ နံနက်စားပြီးသည်နှင့် ဦးဝင်းမောင်နှင့်ကိုယ်စားလှယ် အဖွဲ့ဝင်များသည် ဟိုတယ်၏တံခါးရှေ့၌ရပ်ထားသောကားပေါ်သို့ တက်ကြ၏။ သူတို့သည် မစွတာဝမ်းနှင့်ခင်ခင်နွဲ့တို့လိုက်ပါလျက် စွယ်တော်ဘုရားရှိရာသို့ ထွက်လာခဲ့ကြသည်။ လမ်းပေါ်တွင်.....)

က။ ။ ဆရာကြီး၊ စွယ်တော်ဘုရားကို ရောက်ဖူးသလား။

ခ။ ။ ဟင့်အင်း၊ မရောက်ဖူးဘူး။ ဒါ ပထမဆုံးအကြိမ်ပါ။ ဒါနဲ့၊ စွယ်တော်ဘုရားဟာ ဘယ်နားမှာ တည်ရှိသလဲ။

က။ ။ စွယ်တော်ဘုရားဟာ ပီကင်းမြို့ရဲ့အနောက်မြောက်ဘက်မှာ ရှိတဲ့ပါတာဆုလို့ခေါ်တဲ့ဥယျာဉ်ကြီးထဲမှာ တည်ရှိပါတယ်။

ခ။ ။ ဒါဆို တော်တော်ဝေးတာပေါ့။

က။ ။ ဟင့်အင်း၊ သိပ်မဝေးပါဘူး။ ကားနဲ့ဆိုရင် နာရီဝက်လောက်နဲ့ရောက်နိုင်တယ်။

ခ။ ။ ပါတာဆုဆိုတာဟာ ဘာကိုဆိုလိုသလဲ။

က။ ။ ပါတာဆုဆိုတာဟာ ဘုရားကျောင်း(၈)ကျောင်းရှိတဲ့နေရာလို့ ဆိုလိုပါတယ်။

ခ။ ။ သြော်-ကြားရတာ ဝမ်းသာပါတယ်။ ကျွန်တော်တို့ဒီနေ့၊ ဘုရားလည်းဖူး လိပ်ဉလည်းတူး ဆိုသလို စွယ်တော်ဘုရားလည်း ဖူးလို့ရမယ်။ ဗဟုသုတလည်း တိုးမယ်။ အများကြီးကျေးဇူးတင်ပါတယ်။

(စွယ်တော်ဘုရားရှေ့တွင်.....)

က။ ။ ဟော၊ ပြောရင်းဆိုရင်းနဲ့၊ ပါတာဆု ရောက်ပါပြီ။ ကားပေါ်က ဆင်းကြရအောင်။

ခ။ ။ ဟုတ်ကဲ့။

ဂ။ ။ ဦးဝင်းမောင်၊ ကျွန်တော်ရှင်းပြပေးမယ်။ ဒီဘုန်းကြီးကျောင်းဟာ လင်းကွမ်းဘုန်းကြီးကျောင်းလို့ ခေါ်ပါတယ်။ ဟောဒီဘုရားဟာ စွယ်တော်ဘုရားဖြစ်ပါတယ်။

ခ။ ။ ဟုတ်လား။ အဲဒါစွယ်တော်ဘုရားပဲလား။ ကျွန်တော်ဖူးချင်တာ ကြာလှပြီ။ ခပ်မြန်မြန် သွားဖူးကြရအောင်။

သင်ခန်းစာ(၂၈) စွယ်တော်ဘုရားသို့ သွားရောက်ကြည့်ရှုဖူးမြော်ခြင်း

ဂ။ ဒီဆရာတော်ဟာ လင်းကွမ်းဘုရားကျောင်းက ကျောင်းထိုင်ဆရာတော် ဖြစ်ပါတယ်။

ခ။ တပည့်တော်တို့ ကန်တော့ပါတယ်ဘုရား။
(ဦးဝင်းမောင်နှင့်တကွ အခြားသောမြန်မာည်သည်တော်များက လက်အုပ်ချီပြီးကန်တော့ကြ၏။)

ဃ။ မြန်မာည်သည်တော်ဒကာကြီးတို့ကိုတွေ့ရတာ အများကြီးဝမ်းသာပါတယ်။ အခု ဒီစွယ်တော်ဘုရား ရဲ့သမိုင်းကြောင်းကို ဘုန်းတော်ကြီးက အကျဉ်းချုပ်ပြောပြမယ်။ ဒကာကြီးတို့နားထောင်ကြ။ နဂိုဘုရားဟာ ပြိုပျက်တာကြာလှပြီ။ ၁၉၅၆ ခုနှစ်တုန်းက ပြည်သူ့အစိုးရဗုဒ္ဓစွယ်တော်ကိုပင့်ပြီး ဒီဘုရားရဲ့ ဒုတိယထပ်မှာ ပူဇော်ထားတယ်။ စွယ်တော်ကို ရွှေစေတီကလေးတစ်ခုထဲမှာ ဌာပနာထားတယ်။ အခုဒုတိယထပ် တက်ကြည့်ကြရအောင်။

ခ။ တင်ပါ့ဘုရား။ (ဦးဝင်းမောင်က လက်အုပ်မိုး၍ စွယ်တော်ကို ကန်တော့ရင်း)ဆရာတော်၊ ဒီစွယ်တော်ကို ဘယ်နေရာက ပင့်ဆောင်လာတာလဲဘုရား။

ဃ။ နဂိုက ဒီစွယ်တော်မြတ်ဟာ မြို့ထဲက ကွမ်းခြိုကျောင်းတိုက်မှာ ပူဇော်ထားတယ်။ ဒီဘုရားကို တည်ပြီးတော့မှ ဒီကို ပြောင်းရွှေ့ပင့်ဆောင်ထားတာ။

ခ။ စွယ်တော်ကို တရုတ်ပြည်ကို ဘယ်တုန်းက ပင့်ဆောင်လာတာလဲ ဘုရား။

ဃ။ လွန်ခဲ့တဲ့နှစ်ပေါင်းတစ်ထောင်ကျော်လောက်က အိန္ဒိယပြည်က ပင့်လာတာဖြစ်တယ်။

ဂ။ ၁၉၉၆ ခုနှစ်တုန်းက မြန်မာပြည်သူပြည်သားများ ဖူးမြော်နိုင်ဖို့အတွက် မြန်မာနိုင်ငံအစိုးရက အထူးလေယာဉ်နဲ့ ပင့်ဆောင်သွားဖူးပါတယ်။

ခ။ ဟုတ်ကဲ့။ ဟိုတုန်းက ကျွန်တော်တို့မိသားစုအပါအဝင် ရန်ကုန်မြို့တစ်မြို့လုံးချီပြီး လမ်းမကြီး တစ်ဘက်တစ်ချက်မှာ ဖူးမြော်ကြည့်ရှုကြပါတယ်။ ပိုက်ဆံလှူတဲ့လူကလှူ၊ ရွှေငွေလှူတဲ့လူကလှူ၊ ကျောက်မျက်ရတနာလှူတဲ့လူကလှူနဲ့၊ လူတိုင်းရက်ရက်ရောရောလှူဒါန်းခဲ့ပုံကို ခုထက်ထိတောင် ကျွန်တော်မြင်ယောင်မိသေးတယ်။

ဂ။ နောက်ပြီး ၁၉၉၃ ခုနှစ်မှာတစ်ကြိမ်၊ ၁၉၉၄ ခုနှစ်မှာတစ်ကြိမ် လက်ရှိအစိုးရ တက်လာပြီးတဲ့နောက် စုစုပေါင်း နှစ်ကြိမ်တိုင်တိုင် ပင့်ဆောင်ခဲ့ပါသေးတယ်။

က။ ဟုတ်ပါတယ်။ အဲဒီတုန်းက ကျွန်မဟာ ရန်ကုန်နိုင်ငံခြားဘာသာစကားတက္ကသိုလ်မှာ ပညာတော်သင်အဖြစ် စာသင်နေတုန်းပါ။ လေယာဉ်ပျံက ရန်ကုန်အပြည်ပြည်ဆိုင်ရာလေဆိပ်မှာ ဆင်းလာတာနဲ့တစ်ပြိုင်နက် စွယ်တော်ကိုဆင်ယာဉ်ရထားနဲ့ပင့်ဆောင်ပြီး မြို့ထဲက ကမ္ဘာအေးလိုဏ်ဂူတော်ထဲမှာ ကိန်းဝပ်စံပယ်တော်မူစေပါတယ်။ အပြည်ပြည်ဆိုင်ရာလေဆိပ်က ကမ္ဘာအေးလိုဏ်ဂူအထိ လမ်းဘေးတစ်ဘက်တစ်ချက်မှာ ဖူးမြော်ကြည့်ရှုကြတဲ့တိုင်း သူပြည်သားတွေဟာအများကြီးပဲ။

ခ။ ဟုတ်ကဲ့။ စွယ်တော်ဘုရားကို ကျွန်တော်တို့မြန်မာနိုင်ငံကို ပင့်ဆောင်တာ စုစုပေါင်း(၃)ကြိမ်တိုင်တိုင် ရှိသွားပါပြီ။

ဂ။ ရန်ကုန်မြို့ရှစ်မိုင်မှာ စွယ်တော်ဖွားစေတီတော်လည်း တည်ထားတယ်ဆို။

ခ။ ဟုတ်ကဲ့ပါ။ အဲဒါက တရုတ်ပြည်ရဲ့စွယ်တော်ကို ပုံစံယူပြီး တည်ထားတာဖြစ်ပါတယ်။

ဂ။ တော်တော်ကောင်းပါတယ်။ မြန်မာပြည်သူပြည်သားတွေဟာ ဘုရားတရားကို တကယ်ကိုကြည်ညိုတဲ့ ပြည်သူပြည်သားတွေဖြစ်ပါတယ်။

ခ။ ။ ကျွန်တော်တို့မြန်မာတွေဟာ ရှိသမျှကို ဘုရားကိုလှူတတ်ပါတယ်။ (ဦးဝင်းမောင်က ပြောရင်းဆိုရင်းနဲ့ လက်အုပ်ချီပြီး စွယ်တော်မြတ်ကိုဖူးမြော်ဆုတောင်းရင်း) ဆရာတော်ဘုရား၊ အခု တပည့်တော်က အမွေးတိုင်နှစ်ထုပ်နဲ့ ဖယောင်းတိုင်နှစ်ထုပ်ကို ပူဇော်လိုက်ပါတယ်။ နောက်ပြီး အမေရိကန်ဒေါ်လာ ရာတန်တစ်ရွက်ကို လှူလိုက်ပါတယ်ဘုရား။

ဃ။ ။ သာဓု၊သာဓု၊သာဓု။
(ဦးဝင်းမောင်တို့က မစ္စတာဝမ်း၊ ခင်ခင်နဲ့တို့နှင့်အတူ စွယ်တော်ဘုရားကို ဖူးမြော်ကြည့်ရှုပြီး သည်နောက်တွင် ဟိုတယ်သို့ပြန်ကြသည်။ ဟိုတယ်ကိုပြန်ရောက်ရောက်ချင်းပဲဦးဝင်းမောင်က အောင်မြင် သောအသံကြီးဖြင့်.....)

ခ။ ။ အမျှဝေပါတယ်။ အမျှ၊ အမျှ၊ အမျှ။
အားလုံး။ ။ သာဓု၊ သာဓု၊ သာဓု။

ဝေါဟာရ

စွယ်တော်ဘုရား;(န) 佛牙塔	လိပ်ဉ(န) 乌龟蛋
တူး(က) 挖，掘	ဘုန်းကြီးကျောင်း(န) 寺庙
ကျောင်းထိုင်ဘုန်းကြီး(န) 住持和尚	လက်အုပ်ချီ(က) 合掌，合十
ကန်တော့(က) 拜	ဒကာကြီး(န) 施主
သမိုင်းကြောင်း(န) 历史背景	ဘုန်းတော်ကြီး(န) 法师
အကျဉ်းချုပ်(န) 概要，概括	ခေတ်ဟောင်း(န) 过去，旧时代
ပြိုပျက်(က) 倒塌，崩溃	ဗုဒ္ဓစွယ်တော်(န) 佛牙
ပင့်(က) 恭请（僧侣、佛、医生等）	ပူဇော်(က) 敬献，供奉，朝拜
လက်အုပ်မိုး(က) 合掌，双手合十	ပင့်ဆောင်(က) 恭迎（佛像）
ရက်ရက်ရောရော(ကြ) 慷慨地	ဆင်ယာဉ်ရထား(န) 象拉的车辆
ကမ္ဘာအေးလိုဏ်ဂူ(န) 世界和平佛窟	ကိန်းဝပ်(က) 住，居住，修行
စံပယ်(က) 庄严，壮观	စွယ်တော်ပွားစေတီ(န) 仿佛牙塔
တပည့်တော်(န) 弟子（男人与僧侣说话时的自称）	သာဓု(အ)（佛）善哉
ဖယောင်းတိုင်(န) 蜡烛	အမေရိကန်ဒေါ်လာ(န) 美元
အမျှဝေ(က)（佛）同喜，分福	အမျှ(န)（佛）同享善果

လေ့ကျင့်ခန်း

၁။ ။ ကွင်းထဲက ဝေါဟာရများကို ပေးထားသောဝေါဟာရများဖြင့် အစားထိုးလေ့ကျင့်ပါ။

(၁) (စွယ်တော်ဘုရား) ကိုရောက်ဖူးသလား။
တရုတ်ပြည်
ပဲလီ

သင်ခန်းစာ (၂၈) စွယ်တော်ဘုရားသို့ သွားရောက်ကြည်ညိုဖူးမြော်ခြင်း

စက်စဲ
ကျိုက်ထီးရိုး
ရန်ကုန်

(၂) (ပါတာဆု) ဆိုတာဟာဘာကိုဆိုလိုသလဲ။

ပါတာလင်
အင်းလျားကန်
မြင်းခြံ
ညောင်လေးပင်

(၃) ပြောရင်းဆိုရင်းနဲ့ (ပါတာဆုရောက်ပါပြီ)။

သူအိပ်ပျော်သွားပြီ
သူကအပြေးကလေးနဲ့လာရော
ဘာင်းစားချိန်ရောက်ပြီ
မိုးချုပ်နေပြီ။

(၄) (အဒီတုန်းက ကျွန်မဟာရန်ကုန်နိုင်ငံခြားဘာသာစကားတက္ကသိုလ်မှာ ပညာတော်သင်) အဖြစ် (စာသင်နေတုန်းပါပဲ)။

ဒီဝေါဟာရကိုနာမ်   သုံးနိုင်တယ်။
သူကိုအတန်းမှူး   ကျွန်တော်တို့ရွေးလိုက်တယ်။
ကွမ်းရွက်တွေကိုဆိုးဆေး   အသုံးပြုနိုင်တယ်။
သူကိုသား   မွေးစားထားတယ်။

၂။ ။ အောက်ပါ မေးခွန်းများကို နှုတ်ဖြင့်ဖြေပါ။

(၁) လည်ပတ်ကြည့်ရှုရေးအစီအစဉ်အရ ဒီနွေဦးဝင်းမောင်တို့ ဘယ်ကိုသွားပြီး လည်ပတ်ကြည့်ရှုကြရမလဲ။
(၂) စွယ်တော်ဘုရားကိုသွားဖို့ ဦးဝင်းမောင်တို့က ဘယ်မှာ ကားပေါ်တက်သလဲ။
(၃) ဦးဝင်းမောင်က စွယ်တော်ဘုရားကို အရင်တုန်းက ရောက်ဖူးသလား။
(၄) စွယ်တော်ဘုရားဟာ ပီကင်းမြို့ရဲ့ဘက်နားမှာ တည်ရှိသလဲ။
(၅) ကားနဲ့ဆိုရင် ဘယ်လောက်ကြာ မောင်းရသလဲ။
(၆) စွယ်တော်ဘုရားတည်ရှိတဲ့နေရာဟာ ဘာကြောင့် ပါတာဆုလို့ ခေါ်သလဲ။
(၇) ဘုရားလည်းဖူးလိပ်ဥလည်းတူး ဆိုတာဟာ ဘာကို ဆိုလိုသလဲ။
(၈) စွယ်တော်ဘုရားရှိရာ ဘုန်းကြီးကျောင်းရဲ့နာမည်ကို ဘယ်လိုခေါ်သလဲ။
(၉) ကျောင်းထိုင်ဆရာတော်ဆိုတာ ဘယ်လိုဆရာတော်လဲ။
(၁၀) စွယ်တော်ဘုရားရဲ့သမိုင်းကြောင်းကို ပြောပြပါ။
(၁၁) စွယ်တော်ကို ဘယ်က ပင့်ဆောင်လာတာလဲ။
(၁၂) စွယ်တော်ပင့်ဆောင်လာပြီးတဲ့နောက် အစက ဘယ်နေရာမှာ ပူဇော်ထားသလဲ။

(၁၃) စွယ်တော်ကို အိန္ဒိယပြည်ကနေ တရုတ်ပြည်ကို ဘယ်တုန်းက ပင့်ဆောင်လာသလဲ။

(၁၄) မြန်မာနိုင်ငံကို ပထမဆုံးအကြိမ် စွယ်တော်ဘုရား ပင့်ဆောင်တာ ဘယ်ခုနှစ်ကလဲ။

(၁၅) မြန်မာနိုင်ငံပြည်သူပြည်သားတွေ စွယ်တော်ဘုရားဖူးမြော်ပုံကို ပြောပြပါ။

(၁၆) မြန်မာနိုင်ငံကို စွယ်တော်ဘုရား ပင့်ဆောင်တာ ၁၉၅၆ ခုနှစ် တစ်ကြိမ်ပဲလား။

(၁၇) မြန်မာနိုင်ငံကို စွယ်တော်ဘုရား နောက်ဆုံးနှစ်ကြိမ် ပင့်ဆောင်ပုံကို ပြောပြပါ။

(၁၈) မြန်မာနိုင်ငံမြို့တော်ဖြစ်တဲ့ ရန်ကုန်မြို့မှာ စွယ်တော်ဘုရားလည်း ရှိတယ်ဆို။

(၁၉) ဦးဝင်းမောင်က ဘာတွေများ ပူဇော်ကပ်လှူခဲ့သလဲ။

(၂၀) အမျှဝေတယ်ဆိုတာဟာ ဘာကိုဆိုလိုသလဲ။

၃။ ၁. ပေးထားသော အောက်ပါ အချက်အလက်များကို အခြေခံ၍ စကားပြောတစ်ပုဒ် ရေးပါ။

　　按照日程安排，缅甸体育代表团今天到雍和宫参观。雍和宫坐落在北京市北新桥区，是一座喇嘛庙，建于清代。原来是雍正登基前的王府，雍正登基以后，于1725年改名为雍和宫。雍正驾崩以后，乾隆皇帝于1544年改建为喇嘛庙。在雍和宫大殿的前面有乾隆皇帝用汉、满、蒙古、西藏文字御书的佛教内容。在法轮殿，有一尊用18米长的树干雕刻的来世佛的佛像，非常壮观。缅甸朋友非常仔细地观看雍和宫的佛教建筑和佛像，惊叹中国古代的建筑艺术。他们说，这是他们第一次参观藏传佛教的建筑，使他们大开眼界。

သင်ခန်းစာ(၂၉) မဟာတံတိုင်းရှည်ကြီးသို့ သွားရောက်လည်ပတ်ကြည့်ရှုခြင်း

က။ ခင်ခင်နွဲ့

ခ။ ဦးဝင်းမောင်

ဂ။ မစ္စတာဝမ်း

(စွယ်တော်ဘုရားကို ဖူးမြော်ကြည်ညိုပြီးသည်နောက် ညနေပိုင်းတွင် လည်ပတ်ကြည့်ရှုရေးအစီအစဉ်အရ မြန်မာနိုင်ငံကိုယ်စားလှယ်အဖွဲ့သည် မဟာတံတိုင်းရှည်ကြီးကို သွားရန်ဖြစ်သည်။ နေ့လယ်စားပြီးသည်နှင့် ကားပေါ်တက်ပြီး အဝေးပြေးလမ်းမကြီးအတိုင်း မဟာတံတိုင်းရှည်ကြီးဆီသို့ ထွက်လာခဲ့သည်။ အဝေးပြေးလမ်းမကြီးပေါ်တွင်.....)

ခ။ ခင်ခင်နွဲ့။ မဟာတံတိုင်းရှည်ကြီးဟာ ပီကင်းမြို့နဲ့ဝေးသလား။

က။ ဟုတ်ကဲ့ဆရာကြီး၊ နည်းနည်းတော့ ဝေးပါတယ်။ ကီလိုမီတာ(၁၀၀)လောက်ဝေးပါတယ်။

ခ။ မဟာတံတိုင်းရှည်ကြီးဟာ ပီကင်းမြို့ရဲ့ဘယ်ဘက်မှာ တည်ရှိသလဲ။

က။ ပီကင်းမြို့ရဲ့ အနောက်မြောက်ဘက်မှာ တည်ရှိပါတယ်။

ခ။ ကားနဲ့ဆိုရင် ဘယ်လောက်ကြာသွားရသလဲ။

က။ အရင်တုန်းကဆိုရင် ကားလမ်းကမကောင်းလို့ နှစ်နာရီလောက်ကားစီးရတယ်။ အခု အဝေးပြေးလမ်းမကြီးဆိုတော့ တစ်နာရီထဲနဲ့ပဲရောက်နိုင်တယ်။

မ။ ကြားရတာ အများကြီးဝမ်းသာပါတယ်။ တရုတ်ပြည်ကြီးဟာ တကယ်ပဲ တစ်နေ့ကို ကီလိုမီတာ တစ်ထောင်နှုန်းနဲ့ တိုးတက်ဖွံ့ဖြိုးနေတာကိုတွေ့ရပါတယ်။ ဒါအတွက် ကျွန်တော်တို့မျိုးကျွေးဘဲ မနေနိုင်ပါဘူး။

က။ ကျွန်မတို့နိုင်ငံဟာ အရင်တုန်းကနဲ့စာကြည့်လို့ရှိရင်တော့ အများကြီးတိုးတက်လာပါတယ်။ ဒါပေမဲ့ ဖွံ့ဖြိုးပြီးနိုင်ငံတွေနဲ့စာကြည့်လို့ရှိရင် ကွာဟချက်အများကြီးရှိပါသေးတယ်။ ကျွန်မတို့နိုင်ငံဟာ ဖွံ့ဖြိုးဆဲနိုင်ငံထဲကပါ။ အများကြီးကြိုးစားဖို့ လိုပါသေးတယ်။

ခ။ ခင်ခင်နွဲ့ပြောတာ တော်တော်ကောင်းပါတယ်။ မြန်မာနိုင်ငံကလည်း ဖွံ့ဖြိုးဆဲနိုင်ငံထဲက တစ်ခုအပါအဝင်ဖြစ်ပါတယ်။ ကျွန်တော်တို့နှစ်နိုင်ငံဟာ လက်တွဲပြီး အတူတကွ ကြိုးစားဖို့ကောင်းပါတယ်။

က။ ဟုတ်ပါတယ်။ ဆရာကြီးပြောတာ ကျွန်မသဘောတူပါတယ်။ ကျွန်မဟာ မြန်မာစာသင်တဲ့သူဆိုတော့ မြန်မာနိုင်ငံ ခပ်မြန်မြန်တိုးတက်လာမှာကို မြင်ချင်တယ်။

ခ။ မဟာတံတိုင်းရှည်ကြီး ရောက်ပြီလားဟင်။

က။	ဟုတ်ကဲ့။ မဟာတံတိုင်ရှည်ကြီး ရောက်ပြီ။ ကျွန်မတို့ ကားပေါ်ကဆင်းကြစို့လား။
ခ။	ကောင်းပြီ။ ဆင်းကြရအောင်။

(မဟာတံတိုင်းရှည်ကြီးပေါ်တွင်.....)

ခ။	အလို၊လာလည်တဲ့လူက တယ်များပါလား။ တရုတ်လူမျိုးအပြင် နိုင်ငံခြားသားတွေကလည်း မနည်းပါလား။
ဂ။	ဟုတ်တယ်။ တစ်နေ့ကို လူထောင်နဲ့သောင်နဲ့ချီပြီး လာကြတာပဲ။ နွေရာသီနဲ့ဆောင်းချင်းရာသီမှာ လာလည်တဲ့လူက အထူးပဲများတယ်။
ခ။	ကျွန်တော်စာအုပ်ထဲမှာဖတ်ရတာ ဒီမဟာတံတိုင်ရှည်ကြီးကို "ချင်စီဂွမ်း"ခေါ် မင်းကြီးကဦးစီးပြီး တည်ဆောက်ထားတာလို့ သိရပါတယ်။
ဂ။	ဒီလိုပြောတာဟာ လုံးဝမှန်တယ်လို့ မဆိုနိုင်ဘူးခင်ဗျာ။
ခ။	ဘာဖြစ်လို့တုန်း။
ဂ။	တရုတ်ရာဇဝင်အရ ဟိုခေတ်ကတရုတ်ပြည်မှာနိုင်ငံ(၇)နိုင်ငံရှိပါတယ်။ ဒီနိုင်ငံများထဲမှာ"ချင်"နိုင်ငံဟာ အင်အားအတောင့်တင်းဆုံးပဲ။ ဒါကြောင့် ချင်မင်းများဟာ အခြား(၆)နိုင်ငံကို စစ်အင်အားနဲ့တစ်မျိုး နည်းပရိယာယ်နဲ့တစ်ဖုံ အနိုင်တိုက်ပြီးသိမ်းပိုက်ခဲ့တယ်။
ခ။	အဲတော့ ဘာဖြစ်သလဲ။
ဂ။	ချင်းမင်းများဟာ "ချင်း" "ကျောက်""ယင်"စတဲ့နိုင်ငံများမှာရှိတဲ့တံတိုင်တွေကို တစ်ခုနဲ့တစ်ခုဆက်မိအောင် မူလပုံစံအတိုင်းဆက်ဆောက်လို့ အခုလိုတစ်ဆက်တည်း ဖြစ်လာတာပါပဲ။
ခ။	ဒီလောက်ကြီးကျယ်မြင့်မားလှတဲ့တံတိုင်ရှည်ကြီးကို သူတို့ဘယ်လို ဆောက်တာလဲမသိဘူး။
ဂ။	လူအင်အား ပစ္စည်းအင်အားနဲ့ဆောက်တာ။ ခုခေတ်လိုစက်ကိရိယာတွေ လုံးဝမရှိပါဘူး။ နှစ်စဉ် လူသိန်း လိုက်သန်းလိုက် ချွေးတပ်ဆွဲပြီးဆောက်တယ်။ ဆယ်နှစ်လောက်ကြာမှ ဒီတံတိုင်ရှည်ကြီးဖြစ်မြောက်လာပါတယ်။
ခ။	တစ်ဆိတ်၊ သိပါရစေ။ သူတို့ ဘာဖြစ်လို့ ဒီတံတိုင်ရှည်ကြီး ဆောက်ရသလဲ။
ဂ။	ဟိုတုန်းက မြောက်ပိုင်ကလူမျိုးစုအသီးသီးဟာ ချင်းလူမျိုးတို့နိုင်ငံကိုလာပြီး ကျူးကျော်တိုက်ခိုက်လေ့ ရှိတယ်။ ဒါကြောင့် ကိုယ့်နိုင်ငံကို ကာကွယ်ဖို့အတွက် ဒီတံတိုင်းကြီးဆောက်တာဖြစ်ပါတယ်။
ခ။	ဟောဒီတံတိုင်းကြီးဟာ ဘယ်လောက်ရှည်သလဲ။ သိပါရစေ။
ဂ။	အရှေ့ဘက် "စန်းဟိုင်ကွမ်း" မြို့ကနေပြီး အနောက်ဘက် "ကျား၍ကွမ်း" မြို့အထိ ကီလိုမီတာ(၆၀၀၀)ကျော် ရှည်ပါတယ်။ တရုတ် လီနဲ့တွက်ကြည့်လို့ရှိရင် (၁၂,၀၀၀)ကျော်ရှိပါတယ်။ "ဟန့်" ခေတ်မှာ အနောက်ဘက်ကို လီပေါင်းတစ်ထောင်ကျော် ဆက်ပြီးဆောက်သေးတယ်။
ခ။	အခုကြည့်ကြရတဲ့အပိုင်ဟာ ဟိုခေတ်က ဆောက်ခဲ့တဲ့အတိုင်းပဲလား။
ဂ။	နေရာကတော့ ဟိုခေတ်ကနေရာပါပဲ။ ဒါပေမဲ့၊တချို့တံတိုင်ဟာ ပျက်စီးပြိုလဲသွားလို့ "မင်း"ခေတ်မှာ ပြန်လည်ပြုပြင်ဆောက်လုပ်ခဲ့တယ်။ ခုဒီတံတိုင်းကြီးဟာ ပြန်ဆောက်ထားတာဖြစ်ပါတယ်။
ခ။	တံတိုင်းရှည်ကြီးဟာ အမြင့်ဘယ်လောက်ရှိသလဲ။
ဂ။	ပျမ်းမျှခြင်းအားဖြင့် တရုတ်ပေ(၃၀)မြင့်ပါတယ်။
ခ။	တရုတ်ပေနဲ့ အင်္ဂလိပ်မီတာနဲ့ ဘယ်လိုလဲပြီးတွက်ချက်သလဲ။
ဂ။	တရုတ်ပေ(၃)ပေဟာ တစ်မီတာနဲ့ညီမျှပါတယ်။

178

ခ။	ကြော်–သိပြီ။ အန်ကော။ ဘယ်လောက်ရှိတုန်း။
ဂ။	အနံက တရုတ်ပေ(၁၅)ပေ ကျယ်ပါတယ်။ တံတိုင်းကြီးပေါ်မှာ မြင်းငါးကောင် ယှဉ်ပြီးသွားလာနိုင်ပါတယ်။
ခ။	အုတ်နဲ့ ကျောက်တုံးကော။ ဘယ်လောက်များ သုံးရသလဲ။
ဂ။	ဒီတံတိုင်းကြီးကိုဆောက်တဲ့အုတ်များ ကျောက်တုံးများနဲ့အမြင့် တရုတ်ပေ(၃၀)ပေ၊ အနံတရုတ်ပေ(၁၅) ပေရှိတဲ့တံတိုင်းကို ဆောက်ရင် ကမ္ဘာကြီးကို တစ်ပတ်ပတ်နိုင်တယ်ဆိုပဲ။
ခ။	အပါး။ တယ်ကြီးကျယ်ပါကလား။
က။	မြန်မာနိုင်ငံက နာမည်ကျော်ကဗျာဆရာ ဆရာဇော်ဂျီက တံတိုင်းကြီးကို လည်ပတ်ကြည့်ရှုပြီးတဲ့နောက် ကဗျာတစ်ပုဒ်စပ်ဆိုထားပါတယ်။ ဆရာကြီးဖတ်ဖူးမှာပေါ့။
ခ။	ဖတ်ဖူးပါတယ်။ "ကြီးလှပါပေ၊ ရှည်လှပါတကား၊ တောင်စဉ်မှာယှဉ်ကာတွား၊ တိုင်ပြည်စောင့်နဂါး။"
က။	ဆရာကြီးက မှတ်ဉာဏ်သိပ်ကောင်းတာပဲ။
ခ။	ဆရာဇော်ဂျီရဲ့ကဗျာဟာ နှုတ်တိုက်ရွတ်လို့လည်းလွယ်၊ တိုလည်းတိုတော့ မှတ်မိတာပေါ့။
က။	ခုလိုတစ်ဆင့်ပြီးတစ်ဆင့် တံတိုင်းပေါ်ကို တက်ရတာမောသလားရှင်။
ခ။	ဟင့်အင်း။ မမောပါဘူး။ စိတ်ဝင်စားစရာကောင်းလွန်းလို့နဲ့တူပါရဲ့ တရုတ်ပြည်ကြီးရောက်ပါပြီလို့ ပြောနိုင်ဖို့အတွက် မောရမှန်ပန်းရမှန်တောင် မသိတော့ပါဘူး။ တံတိုင်းကြီးရဲ့အလယ်အဆင့် တောင်ရောက်ပါပကော။
ဂ။	ဟုတ်ပါတယ်။ ဟိုဖက်တောင်ထိပ်က အဆောက်အဦးဟာ တံတိုင်းကြီးရဲ့အမြင့်ဆုံးနေရာပဲ။ ဟိုအထိတက်မလား။
ခ။	မတက်တော့ဘူး။ ဟိုဘက်စင်မြင့် အဆောက်အဦးဟာ ဘာလဲ။
ဂ။	မီးခိုးစင်ဖြစ်ပါတယ်။
ခ။	ဘာလုပ်ဖို့လဲ။
ဂ။	မြောက်ဘက်ကရန်သူလာပြီးကျူးကျော်ရင် ဒီစင်မြင့်ပေါ်ကနေ ထင်းပုံမီးရှို့ပြီး မီးခိုးနဲ့အချက်ပြတာပါ။
ခ။	အချက်ပြမီးခိုးစင်ဆိုပါစို့။ ရှေးခေတ်က ဝိုင်ယာလက်စက်လည်း မရှို့၊ တယ်လီဖုန်းလည်းမရှိတော့ ဒီလိုမီးနဲ့အချက်ပြတဲ့နည်းကိုသုံးတယ်ဆိုတော့။ တော်တော်ဟုတ်လှပါလား။
ဂ။	ဟုတ်ကဲ့။ ဒါကတော့ လိုလျှင်ကြံဆနည်းလမ်းရဆိုသလိုပေါ့ဗျာ။
ခ။	တစ်ဆိတ်မေးပါရစေ။ ဒီအပေါက်က ဘာလုပ်ဖို့လဲ။
ဂ။	ဒါကမြားပစ်ပေါက်ပါ။ ရန်သူလာရင် စစ်သားတွေက ဒီအပေါက်ထဲကနေ မြားနဲ့ပစ်ပါတယ်။
ခ။	အဲဒါကော။ ဘာအသုံးကျသလဲ။
ဂ။	အဲဒါက သူရဲခိုလို့ ခေါ်ပါတယ်။ ရန်သူဖက်ကပစ်လိုက်တဲ့မြားကို ဒီမှာ အကာအကွယ်ယူပြီး ခိုရတယ်။
ခ။	ကြော်–ဟုတ်လား။
က။	ဆရာကြီးအပေါ်မတက်ရင် အောက်ကို ဆင်းကြရအောင်။ "မင်းဘုရင်" မြေအောက်နန်းတော်ကို သွားလေ့လာ ကြရအောင်လား။
ခ။	နေပါစေ။ မသွားတော့ပါဘူး။ တော်တော်မောနေပြီ။ ဟိုတယ်ကိုပြန်ကြစို့။ မကောင်းဘူးလား။
ဂ။	ကောင်းပါပြီ။

ဝေါဟာရ

မဟာ(နဝ) 伟大, 巨大	တံတိုင်း(န) 墙
နှုန်း(န) 比率, 率, 速度	ချီးကျူး(က) 赞扬, 称赞
လက်တွဲ(က) 携手	အလို(အ) 哟（表惊叹）
တောင့်တင်း(က) 强大, 强壮	နည်းပရိယာယ်(န) 战术, 策略
အနိုင်(န) 胜利	တိုက်(က) 打仗, 攻击, 进攻
ဆက်(က) 连接	တဆက်တည်း(ကန) 连在一起
မြင့်မား(နဝ) 高峻	သိန်း(န) 十万
သန်း(န) 百万	ချွေးတပ်ဆွဲ(က) 拉夫, 拉劳工
ဖြစ်မြောက်(က) 完成, 达到	ကျူးကျော်(က) 侵犯, 侵略
တိုက်ခိုက်(က) 战斗, 斗争, 攻击	တစ်ဖန်(ကဝ) 又, 再
အပိုင်း(န) 一段, 一部	ပျက်စီး(က) 损坏, 毁坏
ပြိုလဲ(က) 倒塌, 倾覆	တွက်ချက်(က) 计算
ညီမျှ(က) 相等, 等于	ယှဉ်(က) 并立, 并排
အုတ်(န) 砖	ကျောက်(န) 石, 岩石
ကျောက်တုံး(န) 石块	ပတ်(က) 围绕, 环绕
ကဗျာစပ်(က) 写诗	ပုဒ်(ပ) 首, 支, 篇
တောင်စဉ်(န) 山脉	ဝပ်(က) 伏, 趴, 匍匐
တွား(က) 爬行, 匍匐	စောင့်(က) 看守, 保卫, 保护
နဂါး(န) 龙	မှတ်ဉာဏ်(န) 记忆力, 记性
နှုတ်တိုက်ရွတ်(က) 朗读, 背诵	မီးခိုးစင်(န) 烽火台
မီးရှို့(က) 点火, 放火	မီးခိုး(န) 烟
အချက်ပေး(က) 发警报, 发信号	ဝိုင်ယာလက်(န/လိပ် wireless) 无线电报
ကြံဆ(က) 策划, 想方设法	မြားပစ်(က) 射箭
သူရဲခို(န) (城墙) 女墙, 箭垛子	အကာအကွယ်ယူ(က) 防身, 防护
မြေအောက်နန်းတော်(န) 地下宫殿	

လေ့ကျင့်ခန်း

၁။ ။ ကွင်းထဲက ဝေါဟာရများကို ပေးထားသောဝေါဟာရများဖြင့် အစားထိုးလေ့ကျင့်ပါ။

(၁) နည်းနည်းတော့ (ဝေး) ပါတယ်။

များ
ရှိ
နေ

သင်ခန်းစာ (၂၉) မဟာတံတိုင်းရှည်ကြီးသို့ သွားရောက်လည်ပတ်ကြည့်ရှုခြင်း

　　　　ကြီး
　　　　　ရှည်

(၂) (ကီလိုမီတာ ၁၀၀) လောက် (ဝေး) ပါတယ်။

　　ဟိုတယ်မှာအိပ်ခန်း ၉၀　　　ရှိ
　　နန်းတော်မှာအဆောင် ၉၉၀　　ရှိ
　　ရွာမှာအိမ်ခြေ ၁၉၀　　　　ရှိ

(၃) (အရင်တုန်းက) နဲ့စာကြည့်လို့ရှိရင်တော့ (အများကြီး) တိုးတက်လာပါတယ်။

　　ပြီးခဲ့တဲ့နှစ်အလားတူအချိန်　　၁ရာခိုင်နှုန်း
　　မလွတ်မြောက်ခင်က　　　　　အဆပေါင်းများစွာ
　　လွတ်လပ်ရေးမရခင်က　　　　တိုးတက်သင့်သလောက်
　　ပထမခြောက်လပတ်　　　　 ၁၂.၆ရာခိုင်နှုန်း

(၄) (မြန်မာနိုင်ငံခပ်မြန်မြန်တိုးတက်လာ) မှာကိုမြင်ချင်တယ်။

　　သားရွှေအိုးထမ်းပြီးပြန်လာ
　　ရှင်စာမေးပွဲအောင်
　　လူရည်ချွန်ရ
　　မြန်မာနိုင်ငံခုန်လွှားတိုးတက်လာ

(၅) (ဒီနိုင်ငံများထဲမှာ "ချင်း" နိုင်ငံ) ဟာ (အင်အား) အ (တောင့်တင်း)ဆုံးပဲ။

　　ဒီပန်းမန်　　　　အရောင်　　　လှ
　　မခင်ခင်　　　　စာသင်　　　တော်
　　မောင်သိန်းနိုင်　　အရပ်　　　မြင့်
　　ပီကင်းတက္ကသိုလ်　နာမည်　　　ကြီး

(၆) (တံတိုင်းရှည်ကြီးရဲ့အလယ်အဆင့်တောင်ရောက်) ပါပေ့။

　　ဟော–(၁၂)နာရီတောင်ထိုး
　　ဘာလိုလို့နဲ့(၂၆)နှစ်ကုန်လွန်သွား
　　မတွေ့ရတာကြာ
　　ဟား–ဟား–အစ်ကိုတို့မှား

၂။ အောက်ပါ မေးခွန်းများကို နှုတ်ဖြင့်ဖြေပါ။

(၁) စွယ်တော်ဘုရားကို ဖူးမြော်ကြည့်ညှိုပြီးတဲ့နောက် ဦးဝင်းမောင်နဲ့အဖွဲ့ဝင်များဟာ ဘယ်ကိုသွားပြီးလည်ပတ်ကြည့်ရှု ကြသလဲ။

(၂) မဟာတံတိုင်းရှည်ကြီးကို သွားတဲ့လမ်းဟာ အဝေးပြေးလမ်းလား။

(၃) မဟာတံတိုင်းရှည်ကြီးဟာ ပီကင်းနဲ့ ဘယ်လောက်ဝေးသလဲ။

(၄) မဟာတံတိုင်းရှည်ကြီးဟာ ပီကင်းရဲ့ဘယ်ဘက်မှာ တည်ရှိသလဲ။

(၅) မဟာတံတိုင်းရှည်ကြီးကို ကားနဲ့သွားရင် ဘယ်လောက်ကြာစီးရသလဲ။

(၆) တရုတ်ပြည်ရဲ့ဖွံ့ဖြိုးတက်လာပုံကို ဦးဝင်းမောင်က ဘယ်လို ပြောဆိုသလဲ။

(၇) ခင်ခင်နဲ့ကကော။ ဘယ်လိုပြန်ပြောသလဲ။

(၈) မြန်မာနိုင်ငံဟာ ဖွံ့ဖြိုးဆဲနိုင်ငံထဲကလား။

(၉) ခင်ခင်နဲ့က ဘာဖြစ်လို့မြန်မာနိုင်ငံ ခပ်မြန်မြန်တိုးတက်လာမှာကို မြင်ချင်သလဲ။

(၁၀) မဟာတံတိုင်းရှည်ကြီးရောက်တော့ ဦးဝင်းမောင်က ဘယ်လိုများ အံ့ဩသွားသလဲ။

(၁၁) မဟာတံတိုင်းရှည်ကြီးဟာ "ချင်စီဟွမ်" ခေါ်မင်းကြီးကဦးစီးပြီးတည်ဆောက်ထားတယ်လို့ပြောရင် မှန်သလား။ မမှန်ရင် ဘာကြောင့်မမှန်သလဲ။

(၁၂) ဒီလောက်ကြီးကျယ်မြင့်မားလွတဲ့ မဟာတံတိုင်းရှည်ကြီးကို ဘယ်လိုတည်ဆောက်သလဲ။

(၁၃) ရှေးခေတ်က တရုတ်ရှင်ဘုရင်တွေဟာ ဘာဖြစ်လို့ ဒီတံတိုင်းရှည်ကြီးကို တည်ဆောက်ရသလဲ။

(၁၄) တံတိုင်းရှည်ကြီးဟာ ဘယ်လောက်ရှည်သလဲ။

(၁၅) ဦးဝင်းမောင်တို့တက်တဲ့တံတိုင်းရှည်ကြီးဟာ ဘယ်ခေတ်က တည်ဆောက်ထားတာလဲ။

(၁၆) မဟာတံတိုင်းရှည်ကြီးရဲ့အမြင့် ဘယ်လောက်ရှိသလဲ။ အန်ကော။

(၁၇) ဒီတံတိုင်းရှည်ကြီးကိုဆောက်ဖို့အတွက် အုတ်နဲ့ကျောက် ဘယ်လောက်သုံးသလဲ။

(၁၈) မြန်မာနိုင်ငံကဘာသာဆရာဇော်ဂျီက မဟာတံတိုင်းရှည်ကြီးနဲ့ပတ်သက်ပြီးစပ်ထားတဲ့ကဗျာကို ရွတ်ဆိုပါ။ အဓိပ္ပယ်ကိုလည်း ရှင်းပြပါ။

(၁၉) မဟာတံတိုင်းရှည်ကြီးကိုတက်တဲ့အခါမှာ ဦးဝင်းမောင်က ဘာဖြစ်လို့မောရမှန်းပန်းရမှန်း မသိသလဲ။

(၂၀) မဟာတံတိုင်းရှည်ကြီးပေါ်မှာ ဘာကြောင့် မီးခိုးစင်ဆောက်ထားရသလဲ။ ဘာများအသုံးကျသလဲ။

(၂၁) သူရဲခိုဆိုတာကော ဘာအသုံးကျသလဲ။

(၂၂) ရန်သူလာတော့ စစ်သားတွေဟာ ဘယ်နေရာမှာ မြှားပစ်ကြသလဲ။

၃။ ပေးထားသော အောက်ပါ အချက်အလက်များကို အခြေခံ၍ စကားပြောတစ်ပုဒ် ရေးပါ။

缅甸体育代表团在北京参观结束以后,乘飞机来到上海访问,然后又到杭州参观访问。在杭州,代表团受到了杭州市体育局的热烈欢迎。杭州市长接见并宴请了代表团。代表团参观了杭州市容,参观了杭州扇厂和杭州丝绸厂,游览了西湖,参观了灵隐寺、六和塔和雷峰塔,以及钱江大桥。缅甸代表团对杭州的发展感到非常惊奇。

သင်ခန်းစာ(၃၀) ရေးဟောင်းနန်းတော်သို့ သွားရောက်လည်ပတ်ကြည့်ရှုခြင်း

က။ ခင်ခင်နွဲ့

ခ။ ဦးဝင်းမောင်

ဂ။ မစ္စတာဝမ်း

(လည်ပတ်ကြည့်ရှုရေးအစီအစဉ်အရ သည်နေ့ ဦးဝင်းမောင်တို့သည် ရေးဟောင်းနန်းတော်ကို သွားရောက် လေ့လာရန်ဖြစ်သည်။ နံနက်စာစားပြီးသည်နှင့် ဦးဝင်းမောင်တို့သည် မစ္စတာဝမ်းနှင့်ခင်ခင်နွဲ့တို့ လိုက်ပါလျက် ထျန်အန်းမင်ရင်ပြင်တော်ကြီးသို့ ကားဖြင့်သွားကြသည်။ ထျန်အင်မင်ရင်ပြင်တော်ကြီးသို့ရောက်သောအခါ ည်သည်တော်များသည် ကားပေါ်မှဆင်းကြ၏။ ဦးဝင်းမောင်က အံ့ဩသောလေသံဖြင့်)

ခ။ ဟာ–ထျန်အန်းမင်ရင်ပြင်တော်ကြီးဟာ တကယ်ကျယ်ဝန်းပါကလား။

ဂ။ ဟုတ်တယ်။ သိပ်ကျယ်ဝန်းပါတယ်။ စတုရန်းမီတာ(၂၀၀၀)ကျော်ရှိပါတယ်။ တရုတ်နိုင်ငံတော်နေ့၊ မေဒေးနေ့ ရောက်တိုင်း ပြည်သူလူထုတွေသန်းလိုက်ချီပြီး ဒီမှာစည်းဝေးကြတယ်။ ပျော်ပွဲရွှင်ပွဲလုပ်ကြတယ်။

ခ။ ဗဟိုမှာရှိတဲ့ကျောက်တိုင်ဟာ ဘာကျောက်တိုင်လဲ။

ဂ။ အဲဒါက ပြည်သူ့အာဇာနည်အထိမ်းအမှတ်ကျောက်တိုင် ဖြစ်ပါတယ်။

ခ။ ဘယ်တုန်းက တည်ဆောက်ထားတာလဲ။

ဂ။ ၁၉၄၉ ခုနှစ် တရုတ်ပြည်လွတ်မြောက်ပြီးတဲ့နောက် တည်ဆောက်ထားတာပါ။

ခ။ တရုတ်ပြည်အစိုးရက ဘာဖြစ်လို့ ပြည်သူ့အာဇာနည်အထိမ်းအမှတ် ကျောက်တိုင်ကို တည်ဆောက်သလဲ။

ဂ။ တရုတ်ပြည်လွတ်မြောက်ဖို့အတွက် ကရုတ်အာဇာနည်များဟာ အရိုးကြေအရေခန်းခန်း သက်စွန့်ကြိုးပမ်း ဆောင်ရွက်ခဲ့ပါတယ်။ သိန်းလိုက်သန်းလိုက်ချီပြီး အသက်ပေးလှူခဲ့ကြပါတယ်။ သူတို့ကို အထိမ်းအမှတ်ပြုဖို့ အတွက်နဲ့နောင်လာနောက်သားများက သူတို့ကိုအမြဲသတိရရှိဖို့အတွက်၊ တရုတ်ပြည် လွတ်မြောက်ရေးရရှိတာနဲ့ တစ်ပြိုင်နက်ချက်ချင်း ဒီအာဇာနည်ကျောက်တိုင်ကို တည်ဆောက်ပါတယ်။ အခုနိုင်ငံတော်နေ့ရောက်တိုင်း၊ ကလေးပွဲတော်နေ့ ရောက်တိုင်း၊ တပ်မတော်နေ့ရောက်တိုင်း၊ ကျားမပျိုအိုမရွေးလာပြီး အလေးပြုကြပါတယ်။

ခ။ ကျွန်တော်တို့မြန်မာနိုင်ငံမှာလည်း အာဇာနည်ဗိမာန်ရှိပါတယ်။ တပ်မတော်နေ့ရောက်တိုင်း အဲဒီမှာ အထိမ်းအမှတ် အခမ်းအနားကျင်းပလေ့ရှိပါတယ်။ လွမ်းသူ့ပန်းဖွေချပါတယ်။ ဒီနည်းနဲ့ပဲ အာဇာနည်များကို ပြည်သူလူထုက သတိရအောက်မေ့ကြောင်း ဖော်ပြပါတယ်။

က။ ဟုတ်တယ်။ ကျွန်မတို့တရုတ်လူမျိုးကလည်း ပွဲတော်နေ့ရောက်တိုင်း အာဇာနည်ကျောက်တိုင်ကိုလာပြီး

လွမ်းသူ့ပန်းခွေချတဲ့လူကချ၊ ပန်းစည်းပန်းခြင်းတွေချတဲ့လူကချ၊ အလေးပြုတဲ့လူကပြု၊ နည်းမျိုးစုံနဲ့ သတိရကြောင်းဖော်ပြပါတယ်။

ခ။ ဒါနဲ့၊ ညာဘက်ဥစ္စာက ဘာလဲ။

ဂ။ ပြည်သူ့လွှတ်တော်ခန်းမဆောင်ကြီးပါ။

ခ။ တော်တော်ကြီးကျယ်ခန်းညားပါကလား။

ဂ။ ဟုတ်ကဲ့၊ လူတစ်သောင်းကျော်ကျော် ဆံ့နိုင်ပါတယ်။ နောက်ပြီး အဲဒီခန်းမဆောင်ကြီးထဲမှာ ပြည်နယ်တိုင်း ပြည်နယ်တိုင်းစည်းဝေးဖို့ အစည်းအဝေးခန်းတစ်ခန်းစီရှိပါတယ်။ ပြည်သူ့ညီလာခံအစည်းအဝေးကျင်းပတိုင်း ပြည်နယ်အလိုက် အဲဒီအစည်းအဝေးခန်းထဲမှာ ဆွေးနွေးကြတယ်။

ခ။ ဒါဖြင့်၊ ဘယ်တုန်းက ဆောက်တာလဲ။ အချိန်ဘယ်လောက်ကုန်သလဲ။

ဂ။ ၁၉၅၅ ခုနှစ်တုန်းက ဆောက်တာပါ။ ဆယ်လထဲနဲ့ပြီးအောင်ဆောက်တာ။

ခ။ ဟုတ်လား။ မြန်လှချည်လား။ ဒါထက်၊ ဘယ်ဘက်ဥစ္စာကကော၊ ဘာလဲ။

ဂ။ တရုတ်ပြည် တော်လှန်ရေးပြတိုက် ဖြစ်ပါတယ်။

ခ။ တောင်ဘက်မျက်နှာချင်းဆိုင်ကဥစ္စာ ဘာလဲ။

ဂ။ အဲဒါက ဥက္ကဋ္ဌကြီးမော်စီတုန်းရဲ့ ဂူဗိမာန်ဖြစ်ပါတယ်။ ဂူဗိမာန်ထဲမှာဥက္ကဋ္ဌကြီးမော်ရဲ့ရုပ်ကလာပ် ထားရှိပါတယ်။ စနေတနင်္ဂနွေနေ့ရောက်တိုင်း၊ ဒါမှမဟုတ် ပွဲတော်နေ့ရောက်တိုင်း ပြည်သူလူထုတွေ အုပ်လိုက်အုပ်လိုက် လာပြီး ဂါရဝပြုလေ့ရှိကြတယ်။

ခ။ ဟုတ်လား။ ကျွန်တော်ကြားရပါတယ်။ ဥက္ကဋ္ဌကြီးမော်ရဲ့ကျေးဇူးကြောင့် တရုတ်ပြည်သူပြည်သားတွေဟာ ကမ္ဘာမှာခိုင်ခိုင်မာမာရပ်တည်နိုင်ခဲ့ကြတယ်။ ဝန်ကြီးချုပ်ဟောင်း တွံ့ရှော်ဖိန်ရဲ့ကျေးဇူးကြောင့် တရုတ် ပြည်သူပြည်သားတွေဟာ ချောင်ချောင်လည်လည် ကြွယ်ကြွယ်ဝဝနေနိုင်ခဲ့ကြတယ်တဲ့။

ဂ။ ဟုတ်တယ်။ ဒီလိုပြောတာ မှန်ပါတယ်။

ခ။ ဒါကျူးလား။

ဂ။ ဟုတ်ပါတယ်။ ဒါက ရှေးဟောင်းနန်းတော်ရဲ့ကျူးပါ။ ကျူးပေါ်ကကျောက်တံတားလေးဟာ ကျင်ရွှေချောလို့ ခေါ်ပါတယ်။ လာ၊ကျွန်တော်တို့ ကျင်ရွှေချောပေါ်တက်ကြရအောင်။

ခ။ ကျင်ရွှေချောနောက်ဘက်ကဥစ္စာ ဘာလဲ။

ဂ။ အဲဒါက ရှေးဟောင်းနန်းတော်ရဲ့ မုခ်ဦးဆောင် ဖြစ်ပါတယ်။ ထျုန်အန်မင်မုခ်ဦးဆောင်လို့ ခေါ်ပါတယ်။ ကျွန်တော်တို့၊ ဒီမုခ်ဦးဆောင်ကတစ်ဆင့်၊ ရှေးဟောင်းနန်းတော်ထဲဝင်ရမယ်။

ခ။ ဟုတ်ကဲ့။ ဝင်ကြရအောင်။

က။ ဆရာကြီး၊ ဒီမှာခဏစောင့်ပါ။ ကျွန်မ အဝင်လက်မှတ်သွားဝယ်မယ်။

ခ။ အဝင်လက်မှတ်တစ်စောင် ဘယ်လောက်ပေးရသလဲ။

ဂ။ တစ်ယောက်အတွက် ယွမ်သုံးဆယ်ပါ။ နန်းတော်ထဲမှာရှိတဲ့နာရီပြတိုက်နဲ့ဘုရားနာမျိုးစုံပြတိုက်မှာ ဝင်ခထပ်ပေး ရဦးမယ်။ တစ်ယောက် ယွမ်တစ်ဆယ် ဖြစ်ပါတယ်။ ဝင်ခစုစုပေါင်း ယွမ်ငါးဆယ်ကုန်ပါတယ်။

ခ။ မများပါဘူး။ ကျွန်တော်တို့ရန်ကုန်ရွှေတိဂုံဘုရားဆိုရင် နိုင်ငံခြားသားအတွက် တစ်ယောက်ကို ဝင်ခအမေရိကန်ဒေါ်လာ (၅)ဒေါ်လာပေးရတယ်။

ဂ။ ။ သိပ်မကွာလှပါဘူး။ အတူတူလောက်ပါပဲ။

ခ။ ။ ဒီအဆောင်က ဘာခေါ်သလဲ။

ဂ။ ။ ဒါက "ဝူမင်" မှခံဦးဆောင်လို့ ခေါ်ပါတယ်။ ရှေးခေတ်က ရှင်ဘုရင်တွေဟာ သေဒဏ်အပြစ်ကျူးလွန်ခဲ့တဲ့ အကျဉ်းသားတွေကို ဒီနေရာမှာပဲ အဆုံးသတ်စီရင်လေ့ရှိတယ်။

ခ။ ။ ကြော့-ဟုတ်လား။ ဒါဆို အထဲကိုခပ်မြန်မြန်ဝင်ကြရအောင်။ ဒီမှာအကြာကြီးမနေနဲ့။ တော်ကြာ မတော်တဆ အသက်ခဲမှာစိုးရိမ်ရတယ်။

က။ ။ ဆရာကြီးက တော်တော်ရယ်စရာပြောတတ်တယ်။

ခ။ ။ ဒါမှပျော်ပျော်ရွှင်ရွှင်ရှိမှာပေါ့။ ဒါထက်၊ ဒီနန်းတော်ကြီးရဲ့ရာဇဝင်ကို ခင်ခင်နဲ့က ပြောပြပါဦး။

က။ ။ ဟုတ်ကဲ့။ ဒီနန်းတော်ကြီးဟာ မင်းခေတ် "ယုံလို့"မင်းလက်ထက် ၁၄၀၆ခုနှစ်က စတင်ဆောက်လုပ်ခဲ့ပြီး ၁၄၂၀ခုနှစ်မှာ အခြေခံအားဖြင့် ဆောက်လုပ်ပြီးစီးသွားပါတယ်။ ခုဆိုရင် နှစ်ပေါင်း ၅၈၀ ကျော်လောက် ရှိသွားပြီ။

ခ။ ။ အကျယ်အဝန်း ရေ့ယာကော၊ ဘယ်လောက်ရှိသလဲ။

ဂ။ ။ နန်းတော်နယ်မြေအကျယ်အဝန်းဟာ စတုရန်းမီတာ (၇)သိန်း(၂)သောင်းကျော်ရှိပြီး အဆောင်ဖော်အခန်း ပေါင်း (၉)ထောင်ကျော်တစ်သောင်းနီးပါးလောက် ရှိပါတယ်။ အဆောက်အဦးရဲ့ရေ့ယာကတော့ စတုရန်း မီတာတစ်သိန်းငါးသောင်းရှိပါတယ်။ ခုနကဆရာကြီးအင်ဝမှာမြင်ရသလို နန်းတော်အဆောက်အဦးများရဲ့ ပတ်ပတ်လည်မှာ မြို့ရိုးတံတိုင်းကြီးဆောက်လုပ်ထားရုံသာမက ကျုံးကြီးကိုလည်း တူးထားပါသေးတယ်။

ခ။ ။ ကျွန်တော်တို့မန္တလေးမြို့ ရွှေနန်းတော်ရဲ့ပတ်ပတ်လည်မှာလည်း မြို့ရိုးတံတိုင်းနဲ့ကျုံးကြီး ရှိပါတယ်။ နောက်ပြီး နန်းတော်ထဲမှာ ပန်းခြံလည်း ရှိပါတယ်။ ကျွန်တော်တို့ကြားရတာက အဒီပန်းခြံရဲ့ပုံစံဟာတရုတ် ပြည်ကရှင်ဘုရင်တွေရဲ့ပန်းခြံပုံစံနဲ့ ခပ်ဆင်ဆင်ပဲ။ တရုတ်ပြည်ဆောက်လုပ်ရေးပညာရှင်က ဒီဒိုင်း ရေးဆွဲပေးတာ ဖြစ်ပါတယ်တဲ့။

ဂ။ ။ အင်းဖြစ်လောက်တယ်။ ဘာကြောင့်လဲဆိုတော့ရှေးခေတ်ကကျွန်တော်တို့နှစ်နိုင်ငံကြားမှာ ယဉ်ကျေးမှုအရ ကူးလူးဆက်ဆံမှုများလို့ပါ။

ခ။ ။ တရုတ်ပြည်ရှေးခေတ်က ဗိသုကာပညာရှင်ကြီးတွေရဲ့လက်ရာတွေဟာ အလွန်အလွန်ပြောင်မြောက်တာပဲနော်။ နန်းတော်ဆောင်တွေက စဉ့်အုတ်ကြွပ်အမိုးနဲ့ နန်းတော်ထဲကတိုင်ကြီးတွေပေါ်ကနဂါးရုပ်၊ ဇာမဏီခွက်ရုပ် ထွင်းလုပ်ထားတာတွေဟာ အလွန်ထင်ရှားတဲ့အမျိုးသားဟန်တွေပေါ့နော်။

ဂ။ ။ ဟုတ်ကဲ့။ ဒီနန်းတော်ဆောင်ဟာ"ထိုက်ဟို"နန်းတော်လို့ ခေါ်ပါတယ်။ ဘုရင်ညီလာခံဝင်တဲ့နေရာ၊ မျူးကြီးမတ်ရာများ ဘုရင်ကိုခစားတဲ့နေရာလို့လည်း ဆိုနိုင်ပါတယ်။ အလယ်က ပလ္လင်ဖြစ်ပါတယ်။ ဒုတိယအဆောင်ဟာ"ကျုံး ဟို"နန်းတော်လို့ ခေါ်ပါတယ်။ ဒီအဆောင်ဟာ ဘုရင်က နန်းရင်းဝန်နဲ့ တိုင်းရေးပြည်ရာတိုင်ပင်ဆွေးနွေးဖို့၊ သံတမန်များကို လက်ခံတွေ့ဆုံဖို့နေရာဖြစ်ပါတယ်။ တတိယအဆောင်ကတော့ "ပေါင်ဟို"နန်းတော်လို့ ခေါ်ပါတယ်။ ဘုရင်က လျှောက်လွှာတွေကို စစ်ဆေးဖတ်ရှုတဲ့နေရာဖြစ်ပါတယ်။

ခ။ ။ မိဖုရားနေတဲ့ဆောင်တော်ကော။ ဘယ်မှာရှိသလဲ။

ဂ။ ။ မိဖုရားနေတဲ့ဆောင်တော်ဟာ ဒီအဆောင်များရဲ့နောက်မှာရှိပါတယ်။ "ခွင်နင်း"ဆောင်တော်ဖြစ်ပါတယ်။ "ခွင်နင်း" အဆောင်မှာတောင်နန်းစံမိဖုရားနဲ့၊ မြောက်နန်းစံမိဖုရားနေတဲ့အခန်းများ ရှိပါတယ်။ ဝဲယာတစ်ဖက်တစ်ချက်က

185

အဆောင်တွေဟာ မောင်းမမိဿံများနေတဲ့နေရာပါ။ ဘုရင်နေတဲ့အဆောင်က "ချန်ချင်း"ဆောင်တော်ပါပဲ။

ဂ။ ဆရာကြီး၊ အခု ရတနာပြတိုက်နဲ့နာရီပြတိုက်ကို သွားကြည့်ကြရအောင်။

ခ။ ကောင်းပါပြီ။ နာရီပြတိုက်ထဲမှာ ဘာနာရီတွေများပြသထားသလဲ။

ဂ။ ဒီပြတိုက်ထဲမှာ ခင်းကျင်းပြသထားတဲ့နာရီဟာ မန်ချူးခေတ်မှာ ဥရောပတိုက်နိုင်ငံအသီးသီးက ဆက်သတဲ့ လက်ဆောင်တွေ ဖြစ်ပါတယ်။

ခ။ အလို၊ တယ်ထူးဆန်းတဲ့နာရီတွေပါလား။ လူရုပ်၄ရုပ်ရှုပ်မျိုးစုံပါတဲ့နာရီတွေဟာ တယ်ကြည့်လို့ကောင်းတာပဲ။ ကြည့်စမ်း၊ ဟိုနေရာမှာကျောက်မျက်ရတနာတွေတောင် စီခြယ်ထားသေးတယ်။

ဂ။ ဒီပြတိုက်ဟာ အခုဆိုရင် တံဖိုးမဖြစ်နိုင်အောင် အဖိုးတန်နေပြီ။ ဂျာမနီပြည်ကပေးတဲ့အိတ်ဆောင် နာရီမျိုးဟာ အခုဂျာမနီပြည်မှာတော့ မရှိတော့ဘူးတဲ့။

ခ။ သြော်-ဟုတ်လား။ ဒါကြောင့် အဖိုးတန်တာကိုး။

က။ ဆရာကြီး၊ အခု ရတနာပြတိုက်ကို ဝင်ကြည့်ကြရအောင်လား။

ခ။ ဟုတ်ကဲ့။ ဝင်မယ်။

ဂ။ ဟောဒီရတနာပြတိုက်ထဲမှာ ခင်းကျင်းပြသထားတာတွေဟာ နန်းတွင်းအသုံးအဆောင်ပစ္စည်းတွေ၊ ဘုရင်နဲ့မိဖုရား ဆောင်းတဲ့မကိုဋ်တွေ၊ ဝတ်လဲတော်တွေဖြစ်ပါတယ်။ ဒါပြင် သူတို့ဝတ်ဆင်တဲ့စိန်၊ ရွှေ၊ ကျောက်စိမ်း၊ ပတ္တမြား၊ လက်စွပ်၊ လက်ကောက်၊ နားကပ်၊ ဆွဲကြိုးစတဲ့ရတနာတွေကို ခင်းကျင်းပြသထားပါတယ်။

ခ။ ဒီလက်ဝတ်လက်စားတွေဟာ အားလုံးတရုတ်ပြည်ထွက်ပစ္စည်းတွေလား။

ဂ။ မှန်ပါတယ်။ အားလုံးလိုလိုဟာ တရုတ်ပန်းထိမ်ဆရာတွေရဲ့လက်ရာပါပဲ။ ဒါပေမဲ့၊ ကျောက်စိမ်းနဲ့စိန်တချို့ကို နိုင်ငံခြားက တင်သွင်းရပါတယ်။

က။ ကျွန်မသိသလောက်ပြောရရင် တချို့ကျောက်စိမ်းကို မြန်မာပြည်ကဝယ်လာတာပါ။ ဟောတော့၊ (၁၂) နာရီတောင်ထိုးပြီ။ ဟိုတယ်ပြန်ဖို့ကောင်းပြီ။

ခ။ ကောင်းပါပြီ။ ကျွန်တော်တို့ကို လိုက်ပြတဲ့ဒေါ်ခင်ခင်နွဲ့ကို အထူးကျေးဇူးတင်ကြောင်းပြောပါရစေ။

က။ မဖြစ်လောက်ပါဘူးဆရာကြီးရယ်။ ဒါက ကျွန်မလုပ်သင့်လုပ်ထိုက်တဲ့ ကိစ္စပါ။ ဘာမှပြောဖို့မလိုပါဘူး။ ပြန်မယ်။ ကားပေါ်တက်ကြရအောင်။

ခ။ ကောင်းပါပြီ။

ဝေါဟာရ

ရှေးဟောင်း(နဝ) 古老的 နန်းတော်(န) 皇宫, 宫阙
ရင်ပြင်တော်(န) 广场 ကျယ်ဝန်း(နဝ) 宽广
နိုင်ငံတော်နေ့(န) 国庆节 မေဒေးနေ့(န) 五一国际劳动节
ကျောက်တိုင်(န) 碑, 石碑 အာဇာနည်(န) 英雄, 烈士
အထိမ်းအမှတ်(န) 纪念物, 纪念 အရိုးကြေအရေခန်းခန်း(ကဝ) 粉身碎骨
သက်စွန့်ကြိုးပမ်း(ကဝ) 奋不顾身 အသက်ပေးလှူ(က) 献出生命
ကလေးပွဲတော်နေ့(န) 儿童节 နောင်လာနောက်သား(န) 后代

သင်ခန်းစာ(၃၀) ရေးဟောင်းနန်းတော်သို့ သွားရောက်လည်ပတ်ကြည့်ရှုခြင်း

ကျားမပျိုအို(န) 男女老少 တပ်မတော်နေ့(န) 建军节
အလေးပြု(က) 敬礼, 致敬 လွမ်းသူ့ပန်းခွေ(န) 花圈
အုပ်(မ) 群, 批, 本 အောက်မေ့(က) 思念, 想念
ဆက်(က) 进贡, 呈献, 献 ပန်းခြင်း(န) 花篮
လွှတ်တော်(န) 议会, 国会 ဖော်ပြ(က) 表明, 表示
ဆံ့(က) 容纳 ခန့်ညား(နဝ) 庄重, 雄伟
ရုပ်ကလပ်(န) 遗体, 遗容 ညီလာခံ(န) 代表大会, 大会
မောင်းမမိဿံ(န) 宫娥, 宫女

လေ့ကျင့်ခန်း

၁။ ကွင်းထဲက ဝေါဟာရများကို ပေးထားသောဝေါဟာရများဖြင့် အစားထိုးလေ့ကျင့်ပါ။

(၁) (ဒီနည်းနဲ့ပဲအာဇာနည်များကိုပြည်သူပူထုကသိကရအောက်မေ့) ကြောင်းဖော်ပြပါတယ်။
သူကိုနှုတ်ဆက်
ဖေဖေကိုသတိရ
ဆရာကြီးကိုကျေးဇူးတင်
စာထဲမှာသူကိုချစ်

(၂) (ဒီပြတိုက်ဟာအခုဆိုရင်တန်ဖိုးမဖြစ်နိုင်) အောင် (အဖိုးတန်) နေပြီ။
စာလှ   ရေး
နားဝင်ချို   ပြော
ပိုက်ဆံချွေတာ   လုပ်
သူလက်ခံနိုင်   အကျိုးသင့်အကြောင်းသင့်ပြော

(၃) (ဒါကြောင့်အဖိုးတန်တာ) ကိုး။
လက်စသတ်တော့ဆရာမ
အော်-ဒီလို
ရင်အယူအဆကတစ်မျိုး
ဒါခင်ဗျားတို့သတင်းစာ

၂။ အောက်ပါ မေးခွန်းများကို နှုတ်ဖြင့်ဖြေပါ။

(၁) လည်ပတ်ကြည့်ရှုရေးအစီအစဉ်အရ မဟာတိုင်ရှည်ကြီးကို လည်ပတ်ပြီးတဲ့နောက် ဦးဝင်းမောင်နဲ့ အဖွဲ့ဝင်များဟာဘယ်နေရာကို သွားပြီးလေ့လာရသလဲ။

(၂) ရေးဟောင်းနန်းတော်ကို သွားမယ်ဆိုရင် ဘယ်နေရာကိုဖြတ်ကျော်ရသလဲ။

(၃) ဦးဝင်းမောင်ဟာ ဘာဖြစ်လို့ အံ့ဩသွားသလဲ။

(၄) နိုင်ငံတော်နေ့၊ မေဒေးနေ့ရောက်တိုင်း တရုတ်ပြည်သူပြည်သားတွေဟာ ချန်အန်းမင်ရင်ပြင်တော်ကြီးမှာ

ဘာလုပ်လေ့ရှိသလဲ။

(၅) ဟျုန်အန်းမင် ရင်ပြင်တော်ကြီးရဲ့ ဗဟိုအချက်အချာနေရာမှာဘာရှိသလဲ။

(၆) ပြည်သူ့အာဇာနည်ကျောက်တိုင်ကို ဘယ်တုန်းက တည်ဆောက်ထားသလဲ။

(၇) ဘာဖြစ်လို့ တရုတ်ပြည် လွတ်မြောက်ပြီးတာနဲ့တစ်ပြိုင်နက်တရုတ်အစိုးရဟာ ပြည်သူ့အာဇာနည်ကျောက်တိုင်ကို ဟျုန်အန်မင်ရင်ပြင်တော်ကြီးရဲ့ဗဟိုနေရာမှာ တည်ဆောက်ထားသလဲ။

(၈) ဘယ်ပွဲတော်နေ့ရောက်မှ တရုတ်ပြည်သူပြည်သားတွေဟာ ဒီအာဇာနည်ကျောက်တိုင်ကို လာပြီးအလေးပြုကြသလဲ။

(၉) မြန်မာနိုင်ငံမှာ အာဇာနည်တွေကို အထိမ်းအမှတ်ပြုဖို့ ဘာအဆောက်အဦး ဆောက်ထားသလဲ။

(၁၀) မြန်မာပြည်သူပြည်သားတွေဟာ အာဇာနည်တွေကို ဘယ်နည်းနဲ့သတိရအောက်မေ့ကြောင်း ဖော်ပြကြ သလဲ။

(၁၁) တရုတ်လူမျိုးတွေကော။ အာဇာနည်တွေကို ဘယ်နည်းနဲ့ လွမ်းဆွတ်သတိရကြောင်း ဖော်ပြကြသလဲ။

(၁၂) ဟျုန်းအန်မင်ရင်ပြင်တော်ကြီး ညာဘက် အဆောက်အဦး ဟာ ဘာအဆောက်အဦးလဲ။

(၁၃) ပြည်သူ့လွတ်တော်ခန်းမဆောင်ကြီးထဲမှာ လူဘယ်လောက် ဆံ့နိုင်သလဲ။

(၁၄) ပြည်သူ့လွတ်တော်ခန်းမဆောင်ကြီးကို ဘယ်အချိန်မှာ တည် ဆောက်သလဲ။

(၁၅) ပြည်သူ့လွတ်တော်ခန်းမဆောင်ကြီး တည်ဆောက်ဖို့အတွက် အချိန်ဘယ်လောက် ကုန်သလဲ။

(၁၆) ဟျုန်အန်မင် ရင်ပြင်တော်ကြီး ဘယ်ဘက်ကဉစ္စာက ဘာလဲ။

(၁၇) တရုတ်ပြည်တော်လှန်ရေးပြတိုက်ထဲမှာ ဘာတွေများ ပြသထားသလဲ။

(၁၈) ဟျုန်အန်မင် ရင်ပြင်တော်ကြီးရဲ့ မျက်နှာချင်းဆိုင်ကဉစ္စာက ဘာလဲ။

(၁၉) ဥက္ကဌကြီးမော်စီတုန်းရဲ့ရုပ်ကလာပ်ကို အများပြည်သူလူထုက ဘယ်အချိန်ကျမှ ဂါရဝပြုနိုင်သလဲ။

(၂၀) ဥက္ကဌကြီးမော်နဲ့ဝန်ကြီးချုပ်ဟောင်းတွန့်ရှော်ဖင်းနဲ့ပတ်သက်ပြီး ဘယ်လိုများ ပြောဆိုကြသလဲ။

(၂၁) ဟျုန်အန်းမင် မုခ်ဦးဆောင်ရှေ့မှာ ဘာကို တွေ့နိုင်သလဲ။ မြစ်လား။ ချောင်းလား။

(၂၂) ကျူးပေါ်က တံတားလေးကို ဘယ်လိုခေါ်သလဲ။

(၂၃) ရှေးဟောင်းနန်းတော်ထဲကို ဝင်ချင်ရင် ဘယ်ကဝင်ရမလဲ။

(၂၄) ရှေးဟောင်းနန်းတော်ထဲဝင်ချင်ရင် လူတစ်ယောက်အတွက် ဝင်ခဘယ်လောက်ပေးရသလဲ။

(၂၅) ရှေးဟောင်းနန်းတော်ထဲမှာ ဘာပြတိုက်တွေရှိသလဲ။

(၂၆) အဲဒီပြတိုက်တွေကိုကြည့်ရင် ဝင်ခနောက်ထပ်ပေးဖို့လိုသေးသလား။

(၂၇) ရန်ကုန်မှာ နိုင်ငံခြားသားတစ်ယောက်ဟာ ရွှေတိဂုံဘုရားကို ဖူးချင်ရင် ဝင်ခဘယ်လောက်ပေးရမလဲ။

(၂၈) "ဝူမင်"လို့ခေါ်တဲ့ မုခ်ဦးဆောင်ဟာ ဘာလုပ်ဖို့လဲ။

(၂၉) ရှေးဟောင်းနန်းတော်ကြီးကိုဘယ်တုန်းကစဆောက်ပြီး ဘယ်တုန်းကပြီးစီးသွားသလဲ။

(၃၀) ရှေးဟောင်းနန်းတော်ကြီးရဲ့အကျယ်အဝန်း ဘယ်လောက်များရှိသလဲ။

(၃၁) အဆောင်တော်အခန်းပေါင်းကော။ ဘယ်လောက်ရှိသလဲ။

(၃၂) မြန်မာနိုင်ငံ မန္တလေးနန်းတော်ထဲမှာရှိတဲ့ပန်းခြံနဲ့ပတ်သက်ပြီး ဦးဝင်းမောင်က ဘယ်လိုပြောသလဲ။

(၃၃) ဘာကြောင့်ဦးဝင်းမောင်က ရှေးဟောင်းနန်းတော်မှာ တရုတ်အမျိုးသားဟန် ထင်ရှားလှတယ်လို့

သင်ခန်းစာ(၃၀) ရှေးဟောင်းနန်းတော်သို့ သွားရောက်လည်ပတ်ကြည့်ရှုခြင်း

ပြောသလဲ။
(၃၄) ထိုက်ဟိုနန်းတော်ဟာဘာအသုံးကျသလဲ။ ပြောစမ်းပါဦး။
(၃၅) ကျူးဟိုနန်းတော်နဲ့ပေါင်ဟိုနန်းတော်ကော။ ဘာလုပ်ဖို့လဲ။
(၃၆) ရှင်ဘုရင်နေတဲ့အဆောင်ကို ဘယ်လိုခေါ်သလဲ။
(၃၇) နာရီပြတိုက်ထဲမှာဘယ်လိုနာရီတွေကို ခင်းကျင်းပြထားသလဲ။
(၃၈) ရတနာပြတိုက်ထဲမှာကော။ ဘာတွေများ ခင်းကျင်းပြထားသလဲ။
(၃၉) ရတနာပြတိုက်ထဲမှာရှိတဲ့ လက်ဝတ်လက်စားတွေဟာ အားလုံး တရုတ်ပြည်ထွက်ပစ္စည်းလား။

၃။ ။ ပေးထားသော အောက်ပါ အချက်အလက်များကို အခြေခံ၍ စကားပြောတစ်ပုဒ် ရေးပါ။

缅甸体育代表团一行于30日早8时乘中国民航班机到西安参观访问。代表团在西安受到陕西省体育局王局长的热烈欢迎,并受到西安市长的接见,宾主双方进行了亲切友好的交谈。当天晚上,市长还宴请了代表团全体成员。在西安,缅甸体育代表团先后参观了大雁塔、小雁塔、华清池以及号称世界第八奇迹的秦始皇兵马俑。

သင်ခန်းစာ(၃၁)   အီဟိုယွမ်းခေါ်နွေရာသီနန်းတော်ကြီး၌ လည်ပတ်ကြည့်ရှုခြင်း

က။   ခင်ခင်နွဲ့

ခ။   ဦးဝင်းမောင်

ဂ။   မစ္စတာဝမ်း

(လည်ပတ်ကြည့်ရှုရေးအစီအစဉ်အရ သည်နေ့ မြန်မာဧည့်သည်တော်များသည် အီဟိုယွမ်းဟုခေါ်သည့် နွေရာသီနန်းတော်ကို သွားလည်ရန်ဖြစ်သည်။ ညကအိပ်မောကျနေသဖြင့် သည်နေ့ ဦးဝင်းမောင်သည် အိပ်ရာထနောက်ကျသည်။ အဖွဲ့ဝင်တစ်ယောက်လာနှိုးမှနိုးပြီး ထလာသည်။ ကမန်းကတန်းနှင့်မျက်နှာသစ်၊ သွားတိုက်၊ အကျီ့လဲ၍ ထမင်းစားခန်းသို့ တန်းသွားသည်။ အခြားသောအဖွဲ့ဝင်များသည် ထမင်းစားပွဲဝိုင်းတွင် နေရာယူ၍ စောင့်နေသည်ကိုတွေ့ရသည်။ အားလုံး နံနက်စာစားပြီးသည်နှင့် အပြင်သို့ထွက်လာကြသည်။ ခင်ခင်နွဲ့ကို တွေ့ရသောအခါ ဦးဝင်းမောင်က.....)

ခ။   ဒေါ်ခင်ခင်နွဲ့၊ အစီအစဉ်အရ ဒီနေ့ ကျွန်တော်တို့ ဘယ်ကိုသွားလည်ရမလဲ။

က။   အီဟိုယွမ်းလို့ခေါ်တဲ့နွေရာသီနန်းတော်ကို သွားလည်ကြမယ်။ ဆရာကြီးတို့ အခုပဲ မနက်စာစားပြီး တယ်မဟုတ်လား။ ကျွန်မတို့ (၈)နာရီတိတိထွက်မယ်။ အချိန်ရှိသေးတယ်။ ဆရာကြီးတို့ အိပ်ခန်းမှာပဲဖြစ်ဖြစ် ဧည့်ခန်းမှာပဲဖြစ်ဖြစ် ခဏနားပါ။ (၈)နာရီထိုးဖို့ ငါးမိနစ်အလိုမှာအပြင်ကိုထွက်လာပါ။ ဟိုတယ်ရဲ့တံခါးရှေ့မှာ ကားပေါ်တက်မယ်။ ကျွန်မတို့ အဲဒီနေရာမှာပဲစောင့်မယ်။

ခ။   ကောင်းပြီ။

    (၈ နာရီတိတိတွင် ဦးဝင်းမောင်တို့က အခန်းထဲမှထွက်လာပြီး ကားပေါ်တက်ကြသည်။ ခင်ခင်နွဲ့က ကားဆရာကြီး စထွက်လို့ရပါပြီဟု ပြောပြီးသည်နောက် ကားဆရာက ကားကိုနှိုး၍ ညင်ညင်သာသာကလေး ရှေ့သို့မောင်းထွက်သွားသည်။ ကားပေါ်တွင်.....)

ခ။   ညွှန်ချုပ်၊အီဟိုယွမ်းလို့ခေါ်တဲ့ နွေရာသီပန်းခြံဟာ ပီကင်းမြို့ရဲ့ဘယ်ဘက်မှာ တည်ရှိပါသလဲ။

ဂ။   စွယ်တော်ဘုရားလိုပဲ ပီကင်းမြို့ရဲ့အနောက်မြောက်ဘက်မှာ တည်ရှိပါတယ်။ ဒါပေမဲ့၊ စွယ်တော်ဘုရားလောက် မဝေးပါဘူး။ ကားနဲ့ဆိုရင် နာရီဝက်အတွင်း ရောက်နိုင်တယ်။

ခ။   သြော်–ဟုတ်လား။ ဒါထက်၊ အီဟိုယွမ်းနွေရာသီနန်းတော်ထဲမှာ ဘာတွေများရှိပါသလဲ။ နည်းနည်းလေး လောက် မိတ်ဆက်ပေးစမ်းပါ။ ကျွန်တော်တို့ကြိုတင်သိထားချင်ပါတယ်။

ဂ။   အီဟိုယွမ်းထဲမှာ ချင်းမင်းဆက် "ကျျူရှီ" ဘုရင်မစ်မြန်းတဲ့နန်းတော်အဆောင်တွေ ရှိပါတယ်။ ခွန်မင်း

ကန်တော်ကြီးနဲ့စကြံ့ရှည်ကြီးတစ်ခုလည်း ရှိပါတယ်။

ခ။ အဲဒီနန်းတော်ကြီးဟာ နဂိုအတိုင်းပဲလား၊ စစ်ဖြစ်တုန်းက ပျက်စီးမသွားဘူးလား။

ဂ။ ဟင့်အင်း၊ ပျက်စီးမသွားပါဘူး၊ နဂိုအတိုင်းပါပဲ၊ ဒါပေမဲ့ တရုတ်ပြည်လွတ်မြောက်ပြီးတဲ့နောက် ပြည်သူ့အစိုးရက အဲဒီနန်းတော်ကြီးကိုပြန်လည်ပြုပြင်မွမ်းမံဆေးသုတ်ပေးတဲ့အတွက် အသစ်စက်စက်ဖြစ်သွားပါပြီ။

ခ။ ဒါထက်၊ မေးပါရစေ၊ နွေရာသီနန်းတော်ထဲလူတိုင်းဝင်နိုင်သလား။

ဂ။ ချင်းမင်းဆက်လက်ထက်တုန်းက ဘယ်ဝင်ခွင့်ပြုပါ့မလဲ၊ အခုတော့အလုပ်သမားနဲ့လယ်သမားတို့ရဲ့အပန်းဖြေ အနားယူတဲ့နေရာဖြစ်လာပါပြီ၊ လူတိုင်းဝင်လည်နိုင်တာပေါ့။

က။ ဆရာကြီး၊ အီဟိုယွမ်းပန်းခြံ ရောက်ပါပြီ၊ ကားပေါ်ကဆင်းကြရအောင်။

ခ။ ဟုတ်ကဲ့။

က။ ဆရာကြီး၊ ဒါက အီဟိုယွမ်းရဲ့အရေးခါးမြီးဖြစ်ပါတယ်၊ ဒီမှာ အမှတ်တရဓာတ်ပုံရိုက်ဖို့ ကောင်းပါတယ်။

ခ။ ဟုတ်တယ်၊ လာ၊ လာ၊ ဒီမှာပဲဓာတ်ပုံရိုက်ကြစို့။

က။ ဆရာကြီး၊ ဒီမှာပဲ ခဏလောက်စောင့်ပါနော်၊ ကျွန်မအဝင်လက်မှတ်သွားဝယ်မယ်။

ခ။ ကောင်းပြီ။

က။ ဆရာကြီး၊ အဝင်လက်မှတ် ဝယ်ပြီးပါပြီ၊ အထဲဝင်ကြရအောင်။

ခ။ လူတစ်ယောက်အတွက် အဝင်လက်မှတ် ဘယ်လောက်ပေးရသလဲ။

က။ သိပ်တော့မများပါဘူး၊ တစ်ယောက်ကို ယွမ်သုံးဆယ်ပါ၊ ဒါပေမဲ့ အထဲကတော့ ပေးဖို့ရှိသေးတယ်၊ ဥပမာ၊ အထဲမှာရှိတဲ့ နန်းတော်အဆောင်ထဲဝင်ကြည့်ချင်ရင် ထပ်ပေးရသေးတယ်၊ ဘုရင်မဟွဲကြည့်ဆောင်ထဲဝင်ကြည့်ချင်ရင်လည်း ထပ်ပေးရသေးတယ်။

ခ။ သိရတာ ကျေးဇူးတင်ပါတယ်၊ က-အထဲဝင်ကြရအောင်။

(အီဟိုယွမ်းနန်းတော်ထဲရောက်သည်နှင့်တစ်ပြိုင်နက် ဦးဝင်းမောင်တို့သည် ရင်သပ်ရှုမောဖွယ်လုပခမ်းနားသောအဆောင်ကြီးများကိုတွေ့သဖြင့် စုတ်တသပ်သပ်နှင့်အံ့ဩချီးမွမ်းကြသည်။)

ခ။ အပါး၊ နွေရာသီနန်းတော်ဟာ တယ်ကြီးကျယ်ပါကလား။

ဂ။ ဟုတ်ပါတယ်၊ ဒီနွေရာသီနန်းတော်ကြီးဟာ "ကျူရှီ"ဘုရင်မကြီးကရေတပ်စစ်သဘောတွေတည်ဆောက်ရမယ့် ရန်ပုံငွေကိုယူပြီး ဆောက်ထားတာဖြစ်ပါတယ်။

ခ။ ခုခေတ်စကားနဲ့ပြောရရင်တော့ အလွဲသုံးစားပြုမှုပေါ့။

ဂ။ မှန်ပါတယ်၊ ဟောဒီအဆောင်ဟာ လွတ်တော်အဆောင်ဖြစ်ပါတယ်၊ ဘုရင်မကြီးဟာ ဒီအဆောင်မှာပဲ မှူးကြီးမတ်ရာများနဲ့ တိုင်းရေးပြည်ရာများကို ဆွေးနွေးတိုင်ပင်ကြပါတယ်။

ခ။ ဘုရင်ညီလာခံဝင်တဲ့အဆောင်၊ မှူးကြီးမတ်ရာများက ဘုရင်ကိုခစားတဲ့အဆောင်လို့ ဆိုပါတော့။

ဂ။ ဒီအဆောင်ထဲမှာပလ္လင်နဲ့၊ အခြားနန်းသုံးအဆောင်အယောင်တွေအများကြီးရှိပါတယ်။

ခ။ ဟော ဒီကြိုးကြာရုပ်က ဘာလုပ်ဖို့လဲ။

ဂ။ ကြိုးကြာရုပ်ထဲမှာ နံ့သာတို့တွေ ထည့်ထားပါတယ်၊ ဟိုမီးဖိုကလေးထဲမှာလည်း ဒီလိုအမွှေးတုံးရှိပြီး အဆောင်ကြီးတစ်ခုလုံး မွှေးအောင်လုပ်တာပါ။

ခ။ တယ်ဇိမ်ခံတတ်တဲ့ဘုရင်မပဲ၊ ဟိုညာဘက်ကအဆောင်ဟာ ဘာအဆောင်လဲ။

ဂ။   ပွဲကြည့်ဆောင်နဲ့ဇာတ်ခုံဖြစ်ပါတယ်။ အပေါက်ဝမှာ ချင်းခေတ်ကအဝတ်အစားဝတ်ထားတဲ့တံခါးစောင့်ရုပ် နေပါတယ်။

ခ။   ဇာတ်ခုံဝင်ခ ဘယ်လောက်ပေးရသလဲ။

ဂ။   ရုံဝင်ခ တစ်ယောက် ၁၀ ယွမ်ပေးရတယ်။ ဝင်ကြည့်မလား။

ခ။   ကြိုကြိုက်တုန်း ဝင်ကြည့်ရမှာပေါ့။ လွတ်သွားရင် ဘယ်လောက် နမြောစရာကောင်းသလဲ။

က။   ဒါဆို၊ ကျွန်မ လက်မှတ်သွားဝယ်မယ်။ ဆရာကြီး ဒီမှာခဏစောင့်ပါ။

ခ။   ကောင်းပြီ

က။   လက်မှတ်ဝယ်ပြီးပြီ။ ဝင်လို့ရပြီ။

ဂ။   ဒီဘက်အဆောင်ဟာ ဇာတ်ရုံဆောင်ဖြစ်ပါတယ်။ ဟိုဘက်အဆောင်ဟာ ဘုရင်မပွဲကြည့်ဆောင်ဖြစ်ပါတယ်။

ခ။   ဒီဇာတ်ရုံကြီး တကယ်ကြီးတယ်နော်။

ဂ။   ဟုတ်တယ်။ ဇာတ်ရုံကြီးဟာ သုံးထပ်ရှိပါတယ်။ အလယ်ထပ်ဟာ လူပြည်ဖြစ်တယ်။ အပေါ်ထပ်ဟာ နတ်ပြည်ဖြစ်တယ်။ အောက်ထပ်ဟာရေပြည်ပါ။

ခ။   ဘုရင်မကော၊ ဘယ်မှာထိုင်ပြီး ပွဲကြည့်သလဲ။

ဂ။   ဟိုဘက်မျက်နှာချင်းဆိုင်အဆောင်မှာလေ။ အဲဒါက ပွဲကြည့်ဆောင်လို့ ခေါ်ပါတယ်။

ခ။   ထိုင်ခုံရှေ့မှာ ဘာလို့စားပွဲထားသလဲ။

ဂ။   သစ်သီးဝလံထားဖို့ ဖြစ်ပါတယ်။ ဘုရင်မက ပွဲကြည့်ရင်း သစ်သီးဝလံစားလေ့ရှိတယ်။

ခ။   ဟာ၊ ဇိမ်ပဲနော်။

ဂ။   ဟောဒီအဆောင်ဟာ မြရေလိုင်အဆောင်တော် ဖြစ်ပါတယ်။ အဆောင်ထဲမှာ "ကျူရှိ"ဘုရင်မဟာ သူ့တူဖြစ်တဲ့ "ကွမ်ရှီ" မင်းကို အကျယ်ချုပ်ထားခဲ့ဖူးတယ်။

ခ။   ဘုရင်မကဘာဖြစ်လို့၊ သူ့တူကို အကျယ်ချုပ် ချုပ်ထားရသလဲ။

ဂ။   "ဝူရှီ"ပြုပြင်ပြောင်းလဲမှုအရေးတော်ပုံကို "ကွမ်ရှီ"မင်းက ထောက်ခံလို့ပါ။ ဟောဒီအဆောင်ကတော့ ဘုရင်မကြီးမွေးနေ့တီကျင်းပတဲ့နေရာဖြစ်ပါတယ်။ သူသလွန်ညောင်စောင်နဂိုအတိုင်းပဲ ထားပါတယ်။ ဟော၊ ပြောရင်းဆိုရင်းနဲ့၊ စကြုရှည်ကြီးနား ရောက်ပါပြီ။

ခ။   ဒီစကြုရှည်ကြီးဟာ လှလည်းလှ၊ ရှည်လည်းရှည်လိုက်တာ။ မီတာ ဘယ်လောက်ရှိပါသလဲ။

ဂ။   မီတာအနည်းဆုံး တစ်ရာကျော်လောက်ရှိတယ်ထင်တယ်။

ခ။   စကြုထဲမှာ ပန်းချီမျိုးစုံကိုလည်း ဆွဲထားတယ်။ သိပ်လက်ရာပြောင်မြောက်တာပဲ။

ဂ။   အဲဒီအဆောင်ဟာ "ဖိုင်ယွင်"အဆောင်တော်ဖြစ်ပါတယ်။ တောင်ကုန်းပေါ်မှာ ဘုရင်နဲ့မင်းညီမင်းသားတွေ ဘုရားရှိခိုးဖို့၊ ဂန္ဓကုဋီနဲ့ဗုဒ္ဓရုပ်ပွားတော်များ အဆောင်တော်တည်ထားပါတယ်။

ခ။   ဒါဆိုရင် တက်ပြီးဖူးရအောင်။

ဂ။   အဲဒီတောင်ကုန်းပေါ်ကနေကြည့်ရင် နွေရာသီနန်းတော်တစ်ခုလုံးထင်ထင်ရှားရှားမြင်ရပါတယ်။

ခ။   အလို၊ တယ်သာယာလှပတဲ့ရှုခင်းပါကလား။ ဒီလိုနေရာမျိုးမှာ ကျွန်တော် ဘာမဆိုမေ့သွားနိုင်ပါတယ်။

ဂ။   ဟိုခပ်ဝေးဝေးကတ်တားဟာ ခါးပတ်တော်တံတားလို့ခေါ်ပါတယ်။ သူ့ဆက်နေတဲ့ကျွန်းဟာ နဂါးမင်းကျွန်းတဲ့။

ခ။   သိရတာ ဝမ်းသာပါတယ်။

ဂ။	။	ဟိုကန်တော်နားကဟာ ကျောက်သမ္မပဲ။ လျှော်လို့မရဘူး အလှထားတာပါ။
ခ။	။	ဆရာကြီး၊ အချိန်မစောတော့ပါဘူး။ တောင်အောက်ဆင်းရအောင်။
ခ။	။	ကောင်းပြီ။ ဒီနေ့တော့ဘုရားလည်းဖူး၊ လိပ်ဉလည်းတူးရပါတယ်။ ကုသိုလ်လည်းရတယ်။ ဗဟုသုတလည်းတိုးပါတယ်။
က။	။	၁၂ နာရီတောင် ကျော်သွားပြီ။ ကျွန်မတို့နေလည်စာပြန်စားကြစို့လား။
ခ။	။	အေး၊ အေး။ ကောင်းပြီ။

ဝေါဟာရ

ကမန်းကတန်း(ကြ)	匆匆忙忙	ကားဆရာ(န)	司机
နှိုး(က)	开动, 启动	ညင်ညင်သာသာ(ကြ)	平稳地
စံမြန်း(က)	（帝王等）居住	စကြံရှည်(န)	长廊
နဂို(န)	原来	ပျက်စီး(က)	损坏, 毁坏
ဆေးသုတ်(က)	上油漆, 涂色	အသစ်စက်စက်(န)	崭新的
ခွင့်ပြု(က)	许可, 同意, 批准	ရင်သပ်ရှုမော(ကြ)	惊叹不已
စုတ်တသပ်သပ်(ကြ)	不停地咂嘴	ချီးမွမ်း(က)	赞扬, 称赞
ရန်ပုံငွေ(န)	基金	အလွဲသုံးစား(က)	挪用, 滥用
ခစား(က)	侍奉, 朝见皇帝	နန်းသုံးအဆောင်အယောင်(န)	宫廷用品
ကြိုးကြာ(န)	鹤	နံ့သာတုံး(န)	香料块
အမွှေးတုံး(န)	香料块	ခံစား(က)	享受
အဝတ်အစား(န)	衣服, 服装	ဇာတ်ခုံ(န)	戏台
လွတ်(က)	错过	တံခါးစောင့်(န)	门卫, 看门人
နတ်ပြည်(န)	神国, 仙境	လူ့ပြည်(န)	人世间
ငရဲပြည်(န)	地狱	တူ(န)	侄子
အကျယ်ချုပ်(န)	软禁	ချုပ်(က)	囚禁, 拘禁
ထောက်ခံ(က)	支持, 拥护	အရေးတော်ပုံ(န)	运动, 革命
ကျင်းပ(က)	举行, 召开	မွေးနေ့ပါတီ(န)	生日招待会
သလွန်ညောင်စောင်း(န)	龙床	ဂန္ဓကုဋီ(န)	佛香阁
သမ္မန်(န)	舢板	ဗုဒ္ဓရုပ်ပွားတော်(န)	佛像

လေ့ကျင့်ခန်း

၁။ ။ ကွင်းထဲက ဝေါဟာရများကို ပေးထားသောဝေါဟာရများဖြင့် အစားထိုးလေ့ကျင့်ပါ။

(၁) (ဆရာကြီးတို့အိပ်ခန်းမှာပဲ) ဖြစ်ဖြစ် (ညီခန်းမှာပဲ) ဖြစ်ဖြစ် (ခဏနား) ပါ။

မင်း   မမြင့်   ဆရာ့ဆီလာ

မန္တလေး		မော်လမြိုင်		သွားလည်
စာသင်ခန်းထဲမှာ		စာကြည့်တိုက်ထဲမှာ	စာဖတ်
စက်ဘီးနဲ့		ဘတ်စ်ကားနဲ့		သွား

(၂) (စွယ်တော်ဘုရား) လောက်မ (ဝေး) ပါဘူး။
မောင်ဘကမောင်လှ			ဝ
ကျွန်တော်ရေးတာသူရေးတာ		မြန်
မခင်ကမရင်			ချော
ဒီနှစ်စပါးအထွက်မနှစ်က		ကောင်း

(၃) (အထံကျတော့ပေး) ဖိုရှိသေးတယ်။
ညနေပိုင်းမှာမြို့ထဲသွား
ကျွန်တော်သူ့ကိုပြော
ကျွန်တော်ဈေးဝယ်
သူလေ့ကျင့်ခန်းလုပ်

၂။ အောက်ပါ မေးခွန်းများကို နှုတ်ဖြင့်ဖြေပါ။

(၁) လည်ပတ်ကြည့်ရှုရေးအစီအစဉ်အရ ဒီနေ့ မြန်မာည်သည်တော်တွေဟာ ဘယ်နေရာကိုသွားလည် ရသလဲ။

(၂) အဖွဲ့ခေါင်းဆောင်ဖြစ်သူဦးဝင်းမောင်ဟာ ဒီနေ့ ဘာဖြစ်လို့ အိပ်ရာထနောက်ကျသလဲ။

(၃) ဦးဝင်းမောင်က ထမင်းစားခန်းကိုရောက်တော့ ဘာကို တွေ့ရသလဲ။

(၄) ဦးဝင်းမောင်နဲ့အဖွဲ့ဝင်များ မနက်စာစားပြီးတဲ့နောက် ခင်ခင်နွဲ့က ဘယ်လိုစီစဉ်ပေးသလဲ။

(၅) ဦးဝင်းမောင်နဲ့အဖွဲ့ဝင်များဟာကားပေါ်ကိုဘယ်အချိန်မှာ တက်ကြသလဲ။

(၆) နေရာသီနှန်းတော်လို့ခေါ်တဲ့အီဟိုယွမ်းပန်းခြံဟာ ပီကင်းမြို့ရဲ့ ဘယ်ဘက်မှာတည်ရှိသလဲ။

(၇) အီဟိုယွမ်းပန်းခြံကို ကားနဲ့သွားရင် ဘယ်လောက်ကြာသလဲ။ စွယ်တော်ဘုရားထက် ခရီးဝေးသလား။

(၈) အီဟိုယွမ်းထဲမှာ ဘာတွေများရှိသလဲ။ အကျဉ်းချုပ်ပြောပြပါ။

(၉) အီဟိုယွမ်းပန်းခြံထဲမှာရှိတဲ့အဆောင်တော်တွေဟာ စစ်ဖြစ်တုန်းက ပျက်စီးမသွားဘူးလား။

(၁၀) တရုတ်ပြည်မလွတ်မြောက်ခင်ကရော လွတ်မြောက်ပြီးတဲ့နောက်ရော အီဟိုယွမ်းထဲကို လုပ်သားပြည်သူတွေ အားလုံးကို ဝင်လည်ခွင့်ပြုခဲ့သလား။

(၁၁) ဦးဝင်းမောင်နဲ့အဖွဲ့ဝင်တွေဟာ ဘယ်နားမှာ အမှတ်တရဓာတ်ပုံရိုက်ကြသလဲ။

(၁၂) အီဟိုယွမ်းပန်းခြံထဲဝင်ချင်ရင် လူတစ်ယောက်အတွက် ဘယ်လောက်ပေးရသလဲ။

(၁၃) အီဟိုယွမ်းပန်းခြံကို ဘယ်သူက ဘာငွေနဲ့ တည်ဆောက်ထားသလဲ။

(၁၄) လွတ်တော်အဆောင်တော်ဟာ ဘာလုပ်တဲ့အဆောင်လဲ။

(၁၅) လွတ်တော်အဆောင်ထက ကြီးကြာရုပ်ဟာ ဘာလုပ်ဖို့လဲ။

(၁၆) ပွဲကြည့်ဆောင်နဲ့ ဇာတ်ရုံဆောင်ထဲကို ဝင်ကြည့်ချင်ရင် တစ်ယောက်အတွက် ဝင်ခဘယ်လောက်

ပေးရသလဲ။

(၁၇) ဇာတ်ရုံကြီးမှာ အထပ်ဘယ်နှစ်ထပ်ရှိပါသလဲ။ အသေးစိတ်ပြောပြပါ။

(၁၈) ပွဲကြည့်ဆောင်မှာ ဘာဖြစ်လို့ စားပွဲထားရသလဲ။ ဘာလုပ်ဖို့လဲ။

(၁၉) မြရေလိုင်ဆိုတဲ့အဆောင်တော်ထဲမှာ ဘယ်သူ့ကို အကျယ်ချုပ်ချုပ်ထားခဲ့ဖူးသလဲ။

(၂၀) ကျူရှိလို့ခေါ်တဲ့ဘုရင်မဟာ ဘာဖြစ်လို့ ကွမ်ရှီလို့ခေါ်တဲ့မင်းကို အကျယ်ချုပ်ချုပ်ထားရသလဲ။

(၂၁) စက်ရိုးကြီးရဲ့အရှည်ဟာ မီတာဘယ်လောက်ရှိသလဲ။

(၂၂) ဂန္ဒကုဋီနဲ့ ဗုဒ္ဓရုပ်ပွားတော်များအဆောင်တော်ဟာ ဘယ်မှာတည်ရှိသလဲ။

(၂၃) ဗုဒ္ဓရုပ်ပွားတော်များအဆောင်တော်မှာ ဘုရားဖူးပြီးတဲ့နောက် ဦးဝင်းမောင်က ဘာများပြောသလဲ။

(၂၄) ကန်တော်ကြီးနားက ကျောက်သမွန်ကို လျှောက်လို့ရသလား။ ဘာလုပ်ဖို့ ဆောက်ထားသလဲ။

၃။ ပေးထားသော အောက်ပါ အချက်အလက်များကို အခြေခံ၍ စကားပြောတစ်ပုဒ် ရေးပါ။

缅甸体育代表团在北京参观访问以后,于9月1日早8时乘中国南方航空公司飞机前往桂林访问。从北京到桂林飞机大约飞行了3个小时,上午11时飞机在桂林机场安全降落。由于是阴天,桂林的地面温度只有25度,缅甸朋友感到很舒服。桂林市外办钟主任到机场迎接。客人下榻桂林宾馆。桂林是一个风景十分优美的地方,素以"桂林山水甲天下"著称于世。桂林的游览景点很多,有漓江、七星公园、民俗风情园、芦笛公园、龙脊梯田、桂海碑林等。由于缅甸体育代表团只在桂林逗留一天,所以桂林外办只安排客人游览漓江。客人们从桂林上船游览漓江。漓江属珠江水系,发源于桂林北面兴安县的猫儿山。流经桂林、阳朔、梧州,汇于西江。全长437公里。客人们游的是从桂林到阳朔的83公里水路,大约需要4个小时。在船上,客人们望着两岸连绵不断的青山感慨万千。桂林风景的特点是,有水必有山,有山必有洞,山不相连,水相连。坐在游船上,放眼观看两岸的奇峰怪石,碧水青山,水中的倒影,天上的白云,犹如人在画中游一般。这一天,缅甸客人非常兴奋,照了很多相,以留作纪念。

သင်ခန်းစာ (၃၂) ပီကင်းတက္ကသိုလ်၌ လည်ပတ်ကြည့်ရှုခြင်း (၁)

က။ ။ ခင်ခင်နဲ့
ခ။ ။ ဦးဝင်းမောင်
ဂ။ ။ ပစ္စတာဝမ်း
ဃ။ ။ ပီကင်းတက္ကသိုလ်ကျောင်းအုပ်ကြီး

(လည်ပတ်ကြည့်ရှုရေးအစီအစဉ်အရ သည်နေ့တွင် မြန်မာကိုယ်စားလှယ်အဖွဲ့သည် ပီကင်းတက္ကသိုလ်ကို သွားရောက်လည်ပတ်ကြည့်ရှုမည်ဖြစ်သည်။ နံနက်(၈)နာရီခွဲလောက်တွင် ဦးဝင်းမောင်တို့သည် မစ္စတာဝမ်း လိုက်ပါလျက်ပီကင်းတက္ကသိုလ်သို့ ရောက်ရှိလာသည်။ ပီကင်းတက္ကသိုလ်ကျောင်းအုပ်ကြီးနှင့်တကွ သက်ဆိုင်ရာ ဌာနတာဝန်ခံတို့က လိုက်လိုက်လဲ့လဲ့ကြိုဆိုကြသည်။ ပီကင်းတက္ကသိုလ်ဝေမင်းကန်နားတွင် ရှိသောလင်ဟူးရွှမ်းခေါ် ညည်ခန်းထဲတွင် မြန်မာနိုင်ငံမှကြွရောက်လာကြသောကိုယ်စားလှယ်အဖွဲ့ခေါင်းဆောင်နှင့်တကွ အဖွဲ့ဝင်အားလုံးတို့ကို ခရီးဦးကြိုပြုပြီး ပြောဆိုဆွေးနွေးကြသည်။)

ဃ။ ။ ကျွန်တော်က ပီကင်းတက္ကသိုလ်ကျောင်းဆရာဆရာမတွေနဲ့၊ ကျောင်းသူကျောင်းသားတွေရဲ့ကိုယ်စားရော၊ ကျွန်တော်တစ်ဦးအနေနဲ့ပါ၊ ကြွရောက်လာကြတဲ့ည့်သည်တော်များကို လိုက်လိုက်လဲ့လဲ့ကြိုဆိုကြောင်း ပထမဦးစွာပြောကြားပါရစေ။ ပီကင်းတက္ကသိုလ်အကြောင်းတွေကို ခုနက အဆွေတော်တို့ကိုပေးထားတဲ့ လက်စွဲစာအုပ်ထဲမှာ အသေးစိတ်ရေးထားတာရှိပါတယ်။ ဒါကြောင့် ဒီနေရာမှာ ကျွန်တော်ထပ်မပြောတော့ပါဘူး။ အဆွေတော်တို့ သိချင်တာလေးတွေရှိရင် မေးစရာလေးတွေရှိရင် မေးသာမေးပါ။ ကျွန်တော် တတ်နိုင်သလောက် ဖြေကြားပါ့မယ်။

ခ။ ။ ကျေးဇူးတင်ပါတယ်။ တရုတ်ပြည်မှာ နာမည်ကျော်ကြားရုံသာမက ကမ္ဘာပေါ်မှာလည်း ဟိုးလေးတကျော် ဖြစ်နေတဲ့ပီကင်းတက္ကသိုလ်ကြီးကို အခုလိုလာရောက်လည်ပတ်ကြည့်ရှုခွင့်ရတဲ့အတွက် ကျွန်တော်နဲ့တကွ အဖွဲ့ဝင်အားလုံးတို့ဟာ အတိုင်းထက်အလွန်ဝမ်းမြောက်ဝမ်းသာဖြစ်မိပါတယ်။ ကျွန်တော်တို့အရင်သိချင်တာကတော့ ပီကင်းတက္ကသိုလ်ရဲ့အကျယ်အဝန်း ဘယ်လောက်ရှိပါသလဲဆိုတာပါပဲ။

ဃ။ ။ ပီကင်းတက္ကသိုလ်ကျောင်းဝင်းရဲ့အကျယ်အဝန်းဟာ ဟတ်တာပေါင်း နှစ်ရာ့ခုနစ်ဆယ့်တစ်ရှိပါတယ်။ အဆောက်အဦရဲ့ရေရိယာကတော့ စုစုပေါင်း စတုရန်းမီတာ တစ်သန်းသုံးသိန်းသုံးသောင်းကျော်ရှိပါတယ်။

ခ။ ။ ပီကင်းတက္ကသိုလ်ကြီးက တယ်ကြီးပါကလား။ အဆောက်အဦကလည်း အများကြီးပဲနော်။ ဒါဖြင့်ရင် ပီကင်း တက္ကသိုလ်အောက်မှာ ကောလိပ်တွေရှိပါသလား။

ဃ။ ရှိပါတယ်။ သနိပ္ပညာကောလိပ်ရယ်၊ ဓာတုဗေဒကောလိပ်ရယ်၊ ဇီဝသိပ္ပံပညာကောလိပ်ရယ်၊ နိုင်ငံတကာဆက်ဆံရေး ကောလိပ်ရယ်၊ စီးပွားရေးကောလိပ်ရယ်၊ စက်မှုလုပ်ငန်းနှင့် ကုန်သွယ်ရေးလုပ်ငန်းအုပ်ချုပ်ရေးကောလိပ်ရယ်၊ ဥပဒေကောလိပ်ရယ်၊ နိုင်ငံခြားဘာသာစကားကောလိပ်ရယ်၊ ဆေးကောလိပ်ရယ်၊ မာ့က်စ်ဝါဒကောလိပ်ရယ်၊ လူကြီးပညာပေးကောလိပ်ရယ် စသဖြင့်စုစုပေါင်း ၁၄ ခုရှိပါတယ်။

ခ။ ဒါဖြင့်၊ ပီကင်းတက္ကသိုလ်မှာ မဟာဌာနပေါင်း ဘယ်လောက်ရှိပါသလဲ။ သိပါရစေ။

ဃ။ ပီကင်းတက္ကသိုလ်မှာ မဟာဌာနပေါင်း ၂၆ ခု ခွဲခြားထားပါတယ်။ ပီကင်းတက္ကသိုလ်ဟာ ဝိဇ္ဇာနဲ့သိပ္ပံတက္ကသိုလ်တစ်ခု ဖြစ်ပါတယ်။ ဝိဇ္ဇာပညာဆိုင်ရာမဟာဌာနတွေထဲမှာတရုတ်စာရယ်၊ သမိုင်းရယ်၊ ဘောဂဗေဒရယ်၊ ဖီလော်ဆော်ဖီ(ဒဿနိက)ရယ်၊ ဆိုရှယ်လော်ဂျီ(လူမှုရေးပညာ)ရယ်၊ ဆိုက်ကိုလိုဂျီ(စိတ်ပညာ)ရယ်၊ အင်္ဂလိပ်ဘာသာရယ်၊ ပြင်သစ်ဘာသာရယ်၊ ဂျာမနီဘာသာရယ်၊ စပိန်ဘာသာရယ်၊ အာရပ်ဘာသာရယ်၊ ရုရှားဘာသာရယ်၊ အရှေ့တိုင်းဘာသာရယ်စသဖြင့်မဟာဌာနပေါင်း ၁၃ ခုရှိပါတယ်။

ခ။ သိပ္ပံပညာဆိုင်ရာ မဟာဌာနတွေကော၊ ဘယ်လောက်ရှိပါသလဲ။ မိတ်ဆက်ပေးစမ်းပါ။

ဃ။ သိပ္ပံပညာဆိုင်ရာမဟာဌာနတွေဆိုရင် ဓာတုဗေဒရယ်၊ ရူပဗေဒရယ်၊ ပါဏဗေဒရယ်၊ သနိပ္ပဗေဒရယ်၊ မက်ဂင်းနစ်ဗေဒရယ်၊ ပထဝီဗေဒရယ်၊ ဘူမိဗေဒရယ်၊ ရေဒီယိုအီလက်ထရွန်နစ်ပညာရယ်၊ အနုမြူအတတ် ပညာဆိုင်ရာရူပဗေဒရယ်၊ ကွန်ပျူတာပညာရယ် စသဖြင့်မဟာဌာနပေါင်း ၁၄ ခုရှိပါတယ်။

ခ။ ပီကင်းတက္ကသိုလ်မှာ ဆရာဆရာမများသလား။

ဃ။ များပါတယ်။ သင်ကြားရေး အထောက်အကူပြုအမှုထမ်း အပါအဝင်စုစုပေါင်း တစ်သောင်းခုနှစ်ထောင်ကျော်ရှိပါတယ်။ ဆရာနဲ့ဆရာမကတော့ ငါးထောင်ငါးရာကျော်ရှိပါတယ်။ ဒီထဲမှာ ပါမောက္ခဆိုရင်တစ်ထောင်ငါးရာကျော်ရှိပါတယ်။ ကျန်တာတွေကတော့တွဲဖက်ပါမောက္ခ၊ ကထိကနဲ့ နည်းပြဆရာတွေပါပဲ။ ဆရာဆရာမအပြင် ကျန်တာတွေ အားလုံးဟာ အမှုထမ်းတွေဖြစ်ပါတယ်။

ခ။ ပီကင်းတက္ကသိုလ်မှာ ကျောင်းသူကျောင်းသားတွေစုစုပေါင်း ဘယ်လောက်ရှိပါသလဲ။

ဃ။ ကျောင်းသူကျောင်းသားတွေ စုစုပေါင်း သုံးသောင်းခုနှစ်ထောင်ကျော်ရှိပါတယ်။ ဒီထဲမှာ ရိုးရိုးကျောင်းသားက တစ်သောင်းသုံးထောင်ကျော်ရှိပါတယ်။ ဒေါက်တာဘွဲ့ယူကျောင်းသားနဲ့ ဘွဲ့လွန်ကျောင်းသားတွေက ကိုးထောင်ကျော်ရှိပါတယ်။ စာပေးစာယူသင်တန်းသားတွေက ခုနှစ်ထောင်ကျော် ရှိပါတယ်။ ညကျောင်းသားတွေက ငါးထောင်ကျော်ရှိပါတယ်။ နိုင်ငံခြားကလာတဲ့ပညာတော်သင်တွေက တစ်ထောင်ငါးရာကျော်လောက်ရှိပါတယ်။ နိုင်ငံပေါင်း ခုနစ်ဆယ့်ငါး နိုင်ငံက လာကြတာပါ။

ခ။ ကျောင်းသားတွေကလည်း အတော့်ကိုများတာပဲ။ ဒါထက်၊ ရိုးရိုးကျောင်းသူကျောင်းသားတွေက သူဌာနနဲ့သူ မယူမနေရဘာသာအပြင် တခြားဘာဘာသာသင်ယူနိုင်သေးသလဲ။

ဃ။ ကျောင်းသားတစ်ယောက်အနေနဲ့ မယူမနေရဘာသာအပြင် စိတ်ကြိုက်ဘာသာရပ်တွေကိုလည်း ရွေးယူ နိုင်ပါသေးတယ်။ ဥပမာဆိုလို့ရှိရင် တရုတ်စာဌာနကကျောင်းသားဟာ တရုတ်ရေးဟောင်းကျောက်စာ၊ စာပေသမိုင်း စတဲ့ဘာသာကို မယူမနေရဘာသာအဖြစ် သင်ရပါတယ်။ ဒီ့ပြင် အင်္ဂလိပ်စာ၊ ဥရောပစာပေသမိုင်း၊ အာရှသမိုင်း စတဲ့ဘာသာကို စိတ်ကြိုက်ဘာသာအဖြစ် ရွေးယူနိုင်ပါတယ်။

ခ။ ပီကင်းတက္ကသိုလ်ဝင်ဖို့အတွက် တန်းမြင့်ကျောင်းအောင် ကျောင်းသူကျောင်းသားတွေက ဒီကိုလာပြီး စာမေးပွဲဖြေရသလား။

ဃ။ ။ ဟင့်အင်း၊ ဒီကိုလာပြီးဖြေဖို့ မလိုပါဘူး။ နှစ်စဉ်ဇူလိုင်လဆန်းမှာ ပြည်လုံးကျွတ် တက္ကသိုလ်ဝင်စာမေးပွဲ တစ်ပြိုင်ထဲကျင်းပလေ့ရှိပါတယ်။ တန်းမြင့်ကျောင်းအောင် ကျောင်းသူကျောင်းသားတွေဟာ သူဇာတိမှာပဲ စုစည်းပြီး တက္ကသိုလ်ဝင်စာမေးပွဲဖြေရမယ်။ စာမေးပွဲအောင်မှပီကင်းတက္ကသိုလ်ကို ဝင်ခွင့်ရနိုင်တယ်။

ခ။ ။ ပီကင်းတက္ကသိုလ်ဝင်ဖို့အတွက် စာမေးပွဲအောင်မှတ်ဟာ တခြားတက္ကသိုလ်ထက် ပိုမြင့်တယ်ဆို။

ဃ။ ။ မှန်ပါတယ်။ တက္ကသိုလ်ဝင်ဖို့စာမေးပွဲမှာ အကောင်းဆုံးအောင်မှတ်ရမှ ပီကင်းတက္ကသိုလ်ကို ဝင်ခွင့်ရ ရှိနိုင်ပါတယ်။ တစ်နည်းပြောရရင် ပီကင်းတက္ကသိုလ်ရဲ့ကျောင်းသူကျောင်းသားတွေဟာ တရုတ်ပြည်မှာ အကောင်းဆုံးအထူးချွန်ဆုံး တက္ကသိုလ်ကျောင်းသူကျောင်းသားတွေဖြစ်ကြတယ်။

ခ။ ။ ကြားရရုန်နဲ့ ကျွန်တော်တောင် ပီကင်းတက္ကသိုလ်ကျောင်းသားတစ်ယောက်ဖြစ်ချင်တဲ့စိတ်တွေ တဖွားဖွား ပေါ်လာပါတယ်။ ဒါထက်၊ ပီကင်းတက္ကသိုလ်မှာ ဘွဲ့ပေးတဲ့စနစ်ရှိသလား။

ဃ။ ။ ရှိပါတယ်။ ဝိဇ္ဇာ(ဘီအေ၊ဘီအက်စီ)ဘွဲ့၊ မဟာဝိဇ္ဇာ(အမ်အေ)ဘွဲ့နဲ့ ဒေါက်တာဘွဲ့ပေးတဲ့စနစ်ရှိပါတယ်။

ခ။ ။ ဒါဖြင့်၊ ကျောင်းသူကျောင်းသားတွေ ဘယ်လိုဘွဲ့ယူရသလဲ။

ဃ။ ။ ဘီအေဘွဲ့၊ နို့မဟုတ် အမ်အေဘွဲ့ယူဖို့ ကျမ်းပြုရပါတယ်။ ပြီးမှ ဆရာများအဖွဲ့က ဒီကျောင်းသားရဲ့ကျမ်းနဲ့ ပတ်သက်ပြီး ဆွေးနွေးတိုင်ပင်အတည်ပြုပြီးမှ ဘွဲ့ချီးမြှင့်ပေးနိုင်တယ်။

ခ။ ။ ဒေါက်တာဘွဲ့ကိုကော။ ဘယ်လိုများ ပေးသလဲ။

ဃ။ ။ ဒေါက်တာဘွဲ့ယူဖို့အတွက် ပြုစုရေးသားထားတဲ့ကျမ်းကို သက်ဆိုင်ရာပါရဂူ ပါမောက္ခတွေ အကယ်ဒမစ်အဖွဲ့ပြီး နာမည်မဖော်ဘဲ မဲပေးတဲ့စနစ်နဲ့အတည်ပြုရမယ်။ ထောက်ခံမဲ ရာခိုင်နှုန်းငါးဆယ်ရရှိတဲ့လူကို ဒေါက်တာဘွဲ့ချီးမြှင့်နိုင်ပါတယ်။

ဂ။ ။ ကဲ-ဒီနေ့၊ ဆွေးနွေးတာ တော်တော်ကောင်းပါတယ်။ အချိန်ကုန်မှန်းမသိ ကုန်သွားလိုက်တာ ၁၂ နာရီတောင် ထိုးပါတော့မယ်။ မနက်ပိုင်းဆွေးနွေးပွဲကို ဒီမှာပဲ အဆုံးသတ်ပါရစေ။ ဆွေးနွေးလို့မပြီးတာတွေကို ညနေပိုင်းကျရင် ဆက်လက်ဆွေးနွေးကြရအောင်။ မကောင်းဘူးလား။

ခ။ ။ ကောင်းပါယ်။

ဝေါဟာရ

ကျောင်းအုပ်ကြီး(န) 校长	လက်စွဲစာအုပ်(န) 手册, 袖珍本
အသေးစိတ်(ကဝ) 详细, 具体	ဟိုးလေးတကျော်(ကဝ) 赫赫有名
အတိုင်းထက်အလွန်(ကဝ) 锦上添花	ကောလိပ်(န/ လိပ် college) 学院
သချ်ာသိပ္ပံပညာကောလိပ်(န) 数学科学学院	ဓာတုဗေဒကောလိပ်(န) 化学学院
ဇီဝသိပ္ပံပညာကောလိပ်(န) 生命科学学院	နိုင်ငံတကာဆက်ဆံရေးကောလိပ်(န) 国际关系学院
စီးပွားရေးကောလိပ်(န) 经济学院	စက်မှုလုပ်ငန်းနှင့်ကုန်သွယ်ရေးလုပ်ငန်းအုပ်ချုပ်ရေးကောလိပ်(န) 工商管理学院
ဥပဒေကောလိပ်(န) 法学院	
နိုင်ငံခြားဘာသာစကားကောလိပ်(န) 外国语学院	ဆေးကောလိပ်(န) 医学院
မာ့က်စ်လီနင်ဝါဒကောလိပ်(န) 马列主义学院	လူကြီးပညာပေးကောလိပ်(န) 成人教育学院
ဝိဇ္ဇာပညာ(န) 文科	ဝိဇ္ဇာနဲ့သိပ္ပံတက္ကသိုလ်(န) 综合性大学

ဘောဂဗေဒ(န) 经济学	ဖီလော်ဆော်ဖီ(န/လိပ် philosophy) 哲学
ဒဿနိက(န) 哲学	ဆိုရှယ်လော်ဂျီ(န/လိပ် sociology) 社会学
လူမှုရေးပညာ(န) 社会学	ဆိုက်ကိုလိုဂျီ(န/လိပ် psychology) 心理学
စိတ်ပညာ(န) 心理学	အင်္ဂလိပ်(န/လိပ် English) 英国
ပြင်သစ်(န) 法国	ဂျာမနီ(န) 德国
စပိန်(န) 西班牙	အာရပ်(န) 阿拉伯
ရုရှား(န) 俄罗斯	သိပ္ပံပညာ(န) 科学, 理科
ဓာတုဗေဒ(န) 化学	ပါဏဗေဒ(န) 生物学
ရူပဗေဒ(န) 物理学	သင်္ချာဗေဒ(န) 数学
မက်ဂင်းနစ်ဗေဒ(န) 力学	ဘူမိဗေဒ(န) 地质学
ပထဝီဗေဒ(န) 地理学	ဘူမိရူပဗေဒ(န) 地球物理学
အနုမြူအတတ်ပညာ(န) 核技术	ရေဒီယိုအီလက်ထရွန်နစ်ပညာ(န/လိပ် radio electron) 无线电电子学
ကွန်ပျူတာပညာ(န/လိပ် computer) 计算机技术	
အကယ်ဒမစ်အဖွဲ့(န/လိပ် academics) 学术委员会	ရိုးရိုးကျောင်းသား(န) 本科生
ဒေါက်တာဘွဲ့ယူကျောင်းသား(န) 博士生	ဘွဲ့လွန်ကျောင်းသား(န) 硕士生
စာပေးစာယူသင်တန်း(န) 函授班	ညကျောင်းသား(န) 夜校生
မယူမနေရဘာသာ(န) 必修课	စိတ်ကြိုက်ဘာသာ(န) 选修课
ရေးဟောင်းကျောက်စာ(န) 古文	စာပေသမိုင်း(န) 文学史
ပြည်လုံးကျွတ်(နဝ) 全国性的	အောင်မှတ်(န) 及格分数
ထူးချွန်(က) 杰出, 优异	မဟာဝိဇ္ဇာဘွဲ့(န) 硕士学位
ဝိဇ္ဇာဘွဲ့(န) 文科学士学位	ကျမ်းပြု(က) 写论文
ဒေါက်တာဘွဲ့(န) 博士学位	နိုင်ငံတော်ကောင်စီ(န) 国务院
အတည်ပြု(က) 通过, 批准, 规定	
အလီအမှတ်ပြု(က) 承认	

လေ့ကျင့်ခန်း

၁။ ။ ကွင်းထဲက ဝေါဟာရများကို ပေးထားသောဝေါဟာရများဖြင့် အစားထိုးလေ့ကျင့်ပါ။

(၁) ကျွန်တော်တတ်နိုင်သလောက် (ဖြေကြား) ပါမယ်။

လုပ်ပေး

ရှင်းပြ

ဝယ်လာ

အကူအညီပေး

(၂) ကျွန်တော် (အရင်သိ) ချင်တာကတော့ ပီကင်းတက္ကသိုလ်ရဲ့အကျယ်အဝန်းဘယ်လောက်ရှိပါသလဲ ဆိုတာပါဘဲ။

　　　　　　　ပြော　　　　　　　　လူတိုင်းကျောင်းစည်းကမ်းကိုလိုက်နာရမယ်
　　　　　　　ပထမဦးဆုံးလုပ်　　　　အဖေအမေတို့ကိုကန်တော့ရမယ်
　　　　　　　ရှင်းပြ　　　　　　　ဒါကျွန်တော့်အမှားမဟုတ်ဘူး
　　　　　　　မေး　　　　　　　　ဘာကြောင့်ကျွန်တော့်ကိုခွင့်မပြုသလဲ

　　(၃) (ကြား/ရ)ရုံနဲ့. (ကျွန်တော်တောင်ပီကင်းတက္ကသိုလ်ကျောင်းသားတစ်ယောက်ဖြစ်) ချင်တဲ့စိတ်တွေ
　　　　တဖွားဖွား ပေါ်လာပါတယ်။
　　　　　　　တွေ့ရ　　　　　　　သူနဲ့မိတ်ဖွဲ့
　　　　　　　သိရ　　　　　　　　ကျေးဇူးတင်
　　　　　　　ပန်းချီကားမြင်ရ　　　အဲဒီနေရာကိုသွားလည်
　　　　　　　တူရိယာသံကြားရ　　　ထက

၂။ ။ အောက်ပါ မေးခွန်းများကို နှုတ်ဖြင့်ဖြေပါ။

　　(၁) လည်ပတ်ကြည့်ရှုရေးအစီအစဉ်အရ ဒီနေ့. ဦးဝင်းမောင်တို့ဘယ် ဌာနကိုသွားပြီး လေ့လာရသလဲ။
　　(၂) ဦးဝင်းမောင်တို့ ဘယ်အချိန်မှာ ပီကင်းတက္ကသိုလ်ကို ရောက်ရှိသလဲ။
　　(၃) ပီကင်းတက္ကသိုလ်က ဘယ်ပုဂ္ဂိုလ်တွေက ဦးဝင်းမောင်တို့ကို လိုက်လိုက်လဲလဲကြိုဆိုကြသလဲ။
　　(၄) ပီကင်းတက္ကသိုလ်ကျောင်းအုပ်ကြီးနဲ့ဦးဝင်းမောင်တို့ဟာ ဘယ်နေရာမှာဆွေးနွေးကြသလဲ။
　　(၅) ပီကင်းတက္ကသိုလ်ကျောင်းအုပ်ကြီးက　ဘယ်သူကို　ကိုယ်စားပြုပြီး ဦးဝင်းမောင်နဲ့တကွ
　　　　မြန်မာနိုင်ငံကိုယ်စားလှယ်အဖွဲ့ဝင်အားလုံးတို့ကို လိုကလိုက်လဲလဲကြိုဆိုသလဲ။
　　(၆) ပီကင်းတက္ကသိုလ်အကြောင်းတွေကို ဘယ်စာအုပ်ထဲမှာ အသေးစိတ်ရေးထားသလဲ။
　　(၇) ဦးဝင်းမောင်တို့ဟာ ဘာကြောင့် အတိုင်းထက်အလွန် ဝမ်းမြောက်ဝမ်းသာဖြစ်မိသလဲ။
　　(၈) ဦးဝင်းမောင် ပထမဦးဆုံးသိချင်တာဟာ ဘာလဲ။
　　(၉) ပီကင်းတက္ကသိုလ်ကျောင်းဝင်းရဲအကျယ်အဝန်းဟာ ဟတ်တာဘယ်လောက်ရှိသလဲ။
　　(၁၀) ပီကင်းတက္ကသိုလ်ကျောင်းဝင်းထက အဆောက်အအုံတွေရဲ့ရေယာဟာ ဘယ်လောက်ရှိသလဲ။
　　(၁၁) ပီကင်းတက္ကသိုလ်အောက်မှာ ကောလိပ်ဘယ်လောက် ရှိသလဲ။ အသေးစိတ်ပြောပြပါ။
　　(၁၂) ပီကင်းတက္ကသိုလ်မှာ မဟာဌာနပေါင်း ဘယ်လောက်ရှိသလဲ။ အသေးစိတ်ပြောပြပါ။
　　(၁၃) ပီကင်းတက္ကသိုလ်မှာရှိတဲ့. သိပ္ပံပညာဆိုင်ရာမဟာဌာနတွေ ဘယ်လောက်ရှိသလဲ။
　　(၁၄) ပီကင်းတက္ကသိုလ်ဆရာဆရာမတွေ စုစုပေါင်းဘယ်လောက် ရှိသလဲ။ အဲဒီထဲက ပါမောက္ခဘယ်လောက်ရှိသလဲ။
　　　　တွဲဖက်ပါမောက္ခ ဘယ်လောက်ရှိသလဲ။ အသေးစိတ်ပြောပြပါ။
　　(၁၅) ပီကင်းတက္ကသိုလ်မှာ ဆရာဆရာမအပြင် သင်ကြားရေးအထောက်အကူပြု အမှုထမ်းဘယ်လောက်ရှိသလဲ။
　　　　သိပါရစေ။
　　(၁၆) ပီကင်းတက္ကသိုလ်မှာ ကျောင်းသူကျောင်းသားတွေ စုစုပေါင်း ဘယ်လောက်ရှိသလဲ။
　　(၁၇) ပီကင်းတက္ကသိုလ်မှာ ရိုးရိုးကျောင်းသား ဘယ်လောက်ရှိသလဲ။
　　(၁၈) ဒေါက်တာဘွဲ့ယူကျောင်းသားနဲ့. ဘွဲ့လွန်ကျောင်းသားကော ဘယ်လောက်ရှိသလဲ။

(၁၉) စာပေးစာယူသင်တန်းသား၊ ညကျောင်းသားနဲ့နိုင်ငံခြားပညာတော်သင်ကော၊ ဘယ်လောက်ရှိသလဲ။ အသီးသီးပြောပြပါ။

(၂၀) ရိုးရိုးကျောင်းသားတစ်ယောက်အနေနဲ့ မယူမနေရဘာသာအပြင် စိတ်ကြိုက်ဘာသာကိုလည်း ရွေးယူနိုင်သလား။ ဥပမာနဲ့ရှင်းပြပါ။

(၂၁) တန်းမြင့်ကျောင်းသူကျောင်းသားတွေဟာ ပီကင်းတက္ကသိုလ်ကို ဝင်ချင်ရင် ဘယ်နေရာမှာ စာမေးပွဲဖြေရမှာလဲ။

(၂၂) ပီကင်းတက္ကသိုလ်က ကျောင်းသူကျောင်းသားတွေဟာ တရုတ်ပြည်မှာ အကောင်းဆုံး တက္ကသိုလ် ကျောင်းသူကျောင်းသားတွေ ဖြစ်တယ်လို့ ဘာကြောင့် အများက ဝန်ခံပြောဆိုကြသလဲ။

(၂၃) ဦးဝင်းမောင်က ကျောင်းအုပ်ကြီးပြောတာကိုကြားရတော့ ပီကင်းတက္ကသိုလ်ကျောင်းသား တစ်ယောက် ဖြစ်ချင်တဲ့စိတ်တွေ ဘာကြောင့် တဖွားဖွားပေါ်လာသလဲ။

(၂၄) ပီကင်းတက္ကသိုလ်မှာ ဘာဘွဲ့တွေများ ချီးမြှင့်ပေးသလဲ။

(၂၅) ဂီအေဘွဲ့၊ မဟာဝိဇ္ဇာဘွဲ့၊ ဒေါက်တာဘွဲ့ကို ဘယ်လိုလုပ်ပြီး အတည်ပြုချီးမြှင့်ပေးသလဲ။

၃။ ။ ပေးထားသော အောက်ပါ အချက်အလက်များကို အခြေခံ၍ စကားပြောတစ်ပုဒ် ရေးပါ။

　　缅甸体育代表团在北京访问期间，前往北京体育大学参观访问。在北京体育大学，代表团受到体育大学校长及教职员工和学生的热烈欢迎。体育大学校长在校长办公楼接待室与缅甸体育代表团举行了会谈。会谈在亲切友好的气氛中进行。体育大学校长首先代表体育大学全体师生对缅甸体育代表团的来访表示热烈的欢迎。接着，校长向客人介绍了体育大学的教学和科研的情况。中午，代表团在体育大学进餐。下午观摩教学并观看学生体育表演。

သင်ခန်းစာ(၃၃)   ပီကင်းတက္ကသိုလ်၌ လည်ပတ်ကြည့်ရှုခြင်း(၂)

က။ ။ ခင်ခင်နို့
ခ။ ။ ဦးဝင်းမောင်
ဂ။ ။ မစ္စတာဝမ်း
ဃ။ ။ ပီကင်းတက္ကသိုလ်ကျောင်းအုပ်ကြီး
င။ ။ အရှေ့တိုင်းဘာသာစကားမဟာဌာနဌာနမှူး

(နေ့လယ်စာစားအပြီးတွင် မြန်မာနိုင်ငံ ည်သည်တော်များသည် ကျောင်းအုပ်ကြီးနှင့် မစ္စတာဝမ်းတို့လိုက်ပါလျက် ပီကင်းတက္ကသိုလ်ကျောင်းဝင်းကို လည်ပတ်ကြည့်ရှုကြသည်။ သူတို့သည် ပထမဦးစွာ နိုင်ငံခြားကောလိပ်ရုံးဆောင်ဖြစ်သောနိုင်ငံခြားဘာသာစကားအဆောင်သို့သွား၍ ကြည့်ရှုလေ့လာကြသည်။ နိုင်ငံခြားဘာသာစကား အဆောင်ရှေ့သို့ ရောက်လာသောအခါ အရှေ့တိုင်းဘာသာစကားမဟာဌာနဌာနမှူးက ဆီးကြိုနေသည်ကိုတွေ့ရသည်။ ဤအခါတွင်.....)

က။ ။ ဆရာကြီး၊ ဒါကနိုင်ငံခြားဘာသာစကားအဆောင် ဖြစ်ပါတယ်။ ဒီက အရှေ့တိုင်းဘာသာစကားမဟာဌာနဌာနမှူးပါ။

ခ။ ။ တွေ့ရတာ ဝမ်းသာပါတယ်။

င။ ။ ကျွန်တော်လည်း ဝမ်းသာပါတယ်။ နိုင်ငံခြားဘာသာစကားအဆောင်ဟာ နိုင်ငံခြားဘာသာကောလိပ်ရုံးစိုက်ရာ ဖြစ်ပါတယ်။ ဒီအဆောင်ထဲမှာ အရှေ့တိုင်းဘာသာစကားမဟာဌာန၊ ဂျပန်ဘာသာစကားမဟာဌာန၊ အာရပ်ဘာသာစကားမဟာဌာနရုံးခန်းတွေရှိပါတယ်။

ခ။ ။ ဒါထက်၊ မေးပါရစေ၊ အရှေ့တိုင်းဘာသာစကားဌာနမှာ ဘာဘာသာတွေ ရှိပါသလဲ။

င။ ။ ကျွန်တော်တို့ဌာနမှာ ဘာသာရပ်စုစုပေါင်း (၁၃)ခု ရှိပါတယ်။ မွန်ဂိုလီးယားဘာသာရပ်ရယ်၊ ကိုးရီးယားဘာသာရပ်ရယ်၊ ဖိလစ်ပိုင်ဘာသာရပ်ရယ်၊ ဗီယက်နမ်ဘာသာရပ်ရယ်၊ ထိုင်းဘာသာရပ်ရယ်၊ မြန်မာဘာသာရပ်ရယ်၊ အိန္ဒိယဘာသာရပ်ရယ်၊ အစ္စရေးဘာသာရပ်ရယ် စသဖြင့်ရှိပါတယ်။

ခ။ ။ ဒါဖြစ်ရင် အရှေ့တိုင်းဘာသာစကားဌာနမှာ စာကြည့်တိုက် ရှိပါသလား။

င။ ။ ရှိပါတယ်။ ခုသွားကြည့်ကြရအောင်။

ခ။ ။ စာကြည့်တိုက်ထဲမှာ မြန်မာစာအုပ်တွေရှိပါသလား။

င။ ။ ရှိပါတယ်။ အများကြီးပါပဲ။ စာကြည့်တိုက်ထဲကြွပါခင်ဗျာ။

ခ။ ။ ဟုတ်ကဲ့။

ဂ။ ဒါတွေကတော့ မြန်မာစာအုပ်တွေပါ။ ဒီစာအုပ်စင်ပေါ်မှာမြန်မာဝတ္ထုတွေနဲ့ကဗျာစာအုပ်တွေ ရှိပါတယ်။ ဟိုစာအုပ်စင်ပေါ်ကမြန်မာဖတ်စာတွေ ဖြစ်ပါတယ်။ ဟိုဘက်စာအုပ်စင်ပေါ်မှာတော့ မြန်မာသမိုင်းစာအုပ်တွေ ရှိပါတယ်။ အစွန်ဆုံးစာအုပ်စင်ပေါ်ကမြန်နိုင်ငံရေးစာအုပ်တွေ ဖြစ်ပါတယ်။

ခ။ မြန်မာစာအုပ်တွေက တယ်များပါကလား။ ကျွန်တော်တို့ရန်ကုန်နိုင်ငံခြားဘာသာတက္ကသိုလ်မှာတောင် မြန်မာစာအုပ်တွေ ဒီလောက်မရှိဘူး။

ဂ။ ဟုတ်တယ်။ များတော့များပါတယ်။ ဒါပေမဲ့၊ ပြီးခဲ့တဲ့သုံးလေးနှစ်ထဲမှာ မြန်မာနိုင်ငံစာပေထုတ်ဝေရေးဌာနက ပုံနှိပ်ထုတ်လုပ်ခဲ့တဲ့စာအုပ်တွေတော့ မရှိသလောက်ပါပဲ။ ကျွန်တော်တို့စိတ်ကူးထားတာကတော့ဖြစ်နိုင်မယ်ဆိုရင် ကျွန်တော်တို့ပီကင်းတက္ကသိုလ်နဲ့ရန်ကုန်နိုင်ငံခြားဘာသာတက္ကသိုလ်နဲ့ တစ်ကျောင်းနဲ့တစ်ကျောင်း အချင်းချင်း စာအုပ်လဲလှယ်ချင်ပါတယ်။ ဆရာကြီးကလည်း မြန်မာနိုင်ငံ သက်ဆိုင်ရာဌာနက နှိုးဆော်ပေးစေချင်ပါတယ်။

ခ။ ရပါတယ်။ ကျွန်တော် မြန်မာနိုင်ငံကို ပြန်ရောက်တာနဲ့တစ်ပြိုင်နက်ချက်ချင်းပဲ သက်ဆိုင်ရာဌာနကို တင်ပြမယ်။ မဖြစ်ဖြစ်အောင် ကြိုးစားပေးမယ်။ စိတ်ချပါ။

က။ ဆရာကြီး၊ ဒီအဆောင်ကို ကျွန်မတို့ကြည့်ပြီးပါပြီ။ အပြင်ထွက်ကြရအောင်မကောင်းဘူးလား။

ခ။ ဒါဆို ကျွန်တော်တို့ အခုအပြင်ထွက်လိုက်ပါဦးမယ်။ ဌာနမှူး၊ ခုလိုစိတ်ရှည်လက်ရှည်ရှင်းပြပေးတာကို အများကြီးကျေးဇူးတင်ပါတယ်။

ဂ။ ဟုတ်ကဲ့။ နောင်လည်းလာပါဦး။

ခ။ ကောင်းပါတယ်။ ဒါထက်၊ ဟိုဉစ္စာက ဘာလဲ။ ကျောက်တိုင်လား။

ဃ။ ဟုတ်ကဲ့။ အဲဒီဉစ္စာက တာပျော်ခေါ် ဂုဏ်ကျက်သရေကျောက်တိုင်ဖြစ်ပါတယ်။ ချင်းမင်းဆက်တုန်းက နယ်ချဲ့နိုင်ငံ ၈ နိုင်ငံက တရုတ်ပြည်ကိုကျူးကျော်ပြီး ပီကင်းမြို့မှာရှိတဲ့၊ ယွမ်မင်းယွမ် ခေါ် နန်းတော်ကြီးကို မီးရှို့ပြီး တဲ့နောက်၊ ယွမ်မင်းယွမ်ကနေ ဒီကို ရွှေ့လာတာပါ။

ခ။ ဟုတ်လား။ အင်္ဂလိပ်အမှူးပြုတဲ့နယ်ချဲ့သမားတွေက ကျွန်တော်တို့မြန်မာနိုင်ငံကိုလည်း အနှစ်တစ်ရာကျော် ကျူးကျော်အုပ်စိုးခဲ့ပါတယ်။ မြန်မာနိုင်ငံရဲ့အဖိုးတန်ပစ္စည်းတွေကို လုယူရုံသာမက ပြည်သူပြည်သား တွေကိုလည်း အများကြီး ဒုက္ခပင်လယ်ထဲ ကျရောက်စေခဲ့ပါတယ်။

ဃ။ ဟုတ်တယ်။ ကျွန်တော်တို့နှစ်နိုင်ငံဟာ ဘဝတူနိုင်ငံတွေဖြစ်ပါတယ်။ နှစ်နိုင်ငံပြည်သူပြည်သားတွေကလည်း အေးအတူပူအမျှတွေပါ။ အမေရိကန်၊ အင်္ဂလိပ်စတဲ့နယ်ချဲ့သမားတွေ နောက်ထပ်လာမကျူးကျော်ရဲအောင် ကိုယ့်နိုင်ငံကို အင်အားတောင့်တင်းလာအောင်ထူထောင်တဲ့နေရာမှာ ကျွန်တော်တို့နှစ်နိုင်ငံ အမြဲ လက်တွဲထားရမှာ ဖြစ်ပါတယ်။ က–ဟိုဘက် သွားကြည့်ကြရအောင်။

ခ။ ဒီအဆောင်က ဘာအဆောင်လဲ။

ဃ။ အဲဒါက ကျွန်တော်ရဲ့ရုံးဆောင်ပါ။

ခ။ ဩော်။ ဟိုဘက်အဆောင်တွေကော။

ဃ။ ဟိုဘက်အဆောင်တွေက ကျောင်းစီမံအုပ်ချုပ်ရေးဌာနတွေရဲ့အဆောင်တွေ ဖြစ်ပါတယ်။ နောက်ပြီး ဘွဲ့လွန်ကျောင်းသားကောလိပ်ရုံးလည်း ရှိတယ်။ ကွန်ပျူတာတွက်ချက်ရေးဗဟိုဌာနလည်း ရှိတယ်။ လူကြီး ပညာပေးရေးကောလိပ်လည်း ရှိပါတယ်။

ခ။ ဒီကန်တော်ကြီးက တော်တော်ရှုခင်းလှတယ်နော်။

ဃ။ ။ ဟုတ်တယ်။ သိပ်လှတယ်။ ပီကင်းတက္ကသိုလ်ရဲ့ကျက်သရေလို့ ခေါ်နိုင်ပါတယ်။ နွေရာသီမှာ ကန်ပေါ်လေပြေကလေး ဆော့တဲ့အခါမှာ ကန်ဘောင်ပေါ်မှာ ရှိုင်းအောင်ပွင့်နေတဲ့ပန်းတွေရေ၊ အညွှန့်ကလေးထွက်လာတဲ့ မိုးမခပင်တွေရေ၊ ရေမျက်နှာပြင်မှာ ပြောင်းပြန်ပုံရိပ်တွေထင်နေတာပဲ။ ဆောင်းရာသီမှာတော့ ကျောင်းသူကျောင်းသားတွေဟာ ရေခဲနေတဲ့ကန်ပေါ်မှာ တပျော်တပါး စကိတ်စီးကြပါတယ်။ မနက်စောစောမှာ ကျောင်းသူကျောင်းသားတွေဟာ ဒီကန်ဘောင်ပေါ်မှာ နိုင်ငံခြားစာတွေကိုအော်ကျယ်အော်ကျယ်ဖတ်ကြတယ်။ ညနေဆည်းဆာမှာ စုံတွဲတွေလာပြီး လမ်းလျှောက်ကြတယ်။ ဒါကြောင့် ဒီကန်တော်ကြီးဟာ ပီကင်းတက္ကသိုလ်ရဲ့ အလှစုဝေးရာဖြစ်ပါတယ်။ ကျောင်းသူကျောင်းသားတွေစုဝေးရာဖြစ်တယ်လို့ ဆိုနိုင်ပါတယ်။

ခ။ ။ ဒါဖြင့်ရင် ဒီကန်တော်ကြီးရဲ့နာမည် ဘယ်လိုခေါ်တုန်း။

ဃ။ ။ ဝေမင်းကန်တော်ကြီးလို့ ခေါ်ပါတယ်။

ခ။ ။ ဝေမင်းကန်ဆိုတာ ဘာအဓိပ္ပာယ်လဲ။

ဃ။ ။ ဝေမင်းကန်ဆိုတာဟာ နာမည်မဲ့ကန်။ ဒါမှမဟုတ် နာမည်မရှိကန်ဆိုတဲ့အဓိပ္ပာယ် ရပါတယ်။

ခ။ ။ ကန်လှသလိုနာမည်လေးကလည်း တော်တော်လှတာပဲ။ သိပ် ကဗျာဆန်တယ်။ ဒါထက်၊ကန်ထဲမှာ ဟိုဥစွာက ကျွန်းလေးလား။

ဃ။ ။ ဟုတ်တယ်။ ကျွန်းလေးတစ်ခုပါ။ ကျွန်တော်တို့ ကျွန်းလေးပေါ်တက်ပြီး တစ်ပတ်ပတ်ရအောင်။

ခ။ ။ ဒီဥစွာက ဘာလဲ။ လှေလား။

ဃ။ ။ ဟုတ်ပါတယ်။ လှေတော့လှေပါပဲ။ ဒါပေမဲ့ ရိုးရိုးလှေမဟုတ်ပါဘူး။ ကျောက်လှေပါ။ လှော်လို့မရဘူး။ လှအောင် ဆောက်ထားတာ။

ခ။ ။ ဒီအဆောင်ကြီးက ဘာလဲ။ ပုံစံက တော်တော်ရှေးကျတယ်နော်။

ဃ။ ။ ဟုတ်တယ်။ ဒါက အမှတ်(၁)အားကစားရုံပါ။ အောက်ထပ်မှာ ပင်ပေါင်ကစားခန်းရှိတယ်။ အပေါ်ထပ်မှာတော့ ဘော်လီဘော၊ ဘတ်စ်ကက်ဘော၊ ကြက်တောင်၊ ဘားကျွမ်းကစားခန်းတွေဖြစ်ပါတယ်။

ခ။ ။ ပီကင်းတက္ကသိုလ်မှာ အားကစားရုံ ဘယ်နှစ်ရုံ ရှိပါသလဲ။

ဃ။ ။ နှစ်ရုံရှိပါတယ်။ အမှတ်(၂)အားကစားရုံက ဟိုဘက်မှာပါ။

ခ။ ။ ဒီဥစွာက စေတီလား။

(ဦးဝင်းမောင်နှင့်အဖွဲ့ဝင်တို့လက်အုပ်ချီ၍ ကန်တော့မည်အပြုတွင်.....)

ဃ။ ။ ဟင့်အင်း။ ဒါ စေတီမဟုတ်ပါဘူး။ ရေစင်ပါ။ နာမည်က ပိုယာရေစင်တဲ့။

ခ။ ။ ဒီအဆောင်ကြီးက ဘာလဲ။ တော်တော်လေးထည်ဝါခန့်ညားပါကလား။

ဃ။ ။ ဒါက ပီကင်းတက္ကသိုလ် စာကြည့်တိုက်ကြီးပါ။ စာကြည့်တိုက်ကြီးရဲ့နာမည်ကို ကျွန်တော်တို့ရဲ့ခေါင်းဆောင်ကြီး တုန့်လျှော်ဖင်ကကမည်းထိုးပေးတာပါ။ စာကြည့်တိုက်ထဲမှာ တရုတ်နဲ့နိုင်ငံခြားစာအုပ်တွေ စုစုပေါင်း ၅ သန်း ကျော်ရှိပါတယ်။ တရုတ်ပြည်မှာ ဒုတိယအကြီးဆုံး စာကြည့်တိုက်ပါ။ စာကြည့်တိုက်ထဲမှာ စာအုပ်ငှားခန်း၊ စာဖတ်ခန်းစသဖြင့် တော်တော်စုံလင်လင်ရှိပါတယ်။ စာအုပ်ငှားဖို့အတွက်အော်တိုမက်တစ်စနစ်ကို တပ်ဆင်ထားပါတယ်။ စာအုပ်ငှားချင်တဲ့လူက စာအုပ်နာမည်နဲ့စာအုပ်စဉ်နံပါတ်ကို ကွန်ပျူတာထဲမှာ သွင်းလိုက်ရင် ငှားချင်တဲ့စာအုပ်က အလိုအလျှောက်ထွက်လာပါတယ်။

ခ။ ။ အရမ်းခေတ်မီပါလား။ တော်တော်အားကျစရာ ကောင်းပါတယ်။ စကြည့်တိုက်ရဲ့မျက်နှာချင်းဆိုင်မှာရှိတဲ့ အဆောင်ကြီးတွေက ဘာအဆောင်လဲ။ အသစ်စက်စက်ပဲလား။

သ။ ။ အဲဒီအဆောင်တွေဟာ သိပ္ပံပညာဆိုင်ရာစာသင်ဆောင်အုပ်စု ဖြစ်ပါတယ်။ အသစ်ဆောက်ထားတာပါ။

ခ။ ။ ဒီဘက်ကအဆောက်အဦးကြီးက ဘာအဆောက်အဦးကြီးလဲ။

သ။ ။ ဒါက ပီကင်းတက္ကသိုလ်တည်ဆောက်တဲ့အနှစ်တစ်ရာပြည့်အထိမ်းအမှတ်ပြုဖို့အတွက် အသစ်ဆောက်ထားတဲ့အနှစ်တစ်ရာပြည့်အထိမ်းအမှတ်ခန်းမဆောင်ကြီးပါ။ ဒီခန်းမဆောင်ကြီးထဲမှာ လူသုံးထောင်ကျော် ဆံ့တယ်။ နှစ်ထပ်ရှိပါတယ်။ အဲဒီထဲမှာ ရုပ်ရှင်ကြည့်လို့ရတယ်။ ပြဇာတ်ကြည့်လို့ရတယ်။ အစည်းအဝေး ကျင်းပလို့လည်းရတယ်။

ခ။ ။ ဟိုဘက် လေးကောင့်ပုံစံအဆောင်ကကော၊ ဘာလဲ။

သ။ ။ အဲဒါက ကုန်ပဒေသာဆိုင်ပါ။ နေ့စဉ်သုံးပစ္စည်းရောင်းတဲ့ဆိုင်အပြင်ဆံသဆိုင်၊ စာအုပ်ဆိုင်၊ နာရီပြင်ဆိုင်၊ စက်ဘီးပြင်ဆိုင်ကိုလည်း ရှိပါတယ်။ လမ်းဒီဘက်မှာဈေးတန်းဖြစ်ပါတယ်။ ဟိုဘက်မှာတော့ ကျောင်းသူကျောင်းသားတွေရဲ့ အိပ်ဆောင်တွေ ဖြစ်ပါတယ်။

ခ။ ။ ပီကင်းတက္ကသိုလ်က တော်တော်လေးကြီးပါတယ်။ တော်တော်လေးလည်းခေတ်မီပါတယ်။ ကျောင်းဝင်ကလည်း ကျွန်တော်တွေမြင်ခဲ့တဲ့တက္ကသိုလ်ကျောင်းဝင်တွေထဲမှာ အလှဆုံးဖြစ်ပါတယ်။ အနာဂတ်မှာ ဒီထက်မက ပိုပြီးပိုပြီး တိုးတက်ကောင်းမွန်လာဖို့ ကျွန်တော်ဆုတောင်းပါတယ်။

သ။ ။ ကျေးဇူးတင်ပါတယ်။ ခင်ဗျားပေးတဲ့ဆုနဲ့ပြည့်ပါစေ။ ကျွန်တော့်အနေနဲ့ ပီကင်းတက္ကသိုလ်ကို ကမ္ဘာပေါ်မှာ ပထမတန်းစားတက္ကသိုလ်ဖြစ်လာစေဖို့အတွက် မဖြစ်ဖြစ်အောင်ကြိုးစားသွားပါမယ်။

က။ ။ ဆရာကြီး၊ အချိန်မစောတော့ဘူး။ ညမှာ ပွဲကြည့်ဖို့ ရှိသေးတယ်။ အခု ပြန်ကြရအောင်။ မကောင်းဘူးလား။

ခ။ ။ ကောင်းပါတယ်။ အခု ပြန်ကြစို့။ ခုလိုစိတ်ရှည်လက်ရှည်လိုက်ပြတဲ့အတွက် ကျောင်းအုပ်ကြီးကို ကျေးဇူးအများကြီးတင်ပါတယ်။

သ။ ။ မပြောလောက်ပါဘူး။ ဒါဟာ ကျွန်တော်တို့အိမ်ရှင်အနေနဲ့လုပ်သင့်လုပ်ထိုက်တဲ့ကိစ္စပါ။ နောင်အခွင့်ကြုံရင် နောက်ထပ်လာပါဦး။

ခ။ ။ ဟုတ်ကဲ့။ သွားပါဦးမယ်။

ဝေါဟာရ

ရုံးဆောင်(န) 办公楼   ဌာနမှူး(န) 部门负责人, 系主任
အရှေ့တိုင်း(န) 东方国家   မွန်ဂိုးလီးယား(န) 蒙古
ကိုးရီးယား(န) 朝鲜   ဖိလစ်ပိုင်(န) 菲律宾
ဗီယက်နမ်(န) 越南   ထိုင်း(န) 泰国
အိန္ဒိယ(န) 印度   အစ္စရေး(န) 以色列
ဝတ္ထု(န) 小说   ဖတ်စာ(န) 教科书
နိုင်ငံရေး(န) 政治   ထုတ်ဝေရေးဌာန(န) 出版社
ပုံနှိပ်(က) 印刷   စိတ်ကူး(က) 想像, 幻想, 打算

လဲလှယ်(က) 交换
တင်ပြ(က) 呈报, 报告
ဂုဏ်ကျက်သရေ(န) 荣誉, 声望
အမှူးပြု(က) 以……为首, 率领
ဘဝတူ(နဝ) 命运相同
စီမံအုပ်ချုပ်ရေးဌာန(န) 行政管理部门
ဗဟို(န) 中心, 核心, 中央
ဆော့(က) 乱动, 淘气, 调皮, 玩耍
အညွန့်(န) 嫩芽, 嫩枝, 萌芽
ပြောင်းပြန်ပုံရိပ်(န) 倒影
အော်ကျယ်အော်ကျယ်(ကဝ) 叫嚷, 大声
ဆည်းဆာ(န) 黄昏
စုဝေး(က) 聚集, 集合
ပင်ပေါင်(န/လိပ် ping-pong) 乒乓球
ဘားဂျမ်း(န) 体操
ကမ္ဗည်းထိုး(က) 记载, 刻字, 镌刻
ဈေးတန်း(န) 商业街

နှိုးဆော်(က) 鼓动, 敦促
ကျောက်တိုင်(န) 石桩子, 石碑
မီးရှို့(က) 放火, 纵火
အုပ်စိုး(က) 统治, 管辖
နယ်ချဲ့သမား(န) 帝国主义者
တွက်ချက်(က) 计算
လေပြေ(န) 和风, 微风
ကန်ဘောင်(န) 河岸, 湖畔
မိုးမခပင်(န) 柳树
တပျော်တပါး(ကဝ) 愉快, 快乐
စကိတ်စီး(က/လိပ် skate+စီး) 滑冰
စုံတွဲ(န) 成双, 成对, 情侣
ကျွန်း(န) 岛屿
ကြက်တောင်(န) 羽毛球
ရေစင်(န) 水塔
အလိုအလျောက်(ကဝ) 自动
အထိမ်းအမှတ်(န) 纪念, 纪念物

လေ့ကျင့်ခန်း

၁။ ။ ကွင်းထဲက ဝေါဟာရများကို ပေးထားသောဝေါဟာရများဖြင့် အစားထိုးလေ့ကျင့်ပါ။

(၁) ဒီက (အရှေ့တိုင်းဘာသာစကားဌာနများ) ပါ။

ဥက္ကဋ္ဌ
ညွှန်ကြားရေးမှူးချုပ်
ဦးဆောင်ညွှန်ကြားရေးမှူး
သံအမတ်ကြီး

(၂) (များ) တော့ (များ) ပါတယ်။

ရှိ ရှိ
သွား သွား
စား စား
တွေ့ တွေ့

(၃) (ဆရာကြီးကလည်းမြန်မာနိုင်ငံသက်ဆိုင်ရာဌာနကို နှိုးဆော်ပေး) စေချင်ပါတယ်။

ခင်ဗျားကိုလာ
လူကြီးမိဘစကားကိုနားထောင်

ဒီပစ္စည်းမျိုးဝယ်

ဒီကိစ္စနဲ့ပတ်သက်ပြီးဆရာ့ကိုပြောပြ

(၄) မ (ဖြစ်ဖြစ်) အောင် (ကြိုးစားပေး) မယ်။

ရောက်ရောက်	သွား
ပြီးပြီး	လုပ်
ပေးပေး	တောင်း
နိုးနိုး	နိုး

(၅) (ဒီကန်တော်ကြီး) ဟာ (ပီကင်းတက္ကသိုလ်ရဲ့အလှ) စုဝေးရာဖြစ်ပါတယ်။

မိခင်ရဲ့နွေးလုံးအိမ်	မေတ္တာစစ်တွေ
ဂန္ဓမာဒနတောင်	မွှေးရနံ့တွေ
ပြည်ထောင်စုမြန်မာနိုင်ငံ	အလှတွေ
ပီကင်းတက္ကသိုလ်	ထူးချွန်တဲ့ကျောင်းသားမတွေ

၂။ ။ အောက်ပါ မေးခွန်းများကို နှုတ်ဖြင့်ဖြေပါ။

(၁) နေ့လယ်စာစားပြီးတဲ့နောက် ဦးဝင်းမောင်နဲ့တခြားည်သည်တော်များက ဘာကိုလေ့လာကြသလဲ။

(၂) ပီကင်းတက္ကသိုလ်ကျောင်းဝင်းကို လေ့လာတဲ့အခါမှာ ဦးဝင်းမောင်တို့ဟာ ဘယ်အဆောင်ကို အရင်သွားပြီး ကြည့်ရှုလေ့လာကြသလဲ။

(၃) အရှေ့တိုင်းဘာသာစကားဌာနက ဘယ်ပုဂ္ဂိုလ်ကဆီးကြိုပါသလဲ။

(၄) ဘယ်သူက ဦးဝင်းမောင်နဲ့ အရှေ့တိုင်းဘာသာစကားဌာနမှူးကို မိတ်ဆက်ပေးသလဲ။

(၅) နိုင်ငံခြားဘာသာစကားအဆောင်ဟာ ဘယ်ကောလိပ်ရဲ့ရုံးစိုက်ရာလဲ။

(၆) အဲဒီနိုင်ငံခြားဘာသာစကားအဆောင်မှာ ဘာဌာနတွေ ရှိသလဲ။

(၇) အရှေ့တိုင်းဘာသာစကားဌာနမှာ စာကြည့်တိုက် ရှိသလား။

(၈) စာကြည့်တိုက်ထဲမှာ မြန်မာစာအုပ်တွေရှိသလား။ ဘာစာအုပ်တွေရှိသလဲ။

(၉) မြန်မာနိုင်ငံ နိုင်ငံခြားဘာသာတက္ကသိုလ်နဲ့စာကြည့်ရင် ဘယ်စာကြည့်တိုက်က မြန်မာစာအုပ်တွေ ပိုများသလဲ။

(၁၀) စာအုပ်လဲလှယ်ရေးနဲ့ပတ်သက်ပြီး အရှေ့တိုင်းဘာသာစကားဌာနဌာနမှူးက ဘယ်လိုစိတ်ကူးထားသလဲ။

(၁၁) ဦးဝင်းမောင်က ဘယ်လိုဖြေသလဲ။

(၁၂) ဝှာပျော်လို့ခေါ်တဲ့ဂုဏ်ကျက်သရေကျောက်တိုင်ဟာ ဘယ်အချိန်မှာ ဘယ်နေရာက ပီကင်းတက္ကသိုလ် ကျောင်းဝင်းထဲကို ရွှေလာတာလဲ။

(၁၃) မြန်မာနိုင်ငံက ပြည်သူပြည်သားတွေဟာ ဒုက္ခပင်လယ်ထဲကို ဘာကြောင့် ကျရောက်ခဲ့ရသလဲ။

(၁၄) တရုတ်မြန်မာနှစ်နိုင်ငံတို့ဟာ ဘာဖြစ်လို့ ဘဝတူနိုင်ငံလို့ခေါ်နိုင်သလဲ။ ဘာဖြစ်လို့ အမြဲလက်တွဲ ထားရသလဲ။

(၁၅) စီမံအုပ်ချုပ်ရေးဌာနရုံးဆောင်ထဲမှာ ဘာဌာနတွေရှိသေးသလဲ။

(၁၆) ဝေ့မင်းကန်တော်ကြီးကို ပီကင်းတက္ကသိုလ်ရဲ့အလှစုဝေးရာ၊ ကျောင်းသူကျောင်းသားတွေစုဝေးရာလို့ ဘာဖြစ်လို့ ခေါ်ကြသလဲ။

(၁၇) ဝေ့မင်းကန်တော်ကြီးဆိုတာ ဘာကိုဆိုလိုတာလဲ။

(၁၈) ကန်ထဲကျွန်းပေါ်ကကျောက်လှေဟာ လှော်လို့ရသလား။

(၁၉) ပီးကင်းတက္ကသိုလ်မှာ အားကစားရုံ ဘယ်နှရုံရှိသလဲ။

(၂၀) ပီကင်းတက္ကသိုလ်စာကြည့်တိုက်ရဲ့ဆိုင်းဘုတ်ကို ဘယ်ပုဂ္ဂိုလ်က ကမ္ဘည်းစာထိုးပေးထားသလဲ။

(၂၁) ပီကင်းတက္ကသိုလ်စာကြည့်တိုက်ရဲ့ခေတ်မီပုံကို ပြောပြပါ။

(၂၂) အနှစ်တစ်ရာပြည့် အထိမ်းအမှတ်ခန်းမဆောင်ကြီးထဲမှာ လူဘယ်လောက်ဆံ့သလဲ။ အထပ်ကော၊ ဘယ်လောက်ရှိသလဲ။

(၂၃) နှစ်တစ်ရာပြည့် အထိမ်းအမှတ်ခန်းမဆောင်ကြီးရဲ့အသုံးကျပုံကို ပြောပြပါ။

(၂၄) ကုန်ပဒေသာဆိုင်အနားတဝိုက်မှာ ဘာဆိုင်ခန်းတွေ ရှိသေးသလဲ။

(၂၅) ပီကင်းတက္ကသိုလ်ရဲ့အနာဂတ်အတွက် ဦးဝင်းမောင်က ဘယ်လိုများဆုပေးသလဲ။

၃။ ပေးထားသော အောက်ပါ အချက်အလက်များကို အခြေခံ၍ စကားပြောတစ်ပုဒ် ရေးပါ။

　　缅甸体育代表团在北京体育大学用过午餐以后，在体育大学校长的陪同下，代表团观摩了体操课教学和体操训练。缅甸代表团认真作了笔记，并当场与北京体育大学有关方面签定了聘请北京体育大学体操教练赴缅甸讲学和训练缅甸体操运动员的协议。

သင်ခန်းစာ(၃၄)　ခွင်မင်းမြို့ဋ္ဌလည်ပတ်ကြည့်ရှုခြင်း

က။ ။ ခင်ခင်နွဲ့
ခ။ ။ မစ္စတာဝမ်း
ဂ။ ။ ဦးဝင်းမောင်
ဃ။ ။ မစ္စတာလီ(ညွှန်ကြားရေးမှူး၊ ယွင်းနန်းပြည်နယ်နိုင်ငံခြားရေးဌာန)

　(မြန်မာကိုယ်စားလှယ်အဖွဲ့သည် လည်ပတ်ကြည့်ရှုရေး အစီအစဉ်အရ ယနေ့နံနက်(၈)နာရီတွင် လေကြောင်းခရီး ဖြင့် ခွင်မင်းမြို့သို့ သွားရန်ဖြစ်သည်။ ထို့ကြောင့် နံနက်(၆)နာရီတွင် မြန်မာနိုင်ငံကိုယ်စားလှယ်အဖွဲ့သည် မစ္စတာဝမ်းကို လိုက်ပါလျက် ကားဖြင့် လေဆိပ်သို့ ထွက်ကြသည်။ (၈)နာရီတိတိတွင် လေယာဉ်စထွက်ရာ နေ့လယ်(၁၁) နာရီတွင် ခွင်မင်းမြို့သို့ ဆိုက်ရောက်သည်။)

က။ ။ ဆရာကြီး၊ ခွင်မင်းမြို့ရောက်ပါပြီ။ ဆင်းကြရအောင်။
ဂ။ ။ ဟုတ်လား။ မြန်လှချည်လား။
က။ ။ ပစ္စည်းတွေ မကျန်ရစ်စေနဲ့နော်။
ဂ။ ။ ဟုတ်ကဲ့။

　(ခွင်မင်းမြို့လေဆိပ်၏ထွက်ပေါက်အပြင်ဘက်တွင် စောင့်ကြိုနေသော ယွင်းနန်းပြည်နယ်က နိုင်ငံခြားရေးဌာန ညွှန်ကြားရေးမှူး မစ္စတာလီကို တွေ့ရသောအခါ၊ မစ္စတာဝမ်းက....)

ခ။ ။ ဒီက မစ္စတာလီဖြစ်ပါတယ်။ ယွင်းနန်းပြည်နယ်နိုင်ငံခြားရေးဌာနကညွှန်ကြားရေးမှူးပါ။ မစ္စတာလီ၊ ဒီပုဂ္ဂိုလ်က မြန်မာနိုင်ငံကိုယ်စားလှယ်အဖွဲ့ခေါင်းဆောင် ညွှန်ကြားရေးမှူးချုပ် ဦးဝင်းမောင်ဖြစ်ပါတယ်။
ဃ။ ။ တွေ့ရတာ ဝမ်းသာပါတယ်။
ဂ။ ။ ကျွန်တော်လည်း ဝမ်းသာပါတယ်။ ဒါနဲ့၊ ကျွန်တော်တို့ ဘယ်မှာတည်းမလဲ။ သိပါရစေ။
ဃ။ ။ ထွန်းဟင်းဟိုတယ်မှာ တည်းမယ်။ ကြယ်ငါးပွင့်ပါ။ မြို့အလယ်ခေါင်မှာ တည်ရှိပါတယ်။ အခုပဲ သွားကြစို့လား။
ဂ။ ။ ဟုတ်ကဲ့။ ဒါနဲ့၊ မနက်ဖြန် ကျွန်တော်တို့ ဘယ်ကိုသွားလည်ဖို့ စီစဉ်ထားပါသလဲ။
ဃ။ ။ ခွင်မင်းမြို့မှာ လည်စရာပတ်စရာတွေ တော်တော်များများရှိပါတယ်။ ကျန်ချိုခေါ် ကန်တော်ကြီးရယ်၊ ရှီးစမ်းခေါ် အနောက်တောင်ရယ်၊ လုနန်းစီးလင်းခေါ်ကျောက်တော်ကြီးရယ်၊ ကမ္ဘာ့ဉယျာဉ်ခြံအနုပညာပြပွဲကြီး (EXPO Garden) ရယ်၊ ကျင်တန်ခေါ်ရွှေကျောင်းတော်ကြီးရယ်၊ အို....အများကြီးရှိပါတယ်။ နှစ်ရက်ထဲနဲ့ပြီးအောင်လည်ပတ်နိုင်မှာ မဟုတ်ပါဘူး။ ဒါကြောင့်၊ မနက်ဖြန် ကျွန်တော်တို့

ခွင်မင်းမြို့ရဲ့ကျက်သရေဆောင်ဖြစ်တဲ့ ရှီးစမ်းခေါ်တဲ့ အနောက်တောင်ကိုပဲ သွားလည်ဖို့ စီစဉ်ထားပါတယ်။ မကောင်းဘူးလား။

ဂ။ ကောင်းပါတယ်။ ဘယ်အချိန်မှာ ထွက်မလဲ။

ဃ။ မနက်(၈)နာရီမှာ ထွက်ပါမယ်။

က။ ဆရာကြီး၊ ဟျုန်ဟင်းဟိုတယ်ရောက်ပါပြီ။ ကားပေါ်က ဆင်းကြရအောင်။

ဂ။ ဟုတ်ကဲ့။ ညွှန်ချုပ်၊ မနက်ဖြန်တွေ့ကြစို့။

(နောက်နေ့မနက် ၈နာရီထိုးရန် ၁ဝ မိနစ်အလိုတွင် ဦးဝင်းမောင်တို့က ကားလေးရှိရာ ဟိုတယ်၏တံခါးမ ရှေ့မျက်နှာစာသို့ ရောက်ရှိလာသည်။ မစွတာဝမ်းနှင့်မစွတာလီတို့စောင့်ကြိုနေကြသည်ကိုတွေ့ရသည်။ သူတို့အားလုံး ကားပေါ်တက်ကြသည်။ ကားဆရာသည် ကားကို ဖြည်းညင်းစွာမောင်း၍ထွက်လိုက်သည်။ ကားပေါ်မှာ.....)

ဂ။ မစွတာလီ။ ခွင်မင်းမြို့ရဲ့သီဥတုဟာ တော်တော်ကောင်းတယ်နော်။ အေးလည်းမအေး၊ ပူလည်းမပူ၊ နေလို့ထိုင်လို့ အင်မတန်ကောင်းလှပါတယ်။

ဃ။ ဟုတ်ကဲ့။ ရာသီဥတုကောင်းလို့ ခွင်မင်းမြို့ကို အများက နွှေဦးမြို့တော် လို့ခေါ်ကြပါတယ်။

ဂ။ ကြားရတာ ဝမ်းသာပါတယ်။

က။ ဆရာကြီး၊ အနောက်တောင် ရောက်ပါပြီ။ ကားပေါ်ဆင်းကြရအောင်။

ဂ။ ဒီအနောက်တောင်ဟာ တယ်လှပါကလား။

ဃ။ ဟုတ်ကဲ့။ အဝေးကကြည့်ရင် ဒီအနောက်တောင်ဟာအိပ်မောကျနေတဲ့အလှမယ်တစ်ယောက်ပုံပေါ်နေပါတယ်။

ဂ။ အင်–ဟုတ်တယ်နော်။ တကယ်နော်။ မြင့်ချည်နိမ့်ချည်ရှိနေတဲ့တောင်တန်းကြီးကို အဝေးကကြည့်လိုက်ရင် တကယ်အိပ်မောကျနေတဲ့မိန်းကလေးပုံစံနဲ့ဆင်တယ်နော်။

ဃ။ ဦးဝင်းမောင်၊ ကျွန်တော်တို့ ဒီလှေကားထစ်ကနေ တောင်ပေါ်တက်ကြရအောင်။

ဂ။ ဒီလောက်မြင့်မားမတ်စောက်လှတဲ့တောင်ပေါ်မှာ လှေကားထစ်ဖောက်ရတာ တော်တော်ခက်မယ်နော်။

ဃ။ ဟုတ်ပါတယ်။ သိပ်ခက်တာပဲ။ ဘယ်လောက်ခက်မှန်းမသိဘူး။ ကြားဖူးတာက ရှေးခေတ်က ကျောက်ဆစ်ဆရာကြီးတစ်ယောက်ဟာ သူ့တပည့်တွေနဲ့အတူဖောက်တာ ဖြစ်ပါတယ်တဲ့။ ဆရာကြီးဟာ နေ့ရောညပါ မနားမနေ ဖောက်တယ်။ တော်တော်လည်း ပြီးမြောက်သွားတာပဲ။ ဒါပေမဲ့ လုံးမိန်းလို့ခေါ်တဲ့နေရာရောက်တော့ ဆရာကြီးသုံးတဲ့ဆောက်က မမျှော်လင့်ဘဲ ကျိုးသွားပါတယ်။ ဆရာကြီးကလည်း ဒါနိမိတ်မကောင်းဘူးလို့ ယူဆတယ်။ တော်တော်လေး စိတ်ပျက်အားငယ်သွားပါတယ်။ ငါ့ဘဝမှာ မျှော်လင့်ချက်မရှိတော့ဘူးဆိုပြီး အဲဒီနေရာကနေ တောင်အောက်မှာရှိတဲ့ခွင်မင်းကန်တော်ကြီးထဲကို ခုန်ဆင်းသွားပါတယ်တဲ့။ သူ့တပည့်တွေကလည်း ဝမ်းနည်းကြေကွဲကြပြီးဆက်မဖောက်တော့ဘဲ ရပ်နားလိုက်ပါတယ်။ ဒါကြောင့် ဒီလှေကားထစ်ရှည်ကြီးဟာ လုံးမိန်းလို့ခေါ်တဲ့နေရာအထိပဲ ရှိပါတယ်။

ဂ။ ဖြစ်မှဖြစ်ရလေ။ တော်တော်နမြောစရာကောင်းတယ်နော်။

ဃ။ ဦးဝင်းမောင်၊ အခုရောက်ရှိနေတဲ့နေရာဟာ လုံးမိန်းလို့ခေါ်တဲ့နေရာပါပဲ။ ဒီအထက်မှာ လှေကားထစ် မရှိတော့ပါဘူး။ ဦးဝင်းမောင်လည်းဟောဟဲ့ဟောဟဲ့နဲ့၊ တော်တော်ပန်းလှရော့မယ်ထင်ပါတယ်။ ဒီမှာပဲ ခဏနားပြီး အပန်းဖြေကြရအောင်။ နောက်ပြီးအမှတ်တရဓာတ်ပုံလည်း ရိုက်ကြရအောင်။ မကောင်းဘူးလား။

ဂ။	ရိုက်မယ်။ ရိုက်မယ်။ ဒီလောက်ရှုခင်းသာယာလှပတဲ့နေရာမှာ ဓာတ်ပုံမရိုက်ဘဲ နေပါ့မလား။
ဃ။	ရိုက်ပါ၊ ရိုက်ပါ၊ ရိုက်ချင်သလောက်ရိုက်ပါ။ မြန်မာနိုင်ငံကိုပြန်ရောက်တော့ ဓာတ်ပုံကိုကြည့်ပြီး ကျွန်တော်တို့ကို သတိရပါလိမ့်မယ်။ တရုတ်ပြည်ကို သတိရပါလိမ့်မယ်။ မဟုတ်လား။
ဂ။	ဟုတ်တယ်။ များများရိုက်ရင် များများသတိရမယ်။ ကဲ–မစ္စတာဝမ်း၊ မစ္စတာလီတို့လည်းလာကြပါ။ အတူတူရိုက်ကြရအောင်။
ခ။	ကောင်းပါတယ်။ အတူတူရိုက်ကြမယ်။ အမှတ်တရပေ့ါ။
ဂ။	မစ္စတာဝမ်းရေ။ ဒီအချိန်မျိုးမှာ ကျွန်တော်ဘာမဆိုမေ့သွားပါပြီလို့ ဆိုနိုင်ပါတယ်။
ခ။	ဟာ၊ အဲဒီလိုတော့ မဖြစ်ပါစေနဲ့။ ဘာမေ့မေ့ ခင်ဗျားရဲ့ဇနီးကိုတော့ မမေ့ပါနဲ့ဗျာ။
ဂ။	အင်၊ ခင်ဗျားပြောတာတော့ ဟုတ်သားပဲ။
ဃ။	ဦးဝင်းမောင်၊ တောင်အောက်ကရှုခင်းကိုလည်း ကြည့်ပါဦး။
ဂ။	ဟွန်ချိကန်တော်ကြီးဟာ တယ်ကျယ်ဝန်းလှပါကလား။ အကျယ်အဝန်း ဘယ်လောက်ရှိပါသလဲ။
ဃ။	အကျယ်အဝန်းက စတုရန်းကီလိုမီတာ (၃၀၀) ကျော် ရှိပါတယ်။ တောင်အရပ်ထပ်ပိုင်ရံကားပြီး တောင်ပေါ်မှာ ပန်းမျိုးစုံတွေ အမြဲရှင်အောင် ဖူးပွင့်နေပါတယ်။ စိမ်းလမ်းစိုပြည်တဲ့သစ်ပင်အကြီးတွေဟာလည်း တောင်ပေါ်မှာ အပြည့်ပါပဲ။ ကန်တော်ကြီးတစ်ခုလုံးဟာ မှန်ကြီးတစ်ချပ်လိုပဲ ငြိမ်သက်ကြည်လင်လှပါတယ်။ ပြာလဲ့လဲ့ကောင်းကင်နဲ့ သိပ်ပန်တင့်ပါတယ်။
ဂ။	ဟုတ်တယ်။ ရှုခင်းကလည်းကဗျာဆန်တယ်။ ခင်ဗျားပြောတာလည်းကဗျာဆန်တယ်။ တရုတ်ပြည် တစ်ခုလုံးဟာ ကဗျာဆန်တဲ့နိုင်ငံတစ်နိုင်ငံဖြစ်ပါတယ်လို့ ကျွန်တော်ခံစားမိပါတယ်။
ဃ။	ဦးဝင်းမောင်၊ အချိန်မစေတော့ပါဘူး။ ကျွန်တော်တို့ပြန်ကြရအောင် မကောင်းဘူးလား။ ညနေပိုင်းမှာ ဆွေးနွေးပွဲတစ်ခု ရှိပါသေးတယ်။ နေ့လယ်စာလည်း စားရမှာ၊ အချိန်တော်တော်ကျပ်နေတယ်။
ဂ။	ဟုတ်ကဲ့။ ဒီမှာရှုခင်းသိပ်လှတယ်။ ကြည့်လို့မငီးပါဘူး။ အမှတ်တရဓာတ်ပုံလေး တစ်ပုံ ရိုက်မယ်။ ပြီးမှပြန်မယ်။
ဃ။	ကောင်းပါတယ်။ ရိုက်ပါ၊ ရိုက်ပါ။

(အပြန်လမ်းပေါ်တွင်....)

ဂ။	မစ္စတာဝမ်း၊ ခွင်မင်းမြို့မှာ လည်စရာပတ်စရာကောင်းတဲ့နေရာတွေ ရှိပါသေးသလား။
ခ။	အို–အများကြီးပါပဲ။ ထိုက်တာဘုန်းကြီးကျောင်းရယ်၊ ဂျာထိန်ပုန်းကြီးကျောင်းရယ်၊ စမ်းချင်းတိုက်ဆောင်တော်ရယ်၊ ရွှေကျောင်းတော်ရယ်၊ စသဖြင့်လည်လို့ကုန်မှာမဟုတ်ပါဘူး။ ပြောလို့ကုန်မှာလည်း မဟုတ်ပါဘူးခင်ဗျား။
ဂ။	ယွင်နန်းပြည်နယ်မှာကော၊ ဘာလည်ပတ်စရာတွေရှိပါသလဲ။ ပြောပြမ်းပါဦး။
ခ။	အများကြီးရှိပါတယ်။ ဥပမာ၊ ရှစ်ဆောင်ပဉ္စားရယ်၊တာ့လီမြို့လိပ်ပြာစမ်းရယ်၊ ဆန်စမ်းတောင်နဲ့ အေးလ်ဟဲ့ကန်တော်ကြီးရယ်၊ ယီလုံးဆီးနှင်းတောင်နဲ့ လိကျန်းရေးဟောင်းမြို့ရယ်၊ ရှမ်းကေဂီလာမြို့ရယ်၊ စသဖြင့်ရှိပါတယ်။
ဂ။	ဒါဖြင့်၊ ရှစ်ဆောင်ပဉ္စားဆိုတာဟာ ဘာကိုဆိုလိုတာလဲ။ သိပါရစေ။
ခ။	ရှစ်ဆောင်ပဉ္စားဆိုတာဟာ မြေပြန့် (၁၂) ခုရှိတဲ့နေရာလို့ အဓိပ္ပါယ်ရတယ်။
ဂ။	ဟုတ်လား။ သိပ်ဗဟုသုတတိုးတာပဲ။ ကျေးဇူးအများကြီးတင်ပါတယ်။ ရှစ်ဆောင်ပဉ္စားမှာ ဘာတွေများ

ရှိပါသလဲ။

ခ။ ရှစ်ဆောင်ပဏ္ဏားဒေသဟာ တိုင်လူမျိုးတို့ နေထိုင်တဲ့ဒေသဖြစ်ပါတယ်။ တိုင်လူမျိုးကို မြန်မာနိုင်ငံမှာ ရှမ်းလူမျိုးလို့ခေါ်ပါတယ်။ အခေါ်ဝေါ်ချင်း မတူပေမဲ့ အမှန်မှာတော့ တိုင်လူမျိုးနဲ့ရှမ်းလူမျိုးဟာ လူမျိုးတစ်မျိုးတည်းဖြစ်ပါတယ်။ သူတို့ဟာ ဘာသာစကားအစ လေ့ထုံးစံအထိ အကုန်တူပါတယ်။ နယ်စပ် မျဉ်းကြောင်းတစ်ကြောင်းသာ သူတို့ကို ခြားထားပါတယ်။

ဂ။ ရှစ်ဆောင်ပဏ္ဏားဒေသမှာ ရှုမျှော်ခင်းတွေလှသလား။

ခ။ တိုင်လူမျိုးတွေလှလို့ နေရာဒေသကလည်း လှပါတယ်။ စိမ်းလမ်းစိုပြည်တဲ့သဘာဝသစ်တောဝါးတောတွေ ရှိပါတယ်။ အဲဒီသစ်တောဝါးတောတွေထဲမှာ ဆင်ရိုင်းတွေ ကျက်စားမြူးတူးကြပါတယ်။ နေဝင်ဆည်းဆာရောင်မှာ မိန်ကလေးတွေက မြစ်ထဲမှာ ဆင်းပြီးရေချိုးကြတယ်။ ရေကစားကြတယ်။ အို-နေရာတိုင်းမှာ အလှတွေချည်းပဲ။

ဂ။ ခင်ဗျားပြောတာတွေကို ကြားရရုံနဲ့ ကျွန်တော်သွားချင်တဲ့စိတ်တွေတဖွားဖွားပေါ်လာပါတယ်။ ဒါပေမဲ့ ဒီတစ်ခေါက်တော့ သွားခွင့်မရှိနိုင်တော့ပါဘူး။ ကံကောင်းထောက်မလို့ နောက်တစ်ခေါက်လာခွင့်ရရင်တော့ ကျွန်တော်ရှစ်ဆောင်ပဏ္ဏားကို မရောက်ရောက်အောင်သွားရမယ်။

ခ။ ခင်ဗျား နောက်တစ်ခေါက်လာဖြစ်ပါစေလို့ ကျွန်တော်ဆုတောင်းပေးပါမယ်။

ဂ။ ခင်ဗျားပေးတဲ့ဆုနဲ့ပြည့်ပါစေ။

ဝေါဟာရ

တျန်ချိုကန်တော်ကြီး(န) 滇池	ကျောက်တောကြီး(န) 石林
ကမ္ဘာ့ဉယျာဉ်ခြံအနုပညာပြပွဲ(န) (EXPO Garden) 世博会	ရွှေကျောင်းတော်(န) 金殿
မျက်နှာစာ(န) 门前空地	အိပ်မောကျ(က) 熟睡, 酣睡
အလှမယ်(န) 美女	တင်စား(က) 比喻
မြင့်ချည်နိမ့်ချည်(ကြ) 忽高忽低, 起起伏伏	လှမ်းကြည့်(က) 眺望
လှေကားထစ်(န) 台阶, 梯级	ကျောက်ဆစ်ဆရာ(န) 石匠
ဆောက်(န) 凿子	နမိတ်(န) 征兆, 征候, 预兆
ခုန်ဆင်း(က) 跳下, 跳进	ဝမ်းနည်း(က) 遗憾
ကြေကွဲ(က) 伤心, 悲痛, 忧伤	ဟောဟဲ(မဝ) 呼哧呼哧, 气喘吁吁
ဝိုင်းရံ(က) 包围, 围绕	ပန်တင်(က) 相称, 和谐, 协调
ထိုက်ဘာဘုန်းကြီးကျောင်း(န) 太华寺	ဂျာထိန်ဘုန်းကြီးကျောင်း(န) 华亭寺
စမ်းချင်းတိုက်ဆောင်တော်(န) 三清阁	ရှစ်ဆောင်ပဏ္ဏား(န) 西双版纳
လိပ်ပြာစမ်း(န) 蝴蝶泉	ဆီးနှင်းတောင်(န) 雪山
တိုင်လူမျိုး(န) 傣族	ရှမ်းလူမျိုး(န) 掸族
နယ်စပ်မျဉ်းကြောင်း(န) 边界线	ခြား(က) 隔, 隔开
ဆင်ရိုင်း(န) 野象	ကျက်စား(က) 寻食, 觅食
မြူးတူး(က) 欢快, 快乐	နေဝင်ဆည်းဆာရောင်(န) 晚霞

လေ့ကျင့်ခန်း

၁။ ကွင်းထဲက ဝေါဟာရများကို ပေးထားသောဝေါဟာရများဖြင့် အစားထိုးလေ့ကျင့်ပါ။

(၁) (နှစ်ရက်) ထဲနဲ့ (ပြီးအောင်လည်ပတ်) နိုင်မှာမဟုတ်ပါဘူး။

ဒီအလုပ်ကို ၃ နာရီ ပြီး
ဒီနေ့လေ့ကျင့်ခန်းတွေကို ၂ နာရီ ပြီးအောင်လုပ်
မီးရထားနဲ့ရန်ကုန်မြို့ကိုသွားရင် ၈ နာရီ ရောက်
စာသင်ခန်းကိုခြေကျင်နဲ့သွားရင် ၅ မိနစ် ရောက်

(၂) (ခင်ဗျားပြောတာကိုကြားရ) ရုံနဲ့ (ကျွန်တော်သွား) ချင်တဲ့စိတ်တွေ တဖွားဖွားပေါ်လာတယ်။

ဟင်းအနံ့ကိုရှူရှိုက် စား
ရွှေတိဂုံဘုရားပုံတော်ကိုမြင်ရ သွားဖူး
ပဲခူးမင်လယ်ကမ်းခြေရဲ့သာယာပုံကိုကြားရ သွားလည်
ပုဂံစေတီပုထိုးအကြောင်းကိုဖတ်ရ သွားရောက်လေ့လာ

၂။ အောက်ပါ မေးခွန်းများကို နှုတ်ဖြင့်ဖြေပါ။

(၁) လည်ပတ်ကြည့်ရှုရေးအစီအစဉ်အရ ဒီနေ့မှာ မြန်မာနိုင်ငံကိုယ်စားလှယ်အဖွဲ့ဟာ ဘယ်နေရာကိုသွားပြီး လည်ပတ်ကြည့်ရှုကြရသလဲ။

(၂) မြန်မာနိုင်ငံကိုယ်စားလှယ်အဖွဲ့ဟာ လေဆိပ်ကို ဘယ်အချိန်မှာထွက်သလဲ။

(၃) ခွင်မင်းမြို့ကိုသွားတဲ့လေယာဉ်ဟာ ဘယ်အချိန်မှာ စထွက်သလဲ။

(၄) ခွင်မင်းမြို့ကို ဦးဝင်းမောင်နဲ့အဖွဲ့ဝင်များဟာ ဘယ်အချိန်မှာရောက်သလဲ။

(၅) ယွင်နန်းပြည်နယ် ဘယ်ပုဂ္ဂိုလ်က လေဆိပ်ကိုဆင်းပြီး ဦးဝင်းမောင်တို့ကို ကြိုဆိုသလဲ။

(၆) မြန်မာနိုင်ငံ ကိုယ်စားလှယ်အဖွဲ့တည်းခိုဖို့အတွက် ယွင်နန်းပြည်နယ်က ဘယ်လိုစီစဉ်ထားသလဲ။

(၇) ထျန်ဟင်းဟိုတယ်ဟာ ကြယ်ဘယ်နပွင့်ရှိသလဲ။

(၈) ခွင်မင်းမြို့မှာ လည်စရာပတ်စရာတွေ အသေးစိတ်ပြောပြပါ။

(၉) မြန်မာနိုင်ငံ ကိုယ်စားလှယ်အဖွဲ့ ဘယ်ကိုသွားလည်ဖို့ စီစဉ်ပေးသလဲ။

(၁၀) ခွင်မင်းမြို့ရဲ့ရာသီဥတုဟာ ကောင်းသလား။

(၁၁) အများပြည်သူတွေက ခွင်မင်းမြို့ကို ဘယ်လိုခေါ်သလဲ။

(၁၂) အနောက်တောင်ဟာ ဘာနဲ့ဆင်သလဲ။

(၁၃) ဦးဝင်းမောင်တို့ဟာ ဘယ်ကနေ တောင်ပေါ်တက်ကြသလဲ။

(၁၄) တောင်တက်လှေကားထစ်ဟာ ဘယ်သူဖောက်တာလဲ။ ဖောက်ပုံကို အသေးစိတ်ပြောပြပါ။

(၁၅) ဦးဝင်းမောင်က တော်တော်နမြော်စရာကောင်းတယ်နော်လို့ ဘာကြောင့်ပြောသလဲ။

(၁၆) ဦးဝင်းမောင်တို့ဟာ ဘယ်နေရာမှာ ခဏနားပြီး အပန်းဖြေသလဲ။

(၁၇) အမှတ်တရဓာတ်ပုံရိုက်ရာမှာ မစ္စတာလီက ဘယ်လိုရယ်စရာလေး ပြောသလဲ။

(၁၈) ကျွန်ချိုကန်တော်ကြီးရဲ့ အကျယ်အဝန်းဟာ ဘယ်လောက်ရှိသလဲ။

(၁၉) ဂျွန်ချိုင်န်တော်ကြီးရဲ့ ရှုခင်းသာယာလှပပုံကို ပြောပြပါ။

(၂၀) မစ္စတာလီက အချိန်တော်တော်ကျပ်တယ်လို့ ဘာဖြစ်လို့ပြောသလဲ။

(၂၁) ခွင်မင်းမြို့မှာ တခြားရှုခင်းသာယာတဲ့နေရာတွေ ရှိသေးသလား။

(၂၂) ခွင်မင်းမြို့အပြင်မှာကော။ လည်ပတ်စရာတွေ ရှိသလား။

(၂၃) ရှစ်ဆောင်ပဏ္ဍားဆိုတာဟာ ဘာအဓိပ္ပာယ်လဲ။

(၂၄) တိုင်လူမျိုးနဲ့ရှမ်းလူမျိုးဟာ လူမျိုးတစ်မျိုးတည်းလို့ ဘာဖြစ်လို့ ပြောသလဲ။

(၂၅) တိုင်လူမျိုးနေထိုင်ရာဒေသရဲ့ရခင်းသာယာလှပပုံကို ပြောပြပါ။

(၂၆) ဦးဝင်းမောင်တို့က ရှစ်ဆောင်ပဏ္ဍားကို သွားဖြစ်သလား။

၃။ ။ ပေးထားသော အောက်ပါ အချက်အလက်များကို အခြေခံ၍ စကားပြောတစ်ပုဒ် ရေးပါ။

  吴温貌一行圆满地结束了在中国的访问，下午就要回国了。中华人民共和国文化部王局长、云南省外事办公室李处长等官员到机场送行。宾主依依话别，难舍难分。吴温貌对中方给予的热情接待和周到的照顾表示由衷的感谢，并邀请王局长和李处长在方便的时候到缅甸访问。王局长和李处长愉快地接受了邀请。中午12时整，飞机起飞。王局长和李处长等中方送行人员目送飞机飞上蓝天以后才离开机场。

သင်ခန်းစာ(၃၅) ကူးသန်းရောင်းဝယ်မှုအရေးကိစ္စနှင့် ပတ်သက်၍ဆွေးနွေးခြင်း

က။ မစ္စတာချင်(ညွှန်ကြားရေးမှူးချုပ်၊ တရုတ်ပြည်စီးပွားရေးကိုယ်စားလှယ်အဖွဲ့ခေါင်းဆောင်)
ခ။ ဦးလှရွှေ(ညွှန်ကြားရေးမှူး၊ မြန်မာနိုင်ငံနိုင်ငံခြားရင်းနှီးမြှုပ်နှံမှုကော်မတီ)
ဂ။ ဦးဝင်းမွန်(ညွှန်ကြားရေးမှူးချုပ်၊ မြန်မာနိုင်ငံနိုင်ငံခြားရင်းနှီးမြှုပ်နှံမှုကော်မတီ)
ဃ။ ဝေဝေ(တရုတ်ပြည်ကိုယ်စားလှယ်အဖွဲ့စကားပြန်)
င။ ဦးမြင့်အောင်(ဦးဆောင်ညွှန်ကြားရေးမှူး၊ မြန်မာနိုင်ငံအမှတ်(၁) စက်မှုဝန်ကြီးဌာနကြေထည်မြေထည်လုပ်ငန်း)

(၁၉၉၆ ခုနှစ်ဇွန်လတွင် တရုတ်ပြည်နိုင်ငံခြားစီးပွားရေးနှင့်ကုန်သွယ်ရေးဝန်ကြီးဌာနက မြန်မာနိုင်ငံတွင် ဘိလပ်မြေစက်ရုံတည်ဆောက်ရန်အတွက် မြန်မာနိုင်ငံသက်ဆိုင်ရာလူကြီးများနှင့်ဆွေးနွေးရန် စီးပွားရေး ကိုယ်စားလှယ် အဖွဲ့တစ်ဖွဲ့ကို စေလွှတ်လိုက်ပါသည်။ မြန်မာနိုင်ငံကို ရောက်သောဒုတိယနေ့မနက်(၁၀)နာရီတွင် မြန်မာနိုင်ငံ နိုင်ငံခြားရင်းနှီးမြှုပ်နှံမှုကော်မတီ သက်ဆိုင်ရာလူကြီးနှင့်ဆွေးနွေးရန် (၉၃၀)တွင် ကားဖြင့် ကမ်းနားလမ်းဘက်သို့ ထွက်လာခဲ့ကြ၏။ နိုင်ငံခြားရင်းနှီးမြှုပ်နှံမှုကော်မတီရုံးရှေ့သို့ ရောက်သောအခါ မြန်မာမိတ်ဆွေများ စောင့်ကြိုနေသည်ကို တွေ့ရသည်။)

ဃ။ ညွှန်ချုပ်၊ ရင်းနှီးမြှုပ်နှံမှုကော်မတီရုံးကို ရောက်ပြီ။ ကားပေါ်က ဆင်းကြရအောင်။
က။ ကောင်းပြီ။ ဆင်းမယ်။
ခ။ ကြိုဆိုပါတယ်။ လိုက်လိုက်လဲလဲကြိုဆိုပါတယ်။ အထဲကြွပါခင်ဗျာ။
က။ ဟုတ်ကဲ့၊ မကျေးဇူးတင်ပါဘဲ။
ခ။ ညည်းခန်းထဲမှာ ခဏထိုင်ပါဦး။ ညွှန်ချုပ်ကဝန်ကြီးနဲ့အတူ တခြားနိုင်ငံခြားဧည့်သည်တော်များကို လက်ခံတွေ့ဆုံနေတယ်။ အခု (၁၀)နာရီထိုးဖို့(၁၀)မိနစ်လိုပါသေးတယ်။ တော်ကြာ(၁၀)နာရီထိုးတဲ့အမှာကျွန်တော်လာ ခေါ်မယ်။ ရေနွေးကြမ်းလေး သောက်ပါ။ မုန့်ကိုလည်းသုံးဆောင်ပါဦး။

(၁၀နာရီထိုးသောအခါ.....)

ခ။ (၁၀)နာရီထိုးပြီ၊ အပေါ်ထပ်ခန်းမဆောင်ကို ကြွပါ။ ညွှန်ချုပ်က စောင့်နေပါတယ်။
က။ ဟုတ်ကဲ့။

(အပေါ်ထပ်စည်းဝေးခန်းထဲရှိညွှန်ချုပ် ဦးဝင်းမွန်သည် ထိုင်နေရာမှ မတ်တတ်ရပ်ပြီးကြိုဆိုနှုတ်ဆက်သည်။ ပြီးလျှင် စားပွဲအကြီးကြီး၏တစ်ဖက်တချက်တွင် အသီးသီးနေရာယူကြသည်။)

ဂ။ ခုလို မိတ်ဆွေကြီးတွေကို တွေ့ခွင့်ရတဲ့အတွက် များစွာဝမ်းသာမိပါတယ်။ ဝန်ကြီးရဲ့ကိုယ်စား

ကြရောက်လာကြတဲ့တရုတ်မိတ်ဆွေတို့ကို လိုက်လိုက်လှဲ့လှဲ့ကြိုဆိုကြောင်း ပြောကြားပါရစေ။

ကျ။ ညွှန်ချုပ်တို့ကို တွေ့ခွင့်ရတဲ့အတွက် ကျွန်တော်တို့လည်း ဝမ်းမြောက်ဝမ်းသာဖြစ်မိပါတယ်။ အခု ကျွန်တော်က လိုက်ပါလာတဲ့အဖွဲ့ဝင်များကို မိတ်ဆက်ပေးပါမယ်။ ကျွန်တော်က တရုတ်ပြည်နိုင်ငံခြားစီးပွားရေးနဲ့ ကုန်သွယ်ရေးဝန်ကြီးဌာန နိုင်ငံတကာပူးပေါင်းဆောင်ရွက်ရေးဌာန ညွှန်ကြားရေးမှူးချုပ်ပါ။ ဒါက ကျွန်တော့်နာမည်ကတ်ဖြစ်ပါတယ်။ ကျွန်တော့်ဘေးမှာထိုင်တဲ့လူက မစ္စတာကျောက်ဖြစ်ပါတယ်။ တရုတ်ပြည် စမ်းတုန်းပြည်နယ် ဘိလပ်မြေစက်ရုံက အထွေထွေမန်နေဂျာပါ။ ဟိုဘက်မှာထိုင်တဲ့လူက မစ္စတာလီပါ။ ညွှန်ကြားရေးမှူးဖြစ်ပါတယ်။ ဟိုဘက်အစွန်ဆုံးက ဒေါ်ဝေဝေဖြစ်ပါတယ်။ စကားပြန်ပါ။

ဂ။ သိရတာ ဝမ်းသာပါတယ်။ အခု ကျွန်တော်တို့မြန်မာဘက်က တက်ရောက်တဲ့ပုဂ္ဂိုလ်တွေကို မိတ်ဆက်ပေး ပါရစေ။ ကျွန်တော်က ညွှန်ကြားရေးမှူးချုပ်ပါ။ နိုင်ငံခြားရင်းနှီးမြှုပ်နှံမှုကော်မတီကပါ။ ကျွန်တော့်ဘေးမှာ ထိုင်နေတဲ့သူက အမှတ်(၁)စက်မှုဝန်ကြီးဌာနက ကြေထည်မြေထည်လုပ်ငန်း ဦးဆောင်ညွှန်ကြားရေးမှူးပါ။ အမည်က ဦးမြင့်အောင်တဲ့။ ဦးမြင့်အောင်ဘေးမှာထိုင်နေတဲ့သူက ဦးလှရွှေတဲ့။ နိုင်ငံခြားရင်းနှီးမြှုပ်နှံမှုကော်မတီ ညွှန်ကြားရေးမှူးပါ။ ဟိုဘက်အစွန်ဆုံးက မော်ကွန်းထိန်း ဒေါ်ဝင်းဖြစ်ပါတယ်။

ကျ။ ညွှန်ချုပ်ခင်ဗျား။ ကျွန်တော်တို့အဖွဲ့ မြန်မာနိုင်ငံလာရောက်လည်ပတ်တဲ့ရည်ရွယ်ချက်ကို ပြောပြပါမယ်။ တရုတ်ပြည် စမ်းတုန်းပြည်နယ်ဘိလပ်မြေစက်ရုံက အဆွေတော်တို့နိုင်ငံမှာ ဘိလပ်မြေစက်ရုံတစ်ရုံထောင်ဖို့ ဆန္ဒရှိပါတယ်။ အဲဒီကိစ္စကို ဆွေးနွေးဖို့အတွက် ကျွန်တော်တို့ရောက်ရှိလာခြင်း ဖြစ်ပါတယ်။ ဒီကိစ္စနဲ့ပတ်သက်ပြီး ညွှန်ချုပ်တို့ရဲ့သဘောထားကို သိချင်ပါတယ်။

ဂ။ အခု ကျွန်တော်တို့နိုင်ငံရဲ့ဆောက်လုပ်ရေးလုပ်ငန်းဟာ အရှိန်အဟုန်နဲ့တိုးတက်နေဆဲ ဖြစ်ပါတယ်။ ပြည်တွင်းဖြစ်ဆောက်လုပ်ရေးပစ္စည်းမလုံလောက်လို့ နိုင်ငံခြားကဝယ်ယူတင်သွင်းတာကို အားကိုးနေရတယ်။ အထူးသဖြင့် ဘိလပ်မြေရယ်၊ သံချောင်းရယ်၊ သုတ်ဆေးရယ်၊ ရောင်စုံမှန်ရယ် စတဲ့ဆောက်လုပ်ရေး ပစ္စည်းတွေ အများကြီးလိုအပ်ပါတယ်။ ဒါကြောင့်၊ အဆွေတော်တို့ရဲ့အစီစဉ်ကို ကျွန်တော်တို့ဘက်က သဘောမတူစရာ မရှိပါဘူး။ ကြိုဆိုပါတယ်။ လုပ်ဖြစ်စေချင်ပါတယ်။

ကျ။ နိုင်ငံခြားကလာပြီးရင်းနှီးမြှုပ်နှံလို့ရှိရင် ဘယ်လိုပုံစံနဲ့ပြုလုပ်ရမလဲဆိုတာကို သိပါရစေ။

ဂ။ အဲဒါက တစ်ဦးပိုင်လုပ်ငန်းဖြစ်ဖြစ်၊ ဖက်စပ်လုပ်ငန်းဖြစ်ဖြစ်၊ အစုစပ်လုပ်ငန်းဖြစ်ဖြစ်၊ အကုန်ရပါတယ်။ ခင်ဗျားတို့ သဘောဆန္ဒအတိုင်းပါ။ ကြိုက်ရာပုံစံနဲ့လုပ်နိုင်ပါတယ်။ ဖက်စပ်လုပ်ငန်းပုံစံနဲ့လုပ်ချင်ရင် နိုင်ငံခြား မတည်ငွေရင်းက စုစုပေါင်းမတည်ငွေရင်းရဲ့အနည်းဆုံး (၃၅) ရာခိုင်နှုန်း ဖြစ်ရမယ်။

ကျ။ နိုင်ငံခြားရင်းနှီးမြှုပ်နှံသူများအတွက် ဘာများဦးစားပေးမှုရှိသလဲ။

ဂ။ ကုန်ထုတ်လုပ်မှုလုပ်ငန်းစတဲ့နှစ်အပါအဝင်အနည်းဆုံးသုံးနှစ်အတွက်ဝင်ငွေခွန်ကင်းလွတ်ခွင့်ခံစားနိုင်ပါတယ်။ လုပ်ငန်းကရရှိတဲ့အမြတ်ငွေတွေကို တစ်နှစ်အတွင်းမှာ ပြန်လည်ရင်းနှီးရင် အဲဒီအမြတ်ငွေအပေါ် ဝင်ငွေခွန် ကင်းလွတ်ခွင့်၊ ဒါမှမဟုတ် သက်သာခွင့်ခံစားနိုင်တယ်။

ကျ။ လုပ်ငန်းအတွက် စက်ပစ္စည်း၊ စက်ကိရိယာ၊ အဆောက်အအုံ၊ သို့မဟုတ် လုပ်ငန်းသုံးအခြား မတည်ပစ္စည်း များအပေါ် ပစ္စည်းတန်ဖိုးဘယ်လိုနှုန်းထားနဲ့လျော့တွက်ရပါသလဲ။

ဂ။ အဲဒါက ကော်မရှင်ကသတ်မှတ်ထားတဲ့နှုန်းထားအတိုင်း နှစ်တိုတိုနဲ့မှုလတန်ဖိုးပြည့်မီအောင် လျော့တွက်ရပါတယ်။

ကျ။ ထုတ်လုပ်တဲ့ပစ္စည်းတွေကို ပြည်ပကိုတင်ပို့ရောင်းချရင် ရရှိတဲ့အမြတ်ငွေအပေါ်မှာ ဝင်ငွေခွန် ဘယ်လိုဆောင်ရ

ပါသလဲ။
ဂ။ စုစုပေါင်းအမြတ်ငွေရဲ့(၅၀)ရာခိုင်နှုန်းအထိ သက်သာခွင့်ခံစားနိုင်တယ်။
ဟ။ တကယ်လို့ အထက်ပါ ဝင်ငွေခွန်ကင်းလွတ်ခွင့် ဒါမှမဟုတ် သက်သာခွင့်ကိုခံစားပြီး လုပ်ငန်းအရှုံးပေါ်ရင် ဘယ်လိုလုပ်ရပါ့မလဲ။
ဂ။ တကယ်ဝင်ငွေရှုံးရင် အရှုံးပေါ်ပေါက်တဲ့နှစ်ကစပြီး အရှုံးငွေကို တစ်ဆက်တည်း(၃)နှစ်ကာလအထိ သယ်ယူခုနှိမ်နိုင်ပါတယ်။
က။ လုပ်ငန်းတည်ဆောက်ရာမှာ တကယ်လိုအပ်လို့ နိုင်ငံခြားက တင်သွင်းတဲ့စက်ပစ္စည်းတွေ၊ စက်ကိရိယာတွေ၊ အသုံးအဆောင်တန်ဆာပလာတွေ၊ စက်အရန်ပစ္စည်းတွေအတွက် အကောက်ခွန်ဆောင်ဖို့ လိုသေးသလား။
ဂ။ မလိုပါဘူးခင်ဗျာ။ အကောက်ခွန်ဖြစ်ဖြစ်၊ တခြားပြည်တွင်းအခွန်အကောက်များဖြစ်ဖြစ်၊ နှစ်မျိုးလုံးကို ဖြစ်ဖြစ် ကင်းလွတ်ခွင့် ဒါမှမဟုတ်သက်သာခွင့်ခံစားနိုင်ပါတယ်။
က။ လုပ်ငန်းတည်ဆောက်မှု ပြီးစီးလို့ရှိရင် ကုန်ထုတ်လုပ်ဖို့ နိုင်ငံခြားကတင်သွင်းလာတဲ့ကုန်ကြမ်းများအပေါ် အကောက်ခွန်ဆောင်ဖို့ လိုသေးသလား။
ဂ။ အဲဒါလဲ မလိုပါဘူး။ ကုန်ထုတ်လုပ်ဖို့အတွက် တင်သွင်းလာတဲ့ကုန်ကြမ်းတွေအတွက် အကောက်ခွန်ဖြစ်ဖြစ်၊ တခြားပြည်တွင်းအခွန်အကောက်များဖြစ်ဖြစ် အခွန်ကင်းလွတ်ခွင့် ဒါမှမဟုတ် သက်သာခွင့်ခံစားနိုင်ပါတယ်။
က။ သိရတာ ဝမ်းသာပါတယ်။ ဒါထက်၊ ဘိလပ်မြေစက်ရုံအကြောင်းတွေကို ဆွေးနွေးချင်ပါသေးတယ်။
ဂ။ ရပါတယ်။ ဆွေးနွေးချင်သမျှ အကုန်ဆွေးနွေးနိုင်ပါတယ်။
က။ မြန်မာနိုင်ငံမှာ ဘိလပ်မြေစက်ရုံ ဘယ်နှစ်ရုံရှိပါသလဲ။
ဂ။ စုစုပေါင်း သုံးရုံပဲ ရှိပါတယ်။ အမှတ်(၁)စက်ရုံဟာ မကွေးတိုင်း သရက်မြို့မှာ၊ အမှတ်(၂)စက်ရုံဟာ စစ်ကိုင်းတိုင်း ကြံခင်းမြို့မှာ၊ အမှတ်(၃)စက်ရုံဟာ ကရင်ပြည်နယ် ဘားအံမြို့မှာ အသီးသီးတည်ရှိပါတယ်။
က။ အဲဒီစက်ရုံတွေကို ဘယ်တုန်းက တည်ထောင်ပါသလဲ။
ဂ။ အမှတ်(၁)စက်ရုံဟာ ၁၉၃၅ ခုနှစ်တုန်းက စတင်ပြီး ၁၉၃၇ ခုနှစ်မှာတည် ဆောက်ပြီးစီးတာပါ။ အမှတ်(၂) စက်ရုံဟာ ၁၉၇၀ ပြည်နှစ်တုန်းက တည်ဆောက်ထားတာဖြစ်ပါတယ်။ အမှတ်(၃)စက်ရုံဟာ ၁၉၈၀ ပြည်နှစ်တုန်းက တည်ဆောက်ထားတာပါ။
က။ မြန်မာနိုင်ငံမှာ တစ်နေ့ကို ဘိလပ်မြေ ဘယ်လောက်ထုတ်လုပ်နိုင်ပါသလဲ။
ဂ။ စက်စွမ်းအားအနေနဲ့ တစ်နေ့ကို တန်ပေါင်းသုံးထောင့်ခြောက်ရာ၊ တစ်နှစ်ကို တန်ပေါင်းတစ်သန်းနဲ့ သုံးရာကျော် ထုတ်လုပ်နိုင်ပါတယ်။ ဒါပေမဲ့၊ သဘာဝဓာတ်ငွေ့လောင်စာနဲ့ လျှပ်စစ်ဓာတ်အား အခြေအနေကြောင့်၊ စက်စွမ်းအားအပြည့် မထုတ်လုပ်နိုင်ဘဲ လောလောဆယ်တစ်နှစ်ကို တန်လေး သိန်းငါးသိန်းလောက်ပဲ ထွက်ပါတယ်။
က။ တစ်နှစ်ကို တန်ပေါင်းလေးငါးသိန်းဆို လောက်သလား။
ဂ။ ဘယ်လောက်ပါ့မလဲ။ ကျွန်တော်တို့မြန်မာနိုင်ငံမှာ တစ်နှစ်ကို အနည်းဆုံး ဘိလပ်မြေတန်ပေါင်းနှစ်သန်းကျော် လိုအပ်ပါတယ်။
က။ ဒါဆို တစ်နှစ်ကို အနည်းဆုံး တစ်သန်းကျော် ပြည့်ပေးရတာပေါ့။ ဘယ်လိုလုပ်ရသလဲ။
ဂ။ မတတ်နိုင်ဘူးလေ။ နိုင်ငံခြားငွေကိုသုံးပြီး အဆွေတော်တို့နိုင်ငံ၊ ထိုင်းနိုင်ငံ၊ အင်ဒိုနီးရှားနိုင်ငံ၊ မလေးရှား

		နိုင်ငံတို့ကတင်သွင်းပြီး ပြည်တွင်းဈေးကွက်ကို ဖြည့်ဆည်းရတယ်။ ဒါကြောင့် အဆွေတော်တို့က ကျွန်တော်တို့ နိုင်ငံမှာ ဘိလပ်မြေစက်ရုံဆောက်ဖို့ လာဆွေးနွေးခြင်းကို လိုက်လိုက်လှဲလှဲကြိုဆိုကြတာပေါ့။
က။	။	ကျွန်တော်တို့က မြန်မာနိုင်ငံ ကြွေထည်မြေထည်လုပ်ငန်းနဲ့ ဖက်စပ်ဘိလပ်မြေစက်ရုံ တည်ထောင်ချင်တယ်။ ကျွန်တော်တို့ဘက်က စက်ကိရိယာတွေ၊ စက်ပစ္စည်းတွေ၊ နည်းပညာတွေနဲ့ရင်းနှီးမြှုပ်နှံမယ်။ အဆွေတော်တို့ဘက်က အလုပ်ရုံများ၊ ကုန်ကြမ်းများ၊ အလုပ်သမားများနဲ့ရင်းနှီးမြှုပ်နှံမယ်။ ဒီလိုလုပ်ရင် မကောင်းဘူးလား။
ခ။	။	ကောင်းပါတယ်။ သဘောတူပါတယ်။ ဒါထက် အဆွေတော်တို့ဘက်က ရင်းနှီးမြှုပ်နှံမှုအစုရှယ်ယာ ဘယ်လောက်ပါချင်သလဲ။
က။	။	ကျွန်တော်တို့ဘက်က (၅၀)ရာခိုင်နှုန်း၊ ခင်ဗျားတို့ဘက်ကလည်း (၅၀)ရာခိုင်နှုန်းနဲ့ အသီးသီးရင်းနှီးမြှုပ်နှံရင် မကောင်းဘူးလား။
ခ။	။	ကောင်းသားပဲ။ ကျွန်တော်တို့လည်း ဒီလိုပဲစိတ်ကူးထားပါတယ်။
က။	။	ဒါဆို ခင်ဗျားတို့ဘက်က ဘိလပ်မြေစက်ရုံကို ဘယ်နေရာမှာ တည်ဆောက်ဖို့ စီစဉ်ချင်သလဲ။
ခ။	။	ဧရာဝတီတိုင်းမှာ တည်ဆောက်နိုင်ရင် ကောင်းမယ်ထင်တယ်။ ဘာကြောင့်လဲဆိုတော့၊ ဧရာဝတီတိုင်းမှာ ထုံးကျောက်လည်းရှိတယ်။ နောက်တစ်ခါ သဘာဝဓာတ်ငွေ့လောင်စာလည်း လုံလုံလောက်လောက်ရှိလို့ပါ။ အဆွေတော်တို့ဘက်က ဘယ်လိုသဘောထားသလဲ။
က။	။	ကျွန်တော်တို့ဘက်က ဘာမှ သဘောမတူစရာမရှိပါဘူး။ လက်တွေ့ကြည့်ဖို့ပဲ လိုအပ်ပါတယ်။
ခ။	။	ဒါဆို မနက်ဖြန် ကျွန်တော်တို့နှစ်ဦးနှစ်ဘက် M.O.U.တစ်ခုချုပ်ဆိုကြရအောင်။ မကောင်းဘူးလား။
က။	။	ကောင်းပါတယ်။
ဃ။	။	ညွှန့်ချုပ်ရှင်၊ မနက်ဖြန် ကျွန်မတို့ဘယ်မှာ စာချုပ်ချုပ်ဆိုမလဲ။ ဘယ်အချိန် စမလဲ။
ဂ။	။	မနက်ဖြန်လည်း ဒီမှာပဲလုပ်ရင် မကောင်းဘူးလား။
ဃ။	။	ကောင်းပါတယ်ဆရာ။ ဒါဆို မနက်ဖြန်ဒီမှာပဲ တွေ့မှာပေါ့။
ဂ။	။	ကောင်းပါပြီ။
ဃ။	။	ကျွန်မတို့ ပြန်လိုက်ပါဦးမယ်။

ဝေါဟာရ

ဘိလပ်မြေစက်ရုံ(န) 水泥厂	ကြွေထည်မြေထည်လုပ်ငန်း(န) 陶瓷公司
ရင်းနှီးမြှုပ်နှံမှု(န) 投资	အထွေထွေမန်နေဂျာ(G.M.)(န) 总经理
ဦးဆောင်ညွှန်ကြားရေးမှူး(M.D.)(န) 董事长	မော်ကွန်းထိန်း(န) 档案管理员
ပြည်တွင်းဖြစ်(နဝ) 国产的	သံချောင်း(န) 钢筋
သုတ်ဆေး(န) 油漆, 涂料	ရောင်စုံမှန်(န) 彩色玻璃, 有色玻璃
တစ်ဦးတည်းပိုင်လုပ်ငန်း(န) 独资企业	ဖက်စပ်လုပ်ငန်း(န) 合资企业
မတည်ငွေရင်း(န) 资金, 投资金额	ဦးစားပေးမှု(န) 优待, 优惠, 优先
ဝင်ငွေခွန်(န) 所得税	ကင်းလွတ်ခွင့်(န) 免除, 豁免
အမြတ်ငွေ(န) 利润	ခံစား(က) 享受, 享有, 感受

သက်သာ(နဝ) 减轻, 减免   စက်ပစ္စည်း(န) 零部件
စက်ကိရိယာ(န) 机器, 机械设备   နှုန်းထား(န) 率, 比率, 速率
မူလတန်ဖိုး(န) 原来的价值   ပြည့်မီ(က) 达到, 圆满
လျော့တွက်(က) 折旧   အရှုံး(န) 亏损
သယ်ယူ(က) 搬运, 运送, 转移   ခုနှိမ်(က) 扣除
အသုံးအဆောင်(န) 用具, 工具   တန်ဆာပလာ(န) 工具, 器具
စက်အရန်ပစ္စည်း(န) 配件   အခွန်အကောက်(န) 赋税
အကောက်ခွန်ဆောင်(က) 交纳关税   စက်စွမ်းအား(န) 设备能力
သဘာဝဓာတ်ငွေ့(န) 天然气   လျှပ်စစ်ဓာတ်အား(န) 电力
နည်းပညာ(န) 技术   ကုန်ကြမ်း(န) 原料
အစုရှယ်ရာ(န/အစု+လိပ် share) 股份   ထုံးကျောက်(န) 石灰石
လောင်စာ(န) 燃料   M.O.U.(လိပ်) 谅解备忘录

လေ့ကျင့်ခန်း

၁။ ကွင်းထဲက ဝေါဟာရများကို ပေးထားသောဝေါဟာရများဖြင့် အစားထိုးလေ့ကျင့်ပါ။

(၁) (တရုတ်ပြည်စမ်းတုန်းပြည်နယ်ဘီလပ်မြေစက်ရုံကအဆွေတော်တို့နိုင်ငံမှာဘီလပ်မြေစက်ရုံတစ်ရုံထောင်)
ဖို့ဆန္ဒရှိပါတယ်။
   ခင်ဗျားနဲ့ပေါင်းလုပ်
   သူတို့လင်မယားနှစ်ယောက်ကိုကျွေး
   မြန်မာနိုင်ငံကိုနောက်တစ်ခေါက်သွားလည်
   ရာသီဥတုပွင့်လင်းတဲ့ဆောင်းချုင်းရာသီမှာပျော်ပွဲစားထွက်

(၂) (နိုင်ငံခြားကလာရင်းနှီးမြှုပ်နှံလိုရှိရင် ဘယ်လိုပုံစံနဲ့ပြုလုပ်ရမလဲ) ဆိုတာကိုသိပါရစေ။
   ခင်ဗျားပြောတာဘာအဓိပ္ပာယ်လဲ
   အနောက်ကန်ဟာဘာကိုဆိုလိုတာလဲ
   ဒီကိစ္စနဲ့ပတ်သက်ပြီးသူသဘောကဘာလဲ
   မနက်ဖြန်သူသွားမှာလားမသွားဘူးလား

(၃) (ကုန်ထုတ်လုပ်မှုလုပ်ငန်းစတဲ့နှစ်) အပါအဝင် (အနည်းဆုံးသုံး နှစ်အတွက်ဝင်ငွေခွန်ကင်းလွတ်ခွင့်ခံစားနိုင်)
ပါတယ်။
   သူတို့နှစ်ယောက်   စာမေးပွဲဝင်ဖြေသူစုစုပေါင်း ၁၂ ယောက်ရှိ
   မောင်ဘ   သူတို့အတန်းထဲမှာလူစုစုပေါင်း ၁၀ ယောက်ရှိ
   မယဉ်ယဉ်   အတန်းတင်စာမေးပွဲအောင်တဲ့သူ ၆ ယောက်ရှိ
   အရှေ့အားကစားကွင်း   စုစုပေါင်းအားကစားကွင်း ၃ ခုရှိ

၂။ ။ အောက်ပါ မေးခွန်းများကို နှုတ်ဖြင့်ဖြေပါ။

(၁) တရုတ်ပြည် နိုင်ငံခြားစီးပွားရေးနှင့် ကုန်သွယ်ရေးဝန်ကြီးဌာနက မြန်မာနိုင်ငံကို စီးပွားရေးကိုယ်စားလှယ် အဖွဲ့တစ်ခု ဘာဖြစ်လို့စေလွှတ်ရသလဲ။

(၂) တရုတ်ပြည် ကိုယ်စားလှယ်အဖွဲ့ဟာ မြန်မာနိုင်ငံကို ရောက်တဲ့ဒုတိယနေ့ ဘယ်အချိန်မှာ ဘယ်ဌာနကို သွားကြသလဲ။

(၃) မြန်မာနိုင်ငံ နိုင်ငံခြားရင်းနှီးမြှုပ်နှံမှုကော်မတီ ရုံးစိုက်ရာကိုရောက်တော့ မြန်မာဘက်က စောင့်ကြိုတဲ့လူ ရှိပါသလား။

(၄) တရုတ်ပြည် စီးပွားရေးကိုယ်စားလှယ်အဖွဲ့က မြန်မာနိုင်ငံနိုင်ငံခြားရင်းနှီးမြှုပ်နှံမှုကော်မတီလူကြီးမင်းကို ချက်ချင်းတွေ့ရသလား။

(၅) တရုတ်ကိုယ်စားလှယ်အဖွဲ့ကို မြန်မာနိုင်ငံနိုင်ငံခြားရင်းနှီးမြှုပ်နှံမှုလူကြီးမင်းက ဘယ်နေရာမှာ တွေ့ဆုံသလဲ။

(၆) အဲဒီတွေ့ဆုံဆွေးနွေးပွဲကို တရုတ်ဘက်ကပါဝင်တဲ့လူက ဘယ်နှယောက်ရှိသလဲ။ အသေးစိတ်ပြောပြပါ။

(၇) မြန်မာဘက်ကကော။ ပါဝင်ဆွေးနွေးတဲ့လူ ဘယ်နှယောက်ရှိပါသလဲ။ သူတို့ရဲ့ရာထူးက ဘာလဲ။

(၈) တရုတ်ပြည် စမ်းတုန်းပြည်နယ် ဘိလပ်မြေစက်ရုံက မြန်မာနိုင်ငံမှာ ဘာစက်ရုံများ တည်ချင်သလဲ။

(၉) တရုတ်ပြည်က မြန်မာနိုင်ငံမှာ ဘိလပ်မြေစက်ရုံတည်ဖို့အစီအစဉ်ကိုမြန်မာဘက်ကဘာဖြစ်လို့ လိုက်လို့လက်လံကြိုဆိုသလဲ။

(၁၀) နိုင်ငံခြားကုမ္ပဏီတွေ မြန်မာနိုင်ငံမှာ ရင်းနှီးမြှုပ်နှံလို့ရှိရင် ဘယ်လိုပုံစံနဲ့လုပ်ရမလဲ။

(၁၁) နိုင်ငံခြားရင်းနှီးမြှုပ်နှံသူတွေဟာ မြန်မာနိုင်ငံမှာ ရင်းနှီးမြှုပ်နှံရင် ဘာဦးစားပေးမှုများခံစားနိုင်သလဲ။

(၁၂) လုပ်ငန်းတစ်ခုခုလုပ်မယ်ဆိုရင် လုပ်ငန်းအတွက် စက်ပစ္စည်း၊ စက်ကိရိယာ၊အဆောက်အဦး၊ ဒါမှမဟုတ် လုပ်ငန်းသုံးအခြားမတည်ပစ္စည်းများအပေါ် ပစ္စည်းတန်ဖိုး ဘယ်လိုနှုန်းထားနဲ့လျော့တွက်ရသလဲ။

(၁၃) ထုတ်လုပ်တဲ့ပစ္စည်းတွေ ပြည်ပကို တင်ပို့ရောင်းချရင် ရရှိတဲ့အမြတ်ငွေအပေါ်မှာ ဝင်ငွေခွန် ဘယ်လိုဆောင်ရသလဲ။

(၁၄) တကယ်လို့ လုပ်ငန်းက စက်လည်ပြီး အမြတ်အစွန်းမရှိဘဲ အရှုံးပေါ်ရင် ဘယ်လိုလုပ်ရပါ့မလဲ။

(၁၅) လုပ်ငန်းတည်ဆောက်ရာမှာ တကယ်လိုအပ်လို့ နိုင်ငံခြားက တင်သွင်းလာတဲ့စက်ပစ္စည်း၊ စက်ကိရိယာ၊ အသုံးအဆောင် တန်ဆာပလာ၊ စက်အရန်ပစ္စည်းများအတွက် အကောက်ခွန်ဆောင်ဖို့ လိုသေးသလား။

(၁၆) လုပ်ငန်းတည်ဆောက်မှုပြီးစီးလို့ရှိရင် ကုန်ထုတ်လုပ်ဖို့ နိုင်ငံခြားက တင်သွင်းလာတဲ့ကုန်ကြမ်းတွေအပေါ် အကောက်ခွန်ဆောင်ဖို့ လိုသလား။

(၁၇) မြန်မာနိုင်ငံမှာ ရင်းနှီးမြှုပ်နှံမှုဆိုင်ရာကိစ္စများကို ဆွေးနွေးပြီး ဘာကိစ္စကို ဆွေးနွေးသေးသလဲ။

(၁၈) မြန်မာနိုင်ငံမှာ ဘိလပ်မြေစက်ရုံ စုစုပေါင်း ဘယ်နှရှိသလဲ။

(၁၉) အဲဒီဘိလပ်မြေစက်ရုံတွေကို ဘယ်တုန်းက တည်ဆောက်ခဲ့သလဲ။

(၂၀) မြန်မာနိုင်ငံမှာရှိတဲ့ဘိလပ်မြေစက်ရုံတွေဟာ စက်စွမ်းအားအနေနဲ့ တစ်နေ့ကို ဘိလပ်မြေ ဘယ်လောက် ထုတ်လုပ်နိုင်သလဲ။

(၂၁) လျှပ်စစ်ဓာတ်အားအခြေအနေကြောင့် အခု အဲဒီဘိလပ်မြေစက်ရုံတွေဟာ တစ်နေ့ကို ဘိလပ်မြေ ဘယ်လောက်ထုတ်လုပ် နိုင်သလဲ။

(၂၂) လက်တွေ့အသုံးချမှု အခြေအနေကို ကြည့်ခြင်းအားဖြင့် မြန်မာနိုင်ငံမှာ တစ်နှစ်ကိုဘိလပ်မြေ

ဘယ်လောက်လိုတယ်လို့ ခန့်မှန်းရသလဲ။

(၂၃) ပြည်တွင်းဈေးကွက်မှာ လိုအပ်တဲ့ဘိလပ်မြေကို ဖြည့်ဆည်းပေးဖို့အတွက် သက်ဆိုင်ရာအာဏာပိုင်က ဘယ်လိုနည်းနဲ့ ဖြေရှင်းပေးသလဲ။

(၂၄) တရုတ်ပြည် စမ်းတုန်းပြည်နယ် ဘိလပ်မြေစက်ရုံက မြန်မာနိုင်ငံမှာ ဘိလပ်မြေစက်ရုံတည်ဆောက်ဖို့ကိစ္စကို မြန်မာဘက် ကသဘောတူသလား။

(၂၅) တရုတ်မြန်မာ နှစ်ဦးနှစ်ဘက် ဆွေးနွေးခြင်းအားဖြင့် ဘယ်လိုလုပ်ငန်းပုံစံနဲ့ ဘိလပ်မြေစက်ရုံကိုထောင်ဖို့ သဘောတူခဲ့ကြသလဲ။

(၂၆) ဘိလပ်မြေစက်ရုံကို ဘယ်နေရာမှာတည်ဆောက်ဖို့ မြန်မာဘက်က ရည်ရွယ်ထားသလဲ။ ဘာကြောင့်လဲ။

(၂၇) ဆွေးနွေးပွဲနောက်ဆုံးမှာ တရုတ်မြန်မာနှစ်ဦးနှစ်ဘက်က ဘာစာချုပ်များ ချုပ်ဆိုကြဦးမှာလဲ။

၃။ ။ ပေးထားသော အောက်ပါ အချက်အလက်များကို အခြေခံ၍ စကားပြောတစ်ပုဒ် ရေးပါ။

应缅甸第一工业部陶瓷公司的邀请，以中国建材总公司董事长为首的代表团一行前往缅甸就建设瓷砖厂事宜进行谈判。近年来，缅甸建筑业迅速发展，急需各种建材。瓷砖的需求量很大。缅甸国内只有一个规模很小的瓷砖厂，产量供不应求。高档次大尺寸的瓷砖缅甸根本不能生产，必须靠进口以满足国内市场的供应。为此，缅甸第一工业部决定与中国合作建设一座瓷砖厂，以解燃眉之急。经过几天的谈判，双方最后签定了协议，双方各投资200万美元以合资方式在仰光远郊建设一座年产30万平方米的瓷砖厂。

သင်ခန်းစာ(၃၆)   ကွန်ပျူတာအကြောင်း ဆွေးနွေးကြရအောင်

ကျ ။ မစ္စတာချို(ညွှန်ကြားရေးမှူးချုပ်၊ တရုတ်ပြည်သိပ္ပံနှင့်နည်းပညာ ဝန်ကြီးဌာန)
ခ။ ။ ဝေဝေ(တရုတ်စကားပြန်)
ဂ။ ။ ဦးမြသန်း(ညွှန်ကြားရေးမှူးချုပ်၊ မြန်မာနိုင်ငံသိပ္ပံနှင့်နည်းပညာ ဝန်ကြီးဌာန)

(တရုတ်ပြည် သိပ္ပံနှင့်နည်းပညာဝန်ကြီးဌာန၏ဖိတ်ကြားချက်အရ မြန်မာနိုင်ငံ သိပ္ပံနှင့်နည်းပညာဝန်ကြီးဌာနက ညွှန်ကြားရေးမှူးချုပ်ဦးမြသန်းခေါင်းဆောင်သောကွန်ပျူတာနှင့်သိပ္ပံပညာကိုယ်စားလှယ်အဖွဲ့သည် တရုတ်ပြည်ကို တစ်ပတ်ကြာလာရောက်လည်ပတ်ကြည့်ရှုကြပါသည်။ မြန်မာ၍သည်သည်တော်များ ပီကင်းမြို့ကို ရောက်လာသည့် ဒုတိယမြောက်နေ့နံနက်ပိုင်း(၉း၀၀)တွင် တရုတ်ပြည် သိပ္ပံနှင့်နည်းပညာဝန်ကြီးဌာနဝန်ကြီးသည် ဦးမြသန်း နှင့်အဖွဲ့ဝင်အားလုံးကို လက်ခံတွေ့ဆုံ၍ ဂုဏ်ပြုနေ့လည်စာတည်ခင်းပြီး ကျွေးမွေးပါသည်။ ယင်းနေ့ ညနေပိုင်းတွင် မြန်မာကိုယ်စားလှယ်အဖွဲ့သည် ပီကင်းတက္ကသိုလ်ကွန်ပျူတာ နည်းပညာဌာနကိုလည်းကောင်း၊ ချင်တွာတက္ကသိုလ် ကွန်ပျူတာနည်းပညာဌာနကိုလည်းကောင်း သွားရောက်လေ့လာကြသည်။ တတိယမြောက်နေ့ရောက်သောအခါ ကွန်ပျူတာအကြောင်း၊ အသုံးချရေး အခြေအနေနှင့်ပတ်သက်၍ နှစ်ဦးနှစ်ဘက် ဆွေးနွေးကြသည်။ ဆွေးနွေးပွဲတွင်....)

ခ။ ။ ဆရာကြီးတို့ နေရာယူကြပါ။ ဆွေးနွေးပွဲစပါတော့မယ်။
ဂ။ ။ ကောင်းပါပြီ။
ကျ ။ ဦးမြသန်းခင်ဗျာ။ မျက်မှောက်ခေတ်ဟာ ကွန်ပျူတာခေတ်ဖြစ်ပါတယ်။ ဗဟုသုတထွန်းကားတဲ့ခေတ်လည်း ဖြစ်ပါတယ်။ သတင်းအချက်အလက်ခေတ်လည်း ဖြစ်ပါတယ်။ ကွန်ပျူတာတွေကို လုပ်ငန်းနယ်ပယ် အသီးသီးမှာ ကျယ်ကျယ်ပြန့်ပြန့်အသုံးပြုလာတဲ့ဒီလိုခေတ်ကြီးမှာကမ္ဘာကြီးဟာ ရွာလေးတစ်ရွာသဖွယ် သေးငယ်ကျဉ်းမြောင်းသွားသလိုခံစားရပါတယ်။ ကမ္ဘာကြီးဟာ ကမ္ဘာကြီးမဟုတ်တော့ဘဲ ကမ္ဘာရွာဖြစ်သွား ပါပြီ။ ဒီကမ္ဘာရွာမှာ နေထိုင်နေကြတဲ့တစ်နိုင်ငံနဲ့တစ်နိုင်ငံဟာ ပင်လယ်သမုဒ္ဒရာခြားတယ်လို့မထင်ဘဲ တစ်အိမ်နဲ့တစ်အိမ်လိုနီးတယ်လို့ ထင်ရပါတယ်။ ဒါဟာ ကွန်ပျူတာရဲ့ကျေးဇူးကြောင့် ဖြစ်ပါတယ်။ ဒါကြောင့် ကွန်ပျူတာကို အသုံးပြုခြင်းဟာ အတော်အရေးကြီးတယ်ဆိုတာကို ကျွန်တော်အလေးထားပြောချင်ပါတယ်။
ဂ။ ။ ဟုတ်ပါတယ်။ ညွှန်ပ်ခုနကပြောသွားတာသွေးထွက်အောင် မှန်ပါတယ်။ ကျွန်တော် လုံးဝသဘောတူပါတယ်။ အင်တာနက်ဟာ အံ့မခန်းဆန်းကြယ်တိုးတက်တဲ့နည်းပညာတစ်ရပ်ဖြစ်ပါတယ်။ လျှပ်တစ်ပြက်အတွင်းမှာသတင်း အချက်အလက်များကိုကမ္ဘာဒေသအသီးသီးကိုပို့လွှတ်နိုင်ပါတယ်။ ဒါကြောင့်ကွန်ပျူတာတွေကို အသုံးပြု လာတဲ့အတွက်ကြောင့် ဘယ်နေရာမှ ခရီးမဝေးတော့ဘူး။ နိုင်ငံတွေဟာ အိမ်နီးချင်းတွေလို နီးကပ်လာပြီ။

အိမ်နီးချင်း လှမ်းခေါ်ပြောဆိုသလို ကွန်ပျူတာနဲ့ အချင်းချင်းဆက်ဆံနေပါတယ်။

က။ ဟုတ်ပါတယ်။ ဒီလို လျှင်မြန်စွာတိုးတက်နေတဲ့အင်တာနက်ပေါ်ကသတင်းအချက်အလက်တွေရယူပြီး လုပ်ငန်းနယ်ပယ်အသီးသီးကိုဆောင်ရွက်နိုင်ကြပါတယ်။ အင်တာနက်ပေါ်မှာ အီးမေးခေါ်စာပို့ခြင်း၊ သတင်း ထုတ်ခြင်း၊ ဈေးရောင်းဈေးဝယ်လုပ်ခြင်းများကိုလည်း လုပ်ကိုင်နိုင်ကြတယ်။ မိမိအိမ်မှာရှိတဲ့ကွန်ပျူတာကို အင်တာနက်နဲ့ဆက်သွယ်ထားရင် မိမိအိမ်မှာပဲနေရင်း တစ်ကမ္ဘာလုံးကအကြောင်းတွေကို ချက်ချင်း သိရှိနိုင်ပါတယ်။ အင်တာနက်ကတစ်ဆင့် မိမိစကားပြောလိုသူနဲ့ ကွန်ပျူတာပေါ်မှာ စကားပြောဆိုနီးနော နိုင်ပါတယ်။ တယ်လီဖုန်းတောင် ဆက်ဖို့မလိုတော့ပါဘူး။

ဂ။ ဟုတ်တယ်။ အခုအခါမှာ ကွန်ပျူတာအချင်းချင်းဆက်သွယ်ပြီး ကွန်ပျူတာကွန်ရက်ကြီး ပေါ်ပေါက်လာပါပြီ။ အဲဒီကွန်ပျူတာကွန်ရက်အင်တာနက်ကိုအသုံးပြုပြီး နိုင်ငံရေး၊ စီးပွားရေး၊ လူမှုရေးဆက်သွယ်မှုများကို ကျယ်ကျယ်ပြန့်ပြန့်ထားရှိနိုင်ပါပြီ။ ကွန်ပျူတာကိုအသုံးပြုခြင်းရဲ့အကျိုးကျေးဇူးများကိုရရှိခံစားနေကြပြီ။

က။ ပြီးခဲ့တဲ့ ၃-၄ ရက်မှာ အဆွေတော်က တရုတ်ပြည်မှာ ကွန်ပျူတာအသုံးပြုနေပုံကို လေ့လာပြီးပါပြီ။ ကွန်ပျူတာဟာ တရုတ်ပြည်ခေတ်မီရေးလေးရပ် အကောင်အထည်ဖော်ရေးအတွက် များစွာအကျိုးပြုနေကယ် ဆိုတာကိုလည်း အဆွေတော်တို့ သိရှိနားလည်လောက်ပြီထင်ပါတယ်။ ကျွန်တော်သိချင်တာတော့ အဆွေတော်တို့နိုင်ငံမှာ အခု ကွန်ပျူတာအသုံးပြုတဲ့အခြေအနေ ဖြစ်ပါတယ်။ မိတ်ဆက်ပေးပါဦး။

ဂ။ ကျွန်တော်တို့မြန်မာနိုင်ငံဟာ အခုအခါမှာ ဈေးကွက်စီးပွားရေးစနစ် ကျင့်သုံးနေပါတယ်။ ကမ္ဘာ့နိုင်ငံ အသီးသီးနဲ့ ကုန်သွယ်မှုလုပ်ငန်းများကို လုပ်ကိုင်နေပြီဖြစ်ပါတယ်။ မြန်မာနိုင်ငံရဲ့ထုတ်ကုန်များ၊ ပေါများ ကြွယ်ဝတဲ့သယံဇာတပစ္စည်းများ၊ မြန်မာနိုင်ငံရဲ့အေးချမ်းတည်ငြိမ်မှု၊ ဖွံ့ဖြိုးတိုးတက်မှုများ၊ သာယာလှပတဲ့ သဘာဝရှုခင်းများ၊ မြန်မာလူမျိုးတို့ရဲ့ ရိုးသားဖြူစင်မှု စတာတွေကို ကမ္ဘာက အမှန်အတိုင်းသိစေချင်တယ်။ ဒါကြောင့် ကွန်ပျူတာအသုံးချမှုကို ကျယ်ကျယ်ပြန့်ပြန့်ဆောင်ရွက်ရမယ်။ ဖွံ့ဖြိုးတိုးတက်အောင် လုပ်ရမယ်။ အင်တာနက်စနစ်ကို သိရှိတတ်ကျွမ်းဖို့လည်း လိုအပ်ပါတယ်။ အသုံးပြုတတ်ဖို့လည်း လိုအပ်ပါတယ်။

က။ ဒါဆို မြန်မာနိုင်ငံမှာလည်း ကွန်ပျူတာတိုးတက်နေပြီပေါ့။

ဂ။ ဟုတ်ပါတယ်ခင်ဗျာ။ ကမ္ဘာတဝှမ်း ခေတ်မီဖွံ့ဖြိုးတိုးတက်တဲ့နေရာမှာ ကွန်ပျူတာက ထိပ်တန်းကမဟုတ်လား။ ဒါပေမဲ့ ကျွန်တော်တို့နိုင်ငံမှာ ကွန်ပျူတာအသုံးချတာဟာ ဆရာတို့တရုတ်ပြည်လောက် မထွန်းကားနိုင်သေး ပါဘူး။

က။ နောက်တော့ ဒီထက်မက ပိုတိုးတက်လာမှာပေါ့ညွန့်ချုပ်ရယ်။ ဆန္ဒတွေမစောပါနဲ့။ ဟဲ...ဟဲ...အော်-ဒါထက် တက္ကသိုလ်၊ ကောလိပ်မှာတော့ ကွန်ပျူတာရှိနေပြီနော်။ ကွန်ပျူတာဟာ မသင်မနေရဘာသာဖြစ်နေပြီပေါ့နော်။

ဂ။ ဟုတ်တယ်။ ဒါတင်မကသေးပါဘူး။ ဘာသာအရပ်ရပ်မှာ ကွန်ပျူတာအထောက်အကူနဲ့ထိရောက်အောင် သင်ကြားပေးနည်းတွေ လုပ်နေကြပြီ။ ကျောင်းသူကျောင်းသားတွေလည်း ပိုစိတ်ဝင်စားလာပြီ မြန်မြန် တတ်လွယ်တယ်။

က။ သိပ်ကောင်းပါတယ်။ ကြားရတာအားတက်မိပါတယ်။ ဒါထက်၊တက္ကသိုလ် ကောလိပ်ပဲလား။ အထက်တန်း ကျောင်းမှာရော။ ကွန်ပျူတာ မသုံးဘူးလား။

ဂ။ အဲ....အထက်တန်းကျောင်းတင်ဘယ်ကမလဲ။ အလယ်တန်းကျောင်းနဲ့ မူလတန်းကျောင်းတချို့မှာတောင် ကွန်ပျူတာတွေ တပ်ဆင်ပေးနေပြီ။ ကွန်ပျူတာကို ရင်းနှီးကျွမ်းဝင်အောင် သင်ကြားပေးနေပါပြီ။

က။ ဒါဖြင့် မြန်မာနိုင်ငံမှာ ကွန်ပျူတာရဲ့အရှိန်အဝါဟာ တော်တော်ကျယ်ပြန့်နေပြီနော်။

ဂ။ ဟုတ်ပါတယ်။ ဒါကြောင့် တက္ကသိုလ်တွေဆိုရင် လူစွမ်းအားအရင်းအမြစ်တိုးတက်ရေးဌာနတွေဖွင့်ပြီး ကွန်ပျူတာ သင်တန်း၊ အင်္ဂလိပ်စာသင်တန်းတွေ ဖွင့်လှစ်ပေးနေပါတယ်။ အခြေခံပညာအထက်တန်းအောင်တဲ့သူတိုင်း တက်နိုင်ပါတယ်။

က။ အောင်လက်မှတ်ရော၊ ပေးလား။

ဂ။ ပေးပါတယ်။ ဒါတင်မကသေးပါဘူး။ တက္ကသိုလ်များ ကွန်ပျူတာဌာနကလည်း အပတ်စဉ်ကွန်ပျူတာ သင်တန်းတွေ ခေါ်ပါတယ်။ ဉာဏ်ရည်စစ်ပြီး သင်ပေးပါတယ်။ သင်တန်းနှစ်နှစ်ပြီးရင် ကျမ်းတင်ရတယ်။ ကျမ်းကာလက သုံးနှစ်ခွင့်ပြုထားပေမဲ့ သုံးနှစ်အတွင်းပြီးတဲ့အချိန်တင်နိုင်တယ်။ တချို့ဆိုရင် တစ်နှစ်ခွဲနဲ့ ကျမ်းပြီးပြီ၊ ဂုဏ်ထူးနဲ့တောင် အောင်ကြတယ်။ သူတို့ကို ကွန်ပျူတာတက္ကသိုလ်တွေမှာ ဆရာခန့်တယ်။ တချို့က ပုဂ္ဂလိကကိုယ်ပိုင် ကွန်ပျူတာကျောင်းဖွင့်ကြတယ်။

က။ မြန်မာနိုင်ငံက ကျောင်းသားတချို့ဟာ ပြင်ပကျောင်းမှာ နိုင်ငံခြားအောင်လက်မှတ်လည်း ရတယ်ဆို။

ဂ။ ဟုတ်ပါတယ်။ အင်္ဂလန်နိုင်ငံကကွန်ပျူတာဗဟိုဌာန ရန်ကုန်မှာ ဖွင့်ထားပါတယ်။ သတ်မှတ်ထား တဲ့စာမေးပွဲအောင်ရင် အဲဒီဌာနကအောင်လက်မှတ် ချီးမြှင့်ပေးပါတယ်။

က။ အင်္ဂလိပ်တွေ မြန်မာနိုင်ငံကို ဘယ်တုန်းကလာပြီး ကွန်ပျူတာကျောင်းဖွင့်တာလဲ။

ဂ။ ၁၉၉၀ ပြည့်နှစ်ကတည်းက စခဲ့တာ။

က။ ကုမ္ပဏီလီမိတက်တစ်ခုနဲ့ အင်္ဂလန်နိုင်ငံပေါင်းပြီး ဒီပလိုမာသင်တန်းတွေလည်း ဖွင့်ထားသေးတယ်ဆိုလား။

ဂ။ ဟုတ်ပါတယ်။ အဲဒီသင်တန်းတွေမှာ ထူးချွန်လို့ နိုင်ငံခြားကိုသွားပြီးဆက်တက်သူလည်း ရှိပါတယ်။ တချို့ကျတော့လည်း လုပ်ငန်းခွင်မှာအသုံးချဖို့ တက်ကြတယ်။ ဥပမာ၊ ဆရာဆရာမတွေဆိုရင် ကိုယ်တိုင် မေးခွန်းရိုက်ရ၊ ပို့ချချက်ရိုက်ရ၊ အမှတ်စာရင်းပြုစုရ၊ တွက်ချက်ရတာတွေရှိနေပြီလေ။

က။ ညွှန်ချုပ်တို့ကျတော့ ဘယ်မှာသင်ရသလဲ။

ဂ။ ကျွန်တော်ကတော့ တက္ကသိုလ်ရဲ့လူစွမ်းအားအရင်းအမြစ်ဖွံ့ဖြိုးရေးဌာနမှာပဲ သင်ရပါတယ်။

က။ အများအားဖြင့် စာစီစာရိုက်၊ ဇယားဆွဲ၊ ပုံစံဆွဲတာသင်ကြရတယ်ဟုတ်လား။

ဂ။ ဟုတ်ပါတယ်။ အဲဒါလည်း အတော်တတ်လွယ်ပါတယ်။ နိုင်ငံခြားမှာ အသက်လေးနှစ်အရွယ်ကလေးတွေကိုတောင် ကွန်ပျူတာကိုင်တတ်အောင် သင်နေပြီမဟုတ်လား။ နည်းနည်းအဆင့်မြင့်တဲ့ဘာသာရပ်ကလွဲလို့ ကိုယ်ပိုင်သုံး လုပ်ငန်းသုံး ကွန်ပျူတာပညာတွေ သင်ရပါတယ်။ အခက်ကြီးကိုတော့ သင်ဖို့မလိုပါဘူး။

က။ ညွှန်ချုပ်ကတော့ ကွန်ပျူတာနဲ့ပတ်သက်ပြီး ဘယ်လိုမြင်သလဲ။

ဂ။ တကယ်တော့ညွှန်ချုပ်ရယ်....ကွန်ပျူတာဆိုတာ တခြားစက်ပစ္စည်းတွေလို စက်တစ်မျိုးပါ။ ဒီစက်က တွက်ချက်မှုတွေ လုပ်ပေးတယ်။ ယုတ္တိဗေဒနည်းအရ စေခိုင်းမှုတွေ ဆောင်ရွက်ပေးတယ်။ အလိုအလျောက်တွက်ချက်ပေးဖို့နဲ့၊ အချက်အလက်တွေသိလှောင်ပေးဖို့ အသုံးပြုရတဲ့စက်ပါပဲ။ အချိန်တိုလေး အတွင်းမှာ လိုချင်တဲ့အဖြေကိုတန်းရတာမို့ အချိန်နဲ့စက်ပြီး တိုးတက်မှုရှုနေတဲ့ဒီခေတ်မှာ တန်ဖိုးဖြတ်လို့မရနိုင်တဲ့စက်မျိုးပါပဲ။

က။ မှန်ပါတယ်ခင်ဗျာ။ ဒါကြောင့်လည်း ကြီးပွားတိုးတက်တဲ့နိုင်ငံတွေမှာကွန်ပျူတာကို ကျယ်ကျယ်ပြန့်ပြန့် မဖြစ်မနေ အကြီးအကျယ်အသုံးချနေကြပါပြီ။

ဂ။ ကျွန်တော်တို့မြန်မာနိုင်ငံကလည်း အောက်ကျနောက်ကျမခံချင်ဘူး။ နိုင်ငံတော်ရဲ့စီးပွားရေး၊ လူမှုရေး၊ ယဉ်ကျေးမှုကဏ္ဍတွေမှာ ခေတ်မီဖွံ့ဖြိုးတိုးတက်ဖို့ရည်ရွယ်ပြီး ဌာနဆိုင်ရာတွေ၊ ရုံးတွေ၊ ကျောင်းတွေ၊ စက်ရုံ အလုပ်ရုံကွေမှာ ကွန်ပျူတာနည်းပညာတွေကို ဖြန့်ဖြူးကြတယ်။ သင်ကြားပို့ချကြတယ်။ ဟောပြော ဆွေးနွေးပွဲတွေ ကျင်းပကြတယ်။ စာအုပ်စာတန်းတွေ လှူဒါန်းကြတယ်။ ကွန်ပျူတာပြပွဲတွေ ပြသတယ်။ ကွန်ပျူတာ အသင်းအဖွဲ့တွေ ဖွဲ့စည်းကြတယ်။ ကွန်ပျူတာဂျာနယ်ထုတ်ဝေကြတယ်။ အို-ကွန်ပျူတာပညာ တတ်လာအောင် အများကြီးလုပ်ကြပါတယ်။

က။ ဒီနေ့ ကျွန်တော်တို့နှစ်စ်ဦးနှစ်ဘက် ကွန်ပျူတာအကြောင်းနဲ့ပတ်သက်ပြီးဆွေးနွေးတာ တော်တော်လေး များနေပါပြီ။ နောင်လည်း ဒီလိုဆွေးနွေးပွဲတွေ မကြာခဏဆိုသလို ကျင်းပစေချင်တယ်။ ကွန်ပျူတာ ကိုယ်စားလှယ်အဖွဲ့ကိုကဲ့ မြန်မာနိုင်ငံကို စေလွှတ်မယ်။ အဲဒီလိုဆွေးနွေးပွဲပြုလုပ်ခြင်း၊ ကိုယ်စားလှယ်အဖွဲ့ အပြန်အလှန်စေလွှတ်ခြင်းအားဖြင့် ကျွန်တော်တို့နှစ်စ်ဦးနှစ်ဘက်အတူယှဉ်ရမယ်။ ကွန်ပျူတာပညာအတူတကွ တိုးတက် ထွန်းကားလာမယ်။ ကျွန်တော်တို့စ်နိုင်ငံကလည်းအတူတကွ ဖွံ့ဖြိုးတိုးတက်လာမယ်လို့ ယုံကြည်ပါတယ်။

ဂ။ ခုလိုဆွေးနွေးတာ တော်တော်ဗဟုသုတ တိုးပါတယ်။ အဆွေတော်တို့အဆင်ပြေတဲ့အချိန်မှာ ကွန်ပျူတာ ကိုယ်စားလှယ်အဖွဲ့ကို ဦးဆောင်ပြီး ကျွန်တော်တို့မြန်မာနိုင်ငံကို လာရောက်လည်ပတ်ဖို့ ဖိတ်ကြား အပ်ပါတယ်။

က။ ကျေးဇူးတင်ပါတယ်။

ဝေါဟာရ

ထွန်းကား(က) 发达, 发展	သတင်းအချက်အလက်ခေတ်(န) 信息时代
ကျဉ်းမြောင်း(နဝ) 窄, 狭窄	သမုဒ္ဒရာ(န) 大洋
အံ့မခန်း(ကဝ) 惊奇地, 惊人地	အင်တာနက်(န/လိပ် Internet) 互联网
လျှပ်တစ်ပြက်(န) 一刹那, 一闪电	နီးနော(က) 交往, 交流, 协商, 磋商
ဆန်းကြယ်(က) 新颖, 奇异	ရိုးသား(နဝ) 老实, 诚实, 淳朴
အီးမေး(န/လိပ် E-mail) 电子邮件	ဖြူစင်(နဝ) 纯洁, 洁白
ကွန်ပျူတာကွန်ရက်(န) 计算机网络	တဝန်း(န) 范围, 各地
ခေတ်မီရေးလေးရပ်(န) 四个现代化	အထက်တန်းကျောင်း(န) 高中
တတ်ကျွမ်း(က) 懂得, 熟悉, 精通	အလယ်တန်းကျောင်း(န) 初中
ထိပ်တန်း(န) 一流的, 高级的	မူလတန်းကျောင်း(န) 小学
အရှိန်အဝါ(န) 权势, 影响	ကျမ်း(န) 著作, 论文
လူစွမ်းအားအရင်းအမြစ်(န) 人力资源	ခန့်(က) 任命, 委任
ကုမ္ပဏီလီမိတက်(န/လိပ် company limited) 有限公司	လုပ်ငန်းခွင်(န) 工作岗位
စာစီ(က) 写文章	ဒီပလိုမာ(န/diploma) 文凭, 学位
စာရိုက်(က) 打字	အမှတ်စာရင်း(န) 成绩单
ယုတ္တိဗေဒ(န) 逻辑学, 伦理学	သိုလှောင်(က) 储存, 储藏

စက်(က) 衡量 တန်ဖိုးဖြတ်(က) 估价
ဖြန့်ဖြူး(က) 推销, 推广 ဂျာနယ်(န/လိပ် journal) 杂志

လေ့ကျင့်ခန်း

၁။ ကွင်းထဲက ဝေါဟာရများကို ပေးထားသောဝေါဟာရများဖြင့် အစားထိုးလေ့ကျင့်ပါ။

(၁) (ဆွေးနွေးပွဲစ) ပါတော့မယ်။

မိုးရွာ
သူလာ
ကျောင်းပိတ်
နွေဦးရာသီရောက်

(၂) (ဒါ) ဟာ (ကွန်ပျူတာ) ရဲ့ကျေးဇူးကြောင့်ဖြစ်ပါတယ်။

ကျမ်းပြုစုနိုင်တာ ဆရာကြီး
အောင်မြင်မှုရှိတာ ခင်ဗျား
ချမ်းသာတဲ့ဘဝမှာနေထိုင်ရတာ ကွန်မြူနစ်ပါတီ
တရုတ်ပြည်စီးပွားရေးဖွံ့ဖြိုးတိုးတက်နိုင်တာ တုန့်လျှော်ဖင်
တရုတ်ပြည်သူပြည်သားများလွတ်မြောက်ရေးရရှိတာ မော်စီတုန်း

(၃) (ကုမ္ပဏီလီမိတက်တစ်ခုက အင်္ဂလန်နဲ့ပေါင်းပြီး ဒီပလိုမာသင်တန်းတွေလည်းဖွင့်ထားသေးတယ်) ဆိုလား။

မေမေတင်ကမနက်ဖြန်ရှန်ဟိုင်မြို့သွားမယ်
ဘိလပ်မြေစက်ရုံတစ်ရုံအသစ်တည်ဆောက်ဖို့စီစဉ်နေတယ်
သူကဒီနေ့ရုံးမသွားဘူး
ဒီပါမောက္ခဟာကျောက်စာတော်တော်သန်တယ်

(၄) (နည်းနည်းအဆင့်မြင့်တဲ့ဘာသာရပ်) ကလွဲလို့ (ကိုယ်ပိုင်လုပ်ငန်းသုံးကွန်ပျူတာပညာတွေသင်ရ) ပါတယ်။

အငယ်ဆုံး ၃ နှစ်သား ကျန်အားလုံးဟာကျောင်းသားတွေဖြစ်
မောင်ဘ အားလုံးရုပ်ရှင်သွားကြည့်
ဥရောပစာပေသမိုင်း တခြားဘာသာတွေအားလုံးအောင်မှတ်ရ
မော်လမြိုင်မြို့ တခြားမြို့တွေအားလုံးလိုလိုရောက်ဖူး

၂။ အောက်ပါ မေးခွန်းများကို နှုတ်ဖြင့်ဖြေပါ။

(၁) မြန်မာနိုင်ငံ သိပ္ပံနှင့်နည်းပညာဝန်ကြီးဌာန ကိုယ်စားလှယ်အဖွဲ့ဟာ တရုတ်ပြည်ဘယ်ဌာနရဲ့ဖိတ်ကြားချက် အရ တရုတ်ပြည်ကို တစ်ပတ်ကြာ လာရောက်လည်ပတ်ကြည့်ရှုသလဲ။

(၂) မြန်မာနိုင်ငံ ကိုယ်စားလှယ်အဖွဲ့ဟာ တရုတ်ပြည်ရောက်ရှိလာတဲ့နောက်နေ့မနက်ပိုင်းမှာ တရုတ်ဘက်က ဘာလုပ်ဖို့စီစဉ်ပေးသလဲ။

(၃) အဲဒီနေ့ညနေပိုင်းကော၊ မြန်မာနိုင်ငံကိုယ်စားလှယ်အဖွဲ့က ဘယ်ဌာနကိုသွားပြီး လေ့လာသလဲ။

(၄) ကွန်ပျူတာအကြောင်းနဲ့ပတ်သက်ပြီး ဆွေးနွေးပွဲကို ဘယ်အချိန်မှာ ကျင်းပသလဲ။

(၅) မျက်မှောက်ခေတ်ဟာ ဘယ်လိုခေတ်မျိုးလဲလို့ မစ္စတာချိုက ပြောသလဲ။

(၆) ဘာဖြစ်လို့မျက်မှောက်ခေတ်မှာ ကမ္ဘာကြီးကို ကမ္ဘာရွာလို့ ခေါ်ဝေါ်သမုတ်ကြသလဲ။

(၇) ကွန်ပျူတာအသုံးပြုခြင်းရဲ့အရေးကြီးပုံကို ပြောပြပါ။

(၈) ဦးမြသန်းက ကွန်ပျူတာကို အံ့မခန်းဆန်းကြယ်တိုးတက်တယ်လို့ ဘာကြောင့်ပြောသလဲ။

(၉) ကွန်ပျူတာအင်တာနက်ရဲ့အသုံးကျပုံကို ပြောပြပါ။

(၁၀) ကွန်ပျူတာကွန်ရက်ပေါ်မှာ ဘာတွေလုပ်လို့ ရသလဲ။

(၁၁) မြန်မာနိုင်ငံမှာအမှုအခင်းစီးပွားရေးစနစ်ကိုကျင့်သုံးနေသလဲ။

(၁၂) မြန်မာနိုင်ငံဟာ ဘာရည်ရွယ်ချက်နဲ့ ကွန်ပျူတာကို ကျယ်ကျယ်ပြန့်ပြန့်အသုံးချဖို့ ဆောင်ရွက်နေသလဲ။

(၁၃) မြန်မာနိုင်ငံကတက္ကသိုလ်တွေမှာ ကွန်ပျူတာအသုံးချပုံကို ပြောပြပါ။

(၁၄) မြန်မာနိုင်ငံက တက္ကသိုလ်တွေမှာ ကွန်ပျူတာအသုံးချတဲ့အပြင် တခြားကျောင်းတွေမှာ အသုံးချသေးသလား။

(၁၅) မြန်မာနိုင်ငံမှာ ကွန်ပျူတာနဲ့ပတ်သက်ပြီး ဘာသင်တန်းတွေ ဖွင့်သလဲ။

(၁၆) ကွန်ပျူတာသင်တန်းသားတွေက ကျမ်းပြုဖို့လိုသလား။ သက်ဆိုင်ရာဌာနက သူတို့ကို သင်တန်း အောင်လက်မှတ် ချီးမြှင့်ပေးသလား။ သင်တန်းအောင်ပြီးရင် သူတို့ဘာအလုပ်တွေလုပ်ကြသလဲ။

(၁၇) မြန်မာနိုင်ငံက ကျောင်းသားတချို့ဟာ ပြင်ပကွန်ပျူတာ ကျောင်းကိုတက်ပြီး နိုင်ငံခြားအောင် လက်မှတ်တွေ ယူနိုင်တယ်ဆိုတာ ဟုတ်လား။

(၁၈) အဲဒီပြင်ပကျောင်းဟာ ဘယ်တုန်းက စဖွင့်တာလဲ။

(၁၉) ညွှန်ချုပ်ဦးမြသန်းကိုယ်တိုင်က ဘယ်ဌာနမှာ ကွန်ပျူတာပညာ သင်ယူတာလဲ။

(၂၀) ဦးမြသန်းက လူစွမ်းအားအရင်းအမြစ်ဖွံ့ဖြိုးရေးဗဟိုဌာနမှာဘာကွန်ပျူတာပညာ သင်ယူရသလဲ။

(၂၁) ဦးမြသန်းက ကွန်ပျူတာနဲ့ပတ်သက်ပြီး ဘယ်လိုမြင်သလဲ။

(၂၂) ကွန်ပျူတာကို ကျယ်ကျယ်ပြန့်ပြန့် အသုံးပြုနိုင်ဖို့အတွက် မြန်မာနိုင်ငံမှာ ဘာတွေများလုပ်နေသလဲ။

၃။ ပေးထားသော အောက်ပါ အချက်အလက်များကို အခြေခံ၍ စကားပြောတစ်ပုဒ် ရေးပါ။

应缅甸科学与技术部的邀请，以周局长为首的中国科学技术部代表团一行 10 人于 11 月中旬到达缅甸进行为期一周的访问。代表团在缅甸受到了热烈的欢迎和友好的接待。代表团到达后的第二天上午，缅甸科学与技术部部长接见了代表团全体成员，宾主进行了友好的谈话。下午，代表团参观了仰光大学和一所中学以及一所小学使用计算机的情况。晚上，缅甸科学与技术部部长在妙耶纽宾馆设晚宴招待了代表团。第三天上午，举行了中国向缅甸赠送 10 台联想牌计算机仪式。赠送仪式结束以后，双方就中国向缅甸出口联想牌计算机进行了洽谈，并达成了谅解备忘录。从第四天开始，中国代表团到外地进行参观访问。

သင်ခန်းစာ(၃၇)   မြန်မာစာပေအကြောင်းဆွေးနွေးခြင်း

က။   ဦးကြည်လင်း(မြန်မာစာပါမောက္ခ၊ ပီကင်းတက္ကသိုလ်)
ခ။   ဒေါ်ခင်မေ(မြန်မာစာပါမောက္ခ၊ ရန်ကုန်တက္ကသိုလ်)
ဂ။   လုလု(စကားပြန်)

(မြန်မာနိုင်ငံရန်ကုန်တက္ကသိုလ်၏ဖိတ်ကြားချက်အရ တရုတ်ပြည် ပါမောက္ခကိုယ်စားလှယ်အဖွဲ့သည် နိုဝင်ဘာလ လကုန်တွင် မြန်မာနိုင်ငံသို့သွားရောက်လည်ပတ်ကြသည်။ ရန်ကုန်ရောက်သောဒုတိယနေ့နံနက်တွင် ကိုယ်စားလှယ် အဖွဲ့သည် အစီအစဉ်အရ ရန်ကုန်တက္ကသိုလ်သို့ သွား၍ လေ့လာကြသည်။ မြန်မာစာဌာနရှိရာတောင်ဇူဆောင်၌ ရန်ကုန်တက္ကသိုလ်မြန်မာစာဌာနပါမောက္ခ ဒေါ်ခင်မေနှင့် မြန်မာစာပေရေးရာများကို ဆွေးနွေးသည်။ ဆွေးနွေးပွဲတွင်....)

က။   ဆရာမ၊ မြန်မာစာပေဟာ ပုဂံခေတ်ကတည်းက ထွန်းကားခဲ့တာပါနော်။
ခ။   ဟုတ်ပါတယ်ဆရာ။ "မြန်မာစာပေအစ၊ ပုဂံကျောက်စာက"လို့ကြားဖူးတယ်မဟုတ်လား။ ပုဂံခေတ်ကျောက်စာတွေဟာ မြန်မာစာပေအဆင့်အတန်းမြင့်မားခဲ့ပုံကို ပြနေတယ်လေ။
က။   "ရာဇကုမာရ်ကျောက်စာ" ဆိုရင်တော်တော်စိတ်ဝင်စားစရာကောင်းတယ်နော်။
ခ။   ဟုတ်ကဲ့။ အေဒီတစ်ထောင့်တစ်ရာ့တစ်ဆယ်နှစ် ခုနှစ်က ရေးထိုးခဲ့တဲ့ရာဇကုမာရ်ကျောက်စာဟာ မွန်၊ မြန်မာ၊ ပျူ၊ ပါဠိဆိုတဲ့ဘာသာလေးမျိုးနဲ့ လေးမျက်နှာရေးထိုးထားတာလေ။ ပုဂံခေတ်မှာတောင် ဒီဘာသာလေးမျိုးလုံး အဆင့်အတန်းဒီလောက်မြင့်နေပြီဆိုတော့၊ မြန်မာစာပေရဲ့သက်တမ်းကို မှန်းသာကြည်ပေတော့ဆရာရေ။
က။   ဟုတ်ကဲ့။ ကျွန်တော်က အဲဒီကျောက်စာကိုသာမကဘူး။ ဒီကျောက်စာအရေးသိရတဲ့ကျန်စစ်သားမင်းကြီးရဲ့ မိသားစုဆက်ဆံရေးကို ပိုပြီးစိတ်ဝင်စားပါတယ်။ လေးလည်း လေးစားမိပါတယ်ဆရာမရယ်။
ခ။   ဟုတ်ပါတယ်။ ထီးနန်းမရပေမဲ့ သေခါနီးဖခင်ဘုရင်ကြီးအပေါ် စိတ်မဆိုးတဲ့အပြင်၊ ရရှိသမျှပစ္စည်းတွေကိုစုပြီး အမြတ်ဆုံးဒါနကုသိုလ်ပြုပေးလိုက်တဲ့သားတော်တစ်ပါးရဲ့မိဘကျေးဇူးဆပ်ပုံဟာ   လူတိုင်းရင်ထဲစွဲစရာ ဖြစ်နေပါတယ်။
က။   တခြားကျောက်စာတွေရော၊ ဒီလိုပဲစိတ်ဝင်စားစရာကောင်းပါသလား ဆရာမကြီး။
ခ။   သိပ်စိတ်ဝင်စားစရာကောင်းတာပေါ့ဆရာရယ်။ ကျောက်စာတွေဟာ အလှူမှတ်တမ်းဆိုပေမဲ့ အလှူရှင်တွေရဲ့ဘဝနဲ့ စိတ်နေစိတ်ထားတွေကိုတစ်နည်းတစ်ဖုံထင်ဟပ်ပြနေတာကလား။
က။   ပင်းယ၊ အင်းဝခေတ်တွေမှာလည်း ကျောက်စာတွေထွန်းကားခဲ့တယ်နော် ဆရာမကြီး။
ခ။   ဟုတ်ကဲ့။ အဲဒီကျောက်စာတွေအားလုံးဟာ မြန်မာစာပေနဲ့မြန်မာ့ယဉ်ကျေးမှုအဆင့်အတန်းကို မီးမောင်း

ထိုးပြနေပါတယ်။

က။ အင်း......မြန်မာစာပေဟာ ဘုရင့်ရဲ့စိတ်နှလုံးကိုတောင် ညွှတ်နူးလာအောင် ဆွဲဆောင်နိုင်တာလည်း အမှန်ပဲနော်။

ခ။ ဟဲ......ဟဲ...... ပုဂံခေတ် အနန္တသူရိယအမတ်ကြီးရဲ့ အမျက်ဖြေလင်္ကာကို ဖတ်ခဲ့ရပြီထင်တယ်။

က။ ဟုတ်ပါတယ်။ နောက်ပြီး ပင်းယခေတ်မှာဆိုရင် ကာချင်းဆိုတာ ခေတ်စားတယ်လို့ ဆိုတယ်။ ဘယ်လိုသီချင်းပါလဲဆရာမကြီး။

ခ။ "က" ဆိုတာက စစ်မြေပြင်မှာ လက်နဲ့ကိုင်ပြီး လက်နက်ကို ကာကွယ်ရတဲ့ပစ္စည်းလေ။ အဲဒီ "က" ကိုကိုင်ပြီး ကတဲ့အခါဆိုရတဲ့ရေးခေတ်သီချင်းတစ်မျိုးကို "ကာချင်း" လို့ခေါ်တာပဲ။

က။ အင်းဝနန်တော်ဦခေတ်မှာတော့ ရတုတွေ၊ မော်ကွန်းတွေ၊ ပျို့တွေ ခေတ်စားတယ်နော်။

ခ။ ဟုတ်ကဲ့။ စာဆိုတော်တွေဆိုလည်း၊ ရဟန်းစာဆို၊ လူစာဆိုတွေအများကြီးပေါ်ထွန်းခဲ့တာပေါ့။ နောက်ပြီး ညောင်ရမ်း ခေတ်ကျတော့ လယ်သမား၊ ထန်းတက်သမားစတဲ့လူတန်းစားတွေအကြောင်းကိုဖွဲ့တဲ့ "တျာချင်း" ဆိုတာ ခေတ်စားတယ်။

က။ ကုန်းဘောင်ခေတ်ကတော့ စာပေအမျိုးအစားအစုံထွန်းကားတဲ့ခေတ်ဖြစ်မယ်ထင်တယ်နော်ဆရာမကြီး။

ခ။ ဟုတ်ပါတယ်။ တေးသီချင်းတွေ၊ ရာဇဝတ်၊ ဓမ္မသတ်၊ အရေးတော်ပုံကျမ်းတွေ၊ ရာဇဝင်ကျမ်းတွေ ထွန်းကား လာတယ်လေ။

က။ လက်ဝဲသုန္ဒရအမတ်ကြီးရဲ့ရတုတွေလည်းထင်ရှားတယ်နော်။ ရွှေတောင် သီဟသူရရဲ့ရတနာ၊ ကြေးမုံဝတ္ထုကလည်း ဖတ်လို့ကောင်းလိုက်တာ။

ခ။ အဲဒါက ပင်ကိုရေးဝတ္ထုပေါ့။ ဘာသာပြန်မဟုတ်ဘူး။ ဦးတိုးရဲ့ရာမရကန်ရော ဖတ်ဖူးတယ်မဟုတ်လား။ မကြိုက်ဘူးလား။ မြဝတီမင်းကြီးဦးစရဲ့သီချင်းခံတွေထင်ရှားတယ်။ မင်းကြီးကတော်ခင်ဆုမိဖုရားမြမြလေးတို့ရဲ့ပတ်ပျိုးတွေ၊ လှိုင်ထိပ်ခေါင်တင်ရဲ့ဘောလယ်တွေ၊ မယ်ခွေရဲ့(၁၂)ရာသီအဲ့ချင်းတွေ အများကြီးပေါ်ထွက်လာတယ်။

က။ မှန်နန်းရာဇဝင်တော်ကြီးကိုလည်း ပြုစုကြတယ်နော်။

ခ။ ဟုတ်ကဲ့။ ဘကြီးတော်မင်းတရားလက်ထက်မှာ၊ ရဟန်းပညာရှိ၊ လူပညာရှိတွေစုပေါင်းပြီး ရေးကြတာလေ။ မဟာသမ္မတမင်းကနေ သက္ကရာဇ်(၁၁၄၃)အထိပဲ ရေးနိုင်တယ်။ မင်းတုန်းမင်းလက်ထက်ကျမှ ပညာရှိတွေစုပေါင်းပြီး "ဒုတိယမဟာရာဇဝင်ကြီး" ဆိုပြီးဆက်ရေးကြတယ်။ သက္ကရာဇ်(၁၁၄၃)ခုနှစ်ကနေ (၁၂၁၆)ခုနှစ်အထိ အကြောင်းပေါ့။

က။ ဒါထက်၊ ဆရာမကြီး။ ကုန်းဘောင်ခေတ်မှာ ဦးပုညနဲ့ဦးကြင်ဥတို့ရဲ့ပြဇာတ်တွေလည်း ခေတ်စားတယ်နော်။

ခ။ ဟုတ်ပါတယ်။ ဒါတင်မကပါဘူး။ ကင်းဝန်မင်းကြီးရဲ့ခရီးသွားစာပေ၊ ဦးဆောင်းနဲ့ဦးကြီးတို့ရဲ့ တောင်သူလယ်သမား ဘဝသရုပ်ဖော်စာပေတွေလည်း ပေါ်ထွက်လာပါတယ်။

က။ ယောအတွင်းဝန်ဦးဖိုးလှိုင်ရဲ့ဆေးကျမ်းဟာ သိပ်ကောင်းတယ်ဆိုဆရာမကြီး။

ခ။ ဟုတ်ကဲ့။ အိမ်တစ်အိမ်မှာ ဒီဆေးကျမ်းရှိရင်၊ ဆရာဝန်တစ်ဦးပင့်ထားသလိုပဲ ဆိုကြပါတယ်။ ဒါပြင်၊ ဓာတ်ကျမ်း နက္ခတ်ဗေဒင်ကျမ်းတွေလည်း ရေးခဲ့သေးတယ်။ ဓာတုဗေဒကျမ်းကိုတောင် ပြင်သစ်ဘာသာကနေ မြန်မာဘာသာကို ပြန်ဆိုရေးသားခဲ့နိုင်ပါတယ်။

က။ အဲ...ဘာသာပြန်လို့ ခုမှသတိရလာတယ်။ မြဝတီမင်းကြီးဦးစကအိနောင်ဇာတ်တော်ကြီးကို ယိုးဒယားကနေ မြန်မာပြန်ဆိုခဲ့သေးတယ်နော်။

229

ခ။ ။	ဒါပေါ့ဆရာရယ်။ ဘာသာပြန်အတတ်ပညာ တော်တော့်ကို ထွန်းကားလာတယ်လို့ဆိုရမယ်။
က။ ။	ဖိုးဝဇီရဦးဆောင်ပြီး ရတနာပုံသတင်းစာလည်း ထုတ်ခဲ့သေးတယ်နော် ဆရာမကြီး။
ခ။ ။	ဟုတ်ပါတယ်။ ခြုံပြောရရင်တော့ ကုန်းဘောင်ခေတ်ဟာ၊ ပဒေသရာဇ်ခေတ်စာပေဝတ္ထုမှာ အရှိန် အကောင်းဆုံးပါပဲ။
က။ ။	ဆရာမကြီးတို့မြန်မာစာပေ ထွန်းကားတာလည်းမပြောနဲ့လေ။ "စာတစ်လုံးဘုရားတစ်ဆူ"ဆိုပြီး စာကိုတယ် ရိုသေကြတာကလားနော်။
ခ။ ။	ဒါပေမဲ့ဆရာရယ်။ ကံမကောင်းအကြောင်းမလှတော့ နယ်ချဲ့အင်္ဂလိပ်တွေဖျက်ဆီးခြင်းခံခဲ့ရတဲ့မြန်မာစာ ပေတွေဟာ မနည်းဘူး။ မြန်မာမင်းအဆက်ဆက်ထိန်းသိမ်းခဲ့တဲ့ပိဋကတ်တိုက်ကစာပေတွေဟာ များလွန်းလို့ မန္တလေးနန်းတော်ထဲမှာ အင်္ဂလိပ်နယ်ချဲ့တွေ ခုနစ်ရက်တစ်ပတ်လောက် မီးရှို့တာတောင် မကုန်နိုင်ခဲ့ဘူး။
က။ ။	ဒါဆို ကျန်တဲ့စာပေတွေရော။
ခ။ ။	ဟုတ်ကဲ့...ကျန်တဲ့ပေ၊ ပုရပိုက်လည်းအစီးလေးဆယ်ကျော်ကို ရန်ကုန်ပို့ခဲ့လို့ ခုဆိုရင် အမျိုးသား စာကြည့်တိုက်မှာ ကြည့်နိုင်ပါတယ်။
က။ ။	ကိုလိုနီခေတ်ဟာ မြန်မာစာပေအတွက် ခေတ်ဆိုးကြီးပေါ့နော်။
ခ။ ။	မှန်တာပေါ့။ ဒါပေမဲ့ ကျွန်မတို့မျိုးချစ်မြန်မာတွေဟာ "မြန်မာပြည်သည် တို့ပြည်၊ မြန်မာစာသည် တို့စာ၊ မြန်မာစကားသည် တို့စကား" လို့ကြွေးကြော်ပြီး (၁၉၃၀)ပြည့်နှစ်မှာ မြန်မာစာအရေးတော်ပုံကြီး ဆင်နွှဲခဲ့ကြတာကလား။
က။ ။	ဒါကြောင့် "မြန်မာစာပေ တို့အမွေ" ဆိုပြီး ခုလိုအောင်ပွဲခံနိုင်ကြတာကို။
ခ။ ။	ဒါပေါ့ဆရာရယ်။ လွတ်လပ်ရေးရပြီးတော့ ဘာသာပြန်စာပေအသင်းတည်ထောင်ခဲ့တယ်။ အသင်းက မြန်မာ့စွယ်စုံကျမ်းတွေ ထုတ်ဝေခဲ့တယ်။ မြန်မာစာအဖွဲ့ဦးစီးဌာနထားပြီး စာပေအမွေတွေ ဆက်ပေးတယ်။ ဒီအဖွဲ့က သဒ္ဒါတွေ၊ အဘိဓာန်ကျမ်းတွေနဲ့ စာလုံးပေါင်းသတ်ပုံကျမ်း၊ စကားပုံ၊ ဆိုရိုးစကား မြန်မာစမြန်မာစကား၊ ပုံဝတ္ထု....စသဖြင့်ထုတ်ဝေပါတယ်။ အခုဆိုရင် မြန်မာစာပေလောကမှာ မှန်နန်း မဟာရာဇဝင်တော်ကြီးနဲ့ မြန်မာစာညွှန့်ပေါင်းကျမ်းတွေလည်း ပုံနှိပ်ထုတ်ဝေနိုင်ပြီ။ မြန်မာစာပြန့်ပွား ရေးအသင်း(မြန်စာပြန့်)ကလည်း စာဆိုတော်ကြီးတွေရဲ့အတ္ထုပ္ပတ္တိနဲ့စာပေလက်ရာတွေကို စုပေါင်းရေးသား ပြုစုထုတ်ဝေခဲ့ကြတယ်။
က။ ။	စာပေဗိမာန်လည်း ဖွင့်ထားတယ်နော်။
ခ။ ။	ဟုတ်ကဲ့ နိုင်ငံတော်က စာပေဗိမာန်စာမူဆု၊ အမျိုးသားစာပေဆုတွေချီးမြှင့်တာတွေလုပ်ပြီး ဆုရ စာအုပ်တွေကို ပုံနှိပ်ထုတ်ဝေတယ်လေ။
က။ ။	ဟုတ်ကဲ့ မြန်မာစာပေဟာ ရောင်စုံပန်းမျိုးစုံဖူးပွင့်ဝေဆာနေတဲ့ဥယျာဉ်ကြီးလို့ ရှုမငြီးနိုင်အောင်ပါပဲ ဆရာမကြီးရယ်။
ဂ။ ။	ဆရာမကြီး၊ ဒီနေ့၊ မြန်မာစာပေနဲ့ပတ်သက်ပြီး ဆွေးနွေးတာ တော်တော်များပါတယ်။ ကျွန်မတို့အများကြီး ဗဟုသုတရပါတယ်။ ကျေးဇူးတင်ပါတယ်။ ကျွန်မတို့ ပြန်လိုက်ပါဦးမယ်။
ခ။ ။	ကောင်းပြီ။ နောင်လည်းလာပါဦး။

ဝေါဟာရ

ကျောက်စာ(န) 碑文	ရာဇကုမာရ်ကျောက်စာ(န) 亚扎古玛碑文
မွန်(န) 孟族	ပျူ(န) 骠族
ပါဠိ(န) 巴利文	ကျန်စစ်သား(န) 江喜陀王
ဒါန(န) 布施, 施舍	မိသားစု(န) 家庭, 一家人
ကျေးဇူးဆပ်(က) 报恩	ကုသိုလ်ပြု(က) 积德
စိတ်နေစိတ်ထား(န) 心地, 性格	မှတ်တမ်း(န) 记录, 备忘录
ပင်းယ(န) 彬牙王朝	ထင်ဟပ်(က) 映出, 反映
မီးမောင်းထိုး(က) 探照灯照射, 强调, 突出	အင်းဝ(န) 阿瓦王朝
ညွတ်နူး(က) 性情温柔	အတ္ထုပ္ပတ္တိ(န) 传记, 传, 志
အနန္တ(န) 无穷无尽的	သူရိယ(န) 太阳
အမတ်ကြီး(န) 大臣	အမျက်ဖြေ(က) 使之息怒, 消气
လင်္ကာ(န) 诗歌	ကာချင်း(န) 士兵舞盾牌时唱的歌
တောင်ငူ(န) 东吁王朝	ရတု(န) 雅杜诗
မော်ကွန်း(န) 记录, 记载, 碑文	ပျို့(န) 比釉诗
စာဆိုတော်(န) 文豪, 文学家	ရဟန်းစာဆို(န) 僧侣文学家
လူစာဆို(န) 世俗文学家	ညောင်ရမ်းခေတ်(န) 良渊王朝
ထန်းတက်သမား(န) 爬棕榈树取棕榈汁者	တျာချင်း(န) 古代一种歌曲名
ရာဇသတ်(န) 刑法, 刑事法典	ကုန်းဘောင်ခေတ်(န) 贡榜王朝
အရေးတော်ပုံ(န) 运动, 革命	ဓမ္မသတ်(န) 法典
ပတ်ပျိုး(န) 以编鼓为主演奏的古典乐曲	ပင်ကိုရေးဝတ္ထု(န) 自己创作的小说
အဲချင်း(န) 一种缅甸古典诗歌名	ဘောလယ်(န) 缅甸古典诗歌名, 像摇篮曲
မှန်နန်းရာဇဝင်(န) 琉璃宫史	ဘကြီးတော်မင်းတရား(န) 巴基道王
သက္ကရာဇ်(န) 历法, 年	မင်းတုန်းမင်း(န) 敏东王
လက်ထက်(န) 时代, 时期, 朝代	သရုပ်ဖော်(က) 表现, 描写, 反映
ဆေးကျမ်း(န) 药典	ဓာတ်ကျမ်း(န) 食物疗法汇编
နက္ခတ်ဗေဒကျမ်း(န) 天文学著作	အီနောင်ပြဇာတ်(န) 伊瑙剧
ပိဋကတ်တိုက်(န) 三藏经阁, 图书馆	ပေ(န) 贝叶经
ဆိုရိုးစကား(န) 俗语	ပုရပိုက်(န) 波勒拜折子（古代写字画图用）
အမွေ(န) 遗产	သဒ္ဒါ(န) 语法
စွယ်စုံကျမ်း(န) 百科全书	အဘိဓာန်(န) 字典, 词典
စာလုံးပေါင်းသတ်ပုံကျမ်း(န) 正字法字典	စကားပုံ(န) 成语
မြန်မာစာညွှန့်ပေါင်းကျမ်း(န) 缅甸文选	

လေ့ကျင့်ခန်း

၁။ ။ ကွင်းထဲက ဝေါဟာရများကို ပေးထားသောဝေါဟာရများဖြင့် အစားထိုးလေ့ကျင့်ပါ။

(၁) (မြန်မာစာပေဟာပုဂံခေတ်) ကတည်းက (ထွန်းကား) ခဲ့တာပါပဲ။

သူနက်အစေကြီး	ဒီခြမှာလာစောင့်
၁၉၇၈ ခုနှစ်	နိုင်ငံခြားကိုတံခါးဖွင့်
ဒိုင်ယာရီကိုကျောင်းသားဘဝ	ရေးလာ
မြန်မာစာကိုပီကင်းတက္ကသိုလ်ရောက်	သင်ကြား

(၂) (ဘာသာပြန်) ဆိုလို့ (ခုမှသတိရလာ) တယ်။

သူကခဏစောင့်ပါဦး	မမြင်စောင့်နေ
နိုင်ငံတော်နေ့မှာကျောင်းကိုရက်ပိတ်မယ်	သူတို့ဝမ်းသာကြ
မသွားဘူး	အိပ်ဆောင်ကိုပြန်
စျေးကြီးတယ်	မဝယ်ဘဲနေ

(၃) (ရွှေတောင်သီဟသူရဲရတနာ့ကြေးမုံဝတ္ထု) ကလည်း (ဖတ်) လို့ ကောင်းလိုက်တာ။

သူမချက်တဲ့ငါးချိုချဉ်	စား
ဒီဆိုဖာခုတင်	အိပ်
အဲဒီကော်ဖီဆိုင်ကကော်ဖီ	သောက်
ဒီသားရေဖိနပ်	စီး

၂။ ။ အောက်ပါ မေးခွန်းများကို နှုတ်ဖြင့်ဖြေပါ။

(၁) တရုတ်ပြည် ပါမောက္ခကိုယ်စားလှယ်အဖွဲ့က မြန်မာနိုင်ငံဘယ်ဌာနရဲ့ဖိတ်ကြားချက်အရ မြန်မာနိုင်ငံကို သွားရောက်လည်ပတ် ကြတာလဲ။

(၂) မြန်မာနိုင်ငံကိုရောက်တော့ တရုတ်ပြည်ပါမောက္ခကိုယ်စားလှယ် အဖွဲ့က ဘယ်နေ့မှာ ရန်ကုန်တက္ကသိုလ်ကို သွားရောက်လေ့လာကြသလဲ။

(၃) ရန်ကုန်တက္ကသိုလ် မြန်မာစာဌာနရှိတဲ့အဆောင်ဟာ ဘာအဆောင်လဲ။

(၄) ရန်ကုန်တက္ကသိုလ် မြန်မာစာဌာနပါမောက္ခဌာနမှူးရဲ့နာမည် ဘယ်လိုခေါ်သလဲ။

(၅) မြန်မာစာပေဟာ ဘယ်ခေတ်ကစပြီး ထွန်းကားခဲ့တာလဲ။

(၆) မြန်မာနိုင်ငံမှာ ဘယ်ခေတ်ကကျောက်စာဟာ မြန်မာစာပေအဆင့်အတန်းမြင့်မားခဲ့ပုံကို ပြနိုင်သလဲ။

(၇) ရာဇကုမာရ်ကျောက်စာဟာ ဘာစာတွေနဲ့ရေးသားထားတာလဲ။

(၈) ပါမောက္ခဦးကြည်လင်းဟာ ရာဇကုမာရ်ကျောက်စာအပြင် တခြားဘာများစိတ်ဝင်စားသလဲ။

(၉) ရာဇကုမာရ်ကျောက်စာမှာ ဘာအကြောင်းရေးသားထားသလဲ။

(၁၀) ပုဂံခေတ်ကျောက်စာတွေဟာ ဘာတွေများထင်ဟပ်ပြပါသေးသလဲ။

(၁၁) မြန်မာနိုင်ငံမှာ ဘယ်ခေတ်ကကျောက်စာတွေဟာ မြန်မာ့ယဉ်ကျေးမှုအဆင့်အတန်းကို မီးမောင်းထိုးပြ နိုင်သလဲ။

(၁၂) ပင်းယခေတ်မှာ ထွန်းကားတဲ့ကာချင်းဆိုတာဟာ ဘာအဓိပ္ပာယ်လဲ။

(၁၃) အင်းဝခေတ်၊ တောင်ငူခေတ်မှာ ဘာကဗျာတွေ ခေတ်စားသလဲ။

(၁၄) ညောင်ရမ်းခေတ်ကျတော့ကော၊ ဘာကဗျာတွေ ခေတ်စားသလဲ။

(၁၅) မှန်နန်းရာဇဝင်ကြီးကို ဘယ်နှစ်မှာ ဘယ်ပုဂ္ဂိုလ်တွေက ရေးသားပြုစုခဲ့ကြသလဲ။

(၁၆) ဦးပုညနဲ့ဦးကြင်ဥတို့ဟာ စာပေအမျိုးအစားကြောင့် နာမည်ကျော်ကြားခဲ့သလဲ။

(၁၇) အိမ်တစ်အိမ်မှာ ဆေးကျမ်းတစ်ကျမ်းရှိရင် ဆရာဝန်တစ်ဦး ပင့်ထားသလိုပဲလို့ဆိုတဲ့ဆေးကျမ်းဟာ ဘာဆေးကျမ်းလဲ။

(၁၈) အီနောင်ပြဇာတ်ဟာ ဘယ်ပုဂ္ဂိုလ်က ယိုးဒယားကနေ မြန်မာပြန်ဆိုထားတာလဲ။

(၁၉) မြန်မာနိုင်ငံမှာ ဘယ်ကာပေခေတ်က စာပေရှိန်အကောင်းဆုံးလဲ။

(၂၀) မြန်မာနိုင်ငံ မင်းအဆက်ဆက်ထိန်းသိမ်းခဲ့တဲ့ပိဋကတ်တိုက် စာပေတွေကို ဘယ်သူဘွေဟာ မီးရှို့ဖျက်ဆီး ခဲ့ကြသလဲ။

(၂၂) ကျန်တဲ့စာပေတွေကို ဘယ်နေရာမှာထားသလဲ။

(၂၃) ကိုလိုနီခေတ်မှာ မျိုးချစ်မြန်မာတွေဟာ ဘာများကြွေးကြော်ခဲ့ကြသလဲ။

(၂၄) လွတ်လပ်ရေးရရှိပြီးတဲ့နောက် မြန်မာနိုင်ငံမှာ ဘာအသင်းများ တည်ထောင်သလဲ။

(၂၅) အဲဒီအသင်းတွေဟာ ဘာစာအုပ်များ ထုတ်ဝေသလဲ။

(၂၆) စာပေဗိမာန်ဟာ ဘာစာအုပ်များ ထုတ်ဝေသလဲ။

၃။ ပေးထားသော အောက်ပါ အချက်အလက်များကို အခြေခံ၍ စကားပြောတစ်ပုဒ် ရေးပါ။

应中国作家协会的邀请，以貌廷为首的缅甸作家协会代表团一行 6 人于 2002 年 5 月 10 日到北京进行友好访问。缅甸代表团在北京受到了中国作家协会会长及作家们的热烈欢迎。代表团下榻长城饭店。次日早 9 点，中国文化部部长在文化部亲切接见了缅甸作家协会代表团全体团员，宾主进行了友好的交谈。下午，中国作家协会同缅甸作家代表团在中国作家协会会议室就中国和缅甸文学交流的过去、现状与展望进行了讨论。

သင်ခန်းစာ(၃၈) တရုတ်-မြန်မာချစ်ကြည်ရေးအခွန်ရှည်ပါစေ

က။ ။ သီတာဝင်း(မြန်မာစာအထူးပြုကျောင်းသူ၊ ပီကင်းတက္ကသိုလ်)

ခ။ ။ ဖြူဖြူဝင်း(ကျောင်းသူ၊ ရန်ကုန်နိုင်ငံခြားဘာသာတက္ကသိုလ်)

(ဖြူဖြူဝင်းသည် ပညာတော်သင်အဖြစ် ပီကင်းတက္ကသိုလ်တရုတ်ဘာသာကောလိပ်သို့ ရောက်ရှိလာသည်မှာ နှစ်ပတ်ခန့်ရှိသွားပေပြီ။ ရောက်ခါစမို့ လုပ်စရာများသဖြင့် ကျောင်းချိန်ကလွဲလျှင် မည်သည့်နေရာကိုမျှမသွားဘဲ အိပ်ခန်းထဲတွင်ပင်ကုပ်ပြီး သန့်ရှင်းရေးလုပ်လိုက်၊ ပစ္စည်းသိမ်းလိုက်နှင့် အားသည်ဟူ၍မရှိပေ။ ယနေ့တွင်မူ သူမ အားသဖြင့် မြန်မာစာဌာနရှိရာ နိုင်ငံခြားဘာသာစကားအဆောင်ဘက်သို့ လမ်းလျှောက်လာခဲ့သည်။ ထိုအဆောင်ရှေ့၌ မြန်မာစာအထူးပြု စတုတ္ထနှစ်ကျောင်းသူသီတာဝင်းကို တွေ့ရသည်။)

က။ ။ မင်္ဂလာပါရှင်။

ခ။ ။ မင်္ဂလာပါ။ တွေ့ရတာ ဝမ်းသာပါတယ်။

ကျွန်မလည်း ဝမ်းသာပါတယ်။ ရှင့်နာမည် တစ်ဆိတ်လောက်သိပါရစေ။

ခ။ ။ ကျွန်မနာမည်က မဖြူဖြူဝင်းပါ။ မြန်မာနိုင်ငံက တရုတ်စာလာသင်တဲ့ပညာတော်သင်ပါ။ ရှင့်နာမည်ကော ဘာတဲ့လဲ။

ကျွန်မနာမည်က သီတာဝင်းလို့ခေါ်ပါတယ်။ မြန်မာစာအထူးပြုကျောင်းသူပါ။

ခ။ ။ ဟုတ်လား။ ဝမ်းသာလိုက်တာ။

ကျ။ ။ ဒါဆို အဆောင်ပေါ်တက်ပြီး မြန်မာစာဌာနမှာ စကားလေးဘာလေး အေးအေးဆေးဆေးပြောကြရအောင်။ မကောင်းဘူးလား။

ခ။ ။ ကောင်းသားပဲ။

(အပေါ်ထပ်အခန်းနံပါတ် ၂၁၂ တွင် ထိုင်ပြီး မသီတာဝင်းနှင့်မဖြူဖြူဝင်းတို့သည် ဝမ်းမြောက်ဝမ်းသာစွာဖြင့် စကားစမြည်ပြော၍မဆုံးဖြစ်နေကြသည်။)

ကျ။ ။ ဖြူဖြူဝင်း၊ ရှင် တရုတ်စကား မွတ်နေအောင်ပြောတတ်တယ်နော်။ အသံထွက်ရော၊ သံနေသံထားရော၊ လေယူလေသိမ်းရော အကုန်ကောင်းပါတယ်။ ကျွန်မတို့နဲ့ ဘာမှမခြားပါဘူး။ ရှင်မပြောရင် ကျွန်မ ရှင့်ကို ပီကင်းသူလို့ထင်ရပါတယ်။ ဒါထက်၊ရှင်တရုတ်ပြည်ကိုမလာခင် တရုတ်စာသင်ထားလို့လား။

ခ။ ။ ကျောင်းမှာတော့ မသင်ခဲ့ပါဘူး။ ဒါပေမဲ့၊ ကျွန်မအဖေဟာ တရုတ်ပါ။ အမေကတော့ မြန်မာ။ ကျွန်မမှာ တရုတ်သွေးပါတယ်။ ငယ်ငယ်ကတည်းက အဖေဆီကနည်းနည်းတော့ သင်ထားပါတယ်။ ဒါပေမဲ့၊ ရှင်ပြော

သလောက်လည်းမဟုတ်သေးပါဘူး။ ကျွန်မ ကြိုးစားဖို့အများကြီးလိုပါသေးတယ်ရှင်။ ရှင်ကလည်း ကျွန်မကို ကူညီပေးစမ်းပါ။

က။ ဟုတ်ကဲ့ ကူညီပေးပါ့မယ် စိတ်ချပါ။ ရှင်ကမြန်မာနိုင်ငံကလာတဲ့ကျောင်းသူလည်းဖြစ်၊ တရုတ်သွေး ပါသူလည်းဖြစ်တယ်ဆိုတော့ ဘာပြောစရာရှိလို့တုံး။ ကျွန်မ အတတ်နိုင်ဆုံးလုပ်ပေးမယ်။

ခ။ ကျေးဇူးတင်ပါတယ်။ ဒါမှ ဆွေမျိုးပေါက်ဖော် ဝီသပါတယ်။

က။ ကျွန်မတို့နှစ်နိုင်ငံဟာ အိမ်နီးချင်းနိုင်ငံလည်း ဖြစ်တယ်။ မိတ်ဆွေနိုင်ငံလည်း ဖြစ်ပါတယ်။ နှစ်နိုင်ငံပြည်သူပြည်သား တွေဟာ ရှေးပဝေသဏီကတည်းက ချစ်ခင်ရင်းနှီးလာခဲ့ကြပါတယ်။

ခ။ ဟုတ်ကဲ့ ကျွန်မတို့နှစ်နိုင်ငံကြားမှာ ကီလိုမီတာပေါင်း (၂၁၀၀) ကျော်ရှည်လျားတဲ့တူညီတဲ့နယ်နိမိတ် ရှိပါတယ်။ ကျွန်မတို့မြန်မာနိုင်ငံမှာရှိတဲ့ ဧရာဝတီမြစ်ရော၊ သံလွင်မြစ်ပါ တရုတ်ပြည်မှာမြစ်ဖျားခံပြီး မြန်မာနိုင်ငံထဲကို စီးဆင်းလာတာဖြစ်ပါယ်။ ကျွန်မတို့မြန်မာလူမျိုးဟာလည်း တရုတ်ပြည်ကန်းစူပြည်နယ်ကနေ မြန်မာနိုင်ငံကို ရွှေ့ပြောင်းလာကာဖြစ်ပါယ်။ ဒါကြောင့် တရုတ်လူမျိုးနဲ့မြန်မာလူမျိုးဟာ လူမျိုးတစ်မျိုးတည်း ဖြစ်ပါယ်။ တရုတ်မြန်မာနှစ်နိုင်ငံဟာ တောင်ချင်းဆက်မြစ်ချင်းသွယ်တဲ့ပေါက်ဆွေဖြစ်အိမ်နီးချင်း နိုင်ငံလည်းဖြစ်ကြပါယ်။

က။ ဟုတ်ကဲ့ ဒါကြောင့် မာရှယ်ချင်အိက မြန်မာနိုင်ငံကို သွားပြီးလည်ပတ်ကြည့်ရှုတဲ့အခါမှာကဗျာတစ်ပုဒ်စပ်ခဲ့ပါတယ်။ "မြစ်ညာမှာကျွန်တော်နေရှိမြစ်ကြေမှာအသင်နေသည်။ တစ်ရွာတည်းနေ၊ တစ်ရေတည်းသောက်၊ ချစ်ခင်ရင်း နီးလှပေသည်" တဲ့။ အဲဒီကဗျာကို ကျွန်မတို့လူတိုင်းလိုလို ရွတ်ဆိုနိုင်ပါတယ်။

ခ။ နောက်ပြီး ကျွန်မတို့မြန်မာပြည်မှာ နဂါးဥသုံးလုံးဆိုတဲ့ဒဏ္ဍာရီပုံပြင်ကို ကျားမပျိုအိုမရွေး လူတိုင်း သိကြပါတယ်။ ပုံပြင်လေးက ဒီလိုပါ။ ဟိုရေးရေးတုန်းက နဂါးသမီးတော်တစ်ပါးရှိသတဲ့။ အဲဒီနဂါးသမီးတော်ဟာ နေမင်းကြီးနဲ့ချစ်ကျွမ်းဝင်ခဲ့ပါတယ်။ မကြာခင်မှာ နဂါးဥသုံးလုံးဥသတဲ့။ အဲဒီနဂါး ဥသုံးလုံးဟာ ဧရာဝတီမြစ်ရေထဲမှာ ရေစီးအတိုင်း မျောပါသွားပါတယ်။ ဥတစ်လုံးက တရုတ်ပြည်ဘက်မှာ ကျန်ရစ်ခဲ့ပြီး ပေါက်တော်မင်းသမီးတစ်ပါးဖြစ်တယ်။ တစ်လုံးက မြန်မာပြည်မြောက်ပိုင်း မိုးကုတ်မြို့မှာ ပေါက်တော် ပတ္တမြားလုံးတွေ ဖြစ်လာတယ်။ နောက်တစ်လုံးက ပုဂံမြို့မှာပေါက်ပြီး ရှင်ဘုရင်တစ်ပါး ဖြစ်တယ်။ အဲဒီရှင်ဘုရင်ဟာ ပုဂံခေတ်ပထမဦးဆုံးရှင်ဘုရင်ဖြစ်ပြီးပျူစောထီးလို့ခေါ်ပါတယ်။ ဒီပုံပြင်လေးကို အကြောင်းပြုပြီး ကျွန်မတို့မြန်မာတွေဟာ တရုတ်လူမျိုးကို ဆွေမျိုးပေါက်ဖော်လို့ ချစ်ခင်ရင်းနှီးစွာ ခေါ်ကြပါတယ်။

က။ ကျွန်မတို့တရုတ်လူမျိုးကလည်း မြန်မာလူမျိုးအပေါ် မေတ္တာတွေအများကြီးထားပါတယ်။ ကိုယ့်ညီအစ်ကို မောင်နှမလိုသဘောထားပြီး ခင်မင်ရင်းနှီးပါတယ်။ ရှေးခေတ်က နှစ်နိုင်ငံပြည်သူပြည်သားတွေဟာ ကောင်းရောင်းကောင်းဝယ်လုပ်ခဲ့ကြပါတယ်။ တစ်ယောက်အလိုကိုတစ်ယောက်က ပြည့်ဆည်းပို့ခဲ့ပါတယ်။ ရွှေလမ်း ငွေလမ်း ဖောက်ခဲ့ပါတယ်။ အေးအတူပူအမျှ၊ မရှိအတူရှိအတူ နေထိုင်ခဲ့ကြပါတယ်။

ခ။ ဟုတ်ကဲ့ ကျွန်မတို့နှစ်နိုင်ငံပြည်သူပြည်သားတွေဟာ ဘဝတူကြံမှာတူတွေဖြစ်ကြပါတယ်။ အင်္ဂလိပ်နယ်ချဲ့သမား၊ ဂျပန်ဖက်ဆစ်သမားတွေရဲ့သံဖနောင့်အောက်မှာ ထီးကျိုးစည်ပေါက်ကျွန်သားပေါက်ဖြစ်ခဲ့ရပါတယ်။ ဒုက္ခပင်လယ်ထဲမှာ တဝဲလည်လည် ဖြစ်ခဲ့ရပါတယ်။ တို့နှစ်နိုင်ငံပြည်သူပြည်သားတွေဟာ ဒူးမထောက်၊ လက်မမြှောက်၊ အညံ့မခံဘဲ ရဲရဲတောက်လက်တွဲပြီး တိုက်ပွဲဆင်နွှဲခဲ့ကြပါတယ်။ နောက်ဆုံးမှာ လွတ်လပ်ရေးနဲ့

လွတ်မြောက်ရေးကို အသီးသီးရရှိနိုင်ခဲ့ပါယ်။ နှစ်နိုင်ငံချစ်ကြည်ရေးရဲ့ကဏ္ဍသစ်တစ်ခုကို ဖွင့်လှစ်နိုင်ခဲ့ပါတယ်။

က။ လွတ်လပ်ရေးနဲ့ လွတ်မြောက်ရေးရရှိပြီးတဲ့နောက်မှာလည်း ကျွန်မတို့နှစ်နိုင်ငံခေါင်းဆောင်ကြီးများက အပြန်အလှန် လည်ပတ်ကြည့်ရှုကြပါတယ်။ ဝန်ကြီးချုပ်ချူအင်လိုင်းဟာ မြန်မာနိုင်ငံကို (၉)ကြိမ်တိုင်တိုင် သွားရောက်လည်ပတ် ကြည့်ရှုခဲ့ပါတယ်။ သမ္မတကြီးဦးနေဝင်းကလည်း ကျွန်မတို့တရုတ်ပြည်ကို (၁၂)ကြိမ်တိတိ ချစ်ကြည်ရေးခရီးရောက်ရှိခဲ့ပါတယ်။ အဲဒီလို နှစ်နိုင်ငံခေါင်းဆောင်ကြီးတွေ အပြန်အလှန် လည်ပတ်ကြည့်ရှုခြင်း အားဖြင့် နှစ်နိုင်ငံအတွက် ချစ်ကြည်ရေးပေါင်းကူးတံတား ဆောက်ပေးခဲ့ပါတယ်။ နှစ်နိုင်ငံကြားမှာ ရှိရင်းစွဲချစ်ကြည်ရေးကို ပိုပြီးပိုပြီး တိုးတက်လာစေခဲ့ပါတယ်။

ခ။ အထူးသဖြင့်၊ ၁၉၅၄ ခုနှစ်မှာ ဝန်ကြီးချုပ်ချူအင်လိုင်းက မြန်မာနိုင်ငံကို လည်ပတ်ကြည့်ရှုစဉ်က နှစ်နိုင်ငံဆက်ဆံရေးနဲ့ပတ်သက်ပြီး ငြိမ်းချမ်းစွာအတူယှဉ်တွဲနေထိုင်ရေးမူကြီး၅ချက်ကို ဦးဆောင်တင်ပြခဲ့ပါတယ်။ အဲဒီငြိမ်းချမ်းစွာအတူယှဉ်တွဲနေထိုင်ရေးမူကြီး၅ချက်ကို ကျွန်မတို့နှစ်နိုင်ငံဟာ မယိမ်းမယိုင်စွဲကိုင်ပြီး နှစ်နိုင်ငံအကြား ကီလိုမီတာ ၂၀၀၀ ကျော်ရှည်လျားတဲ့နယ်နိမိတ်ကို အောင်မြင်စွာသတ်မှတ်နိုင်ခဲ့ပါတယ်။ နှစ်နိုင်ငံချစ်ကြည်ရေးကို ပိုပြီးခိုင်မာလာစေခဲ့ပါတယ်။ ကျွန်မတို့နှစ်နိုင်ငံ စပ်မိတ်ဆွေကောင်းပီသတဲ့ အိမ်နီးချင်းနိုင်ငံဖြစ်လာစေခဲ့ပါတယ်။

က။ ဟုတ်ကဲ့။ နောက်ပိုင်းမှာလည်း တရုတ်မြန်မာနှစ်နိုင်ငံခေါင်းဆောင်သစ်တွေရဲ့ အတူတကွကြီးစားမှုတွေကြောင့် တရုတ်မြန်မာနှစ်နိုင်ငံရဲ့ချစ်ကြည်ရေးဟာ ရှိရင်းစွဲအခြေခံပေါ်မှာ ပိုပြီးတိုးတက်လာခဲ့လို့အဆင့်သစ်ကိုလည်း ရောက်ရှိလာပါတယ်။ မျက်မှောက်အချိန်ဟာတရုတ်မြန်မာနှစ်နိုင်ငံအစဉ်အလာချစ်ကြည်ရေးရဲ့ အကောင်းဆုံး အချိန် ဖြစ်ပါတယ်လို့ဆိုနိုင်ပါတယ်။

ခ။ ဟုတ်ကဲ့။ ရှင်ပြောတာကို ကျွန်မသဘောတူပါတယ်။ အခုအချိန်မှာ ကျွန်မတို့နှစ်နိုင်ငံဟာ နိုင်ငံရေး၊ စီးပွားရေး၊ ယဉ်ကျေးမှုစတဲ့ကဏ္ဍအသီးသီးတွေမှာ ကျယ်ကျယ်ပြန့်ပြန့် ပူးပေါင်းဆောင်ရွက်နေပါတယ်။ နိုင်ငံရေးဖက်မှာဆိုရင် နှစ်နိုင်ငံခေါင်းဆောင်သစ်တွေက အစဉ်အလာမပျက်ဆက်လက်ပြီး အပြန်အလှန် လည်ပတ်ကြည့်ရှုကြတယ်။ ကမ္ဘာ့ရေးရာအသီးသီးတို့မှာလည်း တစ်ယောက်ကိုတစ်ယောက်က ရိုင်းပင်း ကူညီထောက်ခံပါတယ်။ အင်အားစုတစ်ခုတည်းပဲရှိမယ့်ကမ္ဘာကြီးဖြစ်ရေးကိုဆန့်ကျင်ပြီး အင်အားစုများစွာ ရှိမယ့်ကမ္ဘာကြီးဖြစ်ပေါ်ရေးအတွက် ကျွန်မတို့နှစ်နိုင်ငံဟာ တက်သီလက်ညီ ကြိုးပမ်းဆောင်ရွက်နေပါတယ်။

က။ ဟုတ်ကဲ့။ စီးပွားရေးဘက်မှာလည်း ကျွန်မတို့နှစ်နိုင်ငံ အပြန်အလှန် ကူညီထောက်ခံကြပါတယ်။ အခုခေတ်ဟာ သတင်းခေတ် ဖြစ်ပါတယ်။ ကွန်ပျူတာခေတ် ဖြစ်ပါတယ်။ စီးပွားရေးဟာ တစ်ကမ္ဘာလုံးဆိုင်ရာ ယှက်နွယ်ဆက်စပ်ပေါင်းစည်းလာနေပါတယ်။ အဲဒီလိုအခြေအနေအရ ကျွန်မတို့နှစ်နိုင်ငံစီးပွားရေးပူးပေါင်း ဆောင်ရွက်မှုဟာ အရင်တုန်းကထက် ပိုမိုတိုးတက်လာပြီး နယ်ပယ်အသီးသီးမှာ ကျယ်ကျယ်ပြန့်ပြန့် လက်တွဲဆောင်ရွက်လာနေကြပါတယ်။

ခ။ ဟုတ်ကဲ့။ တရုတ်မိတ်ဆွေကြီးတွေဟာ ကျွန်မတို့နိုင်ငံနဲ့စီးပွားရေးပူးပေါင်းဆောင်ရွက်တဲ့နေရာမှာ စီးပွားရေးကိုသာမကြည့်ဘဲ ချစ်ကြည်ရေးကို ဦးထိပ်ပန်ထားပါတယ်။ လုပ်ငန်းရဲ့အရည်အသွေးကို ပထမနေရာမှာထားပြီး အကောင်းဆုံးလုပ်ပေးပါတယ်။ ကျွန်မတို့အတွက်ဆောက်လုပ်ထားတဲ့တံတားကြီးတွေ၊ လမ်းတွေ၊ သဘောကျင်းတွေ၊ လျှပ်စစ်ဓာတ်အားပေးစက်ရုံတွေ၊ ဂြိုဟ်တုမြေပြင်ဆက်သွယ်ရေးစခန်းတွေ၊ မော်တော်ကားစက်ရုံတွေ အစရှိတဲ့လုပ်ငန်းများဟာ အရည်အသွေး အကောင်းဆုံးဖြစ်ရုံသာမက

ဈေးနှုန်းကလည်း အသက်သာဆုံးဖြစ်တယ်။ ကျွန်မတို့မြန်မာတွေတိုင်းက ချီးကျူးပါတယ်။ ကျေးဇူးလည်း အများကြီးတင်ပါတယ်။

က။ ။ ဟာ၊ ကျေးဇူးတင်ဖို့မလိုပါဘူး။ ကျွန်မတို့က "တစ်ရွာတည်းနေ တစ်ရေတည်းသောက်" တဲ့ဆွေမျိုးပေါက်ဖော် မဟုတ်လား။

ခ။ ။ ဟုတ်ပါတယ်။ ယဉ်ကျေးမှုဘက်မှာ ပိုပြီးပြောစရာမရှိပါဘူး။ ယဉ်ကျေးမှုဖလှယ်ရေးတွေ တနေ့တခြားများ သထက်များလာပါတယ်။ တရုတ်ပြည်က အဆိုအကအဖွဲ့တွေ၊ စာရေးဆရာစာနယ်ဇင်းအဖွဲ့တွေ၊ ဘားလှမ်း ဆပ်ကပ်နဲ့၊ မျက်လှည့်အဖွဲ့တွေ၊ အားကစားအဖွဲ့တွေ စဖြင့်မြန်မာနိုင်ငံကို တစ်ဖွဲ့ပြီးတစ်ဖွဲ့ လာနေကြတယ်။ ကျွန်မတို့မြန်မာနိုင်ငံကအဖွဲ့တွေလည်း တရုတ်ပြည်ကိုလာကြတယ်။ အဲဒီလိုအပြန်အလှန်ကူးလူးလည်ပတ် ကြည့်ရှုခြင်းအားဖြင့် နှစ်နိုင်ငံချစ်ကြည်ရေးကို ပိုပြီး တိုးတက်ကောင်းမွန်လာစေခဲ့ပါတယ်။

က။ ။ နောက်နောင်မှာလည်း ကျွန်တို့နှစ်နိုင်ငံဟာ အရှိန်မဟုတ်မပျက်ဆက်လက်ပြီး ကြိုးပမ်းသွားရဦးမယ်။ တရုတ်မြန်မာနှစ်နိုင်ငံ အစဉ်အလာချစ်ကြည်ရေးကို တိုးတက်သထက်တိုးတက်လာအောင် လုပ်ရမယ်။ တကယ်မိသားစုတစ်ခုလိုပဲ ခင်မင်ရင်းနှီးကြရမယ်နော်။

ခ။ ။ ရှင်ပြောတာ သိပ်ကိုမှန်ပါတယ်။ ကျွန်မ လုံးဝသဘောတူပါတယ်။ ဘယ်အချိန်မှာပဲဖြစ်ဖြစ်၊ ဘယ်အခြေအနေမျိုး မှာပဲဖြစ်ဖြစ်၊ ကျွန်မတို့နှစ်နိုင်ငံဟာ မခွဲကြစတမ်း။ အမြဲသွေးစည်းညီညွတ်သွားပါ့မယ်။

က။ ။ ဟုတ်ကဲ့။ မခွဲကြစတမ်း။ လက်တွဲမဖြုတ်ကြစတမ်း။

ဝေါဟာရ

နယ်နိမိတ်(န) 边界
ဧရာဝတီမြစ်(န) 伊洛瓦底江
စီးဆင်း(က) 流淌
မြစ်ဖျား(န) 河源, 源头
နဂါး(န) 龙
ပေါက်(က) 破裂, 损坏
ဒဏ္ဍာရီ(န) 寓言, 童话, 神话
လက်တွဲဖြုတ်(က) 散伙
ရွှေလမ်းငွေလမ်း(န) 金银大道
ဘဝတူ(န) 同命运者
ဖက်ဆစ်သမား(န) 法西斯
ထီးကျိုးစည်ပေါက်(က) 亡国
ဒူးမထောက်လက်မမြှောက်(က) 不屈膝投降
ရဲရဲတောက်(ကဝ) 英勇地
လွတ်မြောက်ရေး(န) 解放
ပေါင်းကူးတံတား(န) 桁架桥

ဆပ်ကပ်(န/လိပ် circus) 杂技
သံလွင်မြစ်(န) 萨尔温江
မာရှယ်(န/လိပ် marshal) 元帅
မြစ်ကြေ(န) 下游
ချစ်ကျွမ်းဝင်(က) 关系密切
မင်းသမီး(န) 公主
မိုးကုတ်မြို့(န) 抹谷市
ကောင်းရောင်းကောင်းဝယ်(န) 规规矩矩贸易
ဖောက်(က) 筑路, 开辟道路
ကံကြမ္မာတူ(န) 命运相同者
သံဖနောင့်(န) 铁蹄
ကျွန်သားပေါက်(န) 奴隶
အညံ့မခံ(က) 不认输, 不屈服
လွတ်လပ်ရေး(န) 独立
ကဏ္ဍသစ်(န) 新篇章, 新阶段
ဝန်ကြီးချုပ်(န) 总理

ယှဉ်တွဲ(က) 并存	မူ(န) 原则
မယိမ်းမယိုင်(ကဝ) 不动摇，坚定	ရိုင်းပင်း(က) 帮助，扶持
ဆန့်ကျင်(က) 反对	တက်ညီလက်ညီ(ကဝ) 步调一致
ယှက်နွယ်(က) 交织在一起	ဦးထိပ်ပန်(က) 放在首位，挂帅
သင်္ဘောကျင်း(န) 船坞	လျှပ်စစ်ဓာတ်အားပေးစက်ရုံ(န) 发电厂
ဂြိုဟ်တုမြေပြင်ဆက်သွယ်ရေးစခန်း(န) 卫星地面接收站	စာနယ်ဇင်း(န) 报章杂志，新闻出版
ဘားဂျမ်း(န) 体操	မျက်လှည့်(န) 魔术

လေ့ကျင့်ခန်း

၁။ ။ ကွင်းထဲက ဝေါဟာရများကို ပေးထားသောဝေါဟာရများဖြင့် အစားထိုးလေ့ကျင့်ပါ။

(၁) (အဲဒီပုံပြင်ကို) အကြောင်းပြုပြီး (ကျွန်မတို့မြန်မာတွေဟာတရုတ်လူမျိုးကိုဆွေမျိုးပေါက်ဖော်လို့ ခင်မင်ရင်းနှီးစွာခေါ်ကြ) ပါတယ်။

အိမ်သုံးအိမ်ကို သုံးအိမ်ရွာလို့ခေါ်
မြို့ထဲမှာထန်းပင်တစ်ပင်ပဲရှိတာကို ထန်းတစ်ပင်မြို့လို့ခေါ်
သန်လျင်မြို့ကို သန်လျင်တံတားလို့နာမည်မှည့်လိုက်
ဂျွန်အန်းမင်းမုခ်ဦးကို ဂျွန်အန်းမင်ရင်ပြင်တော်ကြီးလို့နာမည်ပေး

(၂) (ဘယ်အချိန်မှာပဲဖြစ်ဖြစ်၊ဘယ်အခြေအနေမျိုးမှာပဲဖြစ်ဖြစ်ကျွန်မတို့နှစ်နိုင်ငံဟာ) မ (ခွဲ) ကြစတမ်း။

အဲဒီအခါကျရင် မေ့
တစ်ဦးကိုတစ်ဦးက ကျူးကျော်
ဒီကိစ္စကို ပြော
အောင်လံ လဲ

၂။ ။ အောက်ပါ မေးခွန်းများကို နှုတ်ဖြင့်ဖြေပါ။

(၁) ဖြူဖြူဝင်းဟာ ပီကင်းတက္ကသိုလ် တရုတ်ဘာသာကောလိပ်ကို ဘာဖြစ်လို့ ရောက်လာတာလဲ။

(၂) ဖြူဖြူဝင်းဟာ ပီကင်းတက္ကသိုလ်တရုတ်ဘာသာကောလိပ်ကို သူရောက်လာပြီးတဲ့နောက်မြန်မာစာဌာနက ကျောင်းသူကျောင်းသားတွေကို ဘာဖြစ်လို့သွားတွေ့တာလဲ။

(၃) မြန်မာစာအထူးပြုကျောင်းသူသီတာဝင်းကိုတွေ့ရတဲ့အခါမှာသူတို့ နှစ်ယောက်ဟာ ဘယ်နေရာမှာ တွေ့ရာလေးပါပြောကြသလဲ။

(၄) သီတာဝင်းနဲ့ဖြူဖြူဝင်းတို့ဟာ ဘာအကြောင်းတွေကို ပြောကြသလဲ။

(၅) ဖြူဖြူဝင်းက တရုတ်စကားပြောတာ ကောင်းသလား။

(၆) ဖြူဖြူဝင်းတရုတ်စကားပြောတာ ဘာဖြစ်လို့ ဒီလောက်ကောင်းသလဲ။ သူမလာခင် ရန်ကုန်မှာ သင်ထားလို့လား။

(၇) သီတာဝင်းက ဖြူဖြူဝင်းကို ကူညီဖို့သဘောတူသလား။ သူက ဘယ်လိုပြောသလဲ။

(၈) တရုတ်မြန်မာနှစ်နိုင်ငံဟာ ဘယ်အချိန်ကစပြီး ခင်မင်ရင်းနှီးလာခဲ့ကြသလဲ။

(၉) တရုတ်မြန်မာနှစ်နိုင်ငံကြားမှာရှိတဲ့ နယ်နိမိတ်ဟာ ဘယ်လောက်ရှည်လျားသလဲ။

(၁၀) ဧရာဝတီမြစ်နဲ့သံလွင်မြစ်တို့ဟာ မြန်မာနိုင်ငံထဲ ဘယ်ကနေ စီးဆင်းလာတာလဲ။

(၁၁) မြန်မာနိုင်ငံမှာ မှီတင်းနေထိုင်ကြတဲ့လူမျိုးတွေဟာ ဘယ်ကနေရွှေ့လာသလဲ။

(၁၂) မာရှယ်ချင်အိက မြန်မာနိုင်ငံကို သွားရောက်လည်ပတ်ကြည့်ရှုတဲ့အခါမှာ စပ်ထားတဲ့ကဗျာတစ်ပုဒ်ကို ရွတ်ဆိုပြပါ။

(၁၃) တရုတ်မြန်မာနှစ်နိုင်ငံနဲ့ပတ်သက်တဲ့နဂါးသုံးလုံးပုံပြင်ကို ပြောပြပါ။

(၁၄) မြန်မာနိုင်ငံမှာ ပတ္တမြားတွေ ဘာဖြစ်လို့အများကြီးထွက်သလဲ။

(၁၅) မြန်မာနိုင်ငံနဲ့တရုတ်နိုင်ငံတို့ဟာ ဆွေမျိုးပေါက်ဖော်လို့ဘာဖြစ်လို့ ခေါ်ကြသလဲ။

(၁၆) တရုတ်ပြည်နဲ့မြန်မပြည်တို့ရဲ့ရှေးဟောင်းကဆက်ဆံရေးအခြေအနေကို ပြောပြပါ။

(၁၇) အင်္ဂလိပ်နယ်ချဲ့သမားနဲ့ဂျပန်ဖက်ဆစ်သမားတို့ကို ဆန့်ကျင်ရာမှာတရုတ်မြန်မာချစ်ကြည်ရေးဟာ ကဏ္ဍသစ်တစ်ခု ဘာကြောင့် ဖွင့်လှစ်ခဲ့တယ်လို့ ဆိုနိုင်သလဲ။

(၁၈) တရုတ်ပြည်နဲ့မြန်မာနိုင်ငံဟာ လွတ်မြောက်ရေးနဲ့လွတ်လပ်ရေး အသီးသီးရပြီးတဲ့နောက် နှစ်နိုင်ငံကြား မှာရှိတဲ့ရှိရင်းစွဲချစ် ကြည်ရေး ပိုမိုတိုးတက်လာပုံကို ပြောပြပါ။

(၁၉) တရုတ်ပြည်နဲ့မြန်မာနိုင်ငံကို စံပြမိတ်ဆွေကောင်းဝီသတဲ့အိမ်နီးချင်းနိုင်ငံလို့ ဘာကြောင့်ခေါ်နိုင်သလဲ။

(၂၀) မျက်မှောက်ခေတ် တရုတ်မြန်မာနှစ်နိုင်ငံ နိုင်ငံရေးဆိုင်ရာ အချင်းချင်းထောက်ခံပုံကို ပြောပြပါ။

(၂၁) တရုတ်မြန်မာ စီးပွားရေးပူးပေါင်းဆောင်ရွက်ပုံကိုလည်း ပြောပြပါ။

(၂၂) တရုတ်မြန်မာနှစ်နိုင်ငံ ယဉ်ကျေးမှုဆိုင်ရာ ပူးပေါင်းဆောင်ရွက်ပုံကိုလည်း ပြောပြပါ။

(၂၃) အနာဂတ်မှာ တရုတ်မြန်မာနှစ်နိုင်ငံဟာ ဘယ်လိုလုပ်ကြဦးမယ်လို့ ဆုံးဖြတ်ထားသလဲ။

၃။ ။ ပေးထားသော အောက်ပါ အချက်အလက်များကို အခြေခံ၍ စကားပြောတစ်ပုဒ် ရေးပါ။

吴丹崔曼德勒大学缅语系毕业以后，因为成绩优秀被学校留在缅语系任助教，后来升为讲师、副教授，并获得博士学位。2002年应北京大学的邀请，经缅甸教育部的批准，到中国北京大学外国语学院东语系教授本科生和研究生缅甸语课程。拉拉北京大学东语系缅甸语专业毕业以后，也留校任教。现在也为缅甸语副教授。吴丹崔的到来，拉拉非常高兴。她们在一起愉快地回忆起拉拉在仰光外国语大学留学期间到曼德勒游览时相遇的情景。